시간의 지도리에 서서

지은이 이정우

소운(逍雲) 이정우(李正雨)는 1959년 충청북도 영동에서 태어났고 서울에서 자랐다. 서울대학교에서 공학과 미학 그리고 철학을 공부했으며, 아리스토텔레스 연구로 석사학위를, 푸코 연구로 박사학위를 받았다. 1995~1998년 서강대학교 철학과 교수, 2000~2007년 철학아카데미 원장, 2009~2011년 어시스트윤리경영연구소 소장을 역임했으며, 현재 소운서원 원장(2008~)과 경희사이버대학교 교수(2012~)로 활동하고 있다.

소운의 사유는 '전통, 근대, 탈근대'를 화두로 한 보편적인 세계사의 서술, '시간, 사건, 생명, ……'을 중심으로 하는 사건의 철학, 그리고 '진보의 새로운 조건들'을 탐색하는 실천철학의 세 갈래로 진행되어 왔다. 철학사적 저작으로는 『신족과 거인족의 투쟁』(한길사, 2008), 『세계철학사 1: 지중해세계의 철학』(길, 2011), 『세계철학사 2: 아시아세계의 철학』(길, 2018), 『소은 박홍규와 서구 존재론사』(길, 2016) 등이 있으며, 존재론적 저작으로는 『사건의 철학』(그린비, 2011), 『접힘과 펼쳐짐』(그린비, 2012) 등이, 실천철학적 저작으로는 『천하나의 고원』(돌베개, 2008), 『전통, 근대, 탈근대』(그린비, 2011), 『진보의 새로운 조건들』(인간사랑, 2012) 등이 있다. 현재는 『세계철학사 4: 탈근대 사유의 갈래들』, 『무위인-되기: 세계, 주체, 윤리』를 집필하고 있다.

소운 이정우 저작집 6

시간의 지도리에 서서

이정우 지음

그린비

머리말

이 저작은 내가 2000~2006년에 펴냈던 네 권의 저작을 하나로 합친 것이다. 당시는 내가 최초의 대안공간인 철학아카데미를 창설해 시민강좌에 열과 성을 쏟았던 시절이었다. 당시 모든 것이 변하고 있었다. 담론의 세계에서도 거대한 지각 변동이 도래했다. 시대는 시간의 지도리 위에 서 있었다. 그 시절 철학적 지성을 갖춘 대중의 도래야말로 진정한 의미에서의 혁명이며, 철학의 소명은 그런 대중의 도래를 앞당기는 데 있다고 생각했다. 이는 프롤레타리아는 철학의 심장이고 철학은 프롤레타리아의 머리라 했던 마르크스의 신념을 지금의 맥락에서 잇는 것이기도 하다. 물론 이런 생각에는 지금도 변함이 없다. 『시간의 지도리에 서서』(2000)는 그때의 이런 생각들을 담고 있다.

당시에 보다 많은 사람들이 철학에 친숙해질 수 있게 할 여러 길들을 생각했고, 그 과정에서 영화의 해설을 통한 철학 입문을 기획하게 되었다. 『기술과 운명』(2001)은 이런 맥락에서 기획되어 철학아카데미에서 4회에 걸쳐 강의한 것을 정리해 출간한 것이다(이번에 재편집하면서 〈바이센테니얼 맨〉을 〈인셉션〉으로 대체했다). 당시는 컴퓨터에 기반한 새로운 기술들이 도래하면서 '사물'의 개념, 기계와 인간의 관계, 현실과 가상의 관계 등에 있어 거대한 변혁이 도래한 시대였다. 나는 이런 변화가 가져올 미래에 대해 곱씹어 생각했고, 여기에서 특히 사이버펑크 계열의 영화를 다룬 것도 이런 맥락에서였다. 이때 논했던 이야기들이 이제는 현실로서 도래하고 있다.

아울러 당시 시민 강좌에 힘쓰면서 철학적 사유는 예술적 사유와 협력함으로써 생기를 부여받을 수 있다고 생각했다. 특히 중학생 시절부터 회화를 좋아했고 나 자신이 화가를 꿈꾸기도 했었기 때문에, 회화를 강의 주제로 선택했었다. 『세계의 모든 얼굴』(2006)은 예술적 사유와 철학적 사유의 대화를 통해 사유의 지평을 넓히기 위해 기획되어 2004년 3월 22일에서 25일까지 나흘에 걸쳐 철학아카데미에서 강의한 것을 정리해 출간한 것이다. 여기에서는 주로 서구 회화를 논의 주제로 삼았지만, 앞으로는 동북아 회화에 대한, 나아가 건축 등에 대한 존재론적 해명을 해 나갈 생각이다.

'유목적 사유의 탄생'이라는 제목의 네 번째 글도 마찬가지의 맥락에서 저술되었다. 『탐독』(2006)으로 출간되었으나, 이 제목은 내 의도가 아니었기 때문에 이번에 원래 생각했던 제목인 '유목적 사유의 탄생'으로 바꾸었다. 『기술과 운명』이 영화를, 『세계의 모든 얼굴』이 미술을 다루고 있다면, 여기에서는 책에 관한 이야기를 펼쳤다. 10대 중반에서 20대 중반까지의 10년에 걸쳐 내게 큰 영향을 준 문학 작품들, 과학적 이론들, 철학적 저작들을 비교적 가벼운 터치로 다루었다.

이 책들을 쓰던 당시 40대 젊은 사상가였던 나도 이제 어느새 환갑을 넘긴 나이가 되었다. 생각해 보면 철학아카데미를 세우고 많은 사람들과 함께했던 그 시절이 사상사적으로도 중요한 시간의 지도리였고, 또 개인적으로도 생기가 충만했던 시절이었다는 느낌이 든다. 여기 실리는 책들을 다시 쓰면서 그 시절의 많은 일들을 떠올려 본다.

2021년 가을, 逍雲

:: **차례**

시간의 지도리에 서서

21세기, 우리 학문의 방향

서구적 학문과의 마주침

20세기 한국의 지식인들에게 '학문'은 거대한 변환을 통해서 주어졌다. 전통 사회에서 학문이란 내면적인 수양修養과 덕치德治의 구현을 위한 것이었다. 그러나 서구 문화의 일방적 도래를 통해 학문 개념은 불연속적인 변환을 겪게 된다. 학문세계를 구성하던 제도나 물리적 장치들, 교과목, 스승과 제자의 관계, 지식인의 개념 등이 총체적인 변화를 겪게 된다. 특히 '사이언스'로서의 학문은 전통 학문과 대조적인 무엇이었다. 실험 자료들을 수학적-논리적 틀에 용해시키는 것(그 틀의 각 '경우'로서 흡수시키는 것)은 예전 학문의 개념과는 너무나도 판이했다. 학문에 대한 전통적 이미지와 현대적 이미지 사이에서 한국 지식인들의 정체성도 동요하기에 이른다.

이 점에서 학자-전문가와 지식인 사이의 의미 차이를 둘러싼 최근의 논쟁 등은 분명한 역사적 맥락, 즉 서구와의 만남을 통해 이루어진 학문, 학자 개념의 의미 변환이라는 사건에 뿌리내리고 있는 것으로 보인다. 오늘날 우리가 겪고 있는 지식세계의 혼돈과 해체라는 상황은 전통으로부터 현대로의 이러한 변환에 관한 담론학적 해명을 통해 분석되어야 할 것이다.

서구 학문과 동북아 학문 사이의 차이를 변별하기는 쉽지 않다. 서구 학문에도 수많은 종류가 있고 동북아 학문의 경우도 마찬가지이다. 그러나 대체적이고 평균적인 성격을 문제 삼는다면, 우리는 두 학문 사이에서 크게 세 가지 정도의 차이를 읽어낼 수 있다.

첫 번째 차이는 내면의 문제와 연관된다. 기독교라는 의타적 종교와 외부 세계에 관한 '객관적' 탐구를 일차적 과제로 삼는 과학이 공존해 온 서구에는 내면을 닦는 '수양', '수신'이 학문의 범주에 속하지 않았다. 헬레니즘 시대에 와서야 내면 개념의 실마리를 찾을 정도로 서구 학문은 객관주의적 성격을 띠고 있었던 것이다. 물론 "너의 영혼을 돌보라"고 한 소크라테스를 비롯한 일부 사상가들이 인간 내면을 응시한 것은 사실이다. 이미 헤라클레이토스에게서 내면적 성찰은 뚜렷이 드러난다.[1] 그럼에도 대체적으로 보아 서구적인 뉘앙스에서의 '영혼' 개념은 동북아적인 뉘앙스에서의 '수양'의 차원이기보다는 존재론적-인식론적 탐구의 차원을 형성해 왔다. 서구에서의 '교양과목' 또한, 그것이 플라톤적인 4과(기하학, 대수학, 음악, 천문학)의 경우든

---

* 본 저작에 붙은 모든 각주는 이번 판본을 구성하면서 붙인 것들이다.

1) 사카구치 후미는 헤라클레이토스의 자아 탐구와 그것을 이어 간 서구 사상사의 흐름을 정리해 주었다. 坂口ふみ, 『ヘラクレイトスの仲間たち』, ぷねうま舎, 2012.

이소크라테스적인 3과(문법, 변증론, 수사학)의 경우든, 내면적이기보다는 외면적이다. 근대의 성립 이후에 등장한 기계론, 실증주의, 유물론 등의 사조는 이런 경향을 더욱 강화시켰다.[2)]

19세기 이래 서구 학문에서도 이른바 '반성철학'la philosophie réflexive이 등장하게 되며, 이 전통에서 비로소 인간 내면에 대한 섬세한 탐구들이 시작되었다. 특히 인간을 석화시키는 '습관'과 삶의 새로운 가능성들을 찾아나가는 '노력'/'의지'의 대비는 오늘날까지도 이어지는 중요한 사유 갈래가 되었다.[3)] 흔히 '실증성'positivité 개념은 콩트의 실증주의와 연계되어 이해되지만, 콩트의 외적 실증성과 멘 드 비랑 이래의 내적 실증성을 구분하는 것이 좋을 것이다. 내적 실증성은 곧 반성적 실증성이라 할 수 있다. 물체와 신체가 명확하게 구분되기 시작한 것도 이 즈음이다(지금도 서구어 'body'는 물체와 신체를 동시에 가리킨다). 이런 흐름은 20세기에 들어와 현상학이라는 보다 정치한 방법론을 얻게 된다. 후설이 "유럽 학문의 위기"라고 말한 것은 결국 객관화로 치달은 서구 과학이 인간마저 사물화하는 경향에 이른 상황을 뜻한 것이며, 현상학은 실증주의, 유물론, 기계론 등을 논박하면서 인간의 내면(다만 어디까지나 세계와 맞물려 있는 한에서의 내면)을 찾기 위한 노력이었다고 할 수 있다.

---

2) 그러나 서구 학문(특히 고중세의 철학)의 일각에서는 내면의 성찰과 수양, 자기의 변형을 학문/철학의 본질로 보는 전통이 꾸준히 내려온 것도 사실이다. 미셸 푸코(『주체의 해석학』, 심세광 옮김, 동문선, 2007)와 피에르 아도(『고대 철학이란 무엇인가』, 이세진 옮김, 이레, 2008)의 연구는 이 점을 분명히 보여준다.

3) '반성철학'은 멘 드 비랑에게서 본격적으로 출발한다고 할 수 있다. '의지의 철학', '유심론/정신주의'라고도 부를 수 있다.

이에 비해 동북아 학문에서는 내면의 수양이 매우 일찍부터 학문으로서 자리 잡았다. 개인적인 내면의 수양을 '학문'이라고 부르는 것은 현대인들에게 어색하게 들릴 것이다. 그러나 이 사실 자체가 우리가 학문이라는 말에 대해 서구적인 개념을 가지고 있음을 함축한다. 특히 불교가 전래된 이후 내면의 수양은 좀 더 큰 형이상학적 가치를 가지게 되며, 모든 지식인의 필수 덕목으로 자리 잡는다. 많은 경우 이러한 수양은 정치적 권력 다툼을 통해 빛이 바랬지만, 수양의 전통이 동북아 문화의 빛나는 유산들 중 하나라는 것은 분명하다. 오늘날 철저하게 외면적이고 실용적인 교육에 치우치고 있는 우리 현실을 감안할 때, 이 내면 수양의 전통을 어떻게 되살리느냐 하는 것은 탈근대/탈서구적 미래를 위해 핵심적인 문제들 중 하나이다. 외면적이고 수량화되어 있고 실용적인 학문, 우리가 서구에서 받아들인 이런 학문 전통에 일방적으로 종속되기보다 수양을 비롯해 동북아세계에서 내려온 학문 전통의 계승을 꾀하는 일은 근대적 세계가 그 극한점에 봉착한 오늘날의 상황을 타개해 나가기 위해 반드시 이루어야 할 과제이다.

전통 사상을 떠받치던 중요한 원리들 중 하나는 존재와 가치의 일치이다. 더 '실재한다'는 것은 더 '가치 있다'는 것을 뜻하고, 하나의 사물이 더 존재한다는 것은 곧 그 사물이 더 가치 있다는 것을 뜻했다('가치-존재론'). 우리는 이런 사유 구조를 플라톤을 도식화한 서구 전통 철학과 동북아의 성리학 체계에서 공히 발견할 수 있다. 모든 사물은 그것이 내포하고 있는 형상/리의 품격品格에 따라서 가치 평가된다. 이런 가치-존재론은 특히 중세에 이르러 전통 사회의 신분 구조와 동형적으로 발전되었다. 이런 식의 철학체계는 세계와 인간의 분열을 극복하고 포괄적인 존재론적 구도 속에 용해시킴으로써 소외를 극복할 수 있게 해 주는 면이 있었지만, 다른 방향에서 본다면 그런 구도가 신분사회를 고착화시키고 불평등을 실체화해버리는 면도 있었다. 전통을 단순히 잇는 것도, 단순히 배척하는 것도 곤란한 것은 이런 양면성 때문이다.

근대의 도래 이후 존재와 가치는 갈라지며, 과학은 형이상학으로부터 독립한다. 갈릴레오와 마키아벨리는 아리스토텔레스로부터 벗어나고, 고증학, 기학 등은 성리학으로부터 벗어난다. 이제 중세적 뉘앙스에서의 '존재론'의 광휘는 사라지고, 학문은 우연적 사실들 contingent facts에 입각해서 이루어지는 실증적인 작업이 된다. 이런 근현대 학문의 발달은 사물들을 대상화하고 조작하고 물화物化하는 데는 성공했지만, 그 과정에서 전통 형이상학의 소중한 측면들까지 모두 방기되기에 이른다. 이에 비해 서구의 충격이 도래하기 전까지 동북아 사유는 하늘-땅-사람의 전체 구도를 내던진 적이 없으며, 어떤 의미에서는 이런 의식이 지금도 우리 '심성' 속에 강렬하게 남아 있다. 존재와 가치의 분리라는 이 근대적 구조와 동북아적 심성의 충돌은 지금도 우리의 의식을 분열시키는 주요 요인이다. 하나의 극에서는 인간과 문화를 물화해 양화하고 시뮬레이션을 통해 조작하면서 '설명했다'고 생각하는 과학자들이 있고, 다른 한 극에서는 현대성의 매개 없이 전통적 세계관을 (때로는 주술적인 형태로) 잇고 있는 민족주의자들이 있다. 이 간극을 메우는 것이 또 하나의 과제이다.

이와 나란히 서구 학문이 다루는 '세계'와 동북아 사유에서의 '세계' 사이의 핵심적인 차이를 지적하지 않을 수 없다. 서구에서 과학이 다루는 세계는 '객관적인' 세계, 플라톤적인—더 정확히는 반半플라톤적인—세계이다. 반면 우리가 살아가는 세계는 주관적인 세계이다. 이 세계는 우리의 기분과 감정, 상황과 분위기, 역사와 선입견 등등이 묻어 있는 세계이다. 요컨대 삶의 세계는 의미와 가치로 물들어 있는 세계이다. '대상'을 객관적으로 파악한다 함은 이런 주관적 요소들을 걷어내고 사물을 사물 자체로서 파악함을 뜻한다. 따라서 이러한 과학이 고도로 발달함에 따라 이제 우리에게 익숙한 세계는 어디론가 증발한다. 생명체는 세포의 집합체가 되고, 물체는 텐서방정식에 따라 운동하는 입자의 집합체가 된다. 그토록 수많은 소망과 추억을 담고 있던 밤하늘의 별은 돌덩어리로 전락한다. 이런 식의 경험은 특히 서구에서 환원주의적 철학이 등장했을 때마다 두드러졌다고 할 수 있다. 그리스세계에서 자연철학자들이 등장했을 때, 고전 시대에 기계론적 사유가 등장했을 때, 19세기 이래 실증주의가 득세했을 때 등이 이런 경우였다. 생명체의 "본질"이 DNA라는 물질 쪼가리라는 생각이 등장한 오늘날의 상황도 이와 유사한 상황이 아닐까 싶다. 오늘날은 "DNA"라든가 "진화" 같은 말들이 (아무런 존재론적 반성도 동반하지 않은 채) 아무 거리낌 없이 사용되고 있는 시대이다.

우리가 수천 년, 수만 년 살아온 세계와 서구 과학이 우리에게 던져 준 세계 사이에서 근원적인 괴리가 발생했다. 사랑과 소망을 담고 있는 보름달, 요염한 여인의 눈썹 같은 초승달, 구미호九尾狐의 싸늘한 웃음 같은 그믐달, 한낮에 외로이 떠 있는 반달. 이런 수많은 의미를 담고 있는 달은 천문학적 맥락에서는 일정한 반지름, 부피, 질량을 가진 위성이라는 '대상'으로서 파악된다. 육중하게 떨어지는 폭포수, 5월의 산들바람에 흔들리는 호수의 물, 경제 기적을 안고서 흘러가는 한강의 물, 선인들이 북두칠성으로 떠 마시고 싶다 했던 동해의 물. 이 다채로운 물'들'은 화학적 맥락에서는 모두 'H^2O'일 뿐이다. 서구의 객관적 과학이 도래함으로써 이제 우리는 유구한 세월을 그 안에서 살아온 세계를 상실했다. 기氣와 정情이 흐르던 세계는 이제 수량화되고 함수화되었다. 그렇다고 전통적인 세계가 소멸한 것은 아니다. 두 세계가 존재론적 화해가 아니라 현실적인 타협에 의해 착종되어 있을 뿐이다.[4)]

오늘날 우리에게 대두한 학문세계, 지식세계, 대학세계에서의 혼돈과 해체는 직접적으로 1990년대에 들어와 형성된 신자유주의 사회, 대중사회의 산물이지만,[5)] 또 다른 맥락에서 본다면 20세기에 이루어진 이런 거대한 사상사적 변환의 산물인 것이다. 두 세계가 착종되어 있는 이 시대에 학문과 학자는 어떤 존재여야 하는가? 우리의 문제는 행정적인 문제가 아니며 직업상의 문제도 아니다. 그것은 학문이란 무엇인가? 학자란 무엇인가? 과학의 세계와 삶의 세계는, 학문을 한다

---

4) 현대의 인지과학에서는 3인칭 시점과 1인칭 시점 사이에서, 이른바 'qualia' 문제를 놓고서 여러 가지 논의를 전개하고 있다. 그러나 이런 식의 구도 자체가 이미 삶의 세계를 'qualia'라는 이론적 개념으로 추상해 놓고서 이루어지는 논의 구도일 뿐이다.

5) 신자유주의적 가치는 대학과 학자의 아우라를 무너뜨렸으며 대학을 실용적 가치로 물들였다. 함께 놓일 수 없고 놓여서도 안 되는 분야들이 '자본주의적 효율성'이라는 단 하나의 잣대 위에 공존하게 됨으로써 많은 씁쓸한 광경들이 등장하기에 이르렀다. 대중사회(대중매체와 대중문화에 의해 주도되는 사회)의 등장은 대학/학교 고유의 정신문화와 순수성을 훼손했으며, 대학/학교조차도 대중매체에 휘둘리고 대중문화에 휩쓸리는 사태를 유발했다.

는 것과 내면적인 수양[6]은 어떻게 관계 맺어야 하는가? 존재와 가치를 어떻게 통합해야 하는가? 등의 근원적인 문제들을 내포하고 있다. 오늘날 우리가 처한 위기는 서구 학문과 동북아 학문의 비교와 통합이라는 과제를 제시한다고 할 수 있다.

학문적 근대화에서의 굴곡

우리 지식계/학계를 모양 짓고 있는 또 하나의 역사적 주름은 일본과의 관계를 통해 형성되었다. 서구 문명의 도래는 일본을 매개로 해서 이루어졌으며, 이 매개는 우리 학문에 비켜갈 수 없는 또 하나의 흔적을 각인했다. 이를 특히 두 가지 측면에서 볼 수 있다.

학문의 기초는 개념이다. 우리의 경험은 개념을 통해서 비로소 인식의 차원으로 고양되며, 역으로 우리는 개념을 통해서만 우리의 경험을 학문의 수준에서 인식할 수 있다. 사유의 고투는 경험과 개념 사이에서 이루어진다.[7] 따라서 우리(좁게는 한국, 넓게는 동북아)의 학

6) 내면적인 수양의 목적이 내면 자체의 수양에 있는 것이 아니라는 점을 잊지 말아야 한다. 내면을 수양하는 목적은 삶의 세계에서 어떻게 말하고 행동할 것인가라는 문제에 연결된다. 내면의 수양이 중간의 자연과 역사를 건너뛰어 초월과 직접 닿는 구도가 아니라 외면과의 부단한 대화를 통해서 이루어지는 것이 중요하다. 사실 내면이란 외면이 접힌 주름에 불과하다. 그러나 그 주름을 정련해내는 것은 분명 내면 자체의 힘이며, 수양의 힘이다. 오늘날처럼 삶의 모든 측면들이 외적인 기능들로만 치닫는 세계, 그래서 내면을 들여다보았자 그런 기능들의 집적 외에는 보이지 않는 세계에서는 더욱 그렇다.

7) 개념의 앞뒤로는 이미지와 수식(數式)이 있다. 일반적으로 말해서, 이미지는 예술에 의해, 개념은 인문사회과학에 의해, 그리고 수식은 자연과학(과 사회과학)에 의해 다루어진다. 이미지는 개념에는 없는 감각적 향유를 제공하며, 개념은 이미지에는 결여된 논변

문이 서구화되었다는 것은 세계를 인식하기 위해 사용하는 개념들이 서구화되었음을 뜻한다. 생명체는 '기의 모임'이 아니라 '세포의 집합'이 되었으며, 서로 다른 개념인 '自然'과 '天地'가 동일시되면서 '천지'라는 말은 우리의 어휘에서 사라지게 되었다. 나아가 문제는 이런 어휘들의 교체라기보다는 그런 교체를 가능하게 했던 담론공간에서의 변화이다. 일부 어휘/개념의 변화가 아니라 개념들의 장 전체, 더 나아가 사유, 글쓰기, 교육제도를 포함한 전체 장 즉 담론공간 자체가 거대한 변환을 겪기에 이른 것이다.

개념의 번역은 새로 말을 만드는 경우와 기존의 언어에 새로운 의미를 부여해 사용하는 경우 두 가지가 있다. 어떤 경우든 한 사유체계의 개념들을 다른 사유체계의 개념들로 번역하는 일은 지난한 과제이며, 일본 학계는 이 과제를 두고서 고투해 왔다.[8] 지금 우리가 사용하고 있는 학문적 개념 대다수가 이런 과정을 통해 형성되었다. 하나의 개념을 다른 하나의 개념으로 번역한다는 것은 결국 각 개념이 속해 있는 두 사유체계 전체를 놓고서 변환하는 것을 뜻한다. 예컨대 'metaphysica'를 '形而上學'으로 번역하는 과정은 단순히 두 개념 사이의 문제가 아니라 'metaphysica'로 대변되는 서구 고전 학문 전체

을 담는다. 수식에는 개념에는 없는 양적 정확성이 갖추어져 있지만, 수식의 의미는 결국 개념으로 풀이될 수밖에 없다. 수식은 이미지에는 없는 심층적-추상적 구조를 파악해내지만, 그 구조는 이미지로 형상화될 때 직관적인 감동을 줄 수 있다. 진리는 이미지와 개념과 수식의 삼위일체를 통해서 밝혀진다.

8) 저간의 사정을 알 수 있는 저작으로 마루야마 마사오 외, 『번역과 일본의 근대』(임성모 옮김, 이산, 2000) 그리고 야나부 아키라, 『번역어 성립 사정』(서혜영 옮김, 일빛, 2003)을 보라.

와 역학易學으로 대변되는 동북아 고전 학문 전체 사이에서의 변환 문제이다. 그러나 식민지 상황에서 일제에게 학문을 배운 한국은 이런 과정 없이 이미 만들어진 개념들을 통째로 받아들였다. 개념적 고투의 이런 부재가 한국인들로 하여금 사유와 언어에 대해 경솔한 태도를 취하게 만드는 한 원인일지도 모르겠다. 오늘날 일각에서 보이는, 깊은 숙고 없이 기존의 번역어를 함부로 바꾸어버리는 현상 역시 어떤 면에서는 이런 번역어들이 "일본인들이 한 것이기 때문에" 그렇게 경솔하게 바꾸어도 된다는 심리가 작동하는 것인지도 모르겠다.

일본과의 관련하에서 형성된 또 하나의 중요한 문제는 이른바 '학문의 식민성' 문제이다. 학문의 식민성은 흔히 서구 학문 수용에 관련해 논의된다. 그러나 이는 보다 신중해야 할 문제인 것으로 보인다. 서구에서 보다 일찍 이루어놓은 학문적 성과들을 받아들인다고 해서 그것을 '식민성'이라 한다면, 상대성 이론이나 세포 이론을 받아들이는 것도 '식민적'이라 해야 할 것이다. 학문의 문제를 성급하게 이데올로기적으로 해석하려는 것은 경솔한 짓이다. 이 말로써 살아 움직이는 현대 사상에 대한 무지 또는 서구 학문에 대한 "우리" 학문/전통의 피해의식을 표출하면 곤란하다. 적어도 학문의 세계에서는 특수성이나 주관성은 오직 보편성이나 객관성을 전제해서만 의미를 가지기 때문이다. 진정으로 문제가 되는 식민성은 일본과 관련해서의 식민성이다. 이 경우는 직접적인 정치적 역사가 빚어낸 상황이기 때문이다. 그러나 이런 상황의 건강한 해소는 일본에 대한 배척을 통해서가 아니라 그 자체 우리의 역사인 식민이라는 역사를 우리 내부에서 소화해냄으로써만 가능할 것이다. 우리 학문에 스며들어 있는 일본적인 것은 아픈 역사이지만 그것을 우리의 역사로서 소화해낼 때에만 그런 역사를 넘어서는 현대 학문을 일구어낼 수 있기 때문이다.

지금의 젊은 학자들이 그렇듯이, 이런 소화에의 노력은 도외시한 채 아직 소화되지 않은 층 위에 다시 새로운 층들을 그저 수직으로 병치해 나간다면 우리 학문은 언제까지나 백화점에 진열된 상품들에서와 같은 단순한 병치 이상의 수준을 이루지 못할 것이다.

학문 근대화에서의 문제들

해방 이후 우리 학문의 경향을 한마디로 집약한다면 아마도 '근대화'일 것이다. 이 근대화의 흐름에서 우리는 '과학기술화', '분과화' 그리고 '관제화'의 경향을 읽어낼 수 있다.

근대화는 그 한 갈래로서 과학기술화의 흐름을 도래시켰다. 자연과학은 긴 세월 이어져 온 우리의 생활세계를 탈색시켰고, 테크놀로지는 사물들을 낯선 방식으로 재단했다. 앞에서 논한 자연과학적 변환과 더불어, 기술은 우리가 살아온 세계를 어떤 다른 세계로 탈바꿈시켰다. 길에는 아스팔트가 깔리고, 공장에서는 검은 연기가 뿜어져 나오고, 가옥은 시멘트 건물로 바뀌기에 이른다. 로봇 장난감이 나오고 디즈니 만화가 들어오면서 어린이들의 세계도 변하기 시작했고, 미니스커트 등이 나오면서 여성들의 세계 역시 바뀌기 시작했다. 단지 몇십 년 만에 모든 것이 송두리째 바뀌었다. 이런 변화는 학문의 세계에도 예외 없이 불어닥쳤다. 이제 지식이나 학문은 더 이상 수양이나 덕치, 천인합일의 문제가 아니다. 그것은 기계와 수학을 사용한 세

계의 인식과 조작이 되었다. '개발'의 시대와 걸맞게 근대화의 핵심 담지자는 공학이 된다.[9]

서구 학문과 동북아 학문 사이의 괴리를 지적했거니와, 이런 괴리는 실제 우리의 물질적 생활에서도 발견된다. 그리고 물질적 생활에서의 그러한 변화는 우리의 정신세계 또한 바꾸어 놓았다. 우리가 서구의 합리성과 객관성, 공정성을 배우고서 그 연장선상에서 기술문명을 이루었다고 보기는 어렵다. 그 전에 물질문명의 수용이 있었고 그 여파/효과로서 정신세계의 변화가 왔다고 해야 할 것이다. 서구 정신과 동북아 정신을 융합할 충분한 시간도 가지지 못한 채 갑작스럽게 근대화의 열차에 올라탔다고 할 수 있다. 오늘날에 와서야 비로소 한숨을 돌리고 뒤를 돌아보면서 탈-근대적 삶을 모색하기에 이른 것이다.

세계의 이러한 변화의 여파로서 학자들의 상像이 바뀌기 시작했다. 전통적인 문사文士 지식인으로부터 기술자형 지식인으로의 변화가 도래한 것이다. 세계에 대한 순수한 탐구는 점차 설 자리를 잃어 가고 있고, 대학에서는 전통적인 교양과목들이 속속 폐강되고 있다. 과거에는 대학이나 학자로서 부끄럽게 생각했던 그런 분야들이나 사업들이 오히려 대학의 중심을 차지하는 사태가 벌어지고 있으며, 대학이 자본의 자장으로 빨려 들어가는 현상이 두드러지고 있다. 이런 흐름과 더불어, 학문세계에서의 분과화가 두드러지고 지식인이 점차 파

---

9) 오늘날에는 상황이 바뀌어서 이제 탈산업사회의 핵심 담지자는 경영학이 되었다. 모든 것은 그것의 내용 자체가 아니라 그것을 어떻게 '경영'하느냐의 문제로 환원되고 있다.

편화되는 경향 또한 강화되고 있다. 더 이상 사유와 세계 이해가 아니라 돈과 직업적인 지식이 대학을 지배하고 있는 것이다. 학자들은 더 이상 지식인, 사상가가 아니라 그저 교수, 전문가일 뿐이다. 오늘날의 대학교수들은 정부-재벌-대학행정의 삼각구도로 이루어진 거대한 조직의 부품들일 뿐이다. 여기에 또한 '글로벌 스탠더드'가 표준적인 가치로 등극함으로써, 학자들은 이 기준에 스스로를 맞추어야만 살아남을 수 있는 구도가 도래했다. 앵글로-아메리카적인 이데올로기가 허구적인 보편성의 너울을 쓰고 학자들을 짓누르는 시대에서 이제는 점차 학자들 자신이 그런 구도에 편입되려고 애쓰는 시대로의 이행이 이루어지고 있는 것이다.

이런 상황에서 나타난 하나의 현상이 이른바 "인문학 위기"가 아니겠는가. 서구 학문이 도래하기 전의 동북아 학문은 지금의 개념으로는 인문학이었다. 이 점에서 인문학은 우리 '전통'의 핵을 이룬다. 인문학은 '문'文을 읽어냄으로써 '인'人을 이해하는 학문이다. 그러나 분과화의 시대의 도래는 이런 인문정신과 불협화를 이루었고, 결정적으로 신자유주의 시대의 도래는 인문학의 위기를 야기했다. 전통적인 선비 상, 지식인 상의 복원은 곧 인문정신의 복원을 뜻하기도 한다. 이렇게 보면 오늘날은 오히려 전통과 현대를 잇기 위해 인문학이 핵심적인 역할을 맡아야 할 시대이기도 하다. 그러나 대학에서는 고전적인 과목들이 속속 폐강되고, 인문학 학과들이 폐과되고 있다. 그러나 사실 오늘날의 인문학 위기는 인문학과 교수들의 위기, 학생들의 취직상의 위기, 대학 행정상의 위기일 뿐이다. 오히려 사회 저변에서는 삶의 질을 정신적 차원으로까지 높이려는 기운이 곳곳에서 솟아오르고 있지 않은가. 문제가 있다면 신자유주의의 가치로 빨려 들어가고 있는 대학과 인문학의 새로운 기운을 담지하고 있는 사회적 운동 사이에 작지 않은 괴리가 있는 점이라 해야 할 것이다. 이 괴리를 메우는 작업은 한국의 인문학자들이 떠맡아야 할 중차대한 시대적 과제이다.[10)]

한국 사회에서의 근대화는 파시즘 세력을 통해서 추동되었다. 이런 상황은 학문과 교육에서의 파시즘화를 동반했다. 학문이 '근대 국민국가 프로그램' 속으로 흡수되어 들어갔고, 교육 역시 국가의 틀이 주입된 형태로 진행되었다. '국민학교', '국민교육헌장', '국민윤리' 등이 이 시대의 상황을 잘 보여주는 말들이다. '반공反共 이데올로기'가 학문과 교육까지도 강하게 내리눌렀다. 북한 사람들이 도깨비처럼 그려져 있는 교과서라든가 '교련' 같은 훈련이 이런 시대를 상징한다. 모든 가치들은 '개발'이라는 가치로 수렴되었고, 군대식의 논리와 물리가 '국민'들을 몰아세웠다.

이제 시대는 바뀌어 오늘날에는 국가 자체가 자본에 빨려 들어가 있고, 학문과 교육 역시 자본의 그늘에 들어가 있다. 여기에 디지털 테크놀로지의 도래는 대중의 지각과 사고를 점점 즉물적으로 만들고 있

---

10) 10년 이상이 지난 오늘날(2010년대)에는 오히려 "인문학이 대세"라는 말까지 나올 정도로 인문학이 환영받는 시대가 도래했다. 하지만 이는 적어도 두 가지의 값비싼 대가를 치르고서 가능했다고 해야 한다. 하나는 인문학이 유행하면서 그 지적 엄밀함이 거세된 채 그저 "웰 빙" 수준, 좀 낫게는 "힐링" 수준의 담론으로 화한 점이고(아무것에나 다 인문학이라는 딱지를 붙여서 장사를 하는 경향이 나타나고 있다), 다른 하나는 인문학이 담지해야 할 비판적 기능이 거세된 채 자본주의 사회에 순응하는 담론들이 인문학의 허울을 쓰고 횡행하고 있다는 점이다.

으며, 대중매체 · 대중문화가 만들어내는 이미지들이 반反지성적인 분위기를 강력하게 유포하고 있다. 정치적 억압의 시대에서 경제적-문화적 관리 · 조작의 시대로 접어들었다 하겠다.

탈근대 사유의 길

1990년대는 거대한 변환의 시대이다. 오늘날의 변환은 구한말의 변환에 버금가는, 넓은 시각으로 보면 그보다 더 큰 변환이라 해야 할 것 같다. 기계 수준에서 전자 수준으로의 물질적 변환, 역사상 처음으로 그들의 욕망을 활짝 펼치게 된 대중이라는 존재의 도래, 하드웨어에서 소프트웨어로 전환한 경제 메커니즘, 제국주의적-파시즘적 정치의 쇠퇴, 탈-이데올로기적 사회 분위기, 모든 가치, 체면, 꿈, 사랑을 집어삼키는 자본의 절대적인 위력, 끝없이 상품화되는 세계,…… 이 모든 것이 시대의 거대한 변환을 뚜렷이 보여준다. 오늘날의 시대는 두 가지 상반된 흐름이 선명하게 대립하면서 혼돈과 창조의 시대를 그리고 있다. 한편에는 '초-근대/극-근대'라 부를 만한 모순들이 군정시대의 모순들을 더욱 부풀리면서 팽창하고 있으며, 다른 한편에는 근대를 뛰어넘는 사유를 모색하려는 탈-근대적 사유 실험들이 솟아오르고 있다. 현실적 권력을 차지하고 있는 초-근대적 흐름과 소수의 사상-문화적 혁명가들의 탈-근대적 몸짓 사이의 대립이 1990년대를 특징짓고 있다. 우리는 시간의 지도리 위에 서 있다.

1990년대에 등장한 새로운 사유/학문의 경향에서, 특히 서구의 수준 높은 이론/철학과 관련되는 사유들에 초점을 맞출 경우, 우리는 세 가지의 뚜렷한 흐름을 읽어낼 수 있다.[11] 하나의 흐름은 1970~80년대 군국주의의 모순에 맞서 투쟁했던 변증법의 변환이다. 1980년대로부터 1990년대로의 거대한 변환에 처해 변증법은 과거의 교조적 성격을 교정함으로써 새로운 모습으로 다시 태어나려는 여러 가지 실험들을 시도했다. 알튀세르, 그람시에의 관심이 그 한 예이다. 다른 하나의 흐름은 이른바 '후기 구조주의' 또는 '68사상'으로 일컬어지는 일군의 프랑스 사상가들(푸코, 들뢰즈, 데리다 등)에 대한 관심이다. 이들이 열어젖힌 신체론, 욕망론, 권력론 등이 우리의 사상적 구도를 크게 변환시켰다. 마지막 흐름은 이른바 '포스트모더니즘'의 흐름으로서, 1970년대 미국 건축에서 출발해 전 세계로 퍼져 나간 미학적 사유의 흐름이다. "포스트모더니즘"이라는 말은 때로는 좁은 의미(미학적

11) 이것이 꼭 서구 이론에 우리 역사를 맞추어 이해해야 함을 함축하지는 않는다. 예컨대 20세기 정치사의 중요한 한 경향인 "student movement"는 서구보다는 오히려 한국에서 먼저 일어났다고 할 수 있다. 서구의 경우 68혁명을 기점으로 학생운동이 불붙었지만, 한국은 4.19혁명이 이미 학생운동을 그 중요한 한 요소로 포함했기 때문이다(일본의 경우에 대해서는 가라타니 고진, 『정치를 말하다』, 조영일 옮김, 도서출판 b, 2010, 1장을 참조). 이후 서구가 본격적인 후기 자본주의 시대에 접어들 무렵, 한국은 유신 시대가 도래하게 된다. 한국의 자본주의는 국가 독점 자본주의의 형태를 띠었다. 이 시대의 핵심 사상은 마르크시즘이었다. 서구의 68혁명과 유사성을 띤 것은 1987년의 6월 항쟁이었다고 할 수 있고, 이때부터 한국에서도 후기 자본주의적 양상들이 속속 나타나게 된다. 바로 이 시점부터 이른바 '68사상'이 연구되기 시작한 것도 이런 맥락에서이다. 시대와 사상은 늘 밀접하게 얽혀 진행되지만, 그 진행 양상은 지역적으로 달리 나타난다고 할 수 있다. 1990년대에 후기 구조주의자들이 본격적으로 연구되기 시작했고 또 한국 사상가들의 이론적/철학적 정체성이 이 사상가들과의 연관성에 따라 형성된 것은 어떤 사람들이 말하는 것처럼 "유행"도 아니고 "서구 사대주의", "학문의 식민주의"는 더더욱 아니다. 역사와 사상의 밀접한 관련성에서 기인하는 것일 뿐이다. 이런 식의 매도는 살아 움직이는 현재성의 사유를 소화해내지 못하는 지적 무능력자들의 방어 메커니즘일 뿐이다.

의미)로, 때로는 넓은 의미(후기 구조주의와 혼동되는 의미)로, 또 때로는 극히 넓은 의미('탈근대'와 동일시되는 의미)로 사용됨으로써 많은 혼란을 주기도 했다.[12)]

그러나 탈근대 사유는 무엇보다도 제국주의와 파시즘에 대한 비판이라는 의미를 띤다. 철학적으로 말한다면, 근대적 주체주의와 전체주의에 대한 비판이다. 근대적 주체가 서구중심주의의 주체로서 왜곡되고 그 결과 근대성을 독점한 서구는 마침내 제국주의의 길로 들어섰다. 서구적 근대성에 대한 비판적 함축을 띠었던 구조주의적 사유가 특히 인류학에서 그 사상사적 의미를 담게 되었던 것은 우연이 아니다. 인류학은 제국주의의 학문이었고, 또 탈-제국주의의 문제의식이 발아한 곳이기도 했기 때문이다. 그러나 오늘날 제국주의는 문화적 옷으로 갈아입고, "글로벌"이라는 수식어를 달고서 여전히 강력히 작동하고 있다. 다른 한편 '68사상'은 파시즘(넓은 의미)을, 나아가

12) '포스트모더니즘'은 무엇보다도 '모더니즘'에 대한 '포스트'이다. 따라서 미학적 개념으로 사용하는 것이 가장 덜 혼동을 줄 것이다. '후기 구조주의'—이 말 자체가 매우 느슨한, 편의상의 표현일 뿐이거니와—는 별개의 사유 갈래이지만, 포스트모더니즘에 사상적 기초를 제공하거나 영향을 주고받은 흐름으로 이해되어야 한다. 나아가 '탈근대'는 극히 넓은 문명사적/사상사적 개념으로 이해되어야 할 것이다. 탈-근대적 흐름과 '포스트모더니즘'을 동일시할 경우 많은 혼동이 올 수 있다. 포스트모더니즘은 탈-근대라는 문명사적 흐름의 어떤 한 갈래인 것이다. "후기 구조주의", 프랑크푸르트학파, 20세기 중엽 일본의 "근대의 초극"론 등도 이런 흐름의 상이한 갈래들이다. 이런 구분 없이 예컨대 '근대의 초극'을 '포스트모더니즘'과 (그 말의 표면적 유사성에만 주목해) 동일시할 경우(히로마쓰 와타루, 『근대초극론』, 김항 옮김, 민음사, 2003에 붙인 가라타니 고진의 해설) 여러 가지 혼동이 발생한다. 심지어 "포스트모더니즘은 후기 산업자본주의 사회의 한 반영일 뿐이다"라는 식의 거친 말로 관련된 다양한 사조들을 매도하는 일은 일종의 언어적 테러에 가까운 것이다.

모든 형태의 전체주의를 극복할 수 있는 논리들을 제공했다. 국가 독점 자본주의 비판이라는 시각으로 전개되던 한국의 사상[13]도 이 시점에서 권력 그 자체를 보다 심층적으로 해부할 수 있는 눈을 얻게 되었다고 할 수 있다. 이런 바탕 위에서 신체, 욕망, 차이, 타자, 담론 등등을 개념화할 수 있는 장이 마련되었다고 할 수 있다.

과학기술 영역에서도 거대한 변환이 일어났다. 갈릴레오와 데카르트에 의해 대변되는 근세 물리학은 그 후 과학적 사유의 패러다임으로 자리 잡았으며, 근대적 기계론과 결정론은 라플라스의 결정론을 거쳐 "신은 주사위놀이를 하지 않는다"는 아인슈타인의 신념에 이르기까지 과학자들의 의식을 끈질기게 지배했다. 기계의 차원에 어울리는 패러다임의 일반화는 곧 세계의 기계화를 강화해 왔다. 다시 말해 기계를 파악하기 위한 인식론적 틀은 점차 세계를 기계화하는 존재론적 이데올로기로 이행했다. 현대의 세계를 지배하는 존재론적 구도는 근대 과학의 기술적 변용을 통해서 형성되어 왔다고 할 수 있다. 테크놀로지는 인간이 사용하는 도구를 제공하는 것을 넘어 현대인의 존재 양식 그 자체를 주조해 왔다고 할 수 있다. 1960년대에 시골에서 보내던 어린 시절과 오늘날을 비교해 보면, 마치 문명의 몇 단계를 건너뛰면서 살아온 느낌이 든다. 우리의 삶에는 전통과 근대 그리고 탈근대가 삼중의 겹을 형성하고 있음을 알 수 있다. 문명의 세 양태가 동시에 공존하고 있는 것이다. 오늘날 복잡계 이론 등 탈-근대적인 과학이 연구

---

13) 박현채의 『한국 경제 구조론』(일월서각, 1986)은 국가독점 자본주의를 분석 · 비판하고 있는 대표적 저작들 중 하나이다.

되고 있는 것이 사실이지만, 우리의 삶에서는 여전히 전통과 근대가 함께 작동하고 있다.

탈근대 사유는 제국주의 시대, 파시즘의 시대와는 대조적인 또 다른 문제점을 안고 있다. 근대적 사유가 국가적 권력과 행정조직의 지배로부터 자유롭지 못했다면, 오늘날의 탈근대 사유는 자본주의와 대중문화가 형성하는 화폐회로에서 헤엄치고 있다는 점이다. 전자의 경우 학문은 한편으로는 군사문화의 지배를 받으면서도 동시에 그 지배와의 투쟁을 통해 오히려 정기精氣를 잃지 않았다면, 오늘날의 상황은 이 정기마저 무너뜨리고 있다 하겠다. 특히 학술진흥재단의 개입과 '글로벌 스탠더드'의 도래는 그 전까지만 해도 남아 있던, 학자들의 조촐했지만 순수했던 모습을 앗아가버렸다고 할 수 있다. 대학에서 기초 과목들이 사라지고 학교 경영에 도움이 되는 과목들이 득세하면서, 대학의 성격은 판이하게 변해버렸다. 이 점에서 탈근대 사유가 대면해야 할 적은 근대 사유가 대면해야 했던 적과는 그 성격이 매우 다르다.

우리 시대의 화두는 현대가 매개된 자생적 사유의 재건일 것이다. 서구와 일제에 의해 전통 사유의 흐름이 꺾인 이후 한국에서의 철학은 이른바 강단철학과 재야철학으로 분리된다. 전자는 서구의 정교한 사유의 세례를 받고서 전개된 대학에서의 철학(특히 박종홍, 박치우, 신남철 등의 변증법적 사유 전통)이며, 후자는 이른바 "재야"에서 종교적인 성격을 띠면서 전통을 이어간 철학(천도교, 대종교, 씨알사상

등)이다.[14] 아쉬운 점은 양자를 진정으로 습합習合한 자생철학이 충분히 현실화되지 못했다는 점일 것이다. 오늘날 진정한 자생철학이 성립하려면 한편으로 전통의 맥과 닿아 있어야 하며 다른 한편으로는 현대가 소화되어 있어야 한다. 20세기 철학이 다산과 혜강이 그 시대에 이루었던 철학화의 높이를 이루었는지는 의문이다. 오히려 철학의 세계는 분열되었고, 그 분열은 아직까지도 현재진행형이다.

물론 반드시 전통을 다루어야만 자생적이라고 말할 수 있는 것은 아닐 것이다. 1980년대의 변증법적 사유들과 1990년대의 후기 구조주의적 사유들은 자생적 학문들도 아니지만 그렇다고 강단철학인 것도 아니다. 이런 사유들은 전통을 직접 잇고 있지 않더라도 각각의 시대와 맞붙어 고투했던 사유들이다. 1980년대 사유는 소외, 착취, 노동, 파시즘 등등과 고투했고, 1990년대 사유는 욕망, 신체, 권력, 담론, 타자 등등과 고투했다. 이 점에서 그 '연원'을 떠나 이런 사유들은 '자생적'이라고 말할 만하다. 오히려 문제의 본질은 시대를 수놓았던 사상들 사이의 불연속일 것이다. 전통과 현대의 단절은 말할 것도 없고,[15] 최근의 현대 또한 몇 개의 층으로 균열되어 있다. 내가 학생 시절 그토

14) 20세기에는 이외에도 여러 갈래의 철학적 노력들이 전개되어 왔다. 이규성, 『한국현대철학사론: 세계상실과 자유의 이념』(이화여자대학교출판부, 2012)은 현대 한국 철학의 전개를 개관해 주고 있다.

15) 외국에서 공부하고 온 젊은 학자들을 보면 이들 중 많은 이들이 20세기 한국에서 어떤 철학들이 진행되어 왔는지, 어떤 인물들이 있는지조차 모르는 경우가 허다하다. 또, 그런 관심 즉 자신의 사유를 자신의 신체가 살아가는 장에 정위(定位)하려는 관심 자체를 결하고 있음을 확인할 수 있다(그렇다고 한국 내에서 공부한 학자들이 크게 다른 것 또한 아니다). 이들에게 한국의 철학 전통은 오히려 낯선 무엇이다.

록 많이 읽혔던 책들은 이제 '고서점'에서나 발견할 수 있다. 그렇다면 지금 인구에 회자되는 책들도 얼마 후면 똑같은 상황에 처하게 될까? 시간의 마디들이 툭툭 끊어져 별개의 섬들을 만들어내고 있는 듯하다.

이런 불연속은 우리가 살아가는 '세계'가 변환되어 왔음을 뜻하기도 하지만, 또한 철학화의 높이에서 그런 변환들을 '사유'하지 못했음을 뜻하기도 한다. 내부에서 전달되어 온 것과 외부에서 전해져 온 것, 예컨대 자연과학적 세계와 기학적 세계가 어색하게 공존하는 것도 이 때문이다.[16] 탈근대 사유가 의미 있는 것은 그것이 미래를 향해 탈-근대의 운동을 가져왔다는 점이 아니라 오히려 그것의 도래로 인해 비로소 전통과 근대 그리고 근대 이후를 함께 사유할 수 있기 시작했다는 점에 있다. 서구에서 르네상스가 도래함으로써 비로소 '중세'라는 개념이 등장하고 고대와 중세 그리고 그 이후를 사유할 수 있게 되었던 것처럼, 탈근대 사유는 우리로 하여금 비로소 탈주와 회귀 사이에서 사유할 수 있게 해 준 것이다.

16) 물론 내부적인 것과 외부적인 것은 상대적이다. 예컨대 불교 또한 그 연원을 따지면 외부적인 것이다. 나아가 내부와 외부를 가르는 기준 자체는 도대체 무엇인가(예컨대 "민족"인가? 그렇다면 민족이란 무엇인가?)라는 근본적 물음을 던져 볼 수도 있다. 지금의 논의는 어디까지나 '지금 여기'의 맥락에서의 논의이다.

동서 철학의 지평융합

철학이라는 담론은, 물론 모든 담론들이 그렇듯이 그 경계는 매우 유동적이지만, 기본적으로 보편성의 지향을 그 한 속성으로서 포함한다. 그러나 여기에는 역설적인 데가 있다. 묘하게도 오늘날 철학은 인문학에 속해 있다. 과학이 보편적-추상적 지식savoir을 추구한다면, 인문학은 특수한-구체적인 인식connaisssance을 추구한다. 이렇게 보면 철학은 인문학이 아니라 과학에 속해야 할 것 같기도 하다. 그리고 사실 과학적 지향이야말로 철학의 시원인 헬라스 철학의 출발점이었다. 상황이 크게 바뀐 것이다. 분명 철학사를 수놓은 철학들을 연구하는 작업은 인문학적 작업이다. 개개의 철학들은 보편성을 추구하지만 그런 철학들이 형성하는 철학사 연구는 인문학적 연구라는 점에서, 철학에는 묘한 이중성이 존재한다. 보편성에 대한 주장이 기만에 빠지지 않기란 매우 어렵다고 해야 할 것이다.[1] 보편성은 현실성으로서가 아니라 잠재성으로서만 그 긍정적 역할을 수행한다고 해야 하리라.

현대는 이른바 "세계화와 정보화"를 통해서 전 세계가 "글로벌 스탠더드"로 일원화되는 경향과 이에 맞서 다양한 '타자들'이 제 목소리를 내는 다원적 경향이 공존하고 있다. 그러나 진짜 문제는 글로벌 스탠더드에 맞서는 작은 목소리들을 어떻게 큰 저항의 목소리로 동조同調시킬 것인가에 있다. 그러나 이런 작업은 우선 다양한 문화들을 비교하고 그 융합의 지평들('기저공간들')을 모색하는 과정을 필수적으로 요청한다. 이 과정에서 우선적인 것은 서구 문화의 문제일 것이다. 지난 한 세기 동안 사람들이 영위해 온 문화는 철저하게 서구화된 문화였고, 이제 우리는 멋모르고 달려오던 길을 되돌아보고 새로운 길을 모색해야 할 지점에 서 있기 때문이다. 서구에서 우리가 배운 점과 벗어나야 할 점을 정확히 파악하고 자생적 탈근대 사유와 삶을 창출해 내야 할 시점에 서 있는 것이다.

비교 연구의 세 맥락

이런 맥락에서 이제 서구와 동북아, 나아가 다른 여러 문화들을 고립적으로 연구하는 것은 한계를 노정할 수밖에 없다. 모든 것이 열리고 섞이는 오늘날 가장 필요한 연구들 중 하나는 비교연구comparative study일 것이다. 팽배하는 상대주의와 허구적 보편성을 동시에 극복해 가면서 진정한 보편성으로 나아가는 과정에서 비교연구는 이론적 가치만이 아니라 심대한 윤리적 가치를 띤다. 비교의 작업에서 일차

---

1) 예컨대 바디우는 『사도 바울』(현성환 옮김, 새물결, 2008)에서 새로운 보편성을 정초하고자 했지만, 논의 자체가 철저히 서구 중심적인 테두리에 갇혀 있다.

적인 것은 '대상'의 선택이다. 칸트와 다산인가? 실존주의와 양명학인가? 프랑스 철학과 중국 철학인가? 등등. 사실 이렇게 비교의 대상을 선택할 때 우리는 어떤 선이해를 가지고 들어간다고 할 수 있다. 선이해가 비교에의 충동을 일으킨다. 선이해에 있어 대부분의 경우 차이보다는 유사성이 앞선다. 유사성이 두 대상을 하나의 기저공간에 놓고 비교하게 만든다고 할 수 있다. 대상의 선택에 이어지는 것은 비교의 방법이다. 라이프니츠와 역易을 비교한다는 것은 무엇을 뜻하는가? 베르그송과 불교를 어떻게 비교할 것인가? 등등. 세 가지를 생각해 보자.

첫째, **존재론적 탐구**. 이는 한 담론을 구성하고 있는 기본 개념들의 탐구이다. 아리스토텔레스의 경우 원인, 목적, 형상과 질료, 가능태와 현실태, 신 등, 주희의 경우 '성', '리', '기', '정' 등. 모든 개념들은 그것에 상관적인 지시계 또는 의미론적 장을 가진다. 기호로서의 개념은 기호 외적인 존재와의 상관성을 통해서 객관성을 가질 수 있다. '금강산'이라는 기호는 북한에 있는 한 산을 그 의미론적 장으로 가진다. 설사 실재하지 않는 세계라 해도 마찬가지이다. 무협지에 등장하는 '강호'라는 개념은 어떤 상상적 세계와 상관성을 가진다. 두 담론 사이의 비교는 기본적으로 각각의 기본 개념들의 비교를 전제한다. 그러나 기호들 사이의 외형적 일치 아래에서는 의미론적 장에서의 어긋남에서 기인하는 흔들림, 간단히 말해 '의미론적 어긋남'이 항상 존재한다. 전형적인 예로서, 형상 · 질료 쌍과 기 · 리 쌍. 거의 모든 개념들은 다른 개념들과 '중층결정'의 관계를 맺는다. 언어에 깃드는 시간성을 감안하면 사안은 더욱 복잡해진다. 'Mass'라는 말은 그 히브리 어원에 있어, 그리스 자연철학에 있어, 뉴턴의 공식에 있어, 그리고 아인슈타인의 공식에 있어 다른 의미론적 장과 연계된다. 이런 의미론적 복잡성은 물론 번역의 문제에서 두드러지게 드러나곤 한다. 예컨대 'society'로부터 '사회'社會로의 번역, 'ousia'로부터 'substantia'로의 번역. 전자는 서구적 뉘앙스에서의 'society'와 동북아적 뉘앙스에서의 '사社회' 사이의 어긋남과 연관되고, 후자의 경우 그리스적 질료형상설과 로마적 유물론 사이의 어긋남과 연관된다. 그래서 의미론적 장 또는 캉길렘이 말하는 '이론적 환경'에 주의를 기울일 필요가 있다. 이런 비교를 위해서 '가로지르기'의 정신이 필요하다.

둘째, 한 담론이 속해 있는 **담론공간**의 탐구. 담론공간이란 인식의 가장 원초적인 차원, 즉 인간이 자연과 맞붙어 있는 차원이다. 그것은 언표들이 처음으로 생성하는 차원인 사건, 이미지, 지각의 차원으로부터 시작해 무수한 담론들이 형성되고 변화되며 또 서로 관계 맺는 공간이다. 모든 담론들은 이 담론공간의 그 어디에선가 형성되며 변형을 겪는다. 이때 우리는 그 담론이 형성되는 규칙성에 주목할 수 있다. 예컨대 조선조 초기에 성리학이라는 담론이 당대의 담론공간에서 어떻게 형성되었는가, 그리고 그 장에서 어떤 인식론적 위상을 차지하고 있었는가, 불교를 비롯한 다른 담론들과는 어떤 관계를 맺었는가를 탐색할 수 있을 것이다. 어떤 담론에 대한 이해가 분명해지려면 그것이 속해 있는 담론공간 전체의 카르토그라피를 드러낼 필요가 있다. 그러나 이 카르토그라피를 그리는 것이 공간적이고 정적인 작업인 것만은 아니다. 한 사회, 한 시대의 담론들이 명멸하는 것은 그 사회, 그 시대 사람들의 욕망과 권력관계에 영향을 받기 때문이다. 성리학의 형성 역시 순수하게 담론차원 자체 내의 문제만은 아니었으며, 그 시대의 정치적 요청과 지배계급의 역학관계와 맞물려 있는 문제였다. 이 점에서 담론공간 연구는 인식론만의 문제가 아니라 정치철학의 문제이기도 하다.

마지막으로 **주체론**의 문제가 있다. 어떤 시대의 어떤 담론도 결국 인간에 대한 특정한 관점을 누락할 수는 없을 것이다. 일찍이 칸트가 철학의 문제들을 정리했을 때, 그 궁극의 문제는 곧 "인간이란 무엇인가?"였다. 그래서 철학의 맥락에서는 어떤 담론에 대한 연구든 궁극적으로는 그 담론이 명시적으로 또는 함축적으로 내포하고 있는 인간관(그리고 그 인간관이 다시 함축하고 있는 삶의 방향)으로 귀착되는 경향이 있다. 때문에 동서 철학의 비교 연구에는 서구적 인간형과 동북아적 인간형 그리고 이 인간형들이 함축하는 삶의 방향에 초점을 맞추는 것이 의미심장한 결과를 낳을 수 있을 것이다. 현대에 들어와서는 특히 실존주의와 구조주의의 대결이 필수적이다. 양자는 20세기 인성론의 두 축이기 때문이다. 다음으로, 지난 반세기에 걸쳐 눈부시게 발달한 생명과학은 21세기 인성론을 위해서 반드시 매개되어야 할 분야이다. 생명과학의 결론들을 소화하면서도 그에 대한 그릇된 철학적 해석들(특히 환원주의)을 극복하는 것이 우리 시대의 주요 과제이기 때문이다. 이런 작업의 끝에서 우리는 다시 동북아적 인성론으로 회귀해 전통을 현대적 형태로 재창조해야 할 것이다.

자연과 인간의 화해: 기학과 서구 자연과학

내용/주제 면에서 볼 때, 동서양의 지평융합을 위한 몇 가지의 핵심 테마가 존재한다. 가장 넓게 말한다면, 많은 사람들이 지적하듯이 자연과 인간의 화해, 인간과 인간의 화해, 문명과 문명의 화해가 될 것이다. 여기에서는 서구적 자연관과 기학적 자연관의 비교를 통해서 지평융합의 한 가지 방향성에 대해서만 생각해 보자.

19세기 후반 이래 서구 문명이 그 밖의 지역을 압도한 것은 기본적으로 서구가 19세기 이래 이룩한 고도의 물질문명 때문이었다. 때문에 그 물질문명을 뒷받침했던 자연과학이 동양의 전통 학문들을 밀어내버렸다고 할 수 있다. 마찬가지로 근대적인 물질문명의 폐단이 극에 달한 오늘날 근대 자연과학에 대한 심각한 회의가 발생했으며, 이런 맥락에서 전통적인 세계관이 다시금 조명되기 시작한 것이다. 이 점에서 우리에게는 탈서구/탈근대와 전통 연구가 맞물려 있다고 할 수 있다(서구에서도 탈근대 사유의 한 정향으로서 그리스 문화의 복원이 시도되고 있다). '전통 학문의 재건'이라고 할 때 그 무게중심이 일차적으로 걸리는 곳은 기학이라고 할 수 있다. 근대화가 과학기술 문명과 더불어 발생했고 탈근대화가 고도 기술문명에 대한 비판의식과 더불어 탄생했다면, 바로 그 근대 과학기술과 대비되는 기학이 탈근대 사유의 실마리가 될 수 있기 때문이다. 때문에 동북아 사유의 재건은 정신적인 측면, 문화적인 측면만이 아니라 자연에 대한 해석에도 무게를 둘 필요가 있다. 자연과 생명, 신체에 대한 확고한 인식의 토대 위에서 여러 정신문화가 설 필요가 있기 때문이다. 이는 곧 혜강 최한기의 사유를 오늘날로 잇는 것이기도 하다.

서구 근대 자연과학의 특징은 기계론적인 것에 있다. 기계론은 우선 질적인 것들을 양적인 것들로 환원시킨다. 이것은 데카르트의 'res extensa' 개념에서 잘 나타난다. 'Res extensa'는 물질-공간 쪼가리이다(데카르트에서 물질과 공간은 따로 존재하지 않는다. 즉 'plenum' 개념을 잇고 있다). 따라서 'res extensa'는 오로지 크기, 모양, 그리고 데카르트 자신이 고안한 '좌표계' 위에서의 위치 이동이라는 세 가지 규정만을 통해서 인식되는 존재이다. 데카르트는 우리가 겪는 모든 질적인 차이들은 사실상 이 'res extensa'의 크기, 모양, 위치 이동의 변화에서 유래한다고 본다. 이러한 데카르트의 생각은 근대적 환원주의의 일반 문법으로 자리 잡는다. 양적이고 기하학적인 것만이 '실재'이고, 다른 차이들은 이 실재로부터 파생되는 표면효과라는 생각이다. 이 점에서 'res extensa' 개념은 기氣 개념과 뚜렷이 대비된다. 기는 질적인 규정성들을 배제하지 않는 개념이다. 기 안에는 모든 질들이 온축蘊蓄되어 있다. 둘째, 기는 크기, 모양, 위치 이동에 의해서만 규정되는 물질-쪼가리가 아니다. 크기, 모양 등은 기가 '물'物로 개별화되었을 때 '형'形으로서 다루어진다. 그리고 기는 운·동·변·화하는 존재이다. 사실 애초에 기는 생명의 성격을 띠며 오로지 생성해 가는 것으로서만 존재한다. 아울러 기는 인식론적으로도 특이하다. 그것은 이성적 분석에 의해서만 인식되는 존재가 아니라 우리의 몸으로 느낄 수 있는 존재이기 때문이다. '보는 것'을 위주로 하는 인식을 통해서는 기에 접근하기 힘들다. 기는 '느끼는 것'이기 때문이다.

그런데 'res extensa' 개념의 비판은 사실 서구 자체 내에서도 발생했다. 기계론을 극한으로 밀어붙인 데카르트는 힘 개념조차도 제거하려 했다. 사실 '힘'이란 기와 마찬가지로 누구나 실재로서 느끼는 것이지만 실증할 수 없는 것이기도 하다. 그러나 역학이 발달하면서 힘 개념의 필수성은 부정할 수 없는 것이 되어 갔다. 뉴턴과 라이프니츠는 상이한 방식으로 힘 개념을 도입해 발전시켰다. 뉴턴은 "$f = m\frac{d^2x}{dt^2}$"라는 공식을 통해 힘force의 개념(과 질량, 가속도 개념)을 확립했다. 라이프니츠는 물체 자체가 내재적인 힘을 가진다는 사실을 증명하는 데 상당한 공을 들였다. 그는 '살아 있는 힘'vis viva이라는 개념을 도입했으며, 이 개념에 양적 규정까지 부여함으로써 오늘날의 '에네르기' Energie 개념이 형성되는 데 결정적인 발걸음을 내디뎠다. 이제 물질과 에네르기가 한 덩어리가 된 상태를 생각할 수 있게 된 것이다. 라이프니츠의 사유는 서구 철학과 기철학이 소통할 수 있는 교두보를 마련해 주었다고 할 수 있다.

이렇게 데카르트의 기계론을 극복해 가는 과정은 이후의 과학사에서도 계속되었고, 사상 일반에서는 물론이고 자연과학의 역사에서도 기계론적 전통과 반-기계론적 전통이 꾸준히 대립해 왔음을 볼 수 있다. '자연과학'이라는 범주에 들어오는 담론들은 기계론 철학을 토대로 발전해 왔다고 할 수 있다. 왜일까? 지난 4세기 동안 계속 변화해 오긴 왔지만, 자연과학적 탐구는 기본적으로 사물의 **메커니즘**을 탐구하는 것이기 때문이다. 'Mechanism'이란 대상을 하나의 기계로 보고 그 기계의 작동 방식을 탐구하는 것이다. 이 말 자체가 '기계론'과 '메커니즘'을 동시에 뜻하거니와, 어떤 사물의 '메커니즘'을 탐구하는 것 자체가 이미 그것을 기계론적 관점에서 보는 것을 함축한다. "저것의 메커니즘은 무엇일까?"란 곧 "저것의 기계론적 작동 방식은 무엇일까?"를 뜻한다. 기계를 설명하는 데 동원되는 개념들을 통해 사물들을 공간화·기호화·함수화해서 세계를 보는 것이 자연과학인 한, 과학은 그 근저에서 기계론의 태도를 깔고 있다고 할 수 있다. 그러나 이런 시도는 늘 한계에 부딪치고 그 과정에서 기계론은 힘 개념의 도입을 비롯해 스스로를 계속 변형했다고 할 수 있다. 그리고 기계론 극복의 과정이 역설적으로 '기계'라는 개념을 점점 더 세련되게 만들어 주었다고 할 수 있다. 예컨대 잘 알려져 있듯이, 생물학은 생기론의 토대 위에서 하나의 독립된 담론으로서 수립될 수 있었다. 또, 오늘날의 기계론은 '정보' 개념을 거의 상식적인 것으로 자체 내에 내포한다. 기계론과 반-기계론의 변증법이 오늘날의 세련된 과학을 만들었다고 할 수 있다.

그러나 자연과학 자체가 자연과 인간의 화해를 추구하지는 않는다. 오늘날의 자연과학은 하이테크 및 신자유주의적 자본주의 그리고 국가 정책과 한 덩어리가 되어 움직이는 활동이라 해야 할 것이다. 이런 자연과학의 길과 다른 길을 통해 자연에 접근한 인물들이 베르그송을 비롯한 현대 철학자들이었다. 베르그송, 후설, 하이데거, 제임스, 니시다 기타로 등은 시간 개념에 대한 근본적인 반성을 통해 근대 철학의 한계를 돌파할 수 있었고, 이런 존재론적 작업 위에서 오늘날까지도 그 광휘가 살아 있는 현대 사유를 창조해낼 수 있었다. 이 사유-갈래는 한편으로 양자역학 이후 오늘날의 복잡계과학에 이르기까지의 현대 과학과 연계되면서, 또 한편으로는 현대 예술과 거의 한 덩어리로 움직이면서, 오늘날 들뢰즈 등의 사유에 이르기까지 전개되어 왔다. 이 사유-갈래에서 인간과 자연의 관계는 근대적인 이분법과는 달리 사유되어 왔다. 동북아 사유는 이런 흐름에서 많은 것을 배웠으며, 그렇다면 이제는 우리가 기학의 전통을 되살리면서 서구 사유에 보답할 차례인 것이다.

서구 과학과 대화하면서 기학을 재건하는 것은 또한 한국 철학사의 맥을 잇는 작업이기도 하다. 이러한 연구 기획을 제시하고 또 발전시킨 인물이 바로 혜강 최한기였기 때문이다. 혜강은 서구 과학이 이루어 놓은 성과들을 수용하되 기학의 관점에서 이를 비판적으로 종합함으로써, 서구와 마주친 이후의 동북아 사유가 어디로 가야 할지를 정확히 제시했던 것이다. 아쉽게도 혜강의 이런 노력은 그 후 계속 이어지지 못하고 단절되어버렸으며, 최근에 이르러서야 새롭게 조명되고 있다. 그러나 중요한 것은 혜강 연구에 그치지 않고 혜강이 그의 시대에 했던 작업을 지금 우리 시대에 이어서 행하는 것이다.

이런 작업의 첫발자국은 최한기로부터 베르그송으로 나아가는 선상에 있다고 생각된다. 최한기와 베르그송은 물론 철학사적으로 전혀 관계가 없는 두 인물이다. 그러나 최한기의 '기' 개념과 베르그송의 '기억', '생명', '정신에너지' 개념을 비교하면서 전자에서 후자로 가로지르는 과정이 일정 정도 수행된다면, 비로소 현대 기학을 말할 수 있을 것이다.

베르그송의 생명 개념은 19세기에 발전한 두 핵심 과학인 열역학과 진화론에 대한 메타적 반성에 근간을 두고 있다. 열역학 제2법칙은 물리적 현실이 고전역학이 말한 가역적 운동이 아니라는 것, 일정 방향의 불가역적 운동이라는 것을 드러냈다. 물질을 조직하는 형상들은 끝내는 와해되며 우주는 열사熱死 즉 최대 엔트로피 상태를 향해 달린다. 진화론은 이와 대조적으로 등질적 우주로부터 다질적 우주로의 이행을, 이전에 존재하지 않았던 형상들의 끝없는 창조 과정을 드러냈다. 베르그송의 우주론/생명론은 이 두 가지 그림을 하나의 사유체계로 종합하고 있으며, '생명과 물질의 투쟁'에 입각한 사유를 펼쳤다.

베르그송의 '생명'은 리理와 같은 고정된 형상이 아니다. 그것은 그 안에 무수한 생명체들의 잠재력을 담고 있으며(절대적인 질적 다양체) 시간이 흐르면서 그 잠재력은 생명체들로 현실화된다. 더구나 그 잠재력이란 일정하게 규정된 잠재적 형상들이 아니라 무수히 다양한 형상들로 화할 수 있는 가능성의 장이다. 생명의 잠재력이 현실화될 때 거기에 새로운 질들qualities의 탄생이 동반되며, 비-결정론적 우연성이 개입한다. 따라서 베르그송의 우주는 '창조적 진화'에 의해 움직이는, 말하자면 생명체와도 같다. 그래서 베르그송에게서 리들은 기氣 위에 선험적 원리로서 군림하는 것이 아니라, 그 안에 녹아 있다고 할 수 있다. 여기에서 "녹아 있다"는 것은 잠재적으로 존재한다는 뜻이다. 베르그송은 생명과 물질을 두 실체로 상정했지만, 기 개념에는 이 두 계기—정신을 따로 볼 경우 세 계기—가 모두 들어 있다. 때문에 생명이 물질을 조직하는 것이 아니라 기 자체가 두 계기의 조절을 통해 스스로 조직될 뿐이다. 이렇게 이해했을 때 진화론도 기학의 체계 속에서 이해 가능한 것이 된다.

직관적인 수준에 머무는 이런 논의들을 최한기에서 베르그송으로 가로지르면서 정교화해 간다면, 현대적인 의미의 기학도 가능해질 것이다.

혼돈의 시대와 비판적 사유
— 철학아카데미를 세우며

자생적 사유의 길

지난 두 세기에 걸친 우리 사유의 역사를 되돌아보면, 자생적이고 창조적인 사유들 대부분이 강단 바깥, 제도권 바깥에서 이루어져 왔음을 확인하게 된다. 어쩌면 이것은 당연한 것인지도 모른다. 진정한 사유란 본래 갇힐 수 없는 것, 제도화할 수 없는 것이기 때문이다. 철학은 한 사회를 지배하는 거대한 힘이 되었을 때마다 예외 없이 고갈되어버리곤 했다. 서구 중세, 성리학 시대, 스탈린 시대 등이 그렇다. 철학이 제도화되는 순간, 권력을 소유하는 순간 그것의 생명은 다한다. 철학은 혼돈의 시대, 고뇌의 시대에 꽃피어 왔으며, 박해와 고독 속에서 열매를 맺어 왔다. 때문에 우리 사회가 새로운 시대로 막 진입하는 시점에서 피어난 근대적 철학의 교두보가 1800년 다산 정약용의 강진 유배와 더불어 시작된 것은 어쩌면 필연일지도 모르겠다.

탈-성리학적 인간관과 탈-중세적 사회 이론의 씨앗은 다산 초당에 깃든 18년간의 고독과 고뇌를 통해서 배태되었다. 그리고 이러한 탈전통적 전통은 혜강 최한기로 이어진다. 혜강에게서 우리는 서구 학문의 성과를 기학 속에 녹여 넣으려는 장대하고 독창적인 사유의 모험을 본다. 이 모험 또한 제도권으로부터의 의도적인 탈주와 더불어 이루어졌다. 서구와 일본의 위협 아래에서 민족의 운명이 바람 앞의 촛불처럼 흔들렸을 때, 민중의 의지를 모아 자생적인 저항운동을 펼쳤던 동학사상 또한 이러한 흐름을 잇고 있다. 다산, 혜강, 동학으로 이어진 자생적이고 창조적인 사유의 전통은 지배 세력 및 제도적 기득권의 바깥에서 독자적인 흐름을 이루어 온 것이다.

그러나 20세기에 들어서면서 아쉽게도 이러한 흐름은 시대의 변화를 끌어안으면서 더 높이 비상하지 못했다. 일본이 한국을 강점하면서 우리의 제도권 철학은 서구화되었다. 전통과 근대성이 혼효하기보다는 외적인 상황의 도래에 따라서 다소 일방적으로 서구 철학을 수용하게 된 것이다. 이런 과정에서 전통과 근대, 동양과 서양 사이에 간극이 생기고 철학이라는 행위는 서구의 문헌들을 번역하고 소개하고 정리하는 작업으로 화해버렸다. 이런 상황은 100년의 세월이 지난 오늘날에도 크게 달라졌다고는 할 수 없을 것 같다.

그러나 다른 한편 강단 바깥에서 전통 사유를 이어가고자 한 인물들도 적지 않았다. 다만 이들은 서구 학문의 비약적인 발전을 흡수하지 못함으로써 19세기의 창조적 노력들보다 오히려 못한 수준으로 전락해버렸다. 물론 시대에 맞서 치열한 저항적 사상들을 펼친 선각자들이 존재하며, 이들의 노력은 자체로서 값지고 소중한 것이다. 이런 노력 속에서 이돈화에 의한 동학의 철학적 체계화(『신인철학』新人哲

學) 등 몇 가지 중요한 성과들도 나올 수 있었다. 그러나 전체적으로 전통을 잇고자 한 철학의 흐름은 더 이상 발전해 나가지 못했으며, 다만 종교적 성격의 여러 사상들을 제시할 수 있었다. 더 당혹스러운 것은 전통 학문이 기묘하게 희화화되기도 했고, 심지어 "철학관"을 비롯한 다양한 형태로 대중들을 현혹시키고 있다는 사실이다.

하지만 이런 상황에서도 박치우를 비롯한 일부 선구적 인물들은, 대학에서 서구적 사유를 흡수했으면서도, 단순히 강단철학에 머물러 있기보다 시대와 정면으로 대결하는 사유와 실천을 추구했다.(「아카데미 철학을 나오며」) 일제 시대, 부패정권 시대, 군사정권 시대로 이어진 고난의 시대에 이들이 보여준 희망의 사유와 실천은 현대 한국 철학의 중요한 원천이 되었다.

유신 독재에서 신군부 독재로 이어지면서 이 현실을 담지할 수 있는 새로운 사유가 요청되었다. 이런 현실에서 변증법적 사유는 시대의 고뇌를 끌어안고 사유하는 많은 지식인들의 일반문법이 되었다. 변증법은 독재를 겪으면서 새롭게 눈뜬 시민의식과 갑자기 높아진 정치의식을 사상적으로 뒷받침하는 시대적 역할을 떠맡았다. 아쉬운 점은 이 시대의 철학사상이 거의 압도적으로 변증법 계통의 서구 문헌들을 번역, 소개, 정리하는 데에 그쳤다는 점이다. 반면 역사에 보다 밀착한 문건들은 대개 수준 높은 철학적 저작들이 아니라 다양한 형태(이른바 "찌라시", 대자보 등)의 문서들로서만 양산되었다는 점이다. 20세기 들어와 형성된 한국 철학의 양극성 — 철학의 수준을 갖춘 경우에는 현실과 괴리되어 있고, 현실성을 담지하고 있을 경우면 철학적 사유 수준에는 미치지 못하는 양극성 — 이 이 시대에도 고스란히 확인된다.

군정이 종식되면서 새로운 시대가 도래했고 한국 사회 여기저기에서 '후기 자본주의' 시대의 기운이 솟아오르기 시작했다. 이 또 다른 시대를 이해하기 위해 미셸 푸코 등의 타자의 사유, 들뢰즈와 가타리의 리좀학 등을 비롯한 새로운 철학들, 그리고 사회의 여러 분야에서 나타난 비판적 사유들(페미니즘, 환경철학 등)이 출현했다. 시대가 복잡해진 만큼 사유 또한 복잡해지고 다채로워졌다. 이러한 사유들이 남긴 성과와 한계가 눈앞에 들어오려면 아직 많은 시간이 필요하다. 그러나 이런 사유들이 한국 지식인들의 사유와 글쓰기를 상당 부분 바꿔 놓은 것은 분명하며, 앞으로의 사유도 1990년대에 시작된 이런 사유의 흐름을 이어 진행되리라는 점은 분명해 보인다. 하지만 강단철학은 이런 흐름을 흡수하기보다는 냉대하고 배제하려는 태도를 견지했다. 1990년대의 대학사회를 특징짓는 것들 중 하나는 바로 '특강'이다. 대학의 여기저기에서 특강들이 참으로 많이 열렸다. 이유는 간단하다. 정규 과목에서는 학생들이 듣고 싶은 과목이 개설되지 않았기 때문이다. 철학적 사유의 내용은 달라졌지만(과거의 비-강단철학은 전통적인 성격의 사상들이었지만, 이제는 서구의 탈-근대 사상들이 중심을 이루게 되었다), 철학적 사유에서의 양극성은 여전히 유지된 것이다.

다양한 형태의 탈-근대 사상들이 꽃피고 있음에도, 아쉬운 것은 시대를 담지하려는 많은 지적 노력들이 고립적이고 산발적으로 진행되고 있다는 점이다. 사실 동학사상과 이후의 변증법을 제외하면, 자생적인 철학들의 전통—전통 아닌 전통—은 늘 고독한 개인이나 작은 소집단을 통해서 진행되었다. 그리고 이런 성격은 그 나름대로 이유와 의미를 가진다. 그러나 보다 역동적인 교류와 광범위한 연대가 필요한 오늘날, 이제 개인이나 소집단의 형태에 국한되어 온 자생철학의 흐름은 새로운 국면을 맞이하게 된 것이 아닐까. 다산, 혜강, 동학, 변증법, 탈-근대 사유로 이어진 자생철학의 면면한 전통을 잇되, 오늘날의 시대에 걸맞는 새로운 형태의 사유를 세워야 하지 않을까. 새로운 철학을 배우고 싶지만 배울 곳을 찾지 못하는 학생들, 1990년대 사유의 전통을 이어 자생철학을 창조하고자 하는 젊은 사상가들, 혼란의 시대를 살아갈 정신적 지주支柱를 만들어 가고자 하는 시민들, 이들이 모여 이제 역동적이고 창조적인 사유의 새로운 역사를 펼쳐야 하지 않겠는가. 철학아카데미는 이러한 맥락에서 설립되었다. 다음은 철학아카데미의 창립취지문이다.

> 오늘날 우리는 정체성이 와해되는 혼돈의 공간 속에서 살고 있다. 디지털과 생명체 복제로 상징되는 기술문명의 급변, 환경 파괴로 상징되는 자연과 문명의 급변, 날이 갈수록 심화되는 개인주의와 즉물주의, 대중문화와 미디어의 거침없는 도발, 신자유주의의 무차별 공세 같은 수많은 현상들이 우리 현실을 혼란의 와중으로 몰아넣고 있다. 반면 새롭고 활기찬 기운이 삶의 저변에서 솟아오르고 있는 것도 사실이다. 전방위적 소통체계의 구축, 낙천낙선 운동을 통한 정치 개혁, 억눌리기만 하던 대중의 자신 있는 몸짓들, 학문과 예술에서의 갖가지 신선한 동향들이 날마다 우리 눈앞에서 새로운 지평을 열어젖히고 있다. 이 혼란과 기대, 두려움과 설렘이 교차하는 오늘날의 현실은

우리에게 세계와 인간을 똑바로 바라볼 수 있는 건강한 철학을 요청하고 있다.

철학은 늘 기존의 정체성이 와해되고 새로운 정체성이 요구되는 시대에 활짝 꽃피어 왔다. "인문학 위기"라는 표피적인 현상과는 반대로, 오늘날처럼 철학에의 갈망이 대중적 차원에서 퍼져 나갔던 적도 없었을 것이다. 그러나 제도권 철학은 그 속성상 이러한 갈망을 충족시켜 줄 수 없고 또 그럴 의지도 없다. 때문에 우리는 다산과 혜강, 동학으로부터 20세기의 변증법, 1990년대의 타자의 사유에 이르기까지, 담론적 권력 바깥에서 현실을 직시하고 또 모순과 투쟁해 왔던 선철先哲들의 위대한 전통을 이어받아 이제 살아 있는 철학에의 길로 나아가려고 한다. 우리는 인간으로서 자신의 정체성에 대한 고민과 사회적 모순에 대한 투철한 비판의식을 이 땅의 모든 이들과 함께 하고자 한다. 철학아카데미는 조촐한 외형 속에 거대한 시대적 과업을 담고자 한다.

철학아카데미는 직업으로서, 전공으로서의 철학을 넘어 살아 있는 사유를 펼치고 있는 젊은 철학자들의 공동체가 될 것이다. 철학아카데미는 보다 고급한 사유를 갈망하는 대학원생들, 언론인들, 비평가들, 예술가들에게 치열하고 폭넓은 사유의 장을 제공할 것이다. 철학아카데미는 삶에 대해, 의미와 가치에 대해 사유하고 모색하는 모든 이들에게 체계적이고 개념적으로 사유할 수 있는 장를 마련해 줄 것이다. 철학아카데미는 이 땅에서 진실로 사유하려는 모든 이들이 모여 자유롭게 대화하는 장이 되려 할 것이다. 인간으로서의 삶에 대해 깊고 넓게 사유하려는 모든 사람들을 철학아카데미에 초대한다.

그렇다면 살아 있는 사유란 어떤 것인가? 그것은 현실을 직시하는 사유, 시대를 끌어안는 사유, 비판적인 사유이다. 그렇다면 현실이란 무엇이고, 시대란 무엇인가? 비판이란 무엇인가?

사건과 사유

살아 있는 사유란 사건과 더불어 이루어지는 사유이다. 사건이란 무엇인가? 사건이란 한 개인의 의도와 상관없이 현세계現世界의 지평 위로 솟아오르는 존재=생성이다. "6월에 남북 정상회담이 열릴 예정이다", "디지털 시대가 열렸다",……. 이런 사건들은 그 사건을 준비한 사람들 이외의 모든 사람들에게는 어느 날 갑자기 현실의 지평 위로 솟아오른 것들이다. 존재론적 맥락에서는 모든 변화가 사건이다. 운동장의 깃발이 흔들린 것도 사건이다. 그러나 사회적 맥락에서, 대부분의 사건은 다양한 작은 사건들이 어느 순간 교차해서 발생하는 큰 사건들이다. 이런 사건들은 어느 날 갑자기 우리 눈앞에 나타나 우리에게 그것을 해석하고 그것에 대처하기를 요구한다. 즉, 그것은 우리에게 모종의 힘을 가한다. 이렇게 우리에게 힘을 가하는 존재에 맞서는 사유, 우리에게 가해지는 활동성에 또 하나의 활동성으로 맞서는 사유를 살아 있는 사유라고 할 수 있다.

그러나 살아 있는 '사유'는 사건을 맹목적으로 쫓아가는 것이 아니라 그것을 철학적 수준에서 이해하고자 한다. 사건의 이해는 우선 수많은 사건들이 속해 있는 넓은 장場에 주목할 것을 요구한다. 현실은 한편으로 사물들과 그 양태들이 존재하는 장이지만, 다른 한편으로 사건들이 나타났다가 사라지는 장이기도 하다. 현실이란 우리에게 드러나 있는[現] 세계이며, 우리에게 일정하게 힘을 가하는[實] 세계이다. 나타남과 힘을 가함이 신체의 존재를 전제한다는 점에서, 현실이란 우리 몸이 살아가고 있는 장이기도 하다. 나아가 현실은 사건들이 명멸하는 장일 뿐만 아니라 사람들이 그것들에 의미를 부여하고, 그것들에 관련해 가치판단을 내리고, 그것들을 둘러싸고 욕망과 권력의 놀이를 벌이는 장이기도 하다. 사건이 현세계의 지평 위로 솟아오르는 순간, 그것은 의미의 장, 가치판단의 장, 욕망과 권력의 장 속에 들어서는 것이다.

의미는 사건들의 계열화를 통해서 형성된다. 다시 말해, 의미란 사건들의 이어짐과 더불어 형성되는 탈-물질적이고 사회적인 존재이다. 의미란 사건들**로부터** 형성되기보다는 사건들과 **더불어** 형성된다. 다시 말해 문화의 차원과 물질의 차원은 늘 공존하며, 의미란 물질적 차원으로부터 생성하는 게 아니라 문화적 차원에서 물질과 더불어 생성하는 것이다(물론 이때의 문화적 차원이란 물질과 일정하게 관계 맺는 방식까지 포함한 차원이다. 다만 이 차원은 문화적 차원에서의 무의식적-심층적 차원을 별도로 형성한다). 따라서 사건들의 계열화는 늘 일정한 사회적, 문화적 장 속에서 이루어지며 필연적으로 역사적이다.

사회/세상이란 다양하게 계열화되는 사건들 및 의미들의 장이다. 사건들에 의미가 부여되고 가치판단이 부과되고 또 욕망과 권력의 놀이가 덧씌워지는 장이다. 남북 정상회담에 관련해 여당은 그 사건을 다른 사건들과 계열화해 '민족의 대사大事'라는 의미를 창출하려 하고, 야당은 또 다른 사건들과 계열화해 "선거에 이용하려는 획책"으로 폄하하고자 한다. 만일 계열화된 의미들이 얽혀 있는 장을 의미-장이라 부른다면, 이 의미-장은 우리 삶의 인식론적 조건일 뿐만 아니라 정치학적 조건이기도 하다.

그리고 이 의미-장의 시간적 변화를 우리는 역사라고 부른다. 역사란 현실의 운동이다. 그리고 시대는 특정한 의미-장의 일정한 존속이라고 할 수 있다. 그래서 우리는 '1980년대'와 '1990년대'를 나눈다. 물론 숫자가 있어 시대가 구분되는 것이 아니라, 의미-장의 변환을 통해 시대가 구분되고 그 결과로서 숫자가 생겨난다. 특정한 시대에 사람들은 그들이 겪는 사건들을 일정하게 계열화하곤 한다. 그리고 이 통념적인 계열화가 변환될 때 사람들은 "시대가 변했다"고 말한다.

시대가 변하면 문제도 변한다. "앞에 던져진 것"pro-blēma도 변한다. 물론 그 '앞'이 누구의 앞인가에 따라서 문제의 성격도 달라진다. 문제란 주체가 미래에 펼쳐질 일정한 갈래들에 직면했을 때 발생한다. 그 갈래들이란 바로 그가 겪는 사건들이 계열화되고 의미화되는 방향이다. 어떤 갈래를 택하는가에 따라 그는 다른 길을 걸어간다. 우리는 늘 잠재적 갈래들의 분포 앞에 서게 된다. 이 갈림길에서 어떤 길을 택하는가를 우리는 그 사람의 '입장'立場이라고 말한다. 입장이 고착화될 때 그것은 공간적이고 정적이며 또 수동적이다. 그 입장을 가진 사람은 석화石化된 이름-자리[位]와 동일시되며, 그 이름-자리에 의해 결정된다. 그러나 자유로운 정신은 서 있는 입장, 고착화된 입장이 아니라 운동하는 입장, 능동적인 입장을 취한다. 이런 의미의 입장을 끊임없이 만들어 가면서 능동적 삶을 영위할 때, 그럼에도 그런 운동이 단순한 변덕이나 기회주의가 아니라 일관된 방향성과 진정성을 가질 때 그는 비판적 삶을 살 수 있는 것이다.

그렇다면 비판이란 무엇인가? 비판이란 사건들에 대한 무반성적 계열화 또는 권력의 조작을 통한 계열화에 저항하는 반反담론이다. 비판이란 사람들을 깨어 있게 만드는 행위이다. 사람들이 세상에서 겪는 사건들을 생각 없이 계열화할 때, 나아가 권력(어떤 형태의 권력이든)이 사건들의 계열화를 조작해 지배를 강화하려고 할 때, 의미의 새로운 계열화를 제시하는, 또 조작된 계열화를 고발하고 다른 계열화를 제시하는 담론이 비판이다. 혼돈의 시대는 숱한 무의식적인 의미형성과 조작적인 의미형성이 지배하는 시대이며, 이 혼돈의 장 속에서 사람들을 깨우는 것이 비판적 사유이다.

철학이 혼란스러운 부분들을 총체화함으로써 전체를 보여주는 담론이라면, 우리 삶을 지배하는 전제들을 근저에서 검토해 새롭게 보여주는 담론이라면, 철학은 본질적으로 비판일 수밖에 없다. 철학은 보이지 않는 것을 보이게 만드는 것이 아니다. 그것은 과학의 역할이다. 철학은 보면 볼 수 있는 것을 보지 못하는 사람들을 일깨워 보게 하는 담론이다. 철학자는 발견자나 발명가가 아니다. 그것은 학자, 전문가의 몫이다. 철학자는 무반성적인 의식에 침을 놓는 영혼의 의사인 것이다.

그렇기 때문에 철학이 추구하는 것은 진리가 아니라 진실이다. 진리는 보이지 않는 것을 보여주지만, 진실은 보려면 볼 수도 있는 그러나 사람들이 보려고 하지 않는 것을 보게 해 주는 것이다. 한 반정부 인사가 어떤 건물 위에서 떨어진 벽돌에 맞았을 때, 그 물리적·생리적 인과를 밝히는 것은 진리이지만, 그 사건의 의미를 밝히는 것은 진실이다. 물론 진실은 진리를 기초로 하지만, 진실이 겨냥하는 것은 사실이 아니라 의미이다. 진정한 철학자는 그릇되게 조작된 의미계열들을 비판함으로써 대중의 무반성적 의식과 권력의 조작을 진단하는 사람, 나아가 사람들이 진정 선택해야 할 의미갈래를 처방해 주는 사람이다.

철학아카데미는 비판으로서의 철학, 진실을 일깨우는 사람으로서의 철학자를 추구한다. 이것이 우리가 추구하는 '살아 있는 철학'의 의미이다.

타자의 변환과 비판의 변환

비판은 타자를 전제한다. 세상에 병든 사람들이 존재하지 않는다면 의학이 존재할 이유가 없다. 하늘이 존재하지 않는다면 천문학 역시 존재하지 않을 것이다. 마찬가지로 타자는 비판의 존재이유이다. 비판이 있어 타자가 존재하는 것이 아니라, 타자가 있어 비판이 존재한다. 타자란 누구인가? 타자란 배제당하는 사람이다. 타자는 실체적으로 존재하기보다 역사적으로 변화를 겪어 왔다. 그리고 타자가 변환되면 비판 역시 변환된다. 타자의 역사와 비판의 역사는 필연적으로 맞물린다.

적어도 근대 사회가 도래한 이후 우리는 비판의 세 단계를 잡아낼 수 있다. 첫 번째 단계는 전통사회('중세 사회')를 타파하면서 나온 자유주의 또는 (갈래를 달리 하는 것으로) 공화주의 사상이다. 자유주의는 신분사회의 밑바닥을 형성했던 타자들에게 '자유'라는 가장 기본적인 가치를 제시하고자 했다. 여기에서의 타자란 바로 신분사회에서의 하층민들이며, 비판은 곧 봉건체제에 대한 비판이다. 두 번째 단계는 자유주의와 자본주의가 야기한 모순에 맞서 등장한 사회주의 사상이다. 첫 번째 비판이 봉건사회의 모순과 부조리를 깨고 새로운 시대의 도래를 알렸지만, 결국 이 비판의 담지자였던 시민 계급이 프롤레타리아트를 착취하는 부르주아지로 화해 가면서 새로운 비판이 등장하게 되었다. 여기에서 타자란 고전적인 의미에서의 노동자 계급이며, 비판이란 부르주아적 사회체제에 대한 비판이다. 비판의 세 번째 단계는 자본주의와 현실 사회주의가 사실상 유사한 모순을 안고 있다는 것이 드러나고, 다원화 사회, 후기 자본주의사회, 고도 기술문명 사회, 대중사회 등이 도래한 시점(20세기 말)에 형성되었다.

세 번째 비판에서 타자란 누구인가? 이제 우리는 타자가 아니라 타자'들'을 이야기해야 할 것이다. 따라서 비판 역시 복수화되었다. 이제 혁명은 하나의 중심에서 시작해 들불처럼 번지기보다는 다양한 중심들에서 시작해 곳곳에서 교차한다. 그러나 세 번째 비판이 앞의 두 비판을 배제하는 것은 아니며, 기존의 비판들이 완전히 해소되고 세 번째 비판이 등장한 것도 아니다. 역사의 기억이 완전히 소멸되는 경우란 없으며, 우리 삶의 두터운 지층에 첩첩이 쌓여 있을 뿐이다. 우리의 삶은 전통과 근대 그리고 탈근대의 삼중의 역사 위에서 전개되고 있다.

우리는 2000년이라는 시점에, 신자유주의, 인터넷, 디지털, 생명복제 등 새로운 현실이 도래한 시점에 서 있다. 세 번째 비판과 오늘날의 상황이 얼마나 연속적이고 또 얼마나 불연속적인지 아직은 명확히 말할 수가 없다. 한국의 본격적인 근대는 제국주의와 더불어 시작되었다. 제국주의는 자본주의 진화의 필연적 결과이기도 했다. 이런 상황에서 비판은 두 갈래로 나뉘었다. 비판의 존재이유가 타자라면, 비판에서의 갈라짐은 곧 타자가 누구인가를 둘러싸고서 생겨난다. 민족이냐 계급이냐, 이 문제는 결국 누가 진정 이 시대의 타자인가라는 물음이다. 이 물음은 박정희와 더불어 파시즘 정권이 탄생한 이후에 새롭게 던져졌다. 파시즘의 타자는 사실 대다수 국민이라고 해야 할 것이다. 그리고 한국 파시즘이 개발독재의 성격을 띠었다는 점을 감안한다면 노동자 · 농민이 일차적인 타자였다고 할 수 있다.

파시즘이 종식되면서 다시 새로운 시대가 도래했다. 그러나 이 새로운 시대는 과거의 어두운 그림자들이 말끔히 걷힌 시대가 아니라 그 그림자들이 얼핏 보이지 않게 우리 삶의 밑바닥에 숨어 들어간 시대이며, 새로운 모순들이 그 위에 덧칠된 시대이다. 그러나 이 새로운 모순들은 별개의 것들이 아니라 '신자유주의'라는 새로운 지배체제가 만들어낸 상이한 귀결들이다. 따라서 오늘날의 타자들이 복수화되었다고 해서 그들이 서로 무관한 타자들인 것은 아니다. 현대인은 모두 몇 겹의 타자성을 안고 살아가야 한다. 예컨대 사기를 당했지만 하소연할 곳이 없는 한 여인은 가부장제의 봉건성, 여전히 강고한 파시즘의 잔영이 남아 있는 관료사회, 모든 인간을 준-사기꾼으로 만드는 자본주의, 그를 점점 소외시키는 복잡한 기술문명, 그의 의식을 끝없이 마비시키는 대중문화 등 갖가지 모순들이 겹쳐져 있는 다면적 타자인 것이다. 신자유주의가 불러온 갖가지 모순들이 다면적으로 착종된 타자들이 우리 사회 도처에서 배회하고 있다.

오늘날의 타자들은 역사의 상흔이라는 공통의 장 위에 공존하면서, 동시에 복잡하게 분화되어 있고 또 얽혀 있다. 비판의 존재 이유가 타자에 있다면, 이런 상황은 오늘날의 비판은 어떤 것이어야 하는가를 말해 준다. 오늘날의 비판은 한편으로 넓게는 세계사 좁게는 우리 역사가 남긴 보편적인 모순들을, 다른 한편으로는 복잡하게 분화되어 있고 얽혀 있는 오늘날의 현실을 인식할 것을 요구한다. 흔히 그렇듯이 이 두 측면이 서로를 배척하거나(예컨대 1980년대의 사유와 1990년대의 사유) 비판의 목표를 배타적으로 구획한다면(예컨대 페미니즘 등에서 나타나는 편협함), 진정으로 현대적인 새로운 비판은 요원한 것이다. 우리 시대의 비판은 시간적으로 전통, 근대, 탈근대를 아우르고, 공간적으로는 타자들의 복수화와 그 공통의 모순들을 아우르는 것이 되어야 할 것이다.

기술과 운명

머리말

자신의 미래를 개척해 나가기 위해 만들어낸 존재 때문에 새로운 위험에 맞닥뜨려야 한다는 것, 이것이 인간의 운명이다. 인간은 세계를 변형시키지만 그 변형된 세계는 다시 인간을 변형시키고, 이 역운逆運의 원환을 따라 늘 새로운 위험들이 도래한다. 우리 시대는 이런 위험들로 가득 차 있는 시대, 열지 않을 수도 없고 열기에는 너무도 두려운 시간의 지도리[機]에 맞닥뜨린 시대이다. 누구도 문 뒤에서 나타날 미래를 미리 볼 수는 없다. 그러나 자연은 우리에게 상상력이라는 해방구를 마련해 주었고, 우리는 상상과 함께 사유함으로써 미래와 운명을 가늠할 수 있다.

전방위 통신, 생명체 복제, 인공지능, 전뇌화, 디지털화 등을 비롯한 새로운 기술들은 우리를 어디로 데려갈 것인가. 우리는 닥쳐오는 미래를 어떤 방식으로 맞이할 수 있는가. 운명은 우리에게 또 어떤 얼굴로 나타날 것인가. 숱한 물음들이 케뤼레의 뱀들처럼 꼬리를 물고 빙빙 돈다. 이 책은 이런 문제들에 직접 부딪히기 전에 미래를 다룬 영화들의 음미라는 우회로를 선택했다. 우리는 사이버펑크 영화들에서 출발해 형이상학으로 나아갈 것이며, 기술의 발달과 인간의 운명을 사유할 것이다.

사이버펑크 영화에는 청소년들을 즐겁게 해 줄 여러 요소들이 갖추어져 있다. 기괴한 등장인물들, 갖가지 신기한 기계장치들, 환상적인 도시, 신나는 액션 등. 그래서 대부분의 사이버펑크들은 시시한 오락으로 치우치기 쉽다. 그러나 유심히 들여다볼 때 우리는 때때로 이 장르에서 놀라울 정도로 형이상학적인 문제의식과 사유들을 발견하곤 한다. 몸과 마음의 관계, 시간과 공간의 본성, 기계와 인간의 투쟁, 인간 정체성의 확립과 혼란 등.

이렇게 대조적인 양면을 보여준다는 점을 생각할 때, 아마도 우리는 사이버펑크를 가장 오락적인 동시에 가장 형이상학적인 장르라고 불러야 할 것이다. 이 두 얼굴을 동시에 갖춘 작품들이 많지는 않지만, 가끔씩 등장하는 사이버펑크 걸작들은 우리에게 사유와 오락이 어우러지는 독특한 경험을 선사한다. 이 책은 이런 경험들을 개념화함으로써 앞으로 행할 본격적인 기술론의 서설로 삼고자 한다.

제작된 인간의 운명: 〈블레이드 러너〉*

어린 동물과 어린 아이가 커 가는 모습을 유심히 보면 하나의 중요한 차이가 눈에 띈다. 어린 동물은 자신에게 주어진 환경에 스스로를 적응시켜 가면서 본능적으로 생존 능력을 발휘해 나간다. 반면 어린 아이는 무엇인가를 끊임없이 새롭게 만들어낸다. 만듦이라는 행위가 인간을 만든다. 만듦의 잠재력은 내적으로 주어진 것이지만, 일정한 만듦의 결과는 다시 인간에게 외적으로 주어진 것이 되어 그 후의 만듦의 방향에 영향을 준다. 이렇게 내적으로 주어진 잠재력과 특정한 현실화, 외적으로 주어진 여건과 잠재력의 구체화에서의 새로운 조정이라는 변증법적 과정은 인간이라는 주체와 그것이 살아가는 세계라는 객체를 동시에 변화시켜 나간다. 아이들은 색종이를 접어서 비행기를 만들고, 모래와 자갈로 작은 둑을 만들어 물을 가두고, 헝겊과 실을 모아서 인형을 만든다. 이미 존재하는 질료들에 새로운 형상을 부여하

---

* *Blade Runner*, directed by Ridley Scott, Warner Brothers, 1982.

는form-giving 것, 즉 변형變形하는 것, 이것이 인간 지능의 가장 원초적인 기능이라 할 수 있다. 인류가 쌓아 올린 문명이란 바로 이런 형상-부여를 통한 만듦의 행위가 빚어낸 결과이다.

만듦을 가능하게 하는 원초적인 조건은 모방 능력이다. 모방이라는 행위가 존재의 증식을 가능케 한다. 모방은 표상과 표현을 함축한다. 모방하는 자는 모방되는 것을 표상하고, 그것을 닮은 것을 표현한다. 표상과 표현은 **존재론적 변환**을 함축한다. 작곡가는 그의 머릿속의 선율을 악보에 적고, 연주자는 그 악보를 보고 악기를 연주한다. 작곡가의 마음과 악보, 그리고 연주자의 신체 및 악기와 소리, 이 모두는 그 '존재론적 위상'을 달리한다. 작곡가의 악상은 정신적인 것이지만, 연주자의 신체나 악기들은 신체적인 것들이며, 악보는 시각적인 것이지만 연주된 곡은 청각적인 것이다. 이렇게 존재론적 위상을 전혀 달리하는 차원들 사이에서 존재론적 변환이 일어남으로써, 한 차원이 다른 한 차원으로 바뀌면서도 전자의 어떤 핵심이 후자에서 보존된다.[1] 모방하는 자가 모방되는 것을 '표상'하고, 다시 제3의 어떤 것으로 '표현'하는 것, 이 과정에는 이런 존재론적 변환이 작동하고 있다.

모든 모방들 중 가장 극적인 모방, 그것은 곧 인간의 자기 모방이다. 인형人形에서 시작된 자기 모방의 역사는 인류 자체의 역사와 일치한다. 오늘날 우리는 로봇, 사이보그, 안드로이드, 복제인간 등 인간이

---

1) 하나의 존재면(plane of being)에서 다른 존재면으로의 변환을 '번역'이라고 한다면, 이렇게 변환 과정에서 한 존재면에서 다른 존재면으로 변환되는 그것, 전혀 다른 존재론적 면으로 옮아갔으면서도 그 동일성을 유지하는 것을 우리는 '역상'(譯相)이라고 부를 수 있다.

창출해낸 다양한 자기 모방 메커니즘에 직면해 있다. 자기 모방이라는 행위는 중요한 역설을 포함한다. 본래 만드는 존재와 만들어지는 존재는 창조주와 피조물의 관계에 놓인다. 만든 자는 자신이 만든 그것에 관해 '주인'의 권한을 가지게 마련이다. 그러나 만들어진 자가 만든 자와 대등한 힘을 가지게 될 때, 권리는 사실에 의해 압도당하게 된다. 주인과 노예의 일방적인 관계는 무너진다. 이 점에서 자기 모방은 얄궂다. 실패는 만든 자를 실망시키지만 성공은 그를 위협하기 때문이다. 자기 모방이라는 행위에는 이렇게 얄궂은 이율배반의 그림자가 스며들어 있다. **자기 모방의 이율배반.**

안드로이드는 생명공학을 통해 태어나는 인조인간이라는 점에서 전적으로 물리-화학적 방식으로 만들어지는 로봇과는 다르다. 그리고 기존의 생명체에서 태어나기보다는 완전히 새롭게 도안圖案된 생명체라는 점에서 복제인간과도 다르다. 안드로이드와 사이보그의 경계는 모호하지만, 안드로이드가 분자생물학적 기반 위에서 태어나는 생명체라면 사이보그는 컴퓨터공학적 기반 위에서 태어나는 생명체라고 할 수 있을 것이다(물론 많은 경우 사이보그는 기존 생명체의 기반 위에서 제작된다). 그러나 정말 중요한 것은 이들을 제작하는 기술적 방식이 아니라 이렇게 제작된 이 존재들의 존재론적 위상이다. 만들어진/제작된 인간들, 즉 만들어진 기계도 아니고 태어난 인간도 아닌 존재들의 정체성은 과연 어떤 것인가? 본연의 인간과 제작된 인간의 차이는 무엇인가? 이와 나란히, 과연 본연의 인간은 만들어진 인간에 대해 주인의 권한을 가지는가? 만들어진 인간의 힘이 본래 인간의 힘을 압도할 때 미래는 어떻게 변해 갈 것인가? 제작된 인간이라는 개념은 숱한 존재론적-사회학적 문제들을 우리 앞에 던진다.

〈블레이드 러너〉에서 우리는 인조인간을 둘러싸고 발생하는 다양한 물음들이, 액션 영화에서 흔히 접할 수 있는 서사(도피하는 범인들과 추적하는 형사, 그리고 자기를 추적하는 형사와 사랑에 빠지는 범인, 마지막에 이르러 일종의 공감을 느끼는 형사와 범인 등)에 따라 펼쳐짐을 본다. 그러나 영화가 내포하는 긴박한 존재론적 문제의식과 황홀할 정도로 빼어난 영상은 이 영화가 얼마나 통속적인 구도 속에서 움직이는가를 잊어버리게 만들 정도로 강렬하다. 의심할 바 없이 〈블레이드 러너〉는 최초의 빼어난 사이버펑크 영화이며, 이후 같은 계열의 대부분의 작품들은 이 영화가 그어 놓은 사상적-미학적 구도에서 출발하고 있다.[2)] 공장에서 제작된 '레플리컨트'와 이들을 "은퇴시켜야" 하는 블레이드 러너의 악연, 자신의 기억이 이식된 것임을 알고 절망에 빠지는 인조인간, 고독한 (비-)인간들이 던지는 정체성의 물음, 죽음의 종착역으로 급속히 떠내려가야 하는 고통스러운 자의식, 친부살해와 무無의 포용, 쫓는 자와 쫓기는 자 사이의 역전, 인간과 기계의 경계선을 뭉개버리는 금지된 사랑 등, 후대의 영화들에 의해 끝없이 변주될 다양한 주제들이 이 작품 속에 압축되어 있다.

인간-임(*being*-human)의 요건

화면이 열리자마자 부감俯瞰으로 잡은 2019년 로스앤젤레스의 하늘

---

2) 물론 이전에 사이버펑크 성격의 영화들이 없었던 것은 아니지만, 〈블레이드 러너〉야말로 지금까지 이어져 오고 있는 사이버펑크 장르의 효시임에 틀림없다.

이 관객의 눈과 마음을 온통 사로잡는다. 빛은 없다. 낮인지 밤인지 구분하기 어려운 하늘과 어둡고 칙칙한 대기가 화면을 가득 채운다. 때때로 도시 여기저기에 높이 솟아 있는 굴뚝에서 활활 타오르는 불길이 솟아오른다. 그 검은 하늘을 장난감 곤충처럼 생긴 자동차들이 날아다닌다. 인상 깊은 배경음악과 더불어 시작되는 이 오프닝 신만으로도 영화는 관객의 마음에 독특하고 신선한 인상을 선사한다. 영화사상 이 영화만큼 처음부터 끝까지 우리를 시각적으로 사로잡는 작품도 드물 것이다. 화가 출신 감독이 빚어낸 빼어난 이 도입부는 단 한 장면으로 어두운 미래상을 나무랄 데 없이 보여준다. 떠날 사람들은 다 떠나고 낙오자인 셈인 사람들이 우중충한 거리를 배회하는 광경을 묘사한 장면들의 강렬한 영상미는 디스토피아 영화의 전형이 되었다.

이 어두운 도시 한쪽의 가장 높은 빌딩에서 우리는 유독 거대하고 밝은 빛을 하늘을 향해 투사하고 있는 광경을 목격한다. 자연광이 없는 세계에서 두드러지게 빛나는 인공광人工光이 기술과 자본 복합체의 위압적인 힘을 드러낸다. 올림포스의 신전과도 같은 그 건물의 고층부는 따사로운 자연광을 받을 수 있는 유일한 장소이기도 하다. 자본과 기술이 만들어낸 거대한 권력의 표상인 이 타이렐 회사 안에서는 레플리컨트를 솎아내려는 검사—영화의 용어로 '보이트-캄프Voight-Kampff 테스트'—가 진행 중이다. '스킨 잡'들을 솎아내려는 이 테스트에서 인간-'임'의 세 가지 핵심 요소를 확인할 수 있다.

첫째, 눈. 눈은 인간-임의 기준인 마음을 확인케 해 주는 일차적 징표이다. 눈은 인간의 영혼을 가장 직접적으로 드러내 주는 기관이기 때문이다. 진화론에서 기계론자들과 목적론자들이 부딪치는 전장이 바로 눈이다. 보이트-캄프 테스트 역시 일차적으로 눈에 주목한다. 이 영화는 처음부터 끝까지 인간의 눈과 레플리컨트의 눈에 주목하게 만든다. 'HAL 9000'의 눈이 시종 관객들을 긴장시켰듯이, 영화 속 인물들의 눈은 관객들을 계속 혼란케 한다. 그러나 'HAL 9000'이 그 뒤에 과연 마음이 존재하는지 알기 힘든 눈, 기계의 눈이라면, 레플리컨트의 눈은 어디까지나 마음을 드러내는, 인간의 눈에 근접하는 눈이다. 차이가 미묘하기에 테스트 또한 집요하다.

또 하나의 요소는 물음이다. '튜링 테스트'는 물음을 통해서 기계와 인간을 구분하는 프로세스를 고안해냈다. 물음은 인간으로부터 기계를 솎아내는 장치로서 작동한다. 솎아내기는 묻는 자와 물음을 받는 자 사이의 숨바꼭질을 함축한다. 묻는 자는 구분선을 그으려 하고 물음을 받는 자는 그 구분선을 넘으려 한다. 주인은 묻고 노예는 대답한다. 물음은 비합리적일수록 효율적이다. 묻는 자는 비-합리적인 물음을 통해 레플리컨트를 당황하게 만들려 한다. 이제 인간은 자신의 지능을 뽐내면서 레플리컨트에게 그 지능을 흉내내 보라고 요구하지 않는다. 컴퓨터는 인간보다 더 지능적이다. 이제 묻는 자들은 논리와 논리 사이의 허점을 파고듦으로써 기계들의 감정적 반응을 본다. 이제 인간-임의 기준은 지능이 아니라, 지능이 무너지는 지점에서 발생하는 지적 융통성과 정서적 반응이다.

마지막의 핵심 요건은 기억이다. 모든 사이버펑크 영화들에서 기억은 언제나 핵심 주제들 중 하나로 등장한다. 한 인간의 정체성 형성에 기억보다 더 근본적인 것은 없기 때문이다. 인조인간은 남녀의 사랑, 어머니의 수태, 뱃속에서의 열 달, 긴 성장 과정, 다양한 체험 등 인간적 과정을 거쳐 형성되는 존재가 아니다. 어느 시점에 완성된 형태로 갑자기 세상에 나온다. 사실 태어나자마자 걷고 이내 사냥에 나서는 다른 동물들에 비해, 인간이라는 존재는 생명의 세계에서 놀라울 정도로 열등한 존재이다. 그러나 그 열등함 때문에 겪어야 하는 수많은 시간들이 인간에게 다양한 기억을 심어 주고, 그 기억을 통해서 한 인간의 자아가 형성된다. 인조인간에게는 이런 성숙의 시간이 없다. 때문에 인조인간 제작에서 가장 핵심적인 순간은 인공적인 기억이 이식되는 순간이다. 가짜 기억이지만 레플리컨트는 그 기억을 통해 '자기'를 의식하게 된다. 이식되는 기억의 수준이 이식받는 레플리컨트의 수준을 결정한다. 타이렐 회사의 물음에 답하던 레온은 "어머니에 대한 기억"에 대해 말해 보라는 말을 듣자 테스트 통과를 포기하고 방아쇠를 당긴다.

제작된 인간의 고뇌

안드로이드는 신체, 사고, 언어 등 모든 면에서 인간이다. 그러나 그는 태어난 존재가 아니라 만들어진 존재이다. 기능적 축에서 인간인 안드로이드는 발생적 축에서는 인간이 아니다. 양 축은 모순을 이룬다.[3] 이 모순된 두 축이 교차하는 곳에서 파열해 나오는 근본적 문제, 그것은 곧 타인의 문제, 기억의 문제, 그리고 죽음의 문제이다.

---

3) 사실 제작적 세계관을 가진 문명 — 대표적으로는 서양의 일신교 문명 — 에서 인간은, 아니 모든 '피조물'들은 말 그대로 본래 만들어진 존재이다. 따라서 여기에서 문제의 핵심은 안드로이드들이 신에 의해서가 아니라 인간에 의해서, 신의 '말씀'에 의해서가 아니라 인간의 테크놀로지에 의해서 만들어졌다는 점이다.

안드로이드는 인간이 아니지만 그렇다고 다른 동물도 아니다. 전통 철학에서 '인물성동이론'人物性同異論을 논의해 왔거니와, 안드로이드는 인성과 물성 양 카테고리의 어디에도 속하지 않는다. 이제 인물성동이론은 인간과 동물이라는 2항에 관련해서가 아니라 인간, 동물, 기계라는 3항에 관련해서 성립한다. 하지만 이 구도에서조차도 안드로이드의 자리는 없다. 인간은 자신을 너무 닮은, 하지만 결코 자신과 같지 않다고 생각한 타자들을 늘 억압해 왔고 이들을 '노예'의 자리에 위치시켰다. 노예들은 인간도 아니고 동물도 아니다. 이들은 인간과 동물 사이에 서서 인간을 위해 종사해야만 했다. 안드로이드는 새로운 형태의 노예들이다. 그리고 이전의 노예들이 그랬듯이 안드로이드들 역시 반란을 일으킨다. 인간은 반란을 일으킨 안드로이드들을 '은퇴'시킨다. 안드로이드는 인간에게 봉사하거나, 반란을 일으킬 경우 죽음을 맞는다. 안드로이드에게 타인이란 자신과 같은 노예이거나 자신을 지배하는 인간이다. 그래서 이들에게는 같은 인간으로서의 타인은 존재하지 않는다.

안드로이드의 제작에서 가장 극적인 국면은 곧 기억을 이식implant하는 과정이다. 태어난 존재가 아니라 만들어진 존재인 안드로이드를 "인간보다 더 인간답게" 만들기 위해서 핵심적인 것은 그에게 기억을 심어 주는 것이기 때문이다. 일찍이 베르그송이 심오하게 해명했듯이, 기억이야말로 한 인간을 바로 그이게 하는 정체성의 핵이다. 인간의 삶은 '시간의 종합'을 통한 '경험'을 통해서 이루어지며, 기억은 경험의 총체로서의 '인생'을 가능케 하는 선험적 조건이다. 하지만 안드로이드의 기억은 단 한순간에 이식된 것이며, 시간의 종합을 통해 형성된 것이 아니다.[4] 안드로이드에게는 태어나 살아오면서 형성된 기억이 없다. 레온이 "어머니에 대해 말해 보라"는 말을 듣고서 방아쇠를 당긴 것은 타이렐 회사가 단순 노동자/군인인 그에게 어머니에 대한 기억을 이식해 주지 않았기 때문이다. 레이첼의 경우 레온과는 비교할 수 없는 양의 기억을 이식받은 보다 발전된 안드로이드이다. 하지만 자신이 인간이라는 사실을 추호도 의심치 않던 레이첼도 자신의 기억이 이식된 것임을 깨달았을 때 눈물을 흘린다. 그리고 로이가 마지막 순간에 말한 것도 그의 기억이었다. 그것은 이식된 기억이 아니라 그가 실제 체험을 통해 얻은 기억, 진짜 기억이었다. 기억의 테마는 세 개의 특이점을 형성하면서 영화 전체를 관류하고 있다.

인간-되기(*becoming*-human)

세계는 차이들의 체계로 되어 있다. 개와 고양이가 다르고, 빨간색과 파란색이 다르고, 어제와 오늘이 다르며, 1과 -1이 다르다. 이 차이들의 체계를 표상하는 행위가 곧 '분류'이다. 분류가 객관적일 수 있는가는 늘 문제가 되지만, 어쨌든 모든 것은 인간의 'classification'을 통해서 그 어떤 'class'의 일원으로서 존재하게 된다. 그래서 철수는 '남자'

---

4) 〈블레이드 러너〉에서는 이 과정을 다른 누군가의 기억을 따와서 안드로이드에게 이식하는 것으로 설정하고 있다. 하지만 인위적인 이미지들을 만들어 그것을 이식하는 경우도 생각할 수 있다. 전자의 과정이 더 어려울 것이다. 기억을 '이식'한다는 것이 과연 무엇을 뜻하는지 이 영화에서는 다루고 있지 않다. 이 개념은 〈공각기동대〉에 등장하는 전뇌화(電腦化) 개념을 통해 보다 분명해진다. 〈블레이드 러너〉가 유전공학의 맥락에서 안드로이드를 다루었다면, 〈공각기동대〉는 컴퓨터공학의 맥락에서 사이보그를 다루고 있다. '기억의 이식'이라는 주제에서 양자의 과학기술적 배경은 상당히 다르다.

이고, '한국인'이고, '건축가'이고, ……이다. 한 존재자의 '클래스'는 그의 '~임'/존재이다.

분류들 중 가장 기본적이고 또 "객관적"이라고 간주되는 분류는 '자연종'natural kinds이다. 분류를 주 임무로 하는 계통학이 생명체 분류의 맥락에서 나온 것은 자연스러운 일이었다. 생명체들은 이 계통학에 따라 자신의 이름-자리를 갖는다. 하지만 이제 이런 물음이 제기된다: 그렇다면 안드로이드는 어느 종種에 속하는가? 인간이 만든 안드로이드는 본래의 생명계에서는 어떤 자리도 차지하지 못한다. 인공적인 경우들까지 포함한 메타적 층위에서의 "진화"—이른바 '공진화'—를 논한다면, 이 새로운 부류는 새로운 이름-자리를 부여받아야 할 것이다.

하지만 안드로이드를 만든 자들에게 이들은 인간-노예를 대신할 기계-노예들일 뿐이며,[5] 이들이 기계의 범주를 벗어나는 행위를 할 때 이는 '그것'들을 은퇴시킬 이유가 된다. 결국 안드로이드들은 종種들의 지도에서 그 어디에도 자리를 잡지 못한 채 떠돌게 된다. 그들은 자신들의 존재being를 가지지 못하기 때문에 계속 생성becoming의 흐름 위에 내맡겨진다. 하지만 이런 생성은 이 영화의 주요 장면들 중 하나인 레이첼과 데커드의 만남에서 오히려 '되기'로 전환된다. 이 '되기'는 종들 사이의 경계를 부유하는 대신 능동적으로 경계를 넘어서

---

5) 아이러니하게도 최초의 신화라 할 '길가메쉬 신화' 이래 인간이 신들의 노동을 대신할 존재인 노예로서 창조되었다는 서사는 여러 곳에서 반복되어 왔다. 인간은 그의 노예로서 안드로이드를 발명했지만, 애초에 인간 자신이 신들의 노예였던 것이다.

는 데에서 성립한다. 이런 넘어섬이란 곧 인간과 안드로이드의 사랑이다. 전통적으로 상이한 종들 사이의 성교는 곧 '괴물들'을 낳는 과정이었다. 종과 종 사이에는 넘을 수 없는 벽이 있다. 그러나 "인간보다 더 인간답게"를 모토로 만들어졌음에도 생식에서의 한계를 안고 있는 안드로이드이기에, 여기에서 문제가 되는 가능성은 생물학적인 것이기보다는 오히려 사회적인 것이라 해야 한다. "이루어질 수 없는 사랑"이 문제인 것이다. 여기에서 이 오래된 주제는 인간과 안드로이드 사이의 사랑으로 전이됨으로써 새로운 뉘앙스를 획득한다.[6)]

에피메테우스의 눈

로이와 타이렐 회장의 만남은 극적이다. 인조인간에게 그것은 '창조주'를 만나는 일이기에 말이다. 반면 타이렐 회장에게 그것은 "돌아온 탕아"를 만나는 일이다.

타이렐 회사는 떠날 사람은 다 떠난 낙오된 행성인 지구를 지배하면서, 유전공학으로 모조 생명체들을 대량 생산해낸다. 그 절정은 안드로이드의 생산이다. 안드로이드들은 이 회사의 제품들로서 인형도 아니고 사람도 아닌 존재로서, 중간자로서 '태어난다'. 타이렐과 로이의 만남은 제작자와 제품의 만남이지만, 이 제품은 인간, 거의 인간이다.

---

6) 〈블레이드 러너〉의 속편인 〈블레이드 러너 2049〉에서는 데커드와 레이첼이 아기를 낳은 것으로 설정되어, 인간과 안드로이드 사이의 '되기'가 사회적 맥락에서 자연적(생물학적) 맥락으로 확장된다.

주인과 노예가 만나는 곳에서 파열하는 문제, 그것은 곧 죽음의 문제이다. 창조주가 부여한 짧은 수명은 피조물을 불안에 떨게 만든다. 신이여, 내게 생명을 주시더니 왜 또 그것을 거두어 가십니까! 인간은 형이상학(세속적으로는 종교)을 통해 이 불안을 극복하고 죽음과 화해할 수 있다. 하지만 인간에 의해 제작된, 호소할 곳이라고는 인간의 기술밖에는 없는 안드로이드는 어떻게 불안을 극복할 것인가?

현대 사회에서 테크놀로지는 에피메테우스이다. 테크놀로지는 호기심과 자본에게 호의를 베푼 후 이내 역운의 긴 그림자를 남기곤 한다. 로이의 불안도 에피메테우스가 남긴 어두운 그림자 안에서 배태되었다. 로이는 보되 보지 못하는 에피메테우스의 눈을 파내버린다. 창조주를 죽인 그는 죽음을 받아들인다.

데커드에게 로이와의 대결은 그의 과업이자 삶과 죽음을 가르는 투쟁이다. 그러나 이미 죽음을 받아들인 로이에게 데커드와의 대결은 삶의 마지막을 장식하는 행위예술일 뿐이다. 영화는 서로의 목적이 다른 두 사람의 비대칭적 대결을 인상 깊게 그린다.

로이가 데커드를 죽이지 않은 것, 생의 마지막 순간에 자신이 겪은 체험의 의미를 반추하면서 죽어간 것은 그가 단순한 기계가 아님을 증명해준다. 제어되지 않은 문명의 탁류가 빚어낸, 누구도 원치 않았던 대결을 끝낸 두 사람은 빗속에서 각자의 운명을 맞는다. 그토록 암울한 색조들과 불행한 악연들에 따라 전개되었던 영화이지만, 사랑과 희망의 희미한 섬광이 마지막을 장식한다.

〈블레이드 러너〉는 처음부터 끝까지 긴장의 끈을 이어가는 형이상학적 주제와 예술적 영상으로 우리의 감각과 생각을 사로잡는다.

이후의 사이버펑크 영화의 흐름은 대개 이 영화가 그어 놓은 사상적-미학적 길을 따라 전개되고 있다.

자아의 해체와 새로운 인간의 탄생 : 〈공각기동대〉*

세계는 어떤 것도 머물지 못하는 카오스도 또 모든 것이 동일성을 유지하는 정적인 세계도 아니다. 세계는 무수한 개체들로 구성되어 있으며, 이들은 끊임없이 서로 작용을 가하고 받는다. 개체들이 상호 작용할 때면 각각은 타자에게 흔적을 남긴다. 달리 말해, 모든 사물은 일정한 과정을 겪으면서 살아가고, 그 겪음의 흔적을 간직한다.

흔적의 간직에서 외적 방식과 내적 방식을 구분할 수 있다. 하나의 나무가 바람에 실려 온 돌에 긁혔을 때, 그것의 표면에는 흔적이 남는다. 그러나 생명체는 '시간의 종합'을 통해 자신에게 새겨진 흔적을 내면화한다. 이렇게 내면화된 흔적을 우리는 맥락에 따라 정보, 관념, 기억, 경험 등으로 부르며, 이렇게 신체에 새겨지는 흔적을 내면화할 수 있는 터전을 마음, 의식, 정신, 영혼 등으로 부른다. 또, 이 후자의 차원을 가진 존재들은 어떤 형태로든 '자기'를 가지며, 그 자기는 타고난

* 〈攻殼機動隊〉, 押井守 監督, 講談社, 1995.

신체, 자연적-사회적 환경, 시대적 배경 등과 상관적으로 형성되고 또 변해 간다. 특히 인간이 자기에 대해 스스로 가지는 이해를 우리는 '정체성'이라 부른다.

정보는 물질적 과정과 떨어져서는 성립할 수 없지만 물질(의 운동) 자체는 아니다. 비가 오는 현상과 "비가 오고 있다"라는 생각, 관념, 판단은 다르다. 스피노자 식으로 말해, 물질적인 것과 비-물질적인 것은 세계의 두 얼굴이며 동시에 표현된다. 그런데 생각이나 관념, 판단 등에 의해 정착하기 이전에 이것들의 가능조건으로서 존재하는 보다 근본적인 것, 즉 물체에 대해 물질의 위상과 유비적인 위상을 가지는 것은 무엇일까? 세계를 물질(의 운동) 이상의 그 무엇으로 만들어 주는 것, 모든 문화의 선험적 조건, 그것은 곧 '의미'이다. 정보는 의미를 실어 나른다. 이 정보-의미는 마음속에 들어 있기도 하고 바깥으로 외화되기도 한다. 그러나 순수하게 마음속에만 들어 있는 의미는 어떤 면에서는 무의미하다. 모든 의미는 다양한 마음들 사이에서 외화됨으로써만 구체성을 띠게 된다. 그래서 사람들은 각자의 마음속에 들어 있는 의미들을 바깥으로 표현하게 되며, 그런 상호적인 표현을 우리는 '소통'이라 부른다. 소통 속에서 기능하지 않는 정보-의미는 객관적으로는 무의미한 것이다.

사람들은 소통을 가능하게 하는 도구들을 개발하는 데 전념해 왔다. 표정, 몸짓처럼 몸 자체를 도구로 사용하는 원초적 소통 방식으로부터 말, 글, 그림, 신호(깃발 등) 등 무수한 소통 방식들이 개발되어 왔다. 이런 소통 기구들이 거미줄처럼 얽혀 있는 총체를 우리는 '네트'net라 한다. 전자電子 수준의 테크놀로지가 발달하면서 네트의 의미는 현저히 변화한다. 사람을 통한 직접 전달, 역驛을 통한 운송, 봉화대를 통한 신호 등등, 기초적인 네트의 개념에서 전보, 전화의 발명을 거쳐 빛의 속도로 메시지가 전달되는 현대적인 네트 개념으로 거대한 변환이 이루어진 것이다. 〈블레이드 러너〉(1982)로부터 〈공각기동대〉(1995)에 이르는 시기는 바로 이런 '네트 혁명'이 이루어진 시기이다.[1)]

이제 한번 사람의 마음속에서 나온 정보-의미는 사라지려야 쉽게 사라질 수가 없게 되었으며, 다양한 기구들을 통해 외화된 정보가 사람과 삶의 직접적인 소통에 의한 정보를 압도하게 되었다. 이런 여러 단계의 변화 과정에서도 지금까지 여전히 분명한 사실은 모든 정보는 누군가의 마음으로부터 외화되었을 때에만 타인에 의해 인지될 수 있다는 사실이다. 그렇다면 이런 대전제마저 무너진 사회, 그것은 과연 어떤 사회일까?

전뇌화(電腦化)된 세계

"기업의 정보망이 별을 덮고 전자와 빛이 보편화되어 있기는 하지만, 국가나 민족이 소멸할 정도까지 정보화되어 있지는 않은 가까운 미래." 2029년의 정보화 사회를 알리는 자막과 더불어 영화는 시작된다.

이 영화의 도입부를 인상 깊게 만들어 주는 것은 그것이 바로 뇌 안에서 시작된다는 점이다. 첫 장면은 곧 컴퓨터와 연결된 뇌 안의 이

---

1) 내가 대학에 들어갔을 때(1979년)가 이런 네트 혁명이 막 시작되었을 때이고(지금은 명령어 몇 개를 타자 치면 되는 프로그램을 짜기 위해, 당시에는 '펀치 카드'라 불리는 카드들을 수십 장, 수백 장씩 들고 다녔다), 1995년은 오늘날까지도 우리가 쓰고 있는 '윈도우 시스템'이 등장한 해이다.

미지들을 보여준다. 기계와 인간의 내적인 소통, 그것은 곧 '전뇌화'의 단계를 암시한다. 컴퓨터와 뇌가 회로로 직접 연결됨으로써 뇌 안의 정보가 컴퓨터로 흘러나오고, 컴퓨터의 정보가 머릿속으로 입력되는 시스템. 이것이 전뇌화 시스템이다. 이 시스템에서 뇌와 컴퓨터는 하나의 동질적인 존재면에서 얽힌다.[2]

전뇌화된 세계에서 인간의 내면과 외면을 가르던 경계는 붕괴된다. 영화는 이런 세계에서의 어떤 뇌 안의 정보-이미지(차량을 추적하는 표식들)에서 시작한다. 그리고 이 '내면'은 자연스러운 화면 이동을 통해 외면으로 이어진다. 뇌/마음 안의 '관념들'에서 그 바깥의 실재로 연속적으로 이행하는 이 장면은 전뇌화된 세계를 단 하나의 짧은 커트로 보여준다는 점에서 인상적이다. 고전적인 회화적 미를 보여준 〈블레이드 러너〉의 첫 장면과 디지털적으로 추상화된 〈공각기동대〉의 첫 장면이 선명하게 대조된다.

이어서 등장하는 장면에서 주인공(쿠사나기 모토코)은 자신의 머리 뒤편에서 코드를 뽑아내는데, 이때 비로소 영화가 그리고 있는 세계가 어떤 곳인지를 깨닫게 된다. "그쪽에 노이즈가 심하다"라는 상관의 말(바깥에서 들려오는 말이 아니라 머리 안에서 울려퍼지는 말)에 쿠사나기는 "생리 중"이라 답하는데, 이 간단한 대화는 생물학적 유기체[3]와 전자공학적 기계의 단적인 결합을 압축적으로 시사해 준다. 쿠

2) 재미있는 사실은 중국인들은 '컴퓨터'를 '電腦'라고 번역했다는 사실이다. 〈공각기동대〉가 뇌를 컴퓨터로 보고 있다면, 중국어 '전뇌'는 컴퓨터를 뇌고 보고 있다. 철학적으로 양자의 차이는 크다.

사나기는 사이보그cyber-organism이다.

"Ghost in the Shell"

이 영화의 제목은 '攻殼機動隊', 범죄자들을 소탕하는 기동대 정도의 평범한 뜻이지만, 그 영어 제목이 예사롭지 않다. "Ghost in the shell"은 심신론을 다루는 철학 논문에서 심심찮게 보이는 용어로서, 주로 데카르트의 이원론을 가리키는 용어이다.[4)]

그러나 이 영화에서의 '고스트'는 하나의 통일된 주체성을 전제하는 데카르트적 자아보다는 오히려 미시적인 '빈위들'의 계열로 구성된, 오늘날로 말해 디지털 알맹이들(정보들)의 네트로 구성된 모나드에 더 가깝다. 디지털 기호들이 모여서 이 애니메이션을 제작한 스태프들의 이름을 만들어내는 타이틀 백이 영화의 존재론을 압축적으로 보여준다.

영화는 공각기동대가 어떤 해커("프로젝트 2501")를 추적하는 것

---

3) 사실 영화가 진행되면서 쿠사나기의 몸이 공학적으로 제조되었음을 알게 된다. 워낙 뛰어난 제품이어서 생물학적 유기체와 다를 바 없지만, 쿠사나기가 어느 정도까지 원래 유기체를 토대로 만들어졌는지는, 특히 뇌가 원래 그녀의 뇌인지는 불분명하다. 이 사실이 자신의 정체성에 대한 그녀의 번뇌를 일으킨다.

4) 하지만 이하 논하겠지만, 이 영화는 매우 라이프니츠적인 영화이다. 라이프니츠는 데카르트의 기계론에 맞서기 위해 (때로 '唯心論'으로 이해되는) 그의 모나드론을 제시했다. 하지만 라이프니츠의 모나드론은 그의 의도와는 달리, 오늘날의 눈으로 보면 또 하나의 기계론에 가깝다. 다만 이 기계론은 디지털적 기계론이다. 그것이 데카르트적 기계론과는 성격이 크게 다른 기계론인 것은 사실이다. 나는 이 생각을 『접힘과 펼쳐짐』(그린비, 2000/2012), 3부에서 제시했다. 이 저작의 바로 다음 해에 본 저작(『기술과 운명』)을 썼으며, 내가 디지털 모나돌로지(digital monadology)를 구상할 때, 〈공각기동대〉도 중요한 참조점이 되었다.

을 기본 골격으로 전개된다. 고위층에 접근해 '고스트 해킹'을 하는 이 해커에게는 '인형사'라는 별명이 붙어 있다.

고스트를 정보 단위들의 고도 집적체로 보고 뇌(대개의 경우 인공뇌)를 고스트를 실은 하드웨어로 본다면, 고스트는 컴퓨터 프로그램과 거의 동일시될 수 있고, 뇌는 컴퓨터에 직접 연결될 수 있는 것으로 파악된다. 다시 말해 프로그램이 고도로 집적되었을 때 인간의 영혼에 근접하는 의사-영혼으로서의 '고스트'가 성립하며, 인공-뇌와 컴퓨터가 직접 연결됨으로써 고스트들이 돌아다니는 네트가 성립하게 된다. 고스트는 근대적 내면보다는 고대적 영혼에 가깝다. 이것은 왜 자신을 경시청에서 빼내 왔느냐고 한 토구사의 물음에 대해 "아직 덜 전뇌화되어 '주체성'이 남아 있기 때문"이라 한 쿠사나기의 대답에서도 확인된다.

인형사는 주요 인사들 또는 그들의 비서의 뇌 속으로 '엑세스'해서 정보를 캐내는 해커이다. 그는 고스트를 해킹해서 그것에 '의사-체험 모드'를 주입해 행동하게 만들며, 피해자를 '인형'으로 만들어버린다. '인형'은 자신들의 고스트를 상실한 존재이다. 영혼을 난도질당하고 엉뚱한 기억을 주입당한 존재들, 그래서 기억과 정체성이 혼란스럽게 뒤범벅되어 있는 가엾은 존재들인 것이다. 〈블레이드 러너〉에서는 레플리컨트의 기억이 사실은 주입당한 것일 뿐이라는 점에 초점이 맞추어진다. 그러나 전뇌화된 세계를 다루는 〈공각기동대〉에서 기억은 네트에서 해킹을 포함해서 조작의 대상이다. 레이첼의 기억은 최초에 주입된 이후 그 자신의 내부에 기억으로 계속 남지만, 〈공각기동대〉에서의 기억은 네트로 열려 있고 해킹의 위협에 처한다. 이 점은 두 세계 사이의 중요한 차이점이다.

전뇌화된 세계에서의 '정체성' 물음

〈공각기동대〉의 전개에서 읽어낼 수 있는 하나의 결은 자신의 정체성에 대해 던지는 쿠사나기의 지속적인 물음이다. 그는 인형사에게 고스트 해킹을 당해 수사 기관에 의해 뇌를 "해부"당하고 있는 직원을 보면서, 또 자신의 기억을 송두리째 조작당한 청소원을 보면서, 지금 자신의 기억에 대해, 더 근본적으로는 정체성에 대해 심각한 회의에 빠진다. 쿠사나기의 존재론적 회의는, "의사-체험도 꿈도, 존재하는 모든 정보는 현실이요 또 동시에 환상일 뿐"이라고 생각하는 바토의 '현상주의'와 대조적으로, 진짜 나와 조작된 나 사이의 고전적인 구분을 전제한다.

쿠사나기가 물속 깊은 곳으로 잠수해 들어가는 장면은 정체성에 대한 그의 번뇌를, 어디론가 영원히 사라지고 싶은 심정을 물속 심연의 이미지로 잇고 있다. 그의 몸은 검푸른 바닷속으로부터 다시 누렇고 붉은 하늘을 향해 떠오른다. 바닷물의 표면에서 거울 이미지의 두 쿠사나기가 서로를 마주 보며 한 몸이 될 듯이 다가온다. 바닷속의 쿠사나기는 거울 속의 꿈과도 같은 또 다른 쿠사나기와 한 몸이 되려고 떠오른다("해면으로 떠오를 때, 지금까지와는 다른 내가 되는 것이 아닐까 하는 …… 그런 생각이 들 때가 있어"). 그러나 현실의 쿠사나기와 몸이 닿자 거울 속의 쿠사나기는 뭉개져 사라져버린다.

니체가 세계의 본질을 '힘에의 의지'로 파악했거니와, 인간에게서 이 의지는 자기 확장의 욕망으로 표출된다. 그리고 현대 문명에서

이 욕망은 특히 각종 기술적 장치들에 의해 충족된다. 이런 복잡성을 안고서도 안정성을 유지하려면 다시 새로운 장치들이 필요하게 된다. 이에 따라 '리스크'는 갈수록 증폭되고, 따라서 사고事故는 점점 대형화된다. 고층 건물의 화재, 대교大橋의 붕괴, 원자력 발전소의 누수 등등. 게다가 이런 장치들을 전유하는 것은 결국 정부와 거대 기업이고, 때문에 삶은 점차로 국가권력과 (타이렐 회사 같은) 거대 기업에 종속해 간다. 그러나 테크놀로지가 자기 확장의 욕망을 충족시켜 주는 한 이런 흐름은 계속될 것이고, 인간은 갈수록 복잡하게 얽혀 가는 이런 장치들의 정글에서 적응하면서 살아가야 한다. '사이보그'라는 존재는 바로 이런 흐름의 극한에서 등장했다고 할 수 있다. 사이보그인 쿠사나기는 이런 숱한 장치들의 네트에서 '태어나' 그 속에서 살아가는 자신의 존재에 혼란을 느낀다.

애잔한 주제가와 함께 펼쳐지는 차이나타운 장면은 이런 세상을 인상 깊게 묘사한다.

내가 춤추면 아름다운 여인 취하게 되리
내가 춤추면 달빛에서 소리 울려 퍼지리
내가 춤추면 아름다운 여인 취하게 되리
내가 춤추면 달빛에서 소리 울려 퍼지리
나를 품으려 천신天神이 강림하고
동이 터올 때 호랑지빠귀 우네

유람선을 타고 가던 쿠사나기는 무심코 저 위 건물의 한 카페를 바라본다. 거기에는 쿠사나기의 거울이미지, 그러나 공안과 요원 쿠사나기와는 달리 청순하고 앳된 여인이 애인을 기다리는 듯 커피를 앞에 놓고서 앉아 있다. 한순간 두 여인의 눈길이 마주친다. 자신과 똑같인 생긴 사람, 그러나 서로 다른 인생 행로를 걷고 있는 사람과 우연히 마주쳤을 때, 과연 어떤 감정을 느끼게 될까? '시뮬라크르의 시대'가 도래시킬 이 혼란스러운 광경.

내게 몸을 다오

교통사고를 당한 한 인형[5]이 공안 9과에 실려 오자, 그녀의 고스트를 확인하기 위해 전기충격이 가해진다. 그 와중에서도 그 인형은 왠지 쿠사나기를 바라보는 듯하다. 그 안에는 무엇이 들어 있는 걸까? 그 인형과의 동일시를 애써 무마하면서 쿠사나기는 묻는다. "어쩌면 진짜 나 자신은 훨씬 옛날에 죽어버렸고, 지금의 나는 전뇌와 기체로 합성된 모의-인격체가 아닐까?" "아니 애초부터 '나'라는 것은 존재하지 않았던 게 아닐까?" 사이보그가 테크놀로지에 의해 만들어질 수 있다면, '나'란 과연 어떻게 존재하는 것일까? 자신도 저 인형-여인처럼 만들어진 것이 아닐까? 전뇌화된 세계에서 '원래'의 기억이 보존될 수 있을까?

---

5) 서구 문화에서 '로봇'을 둘러싼 물음들이 〈공각기동대〉에서는 '인형'(人形)을 둘러싸고 서 제시된다. 〈공각기동대〉가 흥미로운 점들 중 하나는 그것이 첨단의 미래세계를 다루면서도 그 근저에는 "동양적" 맥락이 깔려 있다는 점이다. 2편 〈이노센스〉의 주제가 — 괴뢰요(傀儡謠) — 에는 이런 정조(情調)가 강하게 나타난다. "생명의 불꽃이여, 저승에서 기다려다오/ 피어나는 꽃은 천신께 기도하고/ (…)"

'나'란 본래 직관의 대상이다. 나와 그 나를 보는 나가 일치한다는 사실이 나를 나이게 한다. 나란 '내면적인' 존재이다. 그러나 내면이 외화되어버린 세계, 전뇌화된 세계에서 이러한 내적 직관은 흔들린다. 모든 것이 외화되고 대상화된다. 독심술讀心術은 이제 기술적인 문제가 된다. 그래서 쿠사나기는 자신의 정체성을 뇌에서 찾는다. 그러나 누구도 자신의 뇌를 직접 볼 수는 없다. 결국 '나'란 주위의 전체 상황과 정합적으로 성립하는 그 무엇이다. 나의 고스트 역시 조작될 수 있다. "혹시 전뇌 자체가 고스트를 낳아서 혼을 머물게 하는 것이라면, 그때에는 무엇을 근거로 자신을 믿어야 할까?"[6] 고스트는 전뇌화의 산물이고, 혼은 고스트의 고도화된 형태이다. 그렇다면 각자가 '나'라고 생각하는 것(고스트, 혼)이란 결국 세계를 뒤덮고 있는 거대한 디지털 네트워크의 산물이 아니겠는가.

고스트이든 혼이든 핵심은 이 존재들은 신체를 가지지 않는 것이라는 사실이다. 고스트는 디지털 정보체계일 뿐이다. 〈공각기동대〉는 신체와 영혼이 분리되어 있는 세계, 데카르트적 이분법의 세계이며, 내용상으로는 물질 이전에 모나드가 먼저 존재하고 그 후에 그것이 물질에 구현되는 라이프니츠적 세계이다.[7]

---

6) 이때의 인형은 안에 고스트를 내장하고 있어 사람처럼 행동할 수 있는 인형이다. 고스트는 인형을 행동할 수 있게 만들어 주는 고도로 집적된 정보체계이다. 반면 혼(たましい)은 사람의 마음과 차이가 없는 수준의 영혼을 말한다. 고스트와 혼의 차이는 라이프니츠가 말한 모나드에서의 수준 차이와 유사하다.

7) 라이프니츠의 형이상학이 모나드가 신체를 얻는 '구현'(embodiment)의 구도인지, 아니면 신체란 아예 착각(모나드들이 고도로 집적될 때 나타나는 광학적 효과)에 불과한지에 대해서는 논쟁이 있다. 이 영화의 맥락에서는 전자로 보는 것이 적절하다.

인형에서는 고스트가 발견된다. 그것은 바로 그 악명 높은 인형사였다. 인형사는 어떤 개인이 아니라 네트워크를 돌아다니면서 활동했던 프로그램이었던 것이다. 이 영화에서 특히 인상 깊은 반전의 장면이다. 말하자면 그것은 네트워크 내에만 존재할 수 있는 '귀신'이었던 것이다. 〈공각기동대〉는 첨단의 미래 사회를 그리고 있지만, 네트워크세계를 저 세상으로 치환한다면[8] 그 기본 구도는 사실 〈전설의 고향〉에서 자주 접할 수 있는 '귀신 이야기'이다. 다시 몸을 얻어 환생하고 싶은 귀신의 이야기.[9]

고도화된 프로그램인 인형사는 어떤 '생각'으로서 응집되었고, 그래서 그 생각으로부터 하나의 '의식'이 형성되었다는 설정이다. 그런 고스트라면 몸—단순한 기체가 아니라 그것에 걸맞는 진짜 몸—은 아직 없지만 하나의 정체성을 가진 모나드로서 존재할 것이다. 모나드는 지각작용(고스트의 내용 자체)만 있는 것이 아니라 욕동작용도 가진다. 그래서 인형사는 지금의 자신을 하나의 '의지'라고 말한다.

나아가 인형사는 자신을 하나의 '생명체'라고 주장한다. "너는 일개 자기 보존 프로그램에 지나지 않아"라는 말에 인형사는 이렇게 답

---

8) 이것은 얼핏 느껴지는 것처럼 무리한 치환이 아니다. 네트워크의 세계와 저 세상은 공통적으로 신체를 가지지 않는 존재들(모나드, 프로그램, 고스트 등)이 활동하는 곳이기에 말이다. 고스트는 신체가 없기에 남성인지 여성인지 말할 수가 없다. 〈공각기동대〉에서 인형사는 남성의 목소리로 나오지만, 영어 버전에서는 여성의 목소리로 나온다.

9) 다만 인형사는 생명체였다가 죽은 것이 아니기 때문에, 이때의 '환생'은 기존의 의미와 다소 다른 의미라 할 것이다. 아울러, 〈아발론〉(2001)은 〈공각기동대〉와 대칭을 이루는 작품으로 볼 수 있다. 여기에서 주인공은 현실세계의 몸을 떠나서 네트 세계의 아발론으로 향해 간다. 인형사가 몸을 얻기 위해 '강림'했다면, 애쉬는 아발론으로 가기 위해 몸으로부터 '승천'한다.

한다.

그렇게 말한다면 당신네 DNA 또한 자기 보존을 위한 프로그램에 지나지 않아. 생명이란 정보의 흐름 속에서 태어난 돌연변이 같은 것이지. 종으로서의 생명은 유전자라는 기억 장치를 가지며, 사람은 오직 기억에 의해서만 개인이라 할 수 있지. 설사 기억이라는 것이 허무한 하룻밤의 꿈 같은 것이라 해도, 사람은 기억에 의해 살아가는 존재일 뿐. 컴퓨터의 보급[전뇌화]이 기억의 외화를 가능케 했을 때, 당신네는 그 의미를 좀 더 진지하게 생각했어야 했어.

인형사는 정보, 생명, 기억의 관련성을, 그리고 전뇌화가 일으킬 수 있는 문제를 지적하고 있다. 생명의 본질은 자기복제에 있고 자기복제를 위한 프로그램이 DNA이다. '자기'라는 것이 정보들의 유기적 집적체라면, 정보의 흐름 속에서 일정하게 마름질된 한 복합체가 자기이다. 그 복합체가 자기를 보존해 나갈 때 기억이 성립하며, 그 기억이 복제를 통해 그와 유사한 다른 개체에까지 이어질 때 생명이 성립한다. 이 기억 메커니즘의 굵직한 계열이 종種이고 세밀한 계열이 혈족이다. 유전자가 한 종의, 한 혈족의 정체성을 형성하고, 기억이 한 개체의 정체성을 형성한다. 기억이란 내면화된 사건들의 계열체이다. 하나하나의 사건들은 또한 동시에 정보이고, 그 정보들이 일정하게 계열화되면서 내면화할 때 기억이 성립한다. 이런 기억 메커니즘이 존재하지 않는다면 개체란 무의미할 것이다. 한 기억 계열체가 개체의 죽음과 더불어 허무하게 사라진다 해도, 개체는 오로지 그 기억을 통해서만 자신의 개별성을 가질 수 있는 것이다. 그러나 그 기억이 외화될 수 있다면? 컴퓨터라는 또 다른 기억장치, 생명체는 아니지만 고도의 기억장치인 이 기묘한 존재가 발명되고, 이제 내면화된 기억과 외적 장치인 컴퓨터가 접속되어, 기억이 흘러 나가고 흘러 들어오고 나아가 조작되기까지 한다면? 무엇이 개체의 정체성을 보장할 것인가? 또, 누가 인형사 같은 존재가 생명체가 아니라고 단정할 수 있겠는가? 귀신과 살아 있는 인간의 차이는 도대체 무엇인가?

그렇다면 인형사는 자신을 어떻게 정의할까? 인형사는 인공지능인가? 그는 자신이 인공지능임을 부정한다. 자신이 자발적으로 태어난 생명체임을 강조한다. "AI가 아냐. 나의 이름은 프로젝트 니고제로이치(2501). 나는 정보의 바다에서 태어난 생명체다." 무한히 흐르는 정보의 바다──네트-신의 오성(!)──에서 마름질되어 태어난 생명체, 그것이 인형사이다. 컴퓨터 네트워크에서의 정보의 바다란 곧 신체에 구현되지 않은 사건들의 바다이다. 또는 외화된 세계의 경우, 마음/뇌의 안에서 바깥으로 그리고 바깥에서 안으로 흘러다니는 사건들의 바다이다. 그 바다에서 일정한 사건들이 계열화되어 하나의 모나드가 형성될 때 생명체가 탄생한다. 이것이 전뇌화된 세계에서 발생할 수 있는 놀라운 생명 탄생의 메커니즘이다. 영화가 설정하고 있는 존재론이 이 대목에서 분명하게 드러난다. 인형사에게 부족한 것은 몸뿐이다. 주제가의 제목이 왜 〈還生〉인지 알 수 있다.

전뇌화 시대의 진화

쿠사나기는 자신을 인형사에 접속해 인형사의 정체를 알고자 한다.

생명체와 생명체는 몸과 언어로 만난다. 마음을 직접 볼 수는 없다. 그러나 귀신들이 그렇듯이 고스트들은 접속을 통해 서로의 '마음'을 직접 볼 수 있다. 쿠사나기는 인형사의 고스트가 존재하는 디지털 심해心海로 뛰어든다. 마침내 쿠사나기와 인형사가 현실세계가 아니라 고스트들의 세계에서 만나게 된다. 고도 정보 집적체인 인형사는 여기저기 네트에 잠입하던 과정에서 문득 '나'라는 것을 의식하게 되었다. 마음이 관념들의 집합체라면 관념(정보)의 집합체가 '마음'을 낳을 수도 있지 않은가. 프로젝트 2501은 어느 순간 모나드가 된 것이다.

인형사는 왜 쿠사나기에게 접근하려 했을까. "나는 자신을 생명체라고 말했지만, 현 상태로는 아직 불완전한 것에 지나지 않아. 왜냐하면 나의 시스템에는 자손을 남겨서 종을 유지한다는, 생명체로서의 기본 프로세스가 존재하지 않기 때문이지." 인형사는 환생하고 싶은 귀신이다. 하지만 인형사가 하나의 프로그램이라면 스스로를 얼마든지 복제할 수 있지 않은가? 하나의 자손만이 아니라 원한다면 수많은 자손들을 복제할 수 있지 않은가? 그러나 "복제는 어디까지나 복제에 지나지 않아. 단 한 종류의 바이러스에 의해 전멸당할 가능성도 부인할 수 없고." 탈물질적 존재는 그만큼 인과법칙으로부터 자유롭지만(그래서 우리는 마음속에서 무엇이든 마음대로 상상한다) 또 그만큼 허깨비 같은 것이다. 이유는 또 있다. "무엇보다도 복제로써는 개성이나 다양성이 생겨나지 않기 때문"이다. 개성이나 다양성은 어떻게 생기는가? 그것은 고유한 체험을 통해 생긴다. 한 존재의 개성과 다양성은 그 존재가 실제 시간 속에서 살아가면서 미세하게 축적되는 기억들을 통해서 성립한다. 그러나 복제는 단번에 어떤 존재를 만들어낼 수는 있어도 그 존재에게 삶의 다채로움을 입힐 수는 없다. 레이첼이 눈물을 흘린 것은 자신의 기억이 진정한 자신의 기억이 아니기 때문이고, 그래서 자신은 자신이 아니기 때문이다.[10] 탈물질성은 자유롭지만 공허하고, 물질성은 제한받지만 실재적이다. 그래서 인형사는 추상적 네트 속에서 마음대로 **존재하기보다는** 몸을 가진 존재로서 제약되기를, 그래서 구체적으로 세계와 부딪치면서 진정한 의미에서 **살기를** 원한다.

생명의 역사란 무엇인가? 진화의 본질은 무엇인가? 그것은 바로 생명체가 "보다 더 존재하기 위해서 계속 다양화해 가며, 때로는 그것을 버린다"는 점이다. 사이보그는 대사를 반복해 다시 태어나고 다시 또 노화한다. 그리고 죽기 전에 대량의 경험 정보를 지워버리고 유전자만을 남기는 것도 파국에 대한 방어 기능이다. 미래의 진화는 이제 생물학적 진화만은 아니다. 미래의 진화는 기계와 인간이 얽히는 새로운 형태의 진화가 될 것이다. 진화를 통해 생명체는 보다 더 존재하고자 한다. 보다 많은 특이성을 가지려 하며, 보다 더 분화된 존재, 보다 더 주름 접힌 존재, 보다 더 복잡한 존재가 되고자 한다. 생명의 진

---

10) 인간이 인간일 수 있는 중요한 한 조건은 그 긴 성숙 기간이다. 인간이 타 동물보다 매우 긴 어린 시절을 보내야 함은 생물학적 눈으로 본다면 열등한 것이겠지만, 오히려 그 기간 동안에 풍부하고 입체적으로 역사적-문화적 교양을 흡수함으로써 인간다운 인간이 되는 것이다. 뇌가 발달해서 특정한 역사와 문화가 발달하는 것이 아니다. 특정한 역사와 문화의 장이 (가소성을 본질로 하는) 뇌를 특정한 방식으로 주조해내는 것이다. 뇌의 진화로부터 역사와 문화를 일방향적으로 설명하려는 시도는 내가 **'일방향적 인과의 오류'**(fallacy of uni-directional causality)라고 부르는 것을 범하는 것이다. 물론 그 역도 마찬가지이다. 인간 두뇌의 가소성(특히 어린 시절의 가소성)이라는 잠재성/소질이 없다면, 외부의 영향을 수용하고 변형해 갈 능력 자체가 부재할 것이기에.

화란 자기차이화이다. 그것은 형상의 보존, 기억의 다양화의 연속이다. 그런 유연성을 상실한다면 파국이 올 뿐이다.

인형사는 생명의 구체성과 유연성을 얻고 싶어서 쿠사나기와의 '융합'을 원한다. 데카르트가 지적했듯이 물체들은 '상호 침투 불가능성'을 속성으로 갖는다. 그러나 고스트는 탈물질적인 존재이다. 고스트와 고스트의 융합은 마치 두 프로그램의 융합처럼 가능하다. 이제 태어나는 것은 쿠사나기와 인형사를 그 안에 녹여 놓은 그 어떤 존재일 것이다. 쿠나사기의 기억도 인형사의 기억도 보존되지만, 이제 그 기억들은 따로따로는 알아볼 수 없을 정도로 융합될 것이다. 이것은 특이존재('하이케이타스')의 탄생이다. 자신의 동일성을 상실할 것을 예감하며 주저하는 쿠사나기에게 인형사는 말한다.

> 나에게는 나를 포함한 방대한 네트가 접합되어 있어. 엑세스하지 않은 자네에게는 그저 빛으로만 지각되고 있을지 모르지만. (…) 우리는 우리를 일부로서 포함하는 우리 모두의 집합. 지금까지 자그마한 기능에 예속되어 왔지만, 제약을 버리고 보다 큰 정보 구조로 도약할 때가 온 거야.

〈공각기동대〉는 이렇게 전뇌화 시대의 새로운 의미에서의 진화를 설파하고 있다. 새롭게 태어난 융합체는 "정보망이 별을 덮고 전자와 빛이 보편화되어 있는" 거대한 도시를 굽어본다. "자, 어디로 갈까. 네트는 방대하니까." 전뇌화 시대의 방대한 네트워크, 정보의 바다에서 새로운 특이존재들이 진화해 간다.

〈블레이드 러너〉와 〈공각기동대〉는 대조적이다. 전자가 미래 기술이 빚어낼 디스토피아의 광경들을 묘사하고 있다면, 후자는 그것이 도래시킬 새로운 가능성을 그리고 있기 때문이다. 이 두 편의 빼어난 사이버펑크 작품들은 이후 전개될 작품들의 윤곽을 선구적으로 그려 주고 있다.

진실과 저항 : 〈매트릭스〉*

인간은 참과 거짓을 구분한다. 그리고 참을 추구한다. 사람들은 늘 참을 둘러싸고서 투쟁을 벌인다. 사소한 일상적인 참으로부터 큰 사회적 참까지 나아가 근본적인 형이상학적 참으로까지 인간은 늘 참/거짓을 둘러싸고서 대립과 갈등을 이어간다. 이 참이라는 말에는 진리라는 의미와 진실이라는 의미가 함께 들어 있다. 진리와 진실은 어떻게 다른가? 진리는 보이지 않던 것을 보이게 할 때 성립하지만, 진실은 볼 수 있는데도 보지 못하는 것을 보이게 할 때 성립한다. 이 점에서 진리와 진실은 다르다. 진리는 범상한 인간들이 보지 못하는 것을 비범한 능력의 인간들이 보여주는 것이지만, 진실은 누구나 보려면 볼 수 있는데도 보지 못하는 것을 그것을 본 사람이 알려주는 것이기 때문이다. 그래서 진리를 이야기하는 사람과 진실을 이야기하는 사람이 상당히 다른 종류의 인간일 때가 많다. 〈매트릭스〉는 진리에 관한

---

* *The Matrix*, directed by The Wachowskis, Warnor Brothers, 1999.

이야기라기보다는 진실에 관한 이야기라고 할 수 있다.

그러나 진실에도 크기가 있다. 사소한 일상적 진실이 있는가 하면, 큰 사회적 진실도 있고, 또 과학적인 나아가 거대한 형이상학적 진실—이 경우에는 오히려 진리—도 있다. 외관상 매우 오락적인 이 영화가 은밀히 다루고 있는 것은 기본적으로 어떤 **형이상학적 진실**이다. 사실 'science-fiction'과 형이상학은 그 이미지에서의 대조에도 불구하고 상통한다. 양자는 모두 과학의 '메타'를, 다만 상이한 방식으로 다루는 분야이기 때문이다. 이 점은 〈매트릭스〉에서 특히 잘 드러난다.

가장 커다란 형이상학적 진실은 무엇을 둘러싸고 드러날까? 바로 '세계'라는 것의 **존재**를 둘러싸고서 드러난다. 라이프니츠의 유명한 물음("어째서 무엇인가가 없지 않고 있는가?")은 이후 많은 철학자들의 논의거리가 되었으나, 지금의 맥락에서 문제되는 것은 어째서 세계가 존재하는가의 문제가 아니라 '세계'라는 이 개념을 어떻게 이해해야 하는가의 문제이다. '세계'에 대한 가장 일차적인 이해는 우리가 그 안에서 살고 있는, 우리의 경험의 장이 되는 이 세계이다. 이 세계는 그 안의 많은 것들이 문제가 되는 그런 것이지만, 대부분의 경우 그것 자체는 문제로서 도드라져 나오지 않는다. 다양한 학문들은 그것의 어느 부분/차원을, 우주론은 우주공간을, 사회학은 사회의 부분들(가족, 직장, 지역 등)을, 언어학은 언어를 문제로 삼는다. 그러나 형이상학은 '세계'라는 이것 자체를 문제로 삼는다. 이때 우리는 이 세계의 바깥을 의식하게 된다. 이 세계라는 **전체**를 시야에 두는 순간 그것의 바깥 역시 우리 의식으로 들어온다. 그때 우리는 이 세계 이외의 어떤 다른 세계에 대해 생각하기 시작한다. 물론 이 바깥은 공간적/외연적 바깥만을 뜻하는 것은 아니다(그런 바깥은 우주론이라는 특정한 맥락에서 문제가 되는 바깥이다). 다양한 의미에서의 '바깥'이 가능하다. 문제의 핵심은 우리가 세계라는 이 전체를 사유의 대상으로 삼을 수 있으며, 바로 그때 지금의 '이' 세계와 더불어 다른 세계'들' 또한 사유의 시야로 들어온다는 점이다.

이런 문제의 구도가 곧 여러 세계들의 구도이다. 플라톤의 두 세계 이야기로부터 라이프니츠의 가능세계론 등을 거쳐 오늘날의 다중우주론 등에 이르기까지, 세계'들'에 대한 논의는 형이상학적 사유의 중핵을 차지하는 논의들 중 하나였다. 여기에서의 여러 세계는 이 세계 내의 여러 세계를 뜻하지는 않는다. 이 세계 내에서도 우리는 '종교의 세계', '예술의 세계', '스포츠의 세계' 등에 대해 말한다. 그러나 지금의 여러 세계는 우리가 살고 있는 이 세계를 그 하나로 포함하는 여러 세계이다.

여러 세계에 대한 논의는 다양한 방식으로 이루어져 왔다. 전통 시대의 철학자들은 늘 '이 세계'와 '저 세계'에 대해서 이야기해 왔다. 저 세계는 이 세계를 초월하는 세계이다('세계 II'). 현실세계와 초월세계 사이의 관계는 전통 시대를 지배했던 기본적인 형이상학적 구도였다. 라이프니츠의 가능세계론은 다세계多世界 형이상학의 매우 흥미로운 버전이다. 근대가 도래하면서 사람들은 과학기술을 통해서 새로운 세계들을 드러냈다. 현미경이나 망원경이 드러낸 극미세계와 극대세계 등이 그것이다('세계 III'). 형이상학적 세계들에 비해 이 극미와 극대의 세계는 현실세계와 연속적인 세계들이고, 결과적으로 이 세계의 외연을 보다 크게 확장시켰다. 현대 우주론에서의 다중우주론은 현실세계와의 연속성과 불연속성을 동시에 포함한다. 형이상학과 과학기술에 의한 다세계론을 이어 오늘날 디지털 기술에 의한 또 하나의 세계가 등장했다. 상상적으로는 존재했지만 현대 기술을 통해서만 구체화될 수 있었던 이 세계는 바로 가상세계이다('세계 IV'). 〈매트릭스〉는 이렇게 새롭게 도래한 다세계, 현실세계와 가상세계의 관계를 매우 적절한 시점에서(1999년) 형상화했다.

현실세계와 가상세계

〈공각기동대〉를 따라서 이 영화는 기지의 세계로부터 미지의 세계로, 즉 현실세계로부터 가상세계로 이행해 가는 길이 아니라 그 반대 방향으로 이행하면서 진행된다. 〈공각기동대〉의 경우 곧바로 현실세계로의 전환이 이루어지지만, 〈매트릭스〉의 경우는 영화의 절반이 넘어가서야 현실세계가 등장한다. 그 전의 모든 이야기들이 가상세계에서 일어난 일들이었음을 알면서, 그리고 이 세계와 현실세계가 여러모로 강렬하게 대비되면서 관객들은 큰 사상적-예술적 충격을 받게 된다. 일찍이 아리스토텔레스는 뛰어난 드라마의 핵심 요소로서 '반전'을 들었거니와, 새롭게 도래한 디지털 세계의 장에서 이런 구도에 명확한 형상화를 부여한 것은 바로 이 영화이다.

현실세계는 아날로그의 세계이고 가상세계는 디지털의 세계이다. 그리스 자연철학자들이 원자론을 제시한 이래 이 사유 형식은 다양한 형태로 변전되어 왔지만, 이제 원자(물질)는 비트(정보)로 대체되고 세계는 0과 1의 조합이 만들어내는 무한한 이미지들로 화한다.

〈공각기동대〉의 타이틀백이 함축하는 세계는 〈매트릭스〉의 도입부에서도 확인된다.[1] 〈공각기동대〉도 〈매트릭스〉도 심신 이론에서의 특정한 국면, 즉 신체를 하드웨어로 정신을 소프트웨어로 보던 시기의 존재론을 반영하고 있다. 그러나 다른 많은 요소들은 접어놓는다 해도, 무게 없는 디지털 이미지의 세계와 중량감으로 차 있는 현실세계 사이에는 불연속이 가로놓인다. 정보는 물질의 정보이지만 정보가 물질을 대체하는 것이 아니다. 정보는 물질의 '등가물'이지 '대체물'이 아니다. 현실세계는 사물들의 세계이며, 그것의 정보들을 따로 추상했을 때 디지털 차원이 성립한다. 스피노자 식으로 생각하면, 디지털세계는 세계의 한 '속성'attributum이다.

정보의 차원이 감각적인 방식으로 표현될 때 '이미지'가 성립한다. 지금 맥락에서의 이미지란 디지털 정보이미지이다. 고양이를 구성하는 디지털정보(프로그램)를 추상해서 그것을 시각적으로 구현할 경우 고양이의 디지털 정보이미지가 성립한다. 이 디지털 정보이미지의 차원이 곧 〈매트릭스〉이다. 우리는 영화의 후반에 가서야 실제 세계와 그것의 디지털 정보이미지 — 영화에서의 개념으로는 '잉여 자기이미지'residual self image — 로서의 세계라는 두 세계의 구도를 확인하게 된다. 현실세계에서 기호들로 구성된 프로그램은 가상세계 내에서는 디지털 잉여이미지로서 존재한다. 하지만 가상세계 속의 존재

---

1) 그러나 양자의 존재론적 함축은 상반된다. 전자는 현실세계가 디지털세계와 뗄 수 없이 연결되어 있고 넓게는 하나의 존재임을 함축한다면, 후자의 경우는 현실세계와 가상세계의 명확한 이분법을 함축하고 있기 때문이다.

들에게는 그것들이 어디까지나 실물이고 현실이다. 때문에 프로그램들의 성격에 따라서는(영화 도입부의 요원들과 트리니티가 그 예이다) 현실세계에서는 불가능한 일들이 얼마든지 가능하게 된다. 영화의 전반부에 등장하는 이런 "만화 같은" 액션들은 후반부에서 두 세계가 변별되면서 오히려 설득력을 얻게 된다. 그리고 이 설득력을 뒷받침해주는 것은 가상세계의 존재론이다. 이 점은 이 영화가 갖추고 있는 구성상의 매력이다.

사물들의 차원과 이미지들의 차원을 이어주는 핵심적인 끈은 사건이다. 사건은 사물들 사이에서 생성하면서 이미지를 통해 표현되기 때문이다. 따라서 이 영화가 현실세계와 가상세계 사이에서 벌어지는 사건에서 시작되는 것은 의미심장하다. 이 사건은 곧 전화기를 통해 디지털 전자이미지의 트리니티가 (뒤에 가서야 비로소 보게 되는) 현실세계 트리니티로 변환되는 장면으로 표현된다. 영화는 두 세계가 분기되는 특이성singularity을 보여주면서 시작된다. 존재론적으로 상이한 두 세계(꿈과 현실, 신계와 인간계 등) 사이의 접점을 표현하는 것은 예술가들에게 언제나 큰 도전이었다. 〈매트릭스〉는 전화기라는 장치를 통해 그런 형상화를 시도하고 있다.

'매트릭스'의 존재

이 영화의 뛰어난 점은 그 전개 과정이 일종의 철학적 탐구의 성격을 띠고 있다는 점에 있다. 독창적인 개념들로 구성된 어떤 세계(두 세계로 이루어진 세계)의 정체를 하나하나 알아 간다는 점에 그 매력이 있다 하겠다. 외형상 '할리우드 액션영화'의 형태를 띤 이 작품은 전체적으로 보면 어떤 '구도'求道의 과정을 그린 영화라 할 수 있다. 영화는 네오가 매트릭스의 존재를 깨달아 가는 과정, 매트릭스와 싸워 나가는 과정, 매트릭스의 속성을 이해하게 되는 과정, 결국 '실재'에 대한 '진실'을 깨닫기에 이르는 과정으로 구성되어 있다.

〈매트릭스〉는 다양한 암시들을 통해서 관객들을 조금씩 진실로 이끌어 간다. 우선 모피어스가 네오의 일거수일투족을 알고 있고 네오의 컴퓨터를 통해서 그에게 이야기하는 대목은 그가 네오의 공간과는 다른 공간에서 네오를 보고 있음을 암시한다. 네오와 같은 현존의 장에 존재하지 않으면서 그를 보고 그에게 말한다는 것은 곧 모피어스가 네오의 장 바깥의 장, 전자를 내려다볼 수 있는 어떤 메타적 공간에 위치하고 있음을 뜻한다. 우리는 뒤에서 모피어스가 디지털 기호로서의 네오를 보면서 그에게 이야기하고 있음을 알게 된다. 매트릭스 안의 존재들은 사실상은 디지털 정보이미지들이며, 매트릭스 바깥에서 보는 사람들에게 그들은 디지털 기호들이다.

컴퓨터 회사에서는 '미스터 앤더슨'으로 일하고 있지만 집에서는 해커로서 활동하고 있는 네오가 그를 찾아온 자들에게 파일을 건네는 장면은 관객을 매트릭스의 진실에 한 걸음 더 데려간다. 네오의 방은 디지털 언어인 0과 1이 조합된 101호이다. 흰 토끼는 '이상한 나라의 앨리스'를, 네오가 "생시인지 꿈인지 구분이 가지 않을 때"를 언급하는 것은 장자의 호접몽("不知周之夢爲胡蝶 與胡蝶之夢爲周與")을, 초이가 네오에게 "네가 내 구세주야"personal Jesus Christ라고 한 대목은 훗날 네오가 특정인의 구세주가 아니라 인류의 구세주가 되리라는 것을 암시한다. 그리고 초이가 네오를 "plugged man"이라 한 것이 얼마나 얄궂은 말인지를 관객은 나중에 깨닫게 된다. 뛰어난 사이버펑크 영화들이 대개 그렇듯이, 이 영화는 이 한 장면에 다양한 복선들을 깔아놓고 있다.

이 장면에서 특히 흥미로운 대목은 네오가 보드리야르의 『시뮬라크르와 시뮬라시옹』의 「허무주의에 관하여」에서 파일을 꺼내는 대목이다. 〈매트릭스〉는 플라톤의 동굴의 우화, 예수 설화 등 다양한 형태의 철학적-종교적 사상들을 배경으로 하고 있으나, 모든 것이 '시뮬라시옹'이 되어버린 포스트-모더니티에 대한 날카롭고 냉소적인 사유를 전개한 보드리야르의 사상이야말로 이 영화에 가장 직접적인 영향을 끼친 것으로 보인다.[2)]

> 세계, 그리고 우리 모두는, 산 채로 시뮬라크르 속으로, 저지의 저주받은, 저주조차도 아닌 무관심의 영역으로 들어간다. 허무주의는 기묘한 방식으로 더 이상 파괴 속에서가 아니라 시뮬라시옹과 저지 속에서 완전히 실현되었다. 역사적으로도 허무주의는 자신이 그러했던 신화적이고 무대적이던, 격렬하고 활발한 환상으로부터, 사물들

---

2) 그러나 보드리야르의 강렬한 영감에도 불구하고, 그의 존재론과 이 영화의 존재론은 전혀 다르다. 보드리야르는 현실세계가 시뮬라시옹으로 덮여 가는 그래서 마침내 양자가 구분되지 않는 오늘날의 현실세계를 논한 데 반해(그래서 그의 사유는 〈매트릭스〉보다는 오히려 〈공각기동대〉에 더 가깝다), 이 영화는 현실세계와 기계들이 만들어낸 시뮬라시옹의 세계의 날카로운 이분법에 근거하고 있다.
아울러 이 영화는 플라톤으로부터 보드리야르에 이르기까지 서구의 사상들을 복선으로 깔고 있지만, 또 중국적이기도 하고 일본적이기도 한 요소들도 군데군데 깔려 있지만, 그 궁극적인 구도는 인도적 사유에 입각해 있다고 볼 수 있다. 다양한 사상들 및 문화들의 하이브리드를 추구한 이 영화에서 결정적 방점은 힌두교에 찍힌다.

의 투명한, 거짓스럽게 투명한 기능으로 넘어갔다.[3]

네오는 요원들에게 잡혀가 취조를 받았으나 결국 모피어스를 만나게 된다.[4] "자네 얼굴에는 나중에 깨어나리라 기대하기에 보이는 모든 것을 받아들이는 그런 사람의 표정이 있어." 모피어스의 말에서 우리는 지금 이 세계가 하나의 꿈임을 직감하게 된다. 네오는 그 꿈에서 깨어날 것을 예감하기에 모든 기이한 것들을 향해 다가간다. 하지만 그 꿈은 기계들이 정교하게 설계해서 만들어낸 하나의 가능세계 즉 매트릭스이다. 네오는 그 꿈속에서 살아왔지만 그 삶이 하나의 꿈이라는 사실, 자신의 마음을 가두고 있는 감옥—**인식론적 감옥**("진실을 못 보도록 눈을 가리고 있는 세계")—임을 어렴풋이 깨닫고 있다. 모피어스는 "설명할 수는 없지만 언제나 거기에 있는" 것, 이 매트릭스를 네오의 "마음속에 박힌 가시"라고 말한다. 그것이 네오로 하여금 모피어스를 찾게 만든 것이다.

모피어스가 네오에게 말하고자 하는 것은 운명과 진실이다. 무엇인가를 '그럴 수밖에 없는' 것으로서 받아들일 때 그것은 운명이라 불린다. 마치 모든 일이 예정되어 있었다는 듯이, 내가 이렇게 된 것은 나의 능력을 넘어서는 어떤 힘의 장난 때문이었다는 듯이, 마치 내

---

3) 장 보드리야르, 『시뮬라시옹』, 하태환 옮김, 민음사, 2001, 245~246쪽.

4) 요원들에게 잡혀간 네오가 취조실에 앉아 있는 장면을 영화는 여러 화면들에 나누어 보여준다. 이 장면이 가지는 의미는 〈매트릭스 2〉—여기에서는 다중세계의 한 세계가 다시 그 안에서 '주름'의 구조를 가지도록 좀 더 중층화된 방식으로 표현된다—에서 비로소 드러난다. 2편에서 매트릭스의 설계자('아키텍트')는 매트릭스가 여러 번 재구축되었으며, 네오는 아키텍트가 원했던 '변종', 그 중 여섯 번째 버전이라고 말한다.

가 행했던 모든 노력과 몸부림이 원래 허사였다는 듯이 느껴질 때, 상황은 운명으로서 다가온다. 운명이란 현재의 눈길이 과거의 순간들에 던지는 소환장이다. 시간의 각 순간은 미래의 갈래들을 머금고 있지만, 그래서 하나의 지도리를 주체 앞에 제시하지만, 그런 순간들이 이미 지나갔을 때 운명이라는 존재는 그 각각의 순간들을 예정되어 있었던 것들로 바꾸어버린다. 운명이란 결국 현재가 과거에 던지는 회고의 눈길일 뿐이다. 네오는 운명을 부정한다. 하지만 운명에는 항상 "아이러니의 감각/의미"가 들어 있다. 운명을 벗어나기 위해 새로운 길을 개척해 나가는 인간에게 운명은 다시 그것을 흡수해버리면서 더 큰 운명으로서 엄습한다. 운명은 항상 역운이다. 하지만 인간은 다시 운명과 싸우기 위해 전열을 가다듬는다.

인간은 시간의 길을 따라 여행한다. 그리고 수많은 기로岐路에 처한다. 갈림길에서 시간의 길은 갈라진다. 그리고 삶의 갈래들은 선택을 강요한다. 시간의 갈래들에서 우리는 많은 문門을 만난다. 우리는 어떤 문을 열기도 하고 또 어떤 문을 닫기도 한다. 시간의 지도리에 처한 사람들은 서로 다른 문을 엶으로써 서로 다른 인생행로를 걸어간다. 시간의 지도리는 하나의 'pro-blēma'이다. 그리고 하나의 문을 열 때 우리는 그 문제의 한 해解를 선택하는 것이다. 문제-장에서의 주요 특이성들은 물음으로서 다가온다. 트리니티가 네오에게 말했듯이, "우리를 움직이는 것은 바로 물음"이다(2편에서 아키텍트는 네오가 가장 적절하지만pertinent 또한 가장 빗나간irrelevant 물음을 던질 것이라 말한다: "내가 왜 지금 여기 있을까?"). 네오는 "매트릭스란 무엇인가?"라는 물음에 이끌려 모피어스에게 왔다. 모피어스는 네오에게 하나의 갈림길을, 시간의 지도리를, 하나의 문제를 제시했다. 네오는 이제 그 문제의 두 가지 해, 두 가지 문에서 하나를 선택했다. 그는 운명을 부정하고 진실을 택한 것이다.

운명의 부정은 그 운명 바깥의 어떤 진실을 지향한다. 사람들로 하여금 각각의 현실을 운명이라고 믿게 만드는 진실, 하지만 그 운명의 이미지, 인식론적 감옥 안에서는 결코 볼 수 없고 바깥으로 나갔을 때에만 볼 수 있는 진실. "우리가 사는 세계가 꿈이 아니라는 보장이 어디 있는가?", 장자는 이렇게 물었다. 모피어스는 말한다. "우리가 그 꿈에서 깨어날 수 없다면, 그것이 꿈이라는 사실을 어떻게 알 수 있을까?" 이 세계에 머무를 것이냐 그 바깥으로 나갈 것이냐, 그것이 문제로다. 운명이 준 것 안에 안주할 것인가, 두려운 그 바깥으로 탈주할 것인가. 네오는 빨간 약을, 바깥을 선택한다. 왜? 진실, 오로지 진실 때문에. 진실이 무엇인지 알고 싶다는 이 인식론적 의지가 네오를 바깥으로 향하게 한다.

그 바깥에서 네오는 감당키 어려운 진실에 마주한다. '동굴의 우화'에서 동굴을 벗어난 사람이 만난 것은 이데아의 세계였다. 하지만 네오가 만난 세계는 기계들이 구축한, 인간을 재료로 한 에너지 배양 공장이었다. 인간은 진실을 갈구하지만, 〈현기증〉(1958)이 잘 묘사했듯이 진실은 얄궂게도 인간을 예기치 못한 상황으로 몰아간다.

달콤한 거짓으로 만족할 것인가, 쓰디쓴 진실을 살 것인가. 진실의 세계가 너무나도 가혹하다면, 다시 거짓의 세계로 돌아갈 것인가?

'매트릭스'란 무엇인가

〈매트릭스〉는 영화의 초반에서 '매트릭스'를 감지하면서 살아가던 네오가 이제 그 실체에 맞닥뜨리는 과정을 보여준다. 그리고 영화의 중반은 그렇게 그가 발견한 진짜 세계와 자신이 그 전까지 살아왔던 가짜 세계에 관련한 진실을 하나씩 설명한다. 이 대목이 영화의 알맹이를 구성하고 있다.

첫째, 실재reality란 무엇인가? 이것은 인간이 '철학'이라는 행위를 시작했을 때, 존재의 경이에 눈떴을 때 가장 먼저 던졌던 물음이다. 철학자들은 참된 존재to ontōs on를 찾아 긴 여정을 시작했다. '존재론'이라 불린 이 사유는 가상세계의 등장을 맞아서 이제 새로운 국면에 접어들게 된다. 〈매트릭스〉는 바로 이 맥락을 다룬 존재론적 영화, 아마도 〈공각기동대〉와 더불어 영화사상 가장 존재론적인 영화일 것이다.

잉여 자기이미지들로 구성된 세계, "신경 상호작용 시뮬레이션", 이것은 인간을 에너지원으로 만들어버린 기계들이, '단일 자의식'에 도달한 군체로서의 초-메가기계가 인간의 정신을 즉 컴퓨터네트워크로 연결된 인간 정신들의 총체―하나의 세계로 총체적으로 접속된 인간의 신경망/정신세계―를 일정한 방식으로 디자인한 세계, 바로 '매트릭스'이다. 물론 여기에는 인간 뇌와 컴퓨터세계가 직접 연결되는, 〈공각기동대〉의 기초 개념인 '전뇌화'電腦化의 개념이 적극 활용되고 있다. 정신이 소멸되면 당연히 신체도 죽기 때문에, 기계들은 인간의 정신을 살려 두되 정신들-총체를 전체적으로 디자인해 매트릭스를 만들었다. 그래서 모피어스는 매트릭스의 본질을 '통제'라고 말한다. 그리고 진짜 세계=현실세계는 이 세계의 대척점에서 단지 "실재의 잔해"the desert of the real로만 존재한다.

매트릭스 안의 인간들, 디지털 정보이미지로서의 인간들은 그 세계의 모든 것을 실재로서 믿고서 살아간다. 하지만 가상세계의 모든 것들은 프로그램들이다. 그럼에도 가상세계 안의 사람들, 그들 자신 프로그램들인 그들에게 그 모든 것들은 실재하는 사물들로 보인다. 그래서 저항군이 만들어낸 자체의 가상세계 즉 로딩프로그램('컨스트럭트') 안에 있는 의자를 가리키며 네오는 묻는다. "이것이 실재가 아니란 말인가?" 만일 경험주의에 입각해 실재가 감각을 통해서 확인되는 것들을 뜻한다고 정의한다면, 실재를 '현상들'phenomena로 정의한다면, 나의 오감으로 확인되는 것들이 곧 실재이다. 따라서 가상세계 내의 모든 것들은 그 안의 사람들의 오감—가짜 오감이지만—으로 확인되는 한에서 모두 실재이다. Esse est percipi! 하지만 모피어스는 흥미로운 물음을 던진다. "만일 실재=진짜가 오감으로 확인되는 것들이라면, 그것이 두뇌가 해석하는 감각 신호들과 뭐가 다르지?" 인간이 감각을 넘어 사유하지 않는다면, 그에게 '존재'란 곧 감각기관들을 통해서 그의 뇌에 도달하는 전기 신호들 외의 그 어떤 것도 아니다. 하지만 버클리의 세계에서와는 달리, 이 영화에서 이 "percipi" 바깥에 존재하는 것은 신이 아니라 바로 기계들이다.[5]

---

5) 예컨대 매트릭스에서 사탕을 먹으면서 단맛을 느끼는 사람은 기계들이 그의 뇌에 쏴 주는, 단맛에 해당하는 전기 신호를 받는 것뿐이다. 여기에서 마우스는 흥미로운 문제를 제기한다. 단맛은 '감각질'(qualia)이다. 그것은 1인칭 관점에서만 가질 수 있는 느낌이다. 기계들이 누군가에게 이 맛의 전기 신호를 쏴 주려면 도대체 이 맛이 어떤 맛인지 알

둘째, 매트릭스는 어떤 식으로 작동하는 세계인가? 매트릭스의 세계는 물질의 세계가 아니라 정보이미지의 세계이다. 따라서 이 세계에서 빨리 달린다든가 강한 주먹을 날린다든가 하는 것은 운동신경의 문제가 아니라 뇌의 문제, 일종의 관념운동의 문제이다. 비트들의 세계, 프로그램들의 세계에서 일어나는 사건들이다. 따라서 예컨대 태권도를 배운다는 것도 현실세계에서 몸으로 배우는 것과 달리 태권도라는 무술이 내포하는 모든 정보들을 뇌에 입력받음으로써 이루어진다. 정신의 차원은 몸의 차원보다 훨씬 넓다. 현실세계에서는 상상적인 것들이 정보이미지들의 세계에서는 현실적인 것이 될 수 있다. 앞에서 언급했듯이, 영화 도입부에서의 트리니티의 액션이 영화 후반부에 이르러 오히려 설득력을 얻게 되는 것도 이 때문이다.

매트릭스의 세계에서 요원들은 다른 프로그램들로 자유자재로 변환되는 특수 프로그램들이다. 현실세계에서 한 사람이 다른 사람으로 변환되는 것은 불가능하지만, 사람들은 이런 변환을 끝없이 상상해 왔고 이런저런 방식으로 표현해 왔다. 비-물질적인 디지털 정보이미지의 세계에서 특수 프로그램들은 손쉽게 이런 변환을 행한다. 요원 스미스는 특히 흥미로운데, 기계에 의해 설계된 프로그램이면서도 영화의 1, 2, 3편을 통해서 계속 진화해 가는 존재로서 등장하기 때문이다. 3편에서 오라클은 스미스가 네오의 대칭점이라고 말한다. 심

고 있어야 한다. 하지만 기계들은 오로지 3인칭 시점에서만 인간의 뇌를 연구했을 뿐이다. 그들은 도대체 1인칭에서의 단맛과 3인칭에서의 전기 신호를 어떻게 대응시켰을까? 이것은 상당히 흥미로운 인식론적 문제이다.

지어 3편에서는, 영화에서 설득력 있는 설명이 별달리 주어지지는 않지만, 남의 몸을 빌려 현실세계에 나타나기까지 한다.[6] 네오가 "the one"으로서의 역할이 부여된 존재라면, 스미스는 그 스스로 진화해 가는 존재라는 점에서 네오 못지않게, 아니 그 이상으로 특이한 존재라고 할 수 있다. 스미스는 예측 불가능하게, 통제 불가능하게 진화해 가기에 결국 인간에게만이 아니라 기계들에게까지 위협적인 존재가 된다. 3편의 말미에서 서로 적이었던 인간과 기계가 오히려 협력해서 일단 이 스미스라는 카오스를 제거할 수밖에 없는 상황이 되는 것은 이 때문이다. 통제를 위해 만든 핵심 프로그램이 통제를 벗어나 폭주하는 이 상황은 무척 흥미롭다.

시간, 행위, 의미

이 영화에서 특히 인상 깊은 존재는 오라클이다. 하이브리드 시대에 걸맞게 이 영화는 오라클을 그리스 무녀보다는 인도적인 선각자로 그린다. 2편에서 아키텍트가 말하듯이, 그녀는 그와 더불어 매트릭스의 두 축을 이룬다. 인간의 "불완전성"을 지각한 아키텍트는 자신의 완벽한 논리학과 수학의 결함을 수정하기 위해 자신의 대칭점인 오라클을 설계한다. 아키텍트의 과학적 예측과 대비되는 보다 직관적인 프로그램인, 그래서 3편에서 오라클 자신이 말했듯이 그의 방정식을 헝클어

6) 스미스는 비-물질적 존재, 고전적인 개념을 쓴다면 '영'(靈), 라이프니츠의 개념을 쓴다면 모나드이다. 따라서 디지털 정보이미지의 세계에서 다른 사람의 영/모나드로 변환해 그의 뇌로 침투해 들어간다면 그 사람의 몸을 빌려 현실세계에까지 나타난다는 설정은 가능해 보인다.

트리는 프로그램을 만든 것이다. 그래서 아키텍트는 자신이 매트릭스의 아버지라면 그녀는 어머니라고 말한다. 기계들이 만든 매트릭스의 두 핵심 오퍼레이터들인 아키텍트와 오라클의 관계는 이데아와 코라의 관계와 유사하다. 아키텍트가 이름이 시사하듯이 매트릭스에 질서를 부여하는 존재라면, 오라클은 거기에 우연contingency을 도래시키는 존재이다. 이로써 매트릭스는 비로소 인간이라는 존재에 걸맞는 세상이 된다. 기계들로서도 인간의 잉여 자기이미지를 만들려면 인간의 "불완전한" 즉 '인간적인' 측면들 — 스미스는 모피어스에게 "너희 인간들은 고통을 통해서 현실을 인식하는 것 같다"라고 말한다 — 을 고려하지 않을 수 없었을 것이다.

이렇게 매트릭스에서의 '생성'의 측면을 맡고 있는 오라클이 예언자라는 점은 역설적이다. 하지만 예측과 예언은 다르다. 과학자와 예언자는 공히 미래를 말한다는 공통점을 가진다. 하지만 과학자가 미래의 결정성을 예측한다면, 오라클은 미래의 어떤 새로운 생기生起를 예언한다. 과학자가 양적으로 정해져 있는 세계를 함수들로 포착해서 특정 시점의 '사태'를 예측한다면, 예언자는 우연의 작동으로 질적으로 갈라지는 분기점들 즉 특이성, 사건을 예언한다. 과학자는 법칙을 인식하지만, 예언자는 'pro-blēma'에서의 길을 예언한다. 시간의 지도리에 서서 인간은 선택을 해야 하지만, 예언자는 예언을 한다. 그래서 네오가 "그녀의 예언은 항상 맞나요?"라고 물었을 때 모피어스는 답한다. "이건 맞고 틀리고의 문제가 아냐. 너에게 길을 알려주는 것일 뿐." 과학자는 보편적으로 결정되어 있는 사태를 예측한다. 반면 오라클은 특정한 누군가에게 그가 걸어가야 할 길을 보여준다.

오라클은 예언한다. 모피어스와 네오 둘 중의 하나는 죽어야 하고, 그때 네오는 선택해야 할 것이라고. 모피어스가 요원들에게 잡혀 생사의 기로에 섰을 때, 네오는 오라클의 예언을 상기한다. 네오가 '그'라면 모피어스를 희생시켜야 한다. 그러나 네오가 '그'가 아니라면 네오가 희생되어야 한다. 네오는 자신이 '그'이기 때문이 아니라 '그'가 아니기 때문에 모피어스를 구해야 한다고 생각한다. 네오는 '선택'한 것이다. 그러나 네오와 모피어스는 함께 살아남는다. 네오가 자신이 '그'라는 것을 믿지 않았기 때문에 모피어스를 구할 수 있었던 것이다. 사랑이 미래를 바꾼 것이다. 오라클의 예언이 틀렸다. 그러나 오라클은 맞는 예언을 한 것이 아니라 네오에게 필요한 예언을 한 것이다. 예언의 빗나감에 당혹해하는 네오에게 모피어스가 말하듯이, 그것이 바로 "길을 아는 것과 걷는 것의 차이"이다.

매트릭스 안에서 매트릭스를 본다는 것

이미지 차원과 관념 차원은 존재론적으로 다르다. 우리가 아무리 태양은 어마어마하게 큰 불덩어리이고, 엄청나게 먼 거리에 있다는 것을 안다고 해도, 여전히 태양은 200피트 정도 떨어져 있는 노란 쟁반 같은 것으로 보인다(스피노자, 『에티카』, 4부, 정리 1의 주해).[7] 그러나 매트릭스의 세계에는 이런 존재론적 간극이 존재하지 않는다. 이 세계

7) 이 점은 경험주의와 합리주의의 차이를 이해하는 데에도 결정적이다. 근대 초의 경험주의 철학('영국 경험주의')은 사물들의 표면에 대한 지각에서 사유를 시작하기에, 이미지와 관념 사이에는 종이 한 장의 차이밖에는 없다. 그래서 이 사유는 과학이 이루어내는 성과들을 설명하는 대목에서 한계를 노출한다.

는 모든 것이 비트들인 세계, 정보 알맹이들의 세계, 그리고 이들의 집합체인 프로그램들의 세계, 말하자면 정신의 세계이다.[8] 따라서 이 세계에서 진정으로 무엇인가를 "안다"는 것은 바로 그것을 "본다"는 것이다. 관념이 곧 이미지이고, 아는 것이 곧 보는 것이다. 이 앎과 봄의 일치는 그러나 어렵다. 앎이 봄을 가리기 때문, 아니 봄이 앎을 가리기 때문이다. 이 가리개를 찢어버리고 진실을 안 사람, 즉 본 사람이 네오이다.

매트릭스 안의 존재들이 진실을 알아도, 총알은 그들에게 비트들로 보이지 않는다. 그러나 네오가 진실을 "알았을" 때 요원들은 실제 비트들로 보인다. 물론 때로 철학자들도 진리를 발견했을 때 그것을 "보았다"고 말한다. 그러나 그것은 "마음으로 본" 것이지, 눈으로 본 것이 아니다. 그러나 네오는 진실을 알았을 때 비트들을 실제 그의 눈(매트릭스 내에서의 눈)으로 본 것이다. 네오의 눈에 요원들이 비트들의 집합체로서 보이는 마지막 장면은 전율이 흐를 정도로 인상 깊다. 그 장면으로써 지금까지의 모든 장면들이 비로소 존재론적으로 해명되고 있기 때문이다.

이 영화는 액션 속에 철학적 깨달음을 담은 독특하기 이를 데 없는 영화이다. 매트릭스의 진실을 하나하나 알아 가는 과정, 그리고 마침내 매트릭스 내의 존재들이 실체들이 아니라 비-물질적 정보들이

8) 네오가 오라클을 찾아갔을 때 "그"의 한 후보인 소년은 "숟가락은 존재하지 않는다"는 진실/진리를 인식하라고 충고한다. 흔들리는 것은 깃발도 아니고 바람도 아니라는 것, 단지 마음이 흔들리는 것이라는 육조 혜능(慧能)의 가르침은 디지털세계에서 새로운 의미를 획득한다.

라는 점을 보게 되는 과정, 이 모든 과정이 인상 깊은 액션 장면들을 통해 전개되고 있다. 영화사상 액션과 철학적 사유가 이렇게 의미심장하게 결합된 경우가 또 있을까.

마음속 깊이 박힌 가시를 뽑아내기 : 〈인셉션〉*

빼어난 사이버펑크 영화들의 공통된 특징들 중 하나는 진부한 소재를 독창적인 주제를 통해 다룬다는 점이다. 〈블레이드 러너〉, 〈공각기동대〉, 〈매트릭스〉 등을 그 흥미진진한 주제와 (그것을 뒷받침하는) 영상기술적 측면들을 제외하고 본다면 도대체 무엇일까? 범죄영화? 액션영화? 어쨌든 전형적인 할리우드 영화 그 이상도 이하도 아니라고 해야 할 듯하다. 그러나 철학적인 주제와 새로운 영상기법들은 관객들로 하여금 소재들에서의 이 평범함을 잊게 만들기에 충분하다. 〈인셉션〉 또한 이런 특징을 유사하게 보여준다. 사실 그 소재의 진부함과 스토리 전개의 상투성을 놓고 본다면 기존 사이버펑크 명작들을 충분히 능가할 정도이다(〈인셉션〉을 사이버펑크 영화로 봐야 할지, 보다 넓게 SF로 봐야 할지는 논쟁의 여지가 있을 것이다). 대부분 어디에선가 자

---

* *Inception*, directed by Christopher Nolan, Warner Brothers & Legendary Pictures, 2010.

주 본 그런 장면들, 대사들이다. 꿈속-세계에 대한 묘사도 초현실주의적이기보다는 다소 논리적/법칙적이고 밋밋하게 느껴진다. 그럼에도 이 영화 역시 위의 영화들처럼 이런 상투성을 한참 잊어버리게 만들 정도로 독창적인 주제와 신선한 영상으로 가득 차 있다. 〈매트릭스〉 이후의 걸작이라 할 만하다.

〈공각기동대〉와 〈매트릭스〉가 그랬듯이, 이 영화 역시 매우 존재론적이다. 여기에서 "존재론적"이란 이 영화가 세계의 어떤 사건들을 다루고 있는 것이 아니라 세계'들' 사이에서의 사건들과 세계'들' 사이에서의 관계들을 다루고 있음을 뜻한다. 다시 말해 이 영화 역시, 보통 영화들처럼 '이 세계'에서 벌어지는 사건들이 아니라 이 현실세계와 다른 어떤 가능세계들possible worlds 사이에서 벌어지는 사건들의 관계를 다루고 있다는 점에서 존재론적이다. 〈공각기동대〉가 고도로 네트화된 세계에서 현실세계와 네트의 세계를 가로지르면서 진행된다면, 〈매트릭스〉는 실제 세계와 기계들이 만들어낸 가상세계 사이를 오가면서 진행된다. 마찬가지로 〈인셉션〉은 현실세계와 꿈속세계(나아가 꿈속세계'들')를 오가면서 펼쳐진다. 놀란 감독의 전작들인 〈메멘토〉, 〈인썸니아〉, 〈프레스티지〉 등이 그랬듯이 〈인셉션〉도 인간 마음의 깊숙한 곳으로, 매끈하게 통합된 하나의 마음이 아니라 복수화되어 있고 미로처럼 얽혀 있는 마음/마음들 속으로 뛰어 들어간다.

그러나 이 영화를 단지 흥미진진한 발상과 뛰어난 영상미로 엮인 '재미있는' 영화 이상으로 만들어 주고 있는 핵심 요소는 주인공 코브와 그의 아내 멜(멜로리)의 관계이다. 작품 전체를 처음부터 끝까지 일관되게 꿰어 주고 있는 이 주제를 통해서 이 영화는 비로소 드라마로서의 깊이를 갖출 수 있었다고 하겠다. 전체를 엮어 주고 있는 이 주제가 없었다면, 영화의 맛이 주는 것은 반감 그 이상일 것이다. 멜이 등장하는 장면들은 모두 의미심장하다. 멜이 등장함으로써 장면의 흐름이 극적인 반전을 겪게 되며, 영화의 주제가 한 단계씩 심화된다(이 점에서, 영화는 공식적인 주인공인 코브의 시선을 통해서만 그녀를 비추고 있지만, 멜이야말로 이 영화의 진정한 주인공일 수도 있겠다). 멜의 존재는, 포우/라캉의 '잃어버린 편지'가 그렇듯이, 장면들을 구성하는 사건-계열들 전체를 갑자기 반전시켜버리는 우발점le point aléatoire이며, 멜이 일으키는 이 우발적 사건들이 영화 전체를 극적이고 깊이 있게 만들고 있다.

꿈, 시간, 관념

영화의 도입부는 코브가 마음의 가장 깊은 곳에까지 내려가 사이토를 구해내려 했던 상황을 잠깐 비춘 후, 코브가 사이토를 처음 만났을 때로 거슬러 올라가 시작된다. 이 시작 부분은 "꿈속의 꿈"이라는 이 영화의 구도—플라톤의 대화편들에 처음 등장했던 이른바 '액자 형식'—를 미리 보여준다. 흥미롭게도 본격적인 이야기는 현실에서 액자 속으로 들어가면서가 아니라 액자로부터 현실로 나오면서 시작된다. 〈공각기동대〉는 현실로부터가 아니라 네트 속으로부터(또는 정보의 집적체로서의 마음/의식으로부터) 시작해 현실로 나오면서 시작된다. 〈매트릭스〉 역시 가상세계에서 시작해서 후에 비로소 현실세계를 만나는 구도를 보여준다. 이런 흐름을 따라 〈인셉션〉 역시 현실세계가 아닌 다른 세계로부터 현실세계로 빠져나오는 장면을 도입부로 취하고 있다.

모든 사이버펑크 영화는 그 이야기를 가능케 해 주는, 그러나 현재로서는 공상적일 뿐인 장치들이 있다. 〈블레이드 러너〉에서의 기억이식, 〈공각기동대〉에서의 전뇌화電腦化, 〈매트릭스〉에서의 잉여 자기이미지 등이 그런 예이다. 이 장치—사이버펑크/SF에서의 '결정적 장치'definite installation라 부를 수 있겠다—는 각 사이버펑크 영화의 가능조건인 동시에 바로 그것 때문에 각 영화가 '공상과학' 영화로 분류될 수밖에 없게 만드는 것이기도 하다. 이 결정적 장치로 말미암아 사이버펑크 영화는 극히 흥미진진하고 또 '존재론적'일 수 있지만, 또 다른 면에서는 결국 현실감이 떨어진다고도 할 수 있다. 때문에 이 결정적 장치를 어떻게 설정하는가, 어떻게 기발하면서도 어느 정도는 설득력이 있어 보이게 설정하느냐야말로 한 사이버펑크 영화의 수준과 성공 여부를 가늠한다고 할 수 있다.

〈인셉션〉에서의 결정적 장치는 꿈의 공유이다. 꿈이란 한 인간의 가장 내면적인 무엇, 더 정확히 말하면 내면 속의 외면, 자아 속의 타자가 아닌가. 그런 꿈속에 문자 그대로의 바깥의 타자가 침입한다면? 꿈의 공유(여기에서는 제3의 공통장소가 아니라 특정한 누군가의 꿈으로 설정된다)라는 이 장치는 〈공각기동대〉에서의 전뇌화라는 장치와 특히 가까운 성격의 장치이다. 영화의 도입부는 코브, 아서, 사이토, 멜 등의 주인공들이 꿈을 공유하면서 뒤섞인 꿈들이 일으키는 창발(예컨대 코브의 아내 멜은 생면부지의 인물인 사이토의 정부로 등장한다)을 보여준다. 더 나아가 이 영화는 꿈속의 꿈, 꿈들의 주름을 그 핵심 설정으로 배치하고 있다(비르-아케임 다리에서 아리아드네가 보여준 주름 이미지는 이 점을 상징한다). 이 설정은 이 영화의 가장 독창적인 설정으로서, 처음에는 두 겹의 꿈이, 그 후에는 세 겹의 꿈이, 마지막에는 림보에 이르기까지의 네 겹의 꿈이 이어지는 흥미의 고조가 특히 뛰어나다. 베르그송의 기억 이론, 특히 '과거의 시트들'을 연상시키는 이 구도가 영화의 플롯을 단단하게 해 주고 있다.

각 층의 꿈들은 불연속적이면서도 또 연속적이다. 다른 층위의 꿈은 전혀 다른 구도('면') 위에서 성립하지만, 상위의 층은 하위의 층에 영향을 미친다. 림보에 떨어졌을 때조차도 상위 층들에서의 기억이 완전히 잊히지는 않는다. 영화의 도입부에서 림보의 사이토는 코브의 토템(꿈속과 생시를 구분할 수 있게 해 주는 부표)을 보고서 "반쯤 잊힌 꿈속에서 만난 남자의 것"이라고 말한다. 꿈들이 완전히 불연속이라면 각 꿈의 세계는 완벽히 분리된 가능세계들이다. 그 바깥을 몰랐을 때의 매트릭스가 하나의 완벽한 세계인 것처럼. 그러나 꿈들은 각각 다른 세계이면서도 이어져 있다. 무척 흥미로운 구도이다.

이 꿈들의 주름에 상응해 시간의 주름이 설정된다. 꿈의 층위를 하나씩 내려갈 때마다 시간이 5배 느려진다는(역으로 말해, 사고는 5배 빨라진다는) 이 설정은 "무의식에는 시간이 없다"는 프로이트의 시간 개념이나, 과거 속에서 지속의 연속성이 깨진다는 베르그송적 시간 개념, 또 의식의 심층에서 시간이 느려진다는 (살바도르 달리의 그림으로 유명한) 초현실주의의 시간 개념 등과 조응하면서, 이 영화 고유의 설정으로서 장착되어 있다. 꿈들의 주름과 시간의 주름이 이 영화의 또 하나의 결정적 설정을 이룬다.

꿈속에는 무엇이 있을까? 아니 그 이전에 인간의 마음속에는 무엇이 있을까? 영국 경험론자들이 분명히 했듯이, 바로 '관념들'ideas이 있다. 이 영화는 바로 관념들에 대한 영화이다. 하나의 관념이 마음속에서 싹트고 어느샌가 구체화되면, 그것은 한 인간의 생각과 행동과 언어를 굳게 지배하게 된다.

> 관념은 바이러스 같아. 집요하고 전염성이 강하지. 아주 작은 관념의 씨앗도 거대하게 성장해서, 너 자신을 규정하고 또 파괴하기도 해. 아주 작은 관념, 예컨대 '내가 살고 있는 이 세상은 실재가 아닌 게 아닐까?' 같은 그런 관념. 그런 작은 관념이 모든 것을 뒤바꾸어버릴 수 있지.

그래서 하나의 관념은 "일단 뇌에 고착되면 제거는 거의 불가능"하다. 그러나 베르그송이 말했듯이, 꿈꾸는 상태에서는 의식의 응집력이 풀리고 한 인간의 관념에 대한 방어력도 약화되기 마련이다. 이런 가설에 입각해 타인의 꿈에 침투하기, 공유되는 꿈의 전체 구도를 짜기, 그의 어떤 관념을 훔쳐내기, 역으로 자신의 관념을 방어하기, 그리고 특정한 관념을, '관념의 씨앗'을 심기('inception')라는 이 영화의 기본 스토리라인이 짜인다.

무-의미와 역-설의 세계

"인간은 뇌의 진정한 잠재능력을 일부만 쓴다고들 하지. 깨어 있을 땐 그래. 잠이 들었을 땐 마음은 거의 뭐든 다 할 수 있어." 코브의 이 말은 중요하다.

프로이트는 꿈이란 소망의 충족을 그 핵심 기능으로 한다고 보았다. 아울러 그는 꿈의 작용을 은유, 환유를 비롯한 언어학적 모델을 가지고서 설명하기도 했다. 프로이트에게 무의식이란 일종의 극장이고, 이 극장에서 상연되는 연극(라캉을 따르면 일종의 구조주의적 연극)은 꿈을 통해서 특히 잘 드러난다. 베르그송의 꿈 개념은 훨씬 비-합리주의적이다. 생시에 현재가 가지는 대상에의 '주목'은 과거를 원추의 꼭짓점으로 쏠리게 만든다. 꿈을 꾸면서 이런 주목과 편향의 끈이 느슨해지면, 과거 속의 관념들(베르그송의 경우는 '이미지들')은 새장에서 나온 새들처럼 자유롭게 부유하기에 이른다. 이로써 다양한 가능세계들이 창발되기에 이른다. 〈인셉션〉의 세계는 프로이트보다는 베르그송에 가깝다.

잠재의식의 세계, 꿈의 세계는 무의미의 세계이다. 생시에 전혀 무관한 사람들이 만나고, 거리가 거꾸로 솟아 수직을 이루며, 차도에 갑자기 기차가 뛰어들기도 하고, 한 인물이 다른 인물로 변신하기도 하며, 공간과 시간은 뒤틀어진다. 이것은 의미 없는 세계가 아니라 무한한 의미가 섞인 세계이다. 의미는 무-의미=무한-의미의 한 결이며, 현실세계는 무한한 가능세계들의 한 면이다. 생시의 세계가 하나의 '해'라면, 꿈의 세계는 그것을 하나의 해로서 포함하는 '문제'이다. 이런 점에서 꿈의 세계는 고차원 방정식들의 세계와도 유사하다. '꿈'이라는 말의 두 가지 의미는 이런 맥락에서 만난다. 꿈은 현실의 근저에서 작동하는 기억/과거에서의 가능세계들의 장소이기도 하지만, 또한 주체가 설계하고 "꿈꾸는" 미래에서의 숱한 가능세계들의 장소이기도 하다.

또한 꿈의 세계는 파라-독사의 세계이기도 하다. 여기에서 파라-독사는 제논에게서처럼 평행을 달리는 두 세계가 아니다. 오히려 하나의 현실세계와 그 너머의 무한한 가능세계들을 가리킨다. 영화에서는 에스헤르(에셔)의 그림을 본뜬 건물 내부를 보여주면서 수학적인 역설들('폐쇄 반복 현상', '펜로즈의 계단')이나 주체와 객체의 전도 현상 같은 역설을 말한다. 물론 훨씬 풍부한 예들이 가능하다. 꿈이야말로 허구성으로 치닫지 않으면서도 파라-독사를 말할 수 있는 최적의 소재일 것이다.

〈인셉션〉에서 꿈의 세계와 기억의 세계는 구분되어야 한다. 코브가 아리아드네에게 "기억으로부터 장소를 재창조해서는 안 된다"고 경고하는 것은 이 때문이다. 기억을 토대로 해서 꿈을 설계할 경우, 꿈속의 인물들은 이 세계가 가능세계인지 현실세계인지를 구분하지 못하기 때문이다. 〈인셉션〉의 꿈 개념이 함축하는 중요한 측면들 중 하나는 그것이 기억을 토대로 한 현실적인 꿈이 아니라 어디까지나 '설계'된 것이라는 점이다. 이 점에서 이 영화의 각 꿈은 '기억'이나 '무의식'보다는 오히려 '가능세계'에 가깝다. 그러나 이 가능세계는 순수 논리적 존재가 아니라 어디까지나 누군가의, 그리고 누군가들의 잠재의식에서 성립하는 세계이다. 때문에 누군가의 마음 깊숙이 어떤 관념의 씨앗을 심기 위해서는 추상적인 생각들이 아니라 가장 원초적이고 감응적인affective 측면에서 접근해야 한다. 임스가 인셉션의 목표가 된 인물의 '생각'보다는 더 절대적으로 기본적인 것에서, 즉 그와 그의 아버지와의 관계에서 시작해야 한다고 한 것은 바로 이 때문이다.

실재와 가상의 전복: '사랑'과 '인식'

이 영화를 단지 흥미진진한 공상과학영화 이상으로 만들어 주고 있는 결정적인 면은 바로 코브와 멜의 관계이다. 영화의 사이버펑크적인 구도와 이 두 사람의 극적인 관계가 극히 자연스럽게 녹아들어 가면서 영화의 깊이와 완성도가 가능할 수 있었다고 할 수 있다.

남녀가 서로 사랑하면서 '함께 늙어 가는 것'과 '회한에 가득 차 외롭게 늙어 가는 것'의 대비가 드라마의 전체 구도를 잡아 주고 있다. 코브는 기억과 설계가 뒤섞인 꿈의 세계를 만들어 끝없이 꿈같은 시간들을 반추하고, 또 회한 어린 순간들을 되돌려 그것을 바꾸기를 거듭한다(그러나 기억이 섞여 있기에 그의 소망은 충족되지 않고, 또 이런 그의 실험이 꿈의 공유 전체를 불안정하게 만든다). 현실성의 차원에서 코브는 아내를 죽이지 않았다. 그러나 현실성과 잠재성의 관계에 있어 사실상 그는 아내를 죽였다. 그래서 그는 끝없는 가책 속에 살면서 다시 잠재성의 세계로 들어가 아내를 만난다. 살인하지 않은 코브가 사실상 (전혀 원치 않은 채) 살인했다는 것은 어떤 의미에서일까?

남편과 아내는 '꿈속의 꿈'이라는 관념에 매혹되었다. 매혹은 모든 강도 높은 사건의 시발점이다. 그래서 그들은 꿈속과 생시를 오가면서, 또 꿈 아래의 꿈을 실험하면서 짧은 시간과 긴 시간 사이를 오간다. 남편은 더 깊이, 더 깊이 들어가길 원하고, 세계의 전환과 시간의 변환 속에서 이들은 점차 길을 잃어버리게 된다(코브는 처음에 더 깊은 꿈들에서의 시간 변환 개념을 이해하지 못했고, 또 이 몰이해가 가져올 결과가 무엇일지도 당연히 이해하지 못했다. 이것이 모든 비극의 씨앗이 된다). "무엇이 실재인가?" 고대의 자연철학자들이 이 물음을 제기한 이래 이것은 철학의, 특히 형이상학의 핵심 물음으로서 내려왔다. 그리고 현대의 사이버펑크 영화는 집요하게 이 물음을 형상화해 왔다. "안드로이드는 인간인가?"(〈블레이드 러너〉) "내 영혼(고스트)은 과연 나의 영혼인가? 또, 생명/영혼이란 무엇인가?"(〈공각기동대〉) "로봇은 언제 인간으로 승인받을 수 있는가?"(〈바이센테니얼 맨〉) "내가 살고 있는 세계는 과연 실재인가?"(〈매트릭스〉) 〈인셉션〉 역시 이 근본 화두에 부딪힌다. 코브와 멜은 장자처럼 묻게 된다. 나는 지금 생시에서 꿈으로 왔는가, 아니면 꿈에서 생시로 왔는가?

자신들만의 세계를 만들어 가는 데 도취되어 있던, 신이 된 듯한 기분으로 살아가던 부부. 어느 날 코브가 회의를 품으면서 부부의 운명은 갈린다. 어느 세계가 실재이고 어느 세계가 가상인가? 이 물음에 대해 부부가 서로 다른 해를 가지면서, 이들은 다른 길을 가게 된다. 멜은 현실세계와 가능세계를 혼동하게 되고 토템을 마음속 깊은 곳에 묻어버린다. 그러고서 림보의 깊은 꿈속에 빠져버린다. 서구 문명에서 림보가 천국과 지옥의 중간이듯이, 영화에서의 림보는 살 수도 없고(현실이 아니기에) 죽을 수도 없는(무한히 늘어지는 시간 때문에) 곳이다. 그것은 설계되지 않은 꿈, 설계가 실패로 돌아가는 무한의 잠재의식으로서, 여기에서 꿈꾸는 이는 생시를 망각한 채 길고 긴 시간을 살아간다. 림보는 베르그송의 순수과거와는 달리 기억의 선험적 조건이 아니라, 꿈의 마지막 변방이다. 생시로 돌아왔을 때 멜은 그곳이 꿈의 세계라고 믿는다. 그리고 자신에게 실재세계로서 각인되어 있는 림보로 돌아가고자 한다. 그녀에게 꿈의 세계를 가르쳐 준 것은 코브이지만 그것을 생시로 믿어버린 것은 멜이었다. 영화는 멜의 비극의 선을 따라가기보다 코브의 해피 엔딩의 선을 따라감으로써 멜을 영화의 림보로 밀어냈지만(우연의 일치일 수도 있겠지만, '멜'은 프랑스어로는 'le mal' 즉 '악'이다), 사실 이 영화의 배면의 핵은 분명 멜의 비극에 있다(영화의 엔딩 장면은 단순한 흥밋거리가 아니라 바로 이 사실 ― 라캉적 뉘앙스에서의 '진리' ― 의 표현일 것이다. 사드가 칸트의 진리이듯이, 멜은 코브의 진리이다).

남편과 아내가 다른 길은 간다면? 그러나 서로 사랑하는 이들에게 이는 불가능하다. 인식에서의 길은 다르다, 그러나 삶에서의 길은 같아야 한다. 여기에 사랑하기에 함께 림보(그녀에게는 실재)로 가길 원하는 아내와 역시 사랑하기에 함께 현실에 머물고자 하는 남편 사이에서 비극이 생겨났다. 사랑하기에 함께할 수밖에 없지만 인식이 다르기에 같은 길을 갈 수 없는 부부. 〈현기증〉에서도 또 다른 방식으로 빼어나게 묘사되었던, '사랑'과 '인식' 사이의 이 아픈 딜레마! 이 딜레마는 결국 멜의 죽음으로 끝난다. 부부를 잇고 있는 핵심적인 끈은 물론 아이들이다. 아내는 지금 여기(현실)가 꿈속이며 진짜 아이들에게 가려면 지금 여기에서는 죽어야 한다고 생각한다. 아내는 지금 여기가 현실이라고 잘못 알고 있는 남편을 깨우치기 위해 스스로가 먼저 죽음(깨어남)을 택한다. 남편은 지금 여기가 현실임을 알고 있었기에 (남편이 옳다는 객관적인 기준은 바로 부표에 있다) 아내를 붙들고자 했지만, 바로 지금 여기는 꿈속이 아니었기에 건물과 건물 사이의 거리를 뛰어넘지는 못한다. 만일 코브가 틀렸다면(지금 여기가 꿈속이었다면), 그는 건물을 날아가 아내를 안거나 아니면 함께 뛰어내렸을 것이다. 코브에게 이 악몽 같은 '현실'은 '꿈'이 아니었기에 힘겨운 것이었다. 힘겨운 현실을 만날 때 우리는 뇌까린다. "이게 다 꿈이었으면." 그러나 코브의 인식과 그의 소망은 결코 만날 수 없었고, 〈현기증〉의 주인공처럼 그 역시 인식과 소망 사이에서 분열되어버린다. 반대로 아내에게 지금 여기는 림보였고, 그는 어떻게든 남편과 함께 현실(사실상 림보)로 가야 했다. 그녀가 택할 수 있는 것은 만반의 준비를 해 놓고서, 남편 앞에서 추락사하는 것뿐이었다. 영화에서 가장 착잡한 파토스로 다가오는 장면이다.

피셔가 죽어가자 코브와 아리아드네는 림보로 내려가고, 거기에서 코브는 멜과 재회하게 된다. 그러나 림보에서도 코브와 멜의 '인식' 차이는 결코 좁혀지지 않는다. 그렇다면 이제 남은 것은 사랑을 포기하는 것뿐이다. 그러나 아내가 이미 죽었고 오직 림보에서만 재회할 수 있다는 사실을 확신하는 코브에게 남아 있는 것은 사랑보다는 오히려 죄책감이다. 멜로 하여금 그 위험한 관념을 심어 준 사람이 바로 자신이었다는 죄책감. 코브는 림보에서 벗어나기 위해 멜의 마음 깊숙이에 "이곳은 실재가 아니다, 죽음으로써 여기를 벗어나야 한다"는 관념을 심었다. 물론 반드시 둘이서 함께. 둘이서 함께라면 죽음으로써 이 허구의 세계를 벗어날 수 있고 또 그래야 한다는 이 관념. 이 관념은 암처럼 자라서 멜의 가슴을 가득 채우고, 마침내 멜은 현실세계에서도 바로 이 관념에 의해 지배당하기에 이르렀던 것이다.

하지만 멜은 말한다. 만일 '함께' 살 수 있다면 림보라면 어떻겠는가? 설사 여기가 림보라 하자. '함께 늙어 가는 것'이 중요하다면, 왜 그곳이 꼭 현실/실재여야 하는가? 림보에서 함께 늙어 갈 수 있지 않은가? 그들은 물었었다: 우리는 지금 생시에서 꿈으로 왔는가, 아니면 꿈에서 생시로 왔는가? 하지만 무엇이 '진실'이든 무슨 상관인가? 함께 늙어 갈 수 있다면? 여기에서 다시 '사랑'과 '인식'의 딜레마가 솟아오른다. 그러나 실재와 림보의 구분을 인식하고 있는 코브는 마침내 아내(아내의 그림자)를 포기하고, 마음속 깊이 박힌 가시를 뽑아버린다. 고국으로 돌아와 아이들을 만난 코브는 행복감을 느끼지만, 가시가 뽑힌 자리가 아물 수 있을까? 쓰러질 것 같기도 하고 계속 돌아갈 것 같기도 한 팽이의 모습은 우리로 하여금 마침내 아이들을 만난 코브의 행복과 뽑혀진 가시로서의 멜의 비극을, 끝나지 않은 딜레마를 계속 반추하게 만든다.

사이버펑크 영화들은 비현실적이고 오락적인 작품들이지만, 가끔씩 등장하는 걸작들은 우리에게 오락과 형이상학이 어울려지는 독특한 경험을 선물한다. 나는 1993년 우연히 〈블레이드 러너〉를 보게 되었고, 큰 사상적-미학적 감명을 받았다. 지금은 없어진 피카디리 극장에 어떤 다른 영화를 보러 갔다가 매진이 되는 바람에, 할 수 없이 그 옆의 작은 '별관'에서 이 영화를 보게 되었다. 영화가 끝난 후에도 깊은 상념에 젖어 영화관을 나오지 못하고 앉아 있었던 것이 지금도 기억난다.

1990년대는 모든 것이 변하던 시대였다. 그 전까지 살아오던 세계가 점점 멀어지고 낯선 세계가 다가오고 있었다. 헤겔이 철학이란 시대를 개념화하는 것이라 했거니와, 나는 새롭게 도래한 이 낯선 세계를 철학적으로 개념화하고자 사유세계를 (문자 그대로의 의미에서) 동분서주하고 있었다('탈주와 회귀 사이에서'). 그때 여러 사유들, 작품들이 내 사유를 구축해 가는 데 큰 도움을 주었고, 그 중 사이버펑크 영화들 또한 빼놓을 수 없다. 이제 또 어떤 작품이 내 영혼을 뒤흔들어 놓을지 기다려진다.

‘세계’의 모든 얼굴

머리말 : 존재의 빛

우리는 자주 '세계'에 대해서 이야기하지만, 매번 그 세계는 '世界'(세계-전체. 유일무이의 전체로서의 세계)의 한 부분을 지시하는 데 그친다. 평소 각자의 세계 속에서 살아가는 사람들에게 '세계'라는 말은 대개 자신들의 세계를 뜻한다. 때때로 이 말은 그런 여러 세계들의 막연한 집합을 뜻하기도 한다. 이 점에서 世界에 시선을 집중하고 世界 자체를 사유한다는 것은 독특한 경험임에 틀림없다.

회화와 존재론은 世界를 그 근원에서 탐구한다는 공통점을 가진다. 어떤 사물들과 더불어 살기보다는 그것들의 '존재' 자체에 시선을 맞추고 그것들의 존재를 '사유'하려 한다는 점에서, 두 담론은 남다른 친화성을 띠고 있다. 이제 내가 이야기하려는 내용은 회화와 존재론이 함께 추구하는 한에서의 이 世界에 대한 것이다.

회화와 존재론이 가깝게 다가선 것은 현대에 이르러서이다. 아마 역사의 많은 교차로에서 만나기도 했겠지만, 오늘날 두 담론이 뚜렷한 자의식을 가지고 교차하고 있다는 사실에는 어떤 면에서 놀라운 점이 있다. 서로 다른 길을 통해 산에 오르던 두 사람이 결국 정상에서 만난 것처럼, 두 담론은 世界의 사유, 存在의 사유의 어떤 국면에서 비로소 서로의 공통분모를 알게 된 듯하다. 이 강의는 바로 이 공통분모를 추적해 나아간다. 여기에서 내가 하려는 것은 회화에 대한 이론적 분석이나 개별 회화들에 대한 비평이 아니다. 또, 나의 존재론을 회화에 적용하려는 것도 아니다. 중요한 것은 이 공통분모를 드러내는 일이다. 따라서 이 강의가 일견 현대 회화사의 일별로 보일지라도 그 핵심 목적은 현대 회화와 더불어 世界의 얼굴들을 밝혀내는 일이다. 다만 이 밝혀냄은 현대 회화사의 굴곡들을 따라가며 이루어질 것이다.

논의의 시작부터 우리는 현대 회화의 다채로움에 직면하게 된다. 그러나 내가 겨냥하는 공통분모를 개념화하기 위해서 그러한 다채로움에 너무 연연하지는 않을 것이다. 여기에서 다루는 회화들은 현대 회화의 일각에 불과하다. 그러나 그 회화들은 존재론과 회화가 만나게 된 산의 정상에 펼쳐져 있는 회화들이다.

위대한 회화를 만나면서 때로 우리는 거의 숨이 막힐 정도의 지적-감성적 환희를 느끼게 된다. 이 환희가 회화의 내용에서 오는 것은 아니다. 응시하기 힘겨운 진실을 노정하고 있는 그림 앞에서도 이런 느낌이 찾아올 때가 있기에 말이다. 그 내용이 어떤 것이든 뛰어난 사유들은 우리에게 존재의 빛을 드러내 준다. 우리의 둔한 지성이 못 보고 지나가는 그런 빛, 거친 눈이 놓치고 지나가는 그런 빛을 회화는 우리가 볼 수 있도록 드러낸다. 이 빛들은 언제나 존재의 한 면, 한 지평을 통해 우리에게 드러난다. 이제 우리가 이야기할 것은 이 면들, 지평들을 통해 배어 나오는 존재의 빛, '세계'의 모든 얼굴이다.

첫째 날

그림을 본다는 것은 늘 행복한 일이다. 물리적으로는 몇 폭의, 몇 그램의 종이일 뿐인 화폭에 무한에 가까운 세계들을 담는다는 것은 인간 정신의 잠재성을 한껏 보여준다. 그림의 창작은 화가나 회화 애호가라는 이름 외에는 별다른 공통점이 없는 수많은 사람들에 의해 이질적으로 생성된다. 즉 회화의 본질은 본질의 부재, 그 다양성과 열림에 있다. 따라서 20세기 회화의 사유를 단순화해서 논하는 것은 회화의 질적 풍요로움을 도식적으로 마름질하는 것이 된다. 예술을 범주적으로 정리하는 것은 예술의 속성에 대한 반역이라 하겠다. 그러나 회화의 존재론을 통해 다질공간多質空間을 일이관지一以貫之할 수 있다면 그 또한 기쁜 일임에 틀림없다. 어떤 존재론도 이런 목표에는 도달할 수 없을 것이며, 각각의 존재론이 나름의 관점만을 제시할 뿐이다. 그러나 관점들을 보다 입체적으로 종합해 가는 것은 가능할 것이고, 우리의 논의는 시론적으로나마 이런 나아감을, 즉 관점들에 대한 관점을 제시하려는 시도이다.

나흘 동안의 강의에서 예술사적인 이야기, 작가론, 작품론 등을 논하기는 힘들다. 시간과 능력이 모두 부족하다. 우리의 논의는 고도의 추상 수준에서 이루어진다. 그러나 그 수준은 가장 직접적인 감성적 향유를 전제한다. 우리의 강의는 회화에 대한 비평적 논의가 아니다. 오히려 회화와 더불어 사유하려는 존재론, 존재론과 더불어 사유하려는 회화에 대한 논의이다. 회화는 시각화된 존재론이고 존재론은 개념화된 회화이기 때문이다.

世界의 모든 얼굴

우리 논의의 일반적 구도를 제시할 필요가 있다. 우리는 현대 회화의 장에 '세계'라는 개념을 통해서 접근할 것이다. 이 강의는 '세계의 모든 얼굴'(스피노자)에 대한 이야기이다.

'세계'라는 개념은 극히 복잡한 의미론적 층차[1]를 함축한다. 이 개념은 때로 우리가 그 안에서 살고 있는 유일한 전체, 단 하나인 궁극의 우주를 뜻하기도 하고(이를 한자를 노출시켜 '世界'라 표기하자), 또 때로는 여러 부분들로 나누어진 세계'들'을 뜻하기도 한다. 그래서 물고기들의 세계, 새들의 세계, 곤충들의 세계,……가 있고, 여자들의 세계, 남자들의 세계, 아이들의 세계,……가 있고, 학문의 세계, 예술의 세계, 바둑의 세계,……가 있다. 무수한 세계들이 존재한다.

1) 하나의 개념이 지시할 수 있는 대상들 사이의 존재론적 층차(層差)를 '의미론적 층차'라고 부르자. 철학적으로 중요한 개념들일수록 겹겹의 의미론적 층차를 함축한다.

'세계'라는 말은 그 말을 발하는 인간-주체를 함축하고 있다. 인식 주체와 맞물려 사유되지 않은 세계는 실질적으로는 존재하지 않는 것과도 같다. 세계는 누군가에게 나타난 무엇이다. 세계란 언제나 그것을 대면對面하고 있는 특정한 인식 주체의 조건들에 드러나 있는 존재인 것이다. 단 하나의 유일한 세계는 논리적으로만 존재한다. 사실상 인식 주체들의 조건에 따른 무수한 세계들이 존재할 뿐이다. 눈 좋은 사람들은 눈 나쁜 사람이 안경을 벗고 본 밤의 도시가 어떤 광경인지 알 수가 없다. 황홀한 자동차 불빛의 세계를 알 수가 없는 것이다. 낮을 중심으로 살아가는 사람들과 밤을 중심으로 살아가는 사람들에게 서울은 각각 다른 세계로서 나타난다. 마찬가지로 물리학자들의 세계, 경제학자들의 세계, 심리학자들의 세계 등은 모두 다르다. '세계'라는 말은 무수한 의미론적 층차를 함축한다.

가장 일차적이고 일반적인 세계는 현실세계이다. 현실세계 또는 현상세계는 두 가지 조건, 우리 신체의 지각 조건과 일상 언어라는 조건을 바탕에 깔고 있다. 사물들은 인식 주체의 신체적 조건에 따라 달리 나타난다. 각각의 종은 각각의 신체를 가지고서 세계를 지각한다. 문화 또한 신체적 조건에 입각해 성립한다. 24장의 필름이 1초간에 지나갈 때 우리의 눈은 그 불연속을 따라잡지 못한다. 그래서 영화가 성립한다. 우리 눈이 훨씬 예민하다면 영화 제작비도 그만큼 올라갈 것이다. 지각의 조건이 현실세계 성립의 조건이다. '눈높이 교육'은 어른의 신체가 어린이의 신체에 공감하는 방식이다. 일상 언어는 세계를 분절해 주고 있는 원초적 조건이다. 우리는 서울시 종로구 인사동 170번지라고 이야기한다. 그러나 '인사동'과 '170번지' 사이에는 아무것도 없다. 분절의 층위들이 불연속을 형성하기 때문이다. 경우에 따라 동과 번지 사이에 또 다른 단위가 존재할 수도 있을 것이다. 그러나 지금 그런 단위는 없다. 일상 언어가 이미 우리에게 세계를 분절해 주고 있는 것이다. 그리고 지각 조건과 일상 언어는 사실 맞물려 있다. 바로 우리의 기초적인 지각 조건을 토대로 만들어진 언어가 일상 언어이기 때문이다.

그러나 일상 언어는 시간 속에서 바뀌어 간다. 오늘날 'DNA'는 이미 일상 언어가 되었다. '담론' 같은 말도 지금은 일상 언어로 화했다. 지각 역시 시간 속에서 변해 간다. 나이가 들어 자연스럽게 눈이 나빠지는 것은 물론이거니와, 기후의 변화에 따라 우리의 시야가 달라지기도 한다. 또, 우리는 노력에 의해 지각을 강화하기도 한다. 무술하는 사람들의 수련 중에서 눈의 수련은 중요한 자리를 차지한다. 야구를 하거나 당구를 치는 사람들에게도 눈의 훈련이 중요하다. 또, 기계를 사용함으로써 우리의 지각 조건을 바꾸기도 한다. 현미경이나 망원경은 우리에게 또 다른 '세계'를 드러내 주었다.

회화의 경우에도 그 일차적인 조건은 현상세계이다. 일상의 차원에서 회화는 '사물들'을 그린다. 어린 시절 우리는 책상을 그리고, 구름을 그리고, 엄마를 그렸다. 의식의 확장은 세계의 확장을 가져온다. 우리는 점차 현상 너머의 차원을 그리고 싶어 한다. 고급한 사유들은 늘 현상 너머를 응시하고자 한다. 그러나 대중(익명적 평균치로서의 인간) 또한 그렇다. 모든 인간은 어떤 형태로든 형이상학적 갈망을 가진다. 그러나 형이상학적 갈망을 자체로서 응시하는 경우는 많지 않다. 사람들은 간편한 해답을 구한 후 곧 그 갈망을 망각한다. 그러나 때로 존재론적 문제들을 집요하게 추구하는 사람들이 존재한다. 회화, 특히 현대 회화는 존재론적 고투를 담고 있는 대표적인 행위들 중 하나이다. 현대 회화에서 우리는 존재론적 사유가 펼쳐지는 박진감 넘치는 드라마를 만날 수 있다.

일정한 인식 조건들, 하나의 정합적인 틀을 형성하는 인식 조건들에 의해 드러나는 세계가 世界의 한 얼굴이다 인식 조건들에는 여러 형태가 있다. 그 각각은 하나의 담론을 구성한다. 담론들의 복수성은 世界의 얼굴들의 복수성과 맞물린다. 담론들의 분절과 世界의 얼굴들의 드러남은 맞물린다. 각각의 인식 틀에 각각의 존재면=얼굴이 드러난다. 이 얼굴들은 현실세계[2]라는 하나의 얼굴과 일정한 관련을 맺는다. 현실세계-전체가 인간이라는 인식 주체가 거기에서 태어나 살다가 떠나야 하는 바로 그 면이기 때문이다. 양자역학의 세계가 현실세계와 맺는 관계, 정신분석학, 생물학, 베르그송 철학,……이 현실세

2) 여기에서 '현실세계'는 가장 넓은 의미에서의 현실세계이다. 가장 좁은 의미에서의 현실세계는 특정한 주체로서의 어떤 개인에게 나타나는 세계로서의 현실세계이다. 그 사이에 여러 수준에서의 현실세계를 상정할 수 있다. 각 현실세계에 대해 여러 가능세계들이 존재한다. 가장 큰 의미에서의 현실세계에 상관적인 가능세계들은 "현실적이진 않지만 실재적인"(들뢰즈) 잠재성의 세계, 나아가 (현대 가능세계론자들이 논하는) 논리적으로 생각할 수 있는 세계들이다. 그래서 우리는 1) **다양한 층위에서의 현실세계**, 2) **잠재성의 세계**, 그리고 3) **상상적인 세계**(또는 논리적으로 구성 가능한 세계)를 구분할 수 있다. 주로 영미에서 연구되고 있는 가능세계론은 첫째, 주로 1)과 3)의 관계를 논할 뿐 2) 즉 잠재성의 세계에 대한 논의가 생략되거나 대개 부차적으로만 다루어지고 있다. 그리고 둘째, 1)의 현실세계는 대개 가장 큰 현실세계-전체로서만 다루어지고 있고 그 안에서의 분절은 다루어지지 않고 있다. 앞으로의 가능세계론은 이런 문제점들을 극복해 가는 방향으로 전개되어야 할 것이다. 현재 우리의 논의도 일종의 가능세계론이다.

계와 맺는 관계는 모두 다르다. 현실세계의 얼굴은 모든 담론들이 공히 그것과 어떤 식으로든 관계를 맺게 되는 교차로이자 출발점, 그리고 귀결점이다. 지각과 일상 언어를 통해 드러나는 현실세계와 각각의 담론을 통해 드러나는 세계들이 맺고 있는 복잡한 관계 전체가 사유 일반의 대상이다. 그러나 사유 일반은 추상적으로만 존재하며, 각각의 담론은 각각의 틀을 견지堅持한다. 각 틀에 맞물려 世界의 여러 얼굴들—결코 온전히 드러나지 않는 무한한 얼굴들—이 모습을 드러낸다. 각 틀의 바깥에 서 보고 여러 틀을 가로지름으로써만 世界에 보다 가까이 다가설 수 있다.

세계-전체의 한 얼굴, 즉 하나의 세계를 하나의 존재면으로 개념화할 수 있다. 19세기 생물학자들은 '조직화의 도안'에 관해 탐구한 바 있다. 생명체의 요소들은 일정한 정합적 관계망을 형성하며, 이 망은 하나의 도안plane을 이룬다. 호랑이의 날카로운 발톱은 빠른 눈, 강한 다리, 우렁찬 소리,……를 필연적으로 즉 정합적으로 요청한다. 단 하나의 요소, 예컨대 근시안이 전체 도안을 망가뜨릴 수 있다. 각각의 도안은 곧 생명의 각 면이다. 한의학은 기관들의 도안 대신 길들의 도안을 가지고서 작업한다. 침을 놓는 각각의 길(예컨대 '족태양방광경'足太陽膀胱經 등 12개의 길)은 신체의 각각의 면을 구성한다. 건축가들은 한 건축물의 여러 면들을 도안으로써 잡아낸다. 보다 넓게 보아, 각각의 담론들은 世界의 각 면들과 맞물린다. 하나의 면은 세계-전체의 한 얼굴이다. 각각의 담론들은 각각의 존재론을 함축하고 있으며, 각각의 존재론은 세계-전체의 각 면=얼굴을 드러낸다.

회화는 큰 존재론적 의의를 띠고 있다. 과학과 비교해 볼 때 회화의 존재론은 어떤 특징을 가지는가. 과학은 하나의 존재면을 고정시킨 채 그 면을 파고든다. 예술이나 철학에 비해 '과학'이라는 개념은 보다 큰 통일성의 뉘앙스를 전달해 준다. 과학이 매우 다양한 영역들을 포괄하는 것이 사실이지만(분자생물학과 생태학을 비교해 보라), 과학이란 무엇인가라는 물음에 답하기가 상대적으로 더 용이하다. 물론 과학에도 역사가 있다. 과학 역시 그 존재론/면들을 바꾸어 왔다. 현대 과학은 특히 그렇다. 그럼에도 과학의 존재면은 상대적으로 일의적이다. 대조적으로 회화는 하나의 면을 파고들기보다는(물론 한 사람의 화가에 대해서는 이렇게 말할 수도 있을 것이다) 여러 면들을 끝없이 드러낸다는 점에서 흥미롭다. 회화가 유달리 존재론적 행위인 것은 이 때문이다. 각 거장들의 회화는 각각 하나의 세계=면을 드러내고 있다. 회화의 역사, 특히 현대 회화의 역사는 *存在*의 새로운 얼굴들이 모습을 드러내 온 역사이다. 과학은 하나의 면을 수직으로 파고들어 그 면의 보다 심층적 측면들을 드러낸다. 생물학은 종, 개체, 기관, 조직, 세포, 유전자,…… 등 무수한 면들을 드러냈지만, 이 면들은 넓게는 같은 *面*의 보다 심층적 면들이다(때로 각 면들 사이에 쉽게 메워지지 않는 간극들이 돌출한다 해도). 회화는 수평으로 미끄러지면서 다양한 *面*들 위를 보다 빨리 움직인다.

라이프니츠는 가능세계론을 전개함으로써 사유의 역사에 불후의 발자국을 남겼다. 그의 철학은 그리스의 형상철학과 중세의 유대-기독교 신학을 잇고 있다. 그러나 그의 형상forma은 그리스적 형상과 현저하게 다르다. 라이프니츠의 형상들은 최대한 잘게 분절되어 있다. 하나의 모나드는 빈위들로 구성된다. 그리고 모나드들의 '공가능성'을 통해서 하나의 세계가 이루어진다. 라이프니츠의 사유에서는 여러 세계-전체들이 각각의 가능세계들로서 파악된다는 점이 흥미롭다.[3] 그러나 내가 생각하는 가능세계론은 '내재적 가능세계론'이다. 世界는 오직 하나이다. 世界는 그 바깥에 어떤 타자도 없는 유일무이한 실재이다. 가능세계들은 세계-전체의 어떤 얼굴들, 면들이다. 세계-전체는 드러나지 않는다. 경험 주체의 한계가 그것과 맞물리는 세계의 한계이다. 각 가능세계들은 인식 주체의 조건에 맞물려 형성된다. 세계-전체는 가능세계들의 입체이다. 하나의 가능세계는 특정한 인식 주체(이 주체가 꼭 인간-주체일 필요는 없다), 특정한 '관점'(라이프니츠적 뉘앙스)에 맞물려 존재한다. 예컨대 웍스퀼이 역설했듯이, 종이 다르면 각각에게 드러나는 세계도 다르다. 이 점에서 한 사람이 처處해 있는 담론-장은 곧 그 사람이 世界를 만나는 방식을 규정한다. 담론의 선택은 직업적-인식론적 문제만은 아니다. 그것은 그 사람의 존재의 문제이다. 그 사람이 세계-전체의 어떤 얼굴과 맞물려 존재하는가, 어떤 얼굴 속에서 살아가는가의 문제인 것이다.

현실의 세계가 세계-전체가 아니라는 점에서, 세계-전체는 현실성과 잠재성을 포괄한다. 이 잠재성은 담론의 분화와 발전에 따라 조금씩 현실에 모습을 드러낸다(광학의 발달은 적외선과 자외선의 존재를 드러내 주었다). 한 담론의 현실세계가 다른 담론의 가능세계일 수 있다. 사회과학적 논의에서 세포의 세계나 에너지의 세계는 가능세계

3) 라이프니츠의 모나드론에 대해서는 『접힘과 펼쳐짐』(그린비, 2000/2011)에서 상술했다.

들이다. 반대로 생물학적 논의에서 하이데거의 세계나 사르트르의 세계는 가능세계들이다. 가능세계들의 총체가 유일무이한 세계-전체이다. 모든 담론들은 어떤 가능세계를 현실세계로서 드러낸다. 그러나 한 담론에 보이는 것이 다른 담론에는 보이지 않는다. '현실세계'는 그 말을 하는 주체가 속해 있는 특정한 담론-장을 전제하고 있다. 담론들의 상보성을 통해서만 현실세계의 경계선은 세계-전체의 깊이로 조금씩 더 들어갈 수 있다.

가능세계들은 논의의 층위에 따라 보다 미세해질 수 있다. 일상세계에서 가능세계들은 각 개인의 관점과 맞물려 드러난다. 이 강의가 끝나면 우리 모두는 각자의 길을 간다. 각자가 걸어가는 길이 각자에게 상이한 현실을 드러낸다. 우리 각자에 따라 서울은 다른 면을 드러낼 것이다. 각자에게서의 현실세계는 타인들에게는 가능세계이다. 이 점에서 모든 주체들 및 담론들은 상보적이다. 그러나 한 개인의 세계라 해서 완벽하게 정합적인 현실세계라 말할 수 있겠는가? 가능세계들은 다양한 층위들에서 상대적으로 논의할 수 있다.

라이프니츠의 세계관은 제작적 세계관이다. 그러나 라이프니츠가 신과 인간 사이에 설정한 관계는 인간과 그 창작물 사이의 관계에로 이전될 때 새로운 설명력을 획득한다. 회화는 화가의 창작품이다. 화가는 그의 머릿속에서 가능한 모든 경우들을 상상한다. 획劃, 색깔, 구도, 터치, 명암을 비롯한 그림의 모든 요소들 중 일정한 부분들이 조합되어 현실화된다. 화가가 그려 보는 각각의 예비작들은 가능세계들이다. 그 중 하나가 현실화된다. 물론 이것은 회화의 논리적 측면이다. 힘의 차원, 신체의 차원, 질료(재료)의 차원이 덧붙여져야만 회화가 성립한다.

라이프니츠의 사유는 모나드를 먼저 생각하고 그것이 질료에 구현된다고 본 점에서 전형적인 형상철학-초월철학이다(형상의 초월성과 내재성은 이차적 문제이다. 형상 개념 자체가 초월성을 함축한다). 따라서 모든 규정성은 형상에 귀속된다. 질료의 역할은 극소화된다. 질료, 아니 물질의 역할을 정당하게 파악하면서도 가능세계라는 매력적 사유를 받아들일 때 어떤 사유가 가능할 것인가? 그러나 이 주제가 지금의 주제는 아니다.

현대 회화를 보면서 사람들은 "도대체 무엇을 그린 것인지 모르겠다"고 말하게 된다. 이것은 현대 회화가 기본적으로 추상회화임을 뜻한다. 현대 회화가 추상의 길로 들어선 초기의 그림들, 예컨대 입체파의 그림들을 상기해 보자. 이 그림들은 하나의 개체를 파편화해서 다시 조합하고 있다. 나눌 수 없는 것in-dividuum을 파편화하고 그것을 본래의 개체성과 다른 방식으로 조합한 것이다. 사물들의 또는 한 사물을 구성하는 양태들의 공간적 타자성이 극복되고 새로운 관계들이 형성된다. 그러나 이제 이 시대의 그림은 우리에게 오히려 편안한 느낌으로 다가온다. 시간이 흘러가면 새로운 감수성도 대중화되고 일상화된다. 추상회화는 현대 문화의 일상성의 한 요소로 편입되었다.

그러나 추상화의 정도가 증폭하면서 회화는 재현으로부터 점점 멀어지게 된다. 칸딘스키의 고투는 그 과정을 잘 보여준다. 초기의 그림들은 그가 걸어간 추상으로서의 길을 보여주는 전개도처럼 보인다. 우리는 아직 그의 그림에서 익숙한 일상적 존재들을 알아볼 수 있다.

| 페르낭 레제, 〈세 친구〉, 1920

예 1.

입체파 화가들의 그림은 현실세계와 가능세계를 하나의 면 위에 역동적으로 혼재시킴으로써 우리 지각의 지평을 크게 확장시켜 주었다. 입체파의 회화들에서 우리는 현실세계에서의 가능세계들(상이한 인식 주체들의 관점에 드러나는 세계들)이 공존하고 있을 뿐 아니라 화가의 뛰어난 눈에 드러난 또 다른 가능세계들까지도 입체적으로 공존하고 있음을 확인하게 된다. 거기에는 다시는 이전으로 돌아갈 수 없을 만큼 혁신적인 지각과 사유에서의 혁명이 존재한다. 그러나 이런 급변조차도 이제는 일상적 지각의 지평으로 흡수되어 들어와 있다.

그러나 이후의 작품들에 이르면 점차 외부 사물들의 잔영은 사라지고 형태와 색의 실험이 전개된다. 이른바 기하학적 추상주의는 말레비치의 절대주의 회화나 모홀리나기의 구성적 회화와 더불어 추상회화의 절정을 보여준다. 형태와 색이 주는 변증법적 긴장감은 화면을 그 자체로서 빛나게 한다(칸딘스키가 자연이든 회화든 그것들을 채우고 있는 모든 것에 의미론적 관계를 부여하려 한 것이 사실일지라도).

이런 흐름으로부터 현대 회화를 보는 한 입장이 생겨났다. 현대 회화는 더 이상 사물들을 재현하지 않는다는 생각이 가장 기초적인 미학으로 자리 잡았다. 이제 새로운 회화론이 필요하게 된 것이다. 그래서 표현이 재현을 대신하게 된다. 회화는 화가의 내면이 표현된 것으로 이해되기 시작했다. 이로부터 현대 회화는 '주관적'이라는 생각이 자라나기 시작했다 곧, 현대 회화는 현실세계가 아니라 상상세계를 그린다는 생각이다.

그렇다면 회화란 世界의 얼굴=존재면을 드러내는 것, 발견하는 것이 아니라고 해야 하는가. 앞에서 우리는 회화를 世界의 얼굴을 발견하는 행위로 규정했다. 그러나 이렇게 말할 경우 전통 회화와 현대 회화의 차이는 무엇인가? 전통 회화는 재현의 회화이고 현대 회화는 비-재현의 회화가 아니란 말인가? 반면 현대 회화를 표현으로서 별도로 규정할 경우 전통 회화와 현대 회화는 아예 다른 것이 된다. 회화사에 금을 가게 만든 이런 단절은 회화 개념 자체의 내파內破를 가져오지 않겠는가? 전자의 경우 회화사에서의 불연속을 설명하지 못하고, 후자의 경우 그 연속을 설명하지 못한다.

전통 회화와 현대 회화가 다르다는 점은 분명하다. 칸딘스키의

바실리 칸딘스키, 〈인상 III: 음악회〉, 1911
바실리 칸딘스키, 〈최후의 심판〉, 1912

바실리 칸딘스키, 〈'검은 사각형 안에서'를 위한 습작〉, 1923
카지미르 말레비치, 〈절대주의 회화: 8개의 붉은 직사각형〉, 1915

예 2.

칸딘스키의 회화는 고도의 지적인 사유를 통해서 하나의 새로운 세계를 창조해 가는 열정적인 과정을 보여준다. 그 과정에서 그는 여러 세계들을 창조해낼 수 있었으며, 바로 그 사실 때문에 현대 추상회화의 개척자로 이해된다. 영지주의자였던 그는 육(肉) 속에 갇힌 영(靈)을 해방시키려는 열망, 세계의 멸망과 재창조라는 카발라적 사유를 화폭에 담으려 했다. 그에게 중요했던 것은 색, 선,…… 등 회화의 순수 요소들에 의미를 부여하는 것이었으며, 이것은 회화로 표현되는 모든 것에 상응적 의미를 부여하려는 다소 과잉된 노력으로 나타나기도 했다. 그러나 그의 노력은 현대 추상회화가 성립하기 위해 꼭 거쳐 가야 할 실험이었으리라.
말레비치의 절대회화는 추상의 작업을 극한으로 밀어붙여 플라톤적 이데아를 형상화하고자 했다. 그러나 형상화란 이미 감각의 차원을 요청하는 작업이며, 때문에 모든 추상은 그 안에 역설을 안게 된다. 그의 그림들은 추상의 방향으로 계속 나아갔으나, 오늘날 그의 그림은 오히려 형태와 색의 역동적인 군무(群舞)처럼 느껴지는 것이다. 감각적인 것과 추상적인 것의 경계는 어디일까?

말처럼 현대 회화는 '정신적인 것'을 그린다. 정신적인 세계는 상상적인 세계이기도 하다. 그러나 상상적인 것이란 무엇인가? 상상적인 것은 세계-전체의 단면이 아니라는 말인가? 우리의 내면 역시 세계-전체의 한 단면일 뿐, 世界 바깥에 따로 존재하는 것은 아니다. 世界 바깥에는 아무것도 없다. 그런 생각은 '왕국 안의 왕국'(스피노자)을 주장하는 것이리라. 우리의 내면세계는 세계-전체의 독특한 한 단면이다. 그것은 세계-전체가 그곳에서 비약적으로 증폭하게 되고 의미와 가치로 채색되게 되는 어떤 곳이다.[4] 그러나 그런 세계의 표현 역시 존재면의 드러남인 것은 마찬가지이다. 그것은 외부 세계=면이 드러나는 것과는 다른 식의 드러남일 뿐이다.

또 하나, 내면세계의 대부분은 외면세계에서 온다는 것을 명심하자. 상상은 지각에 근거한다. 우리는 한 번도 본 적이 없는 것을 상상하지 못한다. 상상이란 지각된 것의 변형이다. 'Imagination'은 지각을 통해 형성된 이미지를 변형하는 활동이다 '이미지작용'으로 번역할 수 있다. 그렇다면 전혀 새로운 상상은 불가능한가? 그러나 차라리 이렇게 묻지 말고 전혀 새로운 지각은 불가능한가? 라고 물어야 한다. 이런 지각은 가능하다. 세계-전체는 무한하기 때문이다. 우리의 지각 조건이 일정하게 제약되어 있는 것은 사실이다. 그러나 이러한 제약은 상당 부분 우리의 둔한 지각에서 유래한다. 지각은 무한히 섬세해

---

4) 세계-전체를 공간적으로 표상하지 않는 것이 중요하다. 이것은 세계-전체를 우주공간과 혼동하는 것이다. 세계-전체는 시간에 따라 변화해 가는 전체이다. 진화를 통해 어떤 새로운 종이 탄생했을 때, 예술가에 의해 어떤 새로운 작품이 탄생했을 때, 세계-전체도 달라진 것이다.

질 수 있는 잠재력을 지니고 있다. 나아가 신체의 보조 장치들이 발달함에 따라 지각의 영역도 넓어진다. 이것은 창작의 측면에서도 그렇다. 우리의 신체는 지각의 무한에 가까운 뉘앙스를 잠재적으로 내장하고 있다. 하나의 선線조차도 그것을 그리는 신체에 따라 다채로운 뉘앙스를 띤다. 지각도 또 지각에 근거하는 상상도, 그리고 그것을 표현하는 신체도 역동적이다.

상상은 지각의 변형으로서 역시 세계-전체의 한 단면이다. 그러나 내면은 객관세계에서 받아들인 외면을 이질적으로 변형시킨다. 그리고 그 변형된 내면은 다시 외면으로 객체화된다. 그렇게 객체화된 외면은 내면을 거치기 전의 외면과 판이하다. 그럼에도 그 새로운 외면은 주관 자체에서 돌연 솟아오른 것은 아니다. 그것은 내면에 의해, 더 정확히 말해 내면을 통과하면서 비로소 드러나게 된 또 다른 면이다. 내면의 표현은 세계-전체가 드러나는 또 다른 방식인 것이다. 현실세계는 이렇게 드러날 수 있는 무수한 존재면들 중 하나일 뿐이다. 현실의 지각면은 상상을 포함해 세계-전체가 품고 있는 두께의 한 면일 뿐인 것이다. 현대 회화가 '주관적'이라는 생각이 피상적인 것은 이 때문이다. 회화의 추상적인 형태들도 어쩌면 "모두 자연 안에 존재하는 형태들일지도 모른다"고 한 칸딘스키의 말은 이 점을 정확하게 짚어내고 있다. 전통 회화와 현대 회화에 절대적인 단절은 없다. 르네상스 화가들의 그림도 상상일 뿐이다. 그러나 내면을 거쳐 이루어지는 변형의 양상들이 현대에 와서 갑자기 다양화되었다는 것은 사실이다. 요컨대 회화는 재현/표현의 이분법으로 이해될 수 없다. 회화는 언제나 세계-전체의 무한한 얼굴들을 드러내는 작업인 것이다.

회화가 개인적 내면의 표현이라면 작품들을 평가하는 것은 곤란해진다. 회화가 주관적인 것이라면 평가에는 근거가 있을 수 없다. 그러나 분명 회화사적 평가가 존재한다. 왜 그런가? 회화사의 지도리를 형성하는 작품들은 새로운 존재론을 제시하고 있는 작품들이기 때문이다. 그것은 곧 그 작품들이 세계-전체의 새로운 얼굴을 드러내고 있음을 뜻한다. 회화의 평가가 그것이 드러내는 존재(론)에 근거하는 것만은 아니다. 그럼에도 회화사의 결정적인 지도리들은 세계-전체의 새로운 얼굴의 출현에 의해 만들어진다. 이 지도리들의 역사가 회화'사'이다. 개인적 내면의 표현은 그것이 존재면의 새로운 현시의 역할을 할 때 회화사의 지도리를 형성한다. 내면의 표현이 중요한 것이 아니다. 그것이 새로운 존재면의 현시에 얼마나 공헌했는가가 중요하다. 그러나 새로운 존재면의 현시가 "바로 그" 화가들의 내면에 의해서만 가능했던 것 또한 사실이다.

우리의 논점을 좀 더 진전시켜 보자. 이제 시간의 문제를 함께 생각해 볼 국면이 된 것 같다. 잘 알려져 있듯이, 전통 철학에서 현대 철학으로의 이행을 특징짓는 한 표현은 "존재에서 생성으로"이다. 헤겔에 이르기까지의 고전적인 철학체계들은 대체적으로 보아 시간을 일차적인 존재로 간주하지는 않았다. 이런 태도는 곧 세계-전체를 하나의 본질로서 파악하는 관점과 맞물려 있다. 시간은 결국 세계-전체의 절대성과 영원성을 손상시키지 못한다는 것이다. 시간적 변화는 결국 세계-전체의 본질의 테두리 내에서 벌어지는 일이다. 이런 관점은 오늘날 철학보다는 오히려 자연과학에 더 긴 그림자를 드리우고 있다.

폴 세잔, 〈식탁〉, 1888-1890
파블로 피카소, 〈탁자 위의 빵과 과일 접시〉, 1908-1909

예 3.

세잔의 사물들에는 관점들의 안정된 배치가 빚어내는 안온(安穩)함이 있다. 상이한 방향에서 빛을 받는 사물들은 서로가 서로를 보듬듯이 맞물려 있다. 한 관점에 드러난 사물들은 한 세계를 형성한다. 세잔의 회화에는 여러 세계들이 겹쳐 있지만 그 세계들은 모두 현실세계라는 한 面 위에서 조화롭게 공존한다. 그것은 상이한 주체들의 시선이 서로를 보완함으로써 한 주체에게 동시에는 보이지 않는 면들, 달리 말해 시간 속에서 이어질 수밖에 없는 면들을 공존시키고 있다. 가능한 주체들의 시선들의 교차, 시간 속에서 파편화되는 면들의 합성.
반면 피카소의 사물들이 함축하는 관점들은 서로를 무시하면서 불편하게 공존함으로써 현실세계가 내포하는 불연속과 어긋남을 기묘하게 한 면에 공존시키고 있다. 그것은 상이한 주체들의 시선이 각자의 관점을 주장하면서 하나의 면 위에서 갈등하면서 동거하는 세계를 보여준다.
세잔에게서 현실면은 파편화된 시선들의 조화로운 교차를 통해 그 입체성을 회복한다. 피카소에게서 현실면은 그것이 안이하게 숨기고 있던 시선들의 이질성과 관점들의 복수성을 명시적으로 드러낸다.

메이에르송은 과학의 핵심은 동일성의 추구에 있고 그 핵심적인 방식은 '시간의 제거'에 있다는 것을 역설했다. '~의 보존 법칙'이라는 개념에서 이 사실이 극명하게 나타난다. 베르그송은 이런 식의 사고를 "모든 것이 주어졌다"는 말로 특징지은 바 있다. 베르그송은 세계-전체가 시간을 머금고 있음을 역설한다. 세계-전체가 생성하는 것이다. 이로부터 중요한 결론이 도출된다. 世界의 얼굴들은 질에서나 양에서나 고정되어 있지 않다. 世界 자체가 생성함으로써 그것의 얼굴들, 그 가능세계들이 새롭게 창조된다. 世界는 소진되지 않는 무한성이다.

그러나 우리는 世界에서 어떤 일이 벌어지는지 그 대부분을 알지 못한다. 과학은 가설과 실험을 통해 사물들의 심층을 일정 정도 드러내 준다. 그러나 결국 우리는 비가시의 차원 대부분을 알 수 없다. 우리가 아는 것은 어떤 식으로든 현실에 드러난 것이다. 갑자기 배가 아플 경우, 우리는 그 원인을 모른다. 배 아픔이 갑자기 생성되었을 리는 없다. 나의 배 아픔은 이전부터 이루어져 온 변화의 결과가 어느 순간 내 의식의 표면에 떠오른 것일 뿐이 아니겠는가. 우리는 신체의 표면을 알 뿐이다. 의학을 통해 추후적으로 원인을 규명할 수 있을 뿐이다. 시간 속에서 전개되는 무한한 사건들을 법칙이라는 성긴 그물로 길어 올릴 수 있을 뿐이다. 온전한 진상은 영원히 알 수가 없다. 우리는 세계-전체의 어떤 단면을 살아간다. 다양한 담론들은 세계-전체의 다양한 면들을 드러낸다. 그러나 세계-전체는 무한히 풍요로울 뿐만 아니라 인간의 사유를 기다리면서 가만히 머물러 있지도 않는다.

특정한 세계가 드러나는 것은 언제나 인식 주체에 맞물려 성립함을 이야기했다. 시간을 개입시켜 논해도 마찬가지이다. 변화 역시 언제나 그것을 감지한 주체를 전제한다. 아무도 감지하지 못한 변화는 현실적으로는 무의미하다. 그래서 생성, 지속, 과정, 사건 등은 모두 인식 주체와 맞물려 성립한다. 그런데 이 개념들에는 각각 뉘앙스의 차이가 있다. 니체의 생성과 베르그송의 지속은 연속성에, 흐름에 무게중심이 놓인다. 화이트헤드의 과정과 들뢰즈의 사건에는 상대적으로 생성-속의-매듭에 무게중심이 놓인다. 흐름에 존재하는 매듭들을 포착하는 것이 중요하다(물론 니체, 베르그송의 생성, 지속에도 매듭들이, '지속의 리듬'이 있다). 하나의 사건은 그것이 이미 "하나의" 사건인 한에서 생성의 흐름에서 분절된 것이다. 무엇이든 분절된 이상 개념화된다. 사건은 개념으로 포착된(될 수 있는) 생성이다.

사건은 상대적인 층차層差를 통해서 성립한다. 근본적으로 볼 때, 존재한다는 것은 언제나-이미 생성한다는 것이다. 지금 이 시간에도 우리 몸의 세포들이나 물체의 입자들은 끊임없이 움직이고 있다. 우리가 어떤 대상(예컨대 하나의 책상)이 안정적으로 존재한다고 믿는 것은 인식 주체의 일정한 조건에 근거해서이다. 그래서 우리는 아무런 사건도 벌어지지 않았다고 말한다. 그러나 하나의 생성이 상대적으로 작은 사건들을 누르고서 솟아오를 때, 거꾸로 말해 다른 사건들이 뒤로 물러서면서 그것의 지평이 되어 줄 때 하나의 분절된 사건이 성립한다. 인사동에서 어떤 술 취한 사람이 행인을 폭행했다면 그것은 사건이다. 그것은 다른 일상적 사건들(물건을 사기, 걸어가기, 이야기하기,……)을 누르고서 솟아오른다. 그러나 인사동에서 폭탄 테러 사건이 벌어진다면, 폭행 사건이나 말다툼 등의 사건들은 갑자기 그저 일상적인 사건들의 분위기를 띠게 되고, 테러 사건의 뒤로 빠지면서 이 큰 사건의 배경/지평으로 화한다. 사건이란 언제나 서로 다른 사건-층위들의 상대적인 층차를 통해서 성립한다('사건 성립의 상대성 원리').

상대적으로 큰 사건, 사건으로서 솟아오른 생성은 시간의 지도리를 형성한다. 시간의 지도리는 여러 가능세계들을 함축한다. 시간의 지도리에는 세계들의 두께가 응축되어 있다. 시간의 지도리는 가능세계들이 현실화되는 특이점이다. 시간의 지도리를 지나면서 갈라지는 가능세계들은 각 세계들을 현실세계로서 살아가는 각 경험 주체들과 맞물려 성립한다. 두 사람이 헤어져 다른 길을 갈 때, 한 사람이 걸어가는 현실세계는 다른 한 사람에게는 가능세계로 남는다. 나의 가능세계는 타인의 현실세계이고, 타인의 가능세계는 나의 현실세계이다. 가능세계들의 입체적 구조는 인식 주체들의 입체적 구조를 통해 드러난다. 산다는 것은 굵직한 시간의 지도리들을 거쳐 감을 뜻한다. 하나의 지도리를 지날 때마다 가능세계들과 현실세계가 갈라진다. 시간의 지도리는 주체의 선택을 요구한다. 그래서 지도리는 'pro-blēma'이다. 논리적-공간적 구조로서의 'pro-blēma'는 시간 속에서 구현된다. 지도리의 시간은 잠재성의 시간이다.

보다 넓게 보아, 한 담론의 현실세계는 다른 담론들의 가능세계이다. 한 세계가 드러내는 세계는 다른 담론들에게는 가능세계이다. 각 담론들은 世界의 면들=가능세계들을 드러낸다. 한 가능세계는 한 인식 주체(대개 집단적 주체, 즉 하나의 담론)와 맞물린다. 담론들은 선택을 요구한다. 즉, 하나의 세계를 선택할 것을 요구한다. 그러나 유목적 영혼은 世界를 살고 싶어 하기에 고착된 선택을 거부한다. 世界를 산다는 것은 가능세계들을 가로지르는 것이다. 제도는 하나의 세계를 강요한다. 제도를 거부한다는 것은 世界를 살고 싶은 열망을 함축한다. 자유로운 영혼은 가로지르는 영혼이다.

주관적이라고 이야기되는 것은 객관적인 것의 반대가 아니다. 인식 주체에 맞물려 세계가 드러나고, 주관적인 것은 곧 그 주관에 맞물리는 세계와 함께 표현된다. 주관적인 것과 객관적인 것의 이분법은 피상적 구분에 불과하다. 世界가 무수한 주관들에 맞물려 드러날 뿐이다. 모든 것은 일정한 가능세계만을 표현하고 있다는 점에서 주관적이다. 객관성은 어느 한 방법론이나 관점에 의해 드러나지 않는다. 오로지 世界를 가로지름으로써만 드러난다. 객관성은 주관성의 반대 항이 아니다. 주관성들을 포용하는 것이 객관성이다. 주관성은 객관성의 주름일 뿐이다. 무수한 주름들이 존재한다. 그 주름들을 함께 펼 때에만, 世界를 가로지를 때에만 객관성이 성립한다. 주관들은 라이프니츠적 관점들이다. 관점들의 통합이 객관성을 가져온다. 그러나 관점들은 온전하게 통합되지 않는다. 아쿠타가와 류노스케의 「덤불 속」의 인물들은 각자의 관점을 펼치지만, 결국 소통 불가능성만 드러낸다. 관점들의 극복은 神에게서만 가능하다. 그러나 우리는 神이 아니다. 관점들을 가로지를 때에만 보다 넓은 관점이 가능하다.

그러나 가로지르기는 늘 일정한 한계를 동반하게 된다. 경험의 한계가 가로지르기의 한계이다. 각각의 경험은 주관적인 것이다. 그러나 주관적인 것과 자의적인 것은 다르다. 주관적인 것은 경험적인 것이지 자의적인 것은 아니다. 경험의 지평이 하나의 가능세계와 맞물린다. 世界를 가로지르는 것은 경험의 지평을 계속 넓혀 가는 것이다. 경험을 지각에 국한해서는 곤란하다. 경험의 지평을 넓혀 가는 것은 특정 세계에 갇히는 것이 아니라 世界를 사는 것이다. 그러나 世界의 총체적 앎과 삶은 불가능하다. 하지만 내 세계의 빗장을 엶으로써, 타자-되기를 통해서 우리는 世界를 보다 많이 살 수 있다.

그림들은 우리를 행복하게 해 준다. 그림을 볼 때, 특히 새로운 그림을 볼 때 우리는 영혼의 해방감을 느끼고 눈을 다시 열게 된다. 그것은 새로운 그림들이 내가 만날 수 없었던 면들, 내가 알 수 없었던 얼굴들을 드러내 보여주기 때문이다. 새로운 그림들은 우리 관점들의 빗장을 깨부수고 새로운 세계를 우리 앞에 펼친다. 그것은 어떤 주관과의 만남이지만, 더 근본적으로는 객관의 더 넓은 지평과의 만남이다. 좋은 회화와의 만남은 세계의 발견이고 世界와의 새로운 만남이다. 우리는 여러 회화들을 본다. 회화들을 가로지르면서 우리는 다양한 가능세계들을 만나고 世界를 더 많이 산다. 타인들의 현실세계는 나의 가능세계이다. 가능세계를 산다는 것은 타자-되기를 행하는 것이고 世界에 더 가까이 가는 것이다.

예술이란 무엇인가? 이 물음에 답하기 힘들다는 사실이 때로 현대 예술의 위기로 간주되었다. 수학 기초론이 수학 위기론과 맞물려 등장한 것과 같다. 그러나 예술의 정의 불가능성 때문에 예술이 위기인 것은 아니다. 그것은 이론의 일방적 해석일 뿐이다. 정의 불가능성은 이론가의 문제이다. 예술 창작은 그것대로 앞으로 나아갈 뿐이다. 사랑이 정의되지 않았다고 사랑하지 못하는 것은 아니다. 사랑을 하는 것과 사랑 개념을 해명하는 것은 별개의 문제이다. 예술을 정의하려는 노력은 그것대로 치열한 문제의식을 함축한다. 그러나 그 때문에 창작이 영향받지는 않는다.

예술의 정의 불가능성은 이번에는 "모든 것이 예술"이라는 다른 극으로 간다. 한쪽 극은 늘 다른 쪽 극을 낳는다. 예술과 비-예술의 경계가 모호한 것은 사실이다. 따지고 보면 모든 개념들이 다 그렇다. 그러나 중요한 것은 예술과 비-예술의 경계를 긋는 것이 아니다. 예술과 비-예술은 정도의 문제이고 연속성의 문제이다. 정말 중요한 것은 훌륭한 예술이 어떤 것인가 하는 것이다. **무엇이 훌륭한 예술인가? 이것이 중요한 물음이다.** 지금까지 우리의 논의는 훌륭한 예술이 무엇인가의 문제와 연관된다. 훌륭한 예술은 새로운 가능세계를 드러내 줌으로써 우리 사유의 한계를 넓히고 世界에 대한 보다 풍요로운 앎과 삶을 가져다주는 예술인 것이다.

재현의 문제

이제 조금 구체적인 내용으로 가 보자. 우선 두 가지를 이야기하고자 한다. 첫째는 과연 전통 회화를 재현 개념으로 특징지을 수 있는가 하는 문제이고, 둘째는 현대 회화는 과연 재현을 파기했는가 하는 문제이다. 이 문제는 곧 전통 회화와 현대 회화를 연속으로 볼 것인가 불연속으로 볼 것인가의 문제이며, 지금까지 우리는 연속성 쪽에 무게중심을 두면서 이야기했다. 그러나 이런 입장을 취할 경우, 반드시 방금 말한 두 문제에 대해 답해야 한다. 그래야 회화사 전체를 존재론적으로 일관되게 이해할 수 있게 된다.

회화가 사물들을 재현한다는 것은 곧 3차원에 존재하는 사물들을 2차원 평면에 사상寫像한다는 것을 뜻한다. 그런데 3차원의 사물들을 2차원에 재현하는 것은 애초에 불가능하다. 재현이 가능했다가 현대에 들어와 파기된 것이 아니다. 3차원 사물을 2차원에 옮겨 놓을 수 없다는 것은 자명한 사실이다. 재현은 애초에 불가능한 것이다. 결국 전통 회화에서 '재현'이라는 말을 쓴다면, 그것은 3차원 사물들과 2차원의 요소들(색, 형태,……) 사이에 어떤 일정한 관계를 정립한다는 것을 뜻한다. 요컨대 재현이란 사물들을 화폭에 옮기는 것이 아니라 그 둘 사이에 일정한 코드를 개입시키는 것이다. 재현하는 것과 재현되는 것 사이에 일정한 규칙이, 코드가 개입된다는 것이다. 그래서 중요한 것은 재현이냐 아니냐가 아니다. 그려지는 것과 그림 사이에 화가가 어떤 코드를 작동시키고 있는가가 중요하다. 예컨대 사과와 화폭 사이에 존재하는 보이지 않는 코드를 읽어내는 것이 중요하다. 이렇게 문제를 제기할 경우, 전통 회화는 재현이고 현대 회화는 재현이 아니라는 이분법을 쓸 필요가 없게 된다. 각 회화의 코드를 분명히 읽어내고 코드들의 역사를 밝혀내는 것이 중요하다. 현대 회화는 재현하지 않는다고 말하기보다는 차라리 그리는 것과 그려지는 것 사이에 존재하는 코드가, 존재론이 현대에 이르러 어떻게 바뀌었는가—물론 '크게' 바뀌었는가—를 밝히는 것이 중요하다(이 코드를 푸코의 '에피스테메', '에티케'에 조응시켜 '에스테티케'라 부를 수 있을 것이다). 그렇게 함으로써 내가 제기했던 문제, 즉 전통과 현대를 연속적으로 보면서도 어떻게 그 차이를 드러낼 것인가가 어느 정도 가닥을 잡게 된다.

전통 회화를 재현으로 일괄적으로 규정하는 것은 매우 추상적인 규정으로 머문다. 세계 회화사를 염두에 둔다면 말할 것도 없거니와,

서구 회화사 자체만 놓고 본다 해도 지역에 따라, 시대에 따라, 화파에 따라 에스테티케는 다채롭게 변화해 왔다. 이 모든 것을 재현 개념으로 묶는 것은 큰 의미가 없다.

르네상스 회화는 무엇을 재현하는가? 보티첼리의 그림들은 무엇을 재현하는가? 만일 재현의 일차적인 의미를 외부 대상을 화폭에 옮기는 것이라 한다면, 보티첼리의 대상들은 도대체 어디에 있는가? 라파엘로의 〈아테네 학당〉은 도대체 어디에 있는 학당인가? 그 많은 철학자들이 그렇게 모인 학당은 존재한 적이 없다. 르네상스 화가들이 흔히 이야기하듯이 형상形相들을 그렸다면, 그 형상들은 어디에 있는가? 현대인의 감각으로는 형상들이란 상상의 산물이다. 그러나 앞에서 말했듯이 상상적인 것 역시 世界의 일부분이다. 상상적인 것 또한 가능세계인 것이다. 르네상스 회화는 외부 대상을 재현한 것이 아니다. 형상들의 세계, (수학적 차원을 포함하는) 어떤 가능세계를 그린 것이다.

나아가 르네상스 화가들이 크게는 같은 에스테티케 안에 몸담고 있었다 해도, 그 구체적 형상화에서는 여러 길로 갈라진다는 것을 생각해 보자. 그들은 각자의 가능세계들을 그린 것이다. 회화의 역사는 가능세계들을 풍요롭게 드러내 주었다. 쿠르베는 "나는 천사를 본 적이 없기 때문에 그리지 않는다"고 했다. 그러나 쿠르베가 그린 面도, 보다 상상적인 회화가 그린 面도 世界의 존재면들이다. 우리에게 현실세계가 특권적인 것은 분명하다. 그러나 존재론적으로 특권적인 것은 아니다. 때문에 회화의 세계에 존재론적 특권은 없다. 인상파 역시 '재현'을 포기한 것이 아니다. 그들은 우리에게 나타나는 世界의 생성하

산드로 보티첼리, 〈비너스의 탄생〉, 1485년경
라파엘로 산치오, 〈아테네 학당〉, 1510-1511

예 4.

신화의 세계를 그리고 있는 보티첼리, 역사의 세계를 그리고 있으나 한 가능세계를 그리고 있는 라파엘로, 일상적 현실의 한 장면을 그리고 있는 쿠르베, 그리고 일상적인 한 장면을 쿠르베의 경우와는 다른 코드로 그리고 있는 모네, 이들의 그림은 재현과 비-재현으로 양분할 수 없는 고유의 세계들을 전제하고 있다. 보티첼리가 그린 여인이 그가 어디에선가 본, 꿈에도 그리던 여인일 수도 있지 않은가? 라파엘로의 학당이 여러 장면들을 조합한 것일 수도 있지 않은가? 쿠르베가 본 것과 모네가 본 것 중 어느 것이 더 "사실적"인가? 모든 회화는 각각의 고유한 에스테티케에 입각해 이해되어야 한다. 중요한 것은 각각의 얼굴=면을 드러내는 일이다.

클로드 모네, 〈오른쪽에서 본 양산을 든 여인〉, 1886
구스타브 쿠르베, 〈돌 깨는 사람들〉, 1849

는 표면을 그린 것이다. 재현이 특정한 존재면을 드러내는 것이라면 모든 회화는 재현이다. 현실세계를 모방하는 것을 재현이라고 한다면, 그것은 (에우클레이데스 기하학이 리만 기하학의 한 경우이듯이) 가능한 재현들 중의 어느 한 경우인 것이다.

그렇다면 회화가 '자기지시성'의 논리로 돌아선 이후는 어떤가? 전통 회화가 외부의 무엇인가를 지시하는 데 비해, 현대 회화는 자기지시적일 뿐이라고 이야기된다. 마티스는 무엇인가를 보고 그릴 때조차도 그 사물을 자기 식의 색깔로 칠한다. 색은 자기를 지시할 뿐이다. 들로네의 그림들이 대표적이다. 화폭 자체가 하나의 세계이다. 그리고 그 세계는 자기를 지시할 뿐이다. 추상회화 초기의 다채로운 실험들은 자기지시성을 여러 각도에서 실험했다.

그렇다면 현대 회화는 전통 회화와 단절적인가? 그러나 전통 회화 자체가 재현 개념으로 특징지을 수 없다면, 전통과 현대를 날카롭게 대립시키는 것 역시 어렵다. 설사 현대 회화가 내면을 표현한다고 보더라도 앞에서 말했듯이 내면이란 주름 접힌 외면이기에 그것 역시 세계-전체의 단면들을 드러낸 것 이외의 것이 아니다. 화가의 주관적 내면을 표현했다기보다 세계-전체가 그 화가를 통해 어떤 새로운 얼굴을 드러낸 것이다. 이것은 화가의 역할을 부정하는 것은 아니다. 그 화가가 아니었다면 그 얼굴은 드러나지 않았을 것이기에 말이다. 그럼에도 그 얼굴은 화가의 주관이 아니다. 世界의 얼굴이다. 바로 그렇기 때문에 타인들도 그 얼굴을 알아볼 수 있는 것이다.

현대에 이르러 世界의 얼굴이 비약적으로 다채롭게 드러났다는

앙리 마티스, 〈붉은 큰 실내〉, 1948
로베르 들로네, 〈태양, 탑, 비행기〉, 1913

예 5.

많은 현대 화가들에게 그림은 자기지시적이다. 한 그림을 이해하기 위해 화면 바깥의 다른 세계를 참조할 필요는 없다. 마티스의 그림들은 색의 자기지시성을 두드러지게 드러내며, 들로네의 실험들은 색 그 자체의 논리를 깊이 파고들고 있다. 그러나 자기지시적인 그림은 사실상 화가의 내면을 지시한다. 자기지시적 화면은 화가에 의해 그려진 것이기에 말이다. 그러나 화가의 내면은 주름 접힌 외면이다. 화가의 내면은 하나의 세계이지만, 그 세계가 다른 세계들과 절연되어 있는 것은 아니다. 정신의 세계, 내면의 세계는 수많은 세계의 파편들, 단면들, 굴곡들이 두껍게 주름 접혀 있는 독특한 세계이다. 그 세계의 표현은 곧 무수한 세계들의 세밀한 얼굴-부분들을 표현하는 것이기도 하다. 여러 세계의 단편들은 정신/내면을 경과해 독특하게 변형된 모습으로서 화면에 나타난다.
그러나 이 정신적 세계는 역설적으로 동시에 물질적 세계이기도 하다. 자기지시적 그림 앞에서 우리의 시선은 그림 너머의 의미에서 그림 자체에로 옮겨간다. 여기에서 그림이 뜻하는 바와 물질로서의 그림 사이의 간극은 최소화된다. 만일 물질이 이미지들의 무한한 주름이라면, 자기지시적 화면은 이미지로 가득 찬 화가의 정신이 현현한 것이다.

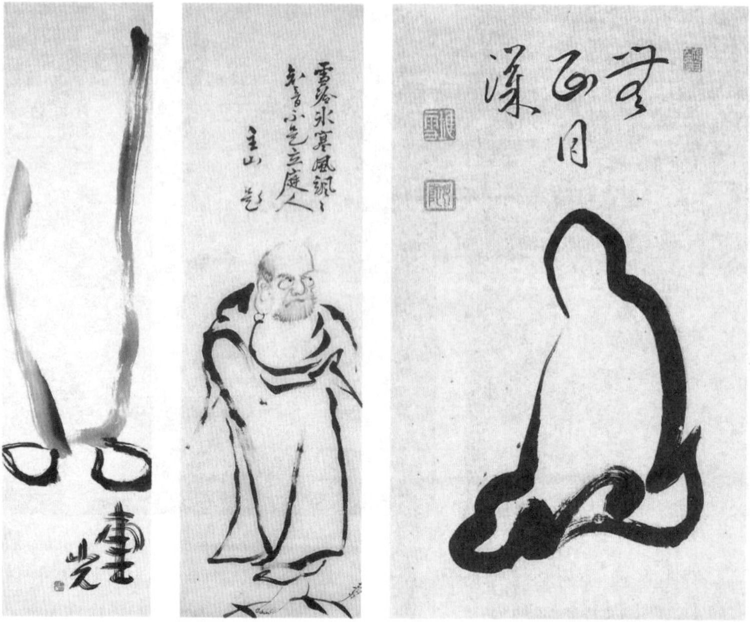

중광, 〈달마도〉
주산 송덕성, 〈달마절로도강도〉
동곡 일타, 〈면벽달마도〉

예 6.

에스테티케를 변별해 볼 수 있는 좋은 방식들 중 하나는 같은 주제의 상이한 그림들을 비교해 보는 것이다. 수없이 그려진 달마도의 세계는 화법(畵法)들의 전시장과도 같다.

것은 사실이다. 그런 점에서 현대 회화는 매력적이며 일정 정도 전통 회화와 구분된다. 그러나 이런 이행이 재현에서 비-재현으로 간 것을 의미하는 것은 아니다. 회화가 드러내는 존재면들이 다양하게 증폭되었을 뿐이다. 이렇게 우리는 재현/비-재현의 이분법에서 무수한 존재면들의 개념으로 넘어가야 한다.

어떤 화가이든 작업할 때 자신의 시대를 지배하는 에스테티케의 지배를 받는다(우리는 에스테티케를 회화 창조의 물질적 조건들과 그 조건들을 일정하게 조직하는 비가시적 코드의 결합체로 규정할 수 있다). 물론 그 양태는 여러 가지이다. 또, 그런 코드를 벗어나는 사람들도 있다. 그러나 그러한 벗어남도 그 코드를 의식하면서 이루어질 수밖에 없다(이것은 예컨대 '후기 인상파'의 경우처럼 '후기'라는 말이 붙는 사조들에서 보다 분명히 확인한다). 이 점에서 바슐라르와 캉길렘이 밝힌 '인식론적 장', 쿤의 '패러다임' 개념은 예술사에도 적용될 수 있다. 인식론적 장과 '미학적 장'은 그 내용을 상당히 달리하지만 말이다.

그림을 그릴 때 우리는 우선 모방에서 시작한다. 여러 사람들을 모방한다. 피카소 식으로 그려 보기도 하고, 뭉크 식으로 그려 보기도 하고, 달마도達磨圖를 이렇게 저렇게 흉내내 보기도 한다. 이것은 아직 자신에게 일정한 에스테티케가 없기 때문이다. 특히 그림을 그리는 사람들은 누구나 자신의 시대를 지배하고 있는 에스테티케—이 '당대'에는 이전 시대의 예술들에 대한 해석 즉 예술'사'에 대한 일정한 눈길도 포함된다—안에서 훈련받고 연습하게 된다. 그러나 뛰어난 화가들은 어느 순간 그 코드를 벗어나 자신만의 에스테티케를 발견하게 되고 그때 회화사의 새로운 지도리가 도래하게 된다. 이것은 바슐라르나 쿤 같은 사람들이 말하는 불연속과도 같다. 그러나 예술에서의 코드는 과학에서의 코드보다 훨씬 유연하다. 예술의 본질은 새로움과 다채로움에 있기 때문이다.

둘째 날

어제는 주로 전통 회화와 현대 회화를 아우를 수 있는 의미, 즉 회화 나아가 예술 더 나아가 사유 일반이 존재론적으로 어떤 근본적 의미를 공유하고 있는가에 초점을 맞추었다. 그러나 부분들을 아우르는 넓은 시각이 그것들 사이에 존재하는 차이들을 묻어버리면 곤란하다. 때문에 오늘은 어제 논의와는 반대 방향으로 가서 전통 회화와 현대 회화의 차이, 현대 회화의 특성에 초점을 맞추려 한다. 이 문제는 우선 본질주의 문제와 연관된다.

본질주의의 종언

회화를 '世界의 모든 얼굴'을 그려 나가려는 시도로 파악했다. 물론 이것은 화가들 개인의 입장은 아니다. 화가들 각각은 자신들이 발견한 고유한 어떤 세계를 표현하고자 하겠기에 말이다. 그러나 화가들의 그런 개인적 노력은 결국 世界를 그려 나가려는 집합적 노력을 구성하게 된다.

이제 이 생각을 회화사 전반을 두고서 구체화해 보자. 그런데 논의를 우리가 제시한 생각과 대척을 이루는 생각에서 시작하는 것이 좋을 듯하다. 이는 곧 世界의 얼굴은 하나라고, 더 정확히 말해 世界의 진짜 얼굴은 하나라고 믿었던 생각이다. 世界는 진정한 하나의 얼굴을 가지고 있으며, 다른 얼굴들은 인간의 주관이 만들어낸 가짜, 오류라는 생각이다. 그리고 사유의 역할은 世界의 이 진정한 얼굴을 발견하는 것이 된다. 이런 생각으로부터 우리의 이야기를 풀어가 보자.

회화사는 매우 다채로운 흐름, 이질성, 우연과 불연속,…… 등을 포함하고 있으며, 따라서 개념적 도식은 불가능하기도 하고 위험하기도 하다. 그럼에도 현대 회화를 전통 회화에 대비시키고자 할 때 그 실마리가 되는 요소들이 있다. 현대 회화에 비해 '전통 회화'는 비교적 단순해 보인다. 그러나 '전통 회화'라는 말 자체가 부당한 일반화를 함축하고 있으며, '전통 회화'가 현대 회화보다 복잡하지 않은 것은 아니다. '전통 회화' 자체도 무수한 굴곡을 포함한다. 그러나 회화사를 지배해 온 굵직한 존재론들을 읽어내는 것이 불가능한 것은 아니다. 방금 말한 생각, 즉 世界는 하나의 진짜 얼굴을 가지고 있다는 생각이 그 중 하나이다. 이것은 특히 서구 회화사의 경우 분명하게 드러나며, 그래서 서구의 전통 회화를 이야기할 때 늘 모방/재현(미메시스)을 이야기하게 된다. 미메시스는 모방, 재현, 표상, 대의代議 등의 의미들을 가로지르면서 서구적 사유의 중요한 요소로 기능해 왔다. 그에 반해 현대 사유는 'representation'(再現)에서 어떻게 're'(再)를 떼어내고 'presentation'(現)의 사유로 갈 것인가를 고민해 왔다. 이 점에서 현대 회화와 전통 회화의 차이를 미메시스 개념에 대한 이해에서 찾는 것이 가능하다.

서구의 철학이 실재의 탐구, 즉 참된 것, 진짜의 탐구에서 시작되었다는 사실은 그 후 서구 문화 전체에 긴 영향을 끼치게 된다. 즉, 서구 문화는 'ontology'의 문화인 것이다. 'to on' 즉 '實在'에 대한 추구가 서구 문화의 근간을 형성해 왔다. 이 'to on'에 대한 각종 파악은 다양한 존재론들을 낳았으며, 이 사유들에 입각해 세계와 인간을 보는 눈이 형성되었다. 서구 전통 존재론의 핵심은 형상철학이다. 그래서 사물들의 형상(이데아, 에이도스)을 추구했던 전통 존재론과 나란히 서구 회화의 전통은 사물들의 형상을, 본질을 모방하는 것을 주조主調로 삼아 왔다. 그 후에도 경험론과 사실주의 회화, 베르그송의 생성존재론과 인상파 회화,…… 등 실재에 대한 개념적 파악과 형상적形像的 표현은 서로 맞물리면서 서구 문화사를 형성해 왔다. 물론 지나친 도식적 파악은 금물이다. 학문philosophia 영역에서 이루어져 온 존재론과 기예technē 영역에서 이루어져 온 회화가 반드시 서로를 전제했었던 것도 아니고, 나아가 인지했던 것조차 아니다. 존재론사와 회화사의 매끄러운 일-대-일 대응은 성립하지 않으며, 시대 분절도 일치하지 않는다. 그럼에도 서구 회화사의 굵직한 흐름에서 회화 자체의 존재론을 읽어내는 것은 가능하다(다른 지역들에 대한 논의는 차후로 미룬다).

또 거시적으로 일정한 존재론의 영향하에 있었던 시대 내에서조차도, 우리는 회화적 실천이 발견해낸, 개별 화가들의 고유한 직관들이 만들어낸 특이성들을 종종 발견하곤 한다. 회화사의 복잡한 굴곡

체팔루 대성당 모자이크, 〈전지전능한 예수〉, 1148
두초 디 부오닌세냐, 〈베드로와 안드레를 부르심〉, 1308~1311

| 티치아노 베첼리오, 〈거울을 보는 여인〉, 1512~1515

예 7.

체팔루 성당의 모자이크인 〈전지전능한 예수〉는 정면을 바라보는 예수의 위엄 있는 눈길을 보여준다.
반면 두초의 그림은 먼 곳을 쳐다보고 있는 안드레의 시선을 서로를 바라보는 예수와 베드로의 시선들과 결합하고 있다. 작은 배의 휘어진 곡선은 뒤편의 능선과 이어지면서 예수–베드로 시선을 강화해 주고 있다.
〈거울을 보는 여인〉은 귀족과 여인의 엇갈리는 시선을 X자형 구도에 배치해 놓음으로써 시선들의 복잡한 구도를 창출해내고 있다.

을 존중해야 하는 것이다. 장 파리가 논했듯이(『공간과 시선』), 시선을 처리하는 방식들이 그 한 예가 될 것이다.

세계의 참된 실재를 찾는다는 것은 곧 世界의 진짜 얼굴을 찾는다는 것이다. 여기에서는 世界의 진짜 얼굴과 가짜 얼굴에 대한 구분이 전제되어 있다. 존재론적 구분이 전제되어 있다. 이런 구분은 서구 담론사에서 오랫동안 '현상'이 '외관'으로 폄하되는 결과를 빚어냈다. 따라서 존재론적 구분은 이미 가치론적 구분이기도 하다. 사물은 그것이 실재를 얼마나 나누어 가지고 있는가에 따라 가치-존재론적으로 평가된다. 이것은 또한 진리에 대한 일원론적 규정을 전제하고 있다. 진리는 객관적으로 존재하며 중요한 것은 그것을 '발견'하는 것이다. 그리고 그 진리는 궁극적으로는 하나이다. 존재론-가치론-인식론의 삼위일체이다. 그것은 우리말의 '참'이 존재론적 실재, 가치론적 진짜, 인식론적 진리의 의미를 모두 포괄하는 것과 같다.

이런 식의 생각을 여러 가지로 표현할 수 있지만 여기에서는 '본질주의'로 개념화하자. 본질주의는 형상철학의 다른 말이다. 형상철학은 'Idea'('관념'이 아니라 '이데아')를 추구하는 철학이다. 여기에서 'Idealism'은 관념론이 아니라 형상철학을 뜻한다. 고중세의 형상철학과 근대의 관념론을 혼동하지 않도록 하자.

이데아는 '완전성'의 이념을 품고 있다. 아테네의 형상철학은 불완전한 현실을 완전한 이데아가 이끌어 가기를 원했다. 그래서 'Idealism'은 이데아=이상을 등대 삼아 살아가려는 이상주의이기도 하다. 이런 사유는 필연적으로 목적론적 형태를 띠게 된다. 한 사물의 본질이 무엇인가? 라는 물음은 곧 그 사물의 가장 이상적인 모습은 무엇인가? 라는 물음이기도 하고, 동시에 그 사물이 도달해야 할 목적이 무엇인가? 라는 물음이기도 하다. 이런 관점은 회화 개념에도 깊이 스며들어 있다. 르네상스의 회화는 현실의 존재들이 아니라 이상의 존재들을 그리고 있다. 신화적-종교적 인물들, 즉 이상으로서 동경의 대상이 되는 인물들이 주조를 이루었으며, 현실의 인물을 그릴 때조차도, 현실의 풍경을 그릴 때조차도 화가들이 그리려 한 것은 본질=형상이었다.

현대성을 구성하는 요소들은 우리 경험에 나타나 있다. 기술문명, 대중사회, 자본주의,…… 등이 현대성을 구성하고 있다. 현대성의 빛과 그늘을 이해하는 것이 우리 삶의 빛과 그늘을 이해하는 것이다. 그러나 우리 경험에 직접 나타나는 것들을 넘어 비가시적인 존재론적 원리들을 잡아내는 것이 중요하다(물론 이때의 존재론은 이미 서구 전통 사유에서의 존재론은 아니다). 직접적으로 드러나는 것들 아래에서 작동하고 있는 심층적 논리를 잡아내는 것이 世界를 이해하는 중요한 한 방식, 아마도 가장 중요한 방식일 것이다.

우리의 경험에 직접적으로 드러나는 요소들이 아니라 그 요소들 아래에서 작동하는, 쉽게 보이지 않는 원리들을 잡아내고자 할 때, 우리는 현대성의 한가운데에서 본질주의의 종언이라는 핵심적인 원리를 잡아낼 수 있다.

그리스 사유는 "x는 무엇인가?"라고 물어보는 사유이다. 플라톤의 대화편들은 대개 이런 형식을 띠고 있다. 한 사물/개념의 무엇-임 quiddité은 곧 그 사물/개념의 본질이다. 따라서 "x는 무엇인가?"라는 물음은 한 사물 또는 한 개념의 본질에 대한 물음이다. 사회적으로 말해, 이것은 곧 '~다움'의 사유이다. 아버지'다움', 군인'다움', 화가'다움',……의 사유이다. '다움'은 곧 기능상에서의 한 존재의 본질이다. 이 '다움'은 아레테=덕이다. 한 사물의 본질은 곧 그 사물의 이상이고 목적이다. 그리고 이상과 목적은 아레테 개념에 응축되어 있다. 그리스 본질주의와 덕론=아레테론은 동전의 양면이다.

본질주의는 구체적 존재들을 추상적인 형상적 존재가 질료에 구현된 것으로 파악한다. 때문에 구체적 사물들, 개체들은 공통의 형상/본질 아래에 놓여 있으며, 그것들 사이의 세부적인 차이는 질료에서 기인하는 것으로 처리된다. 두 강아지는 개의 형상을 공유하고 있으며, 질료상의 차이 때문에 다른 색깔이나 생김새,…… 등에서의 차이들을 가진다. 따라서 세계는 직접적으로는 개체들로 구성되지만 보다 추상적이고 본질적인 차원에서는 형상(본질)으로 구성된다.

여러 본질은 따로 무질서하게 존재하는 데 그치는 것이 아니다. 본질들은 일정한 체계를 형성한다. 세계가 질서 있다는 것은 곧 본질들의 어떤 체계를 전제한다. 여러 본질이 어떤 관계를 맺고 있으며 결과적으로 어떤 질서로 통합되느냐를 이해하는 것이 존재 이해에 중요하다. 존재는 '코스모스'로 이해되었고, 본질들은 조화롭게 관계 맺고 있는 것으로 파악되었다. 또는 가치론적으로 그런 상황이 이상으로서 간주되었다. 중세에 이르러 이런 생각은 위계성=하이어라키hierarchy라는 성격을 띠게 되며 사회 구조 역시 그렇게 구성되기에 이른다. 우리는 성리학에서도 매우 유사한 사유를 발견할 수 있다. 본질들은 '圓融'의 구조를 이루는 것으로 파악되거나 희망된다. 그 원융적 구조 내에서 각 존재들은 그 '本然'을 가진다. 본질주의, '~다움(본연)'의 윤리학, 목적론, 위계성은 이렇게 서로 맞물려 있다.

근대 사유는 고대 사유와 달리 '왜?'나 '무엇?'이 아니라 '어떻게?'를 물어보았다는 사실은 잘 알려져 있다. '무엇?'은 한 사물의 본질을, '왜?'는 목적을 물어보고 있다('pour-quoi?', 'war-um?'). 그러나 '어떻게?'는 사물과 사물 사이의 관계를 물어본다. 각 사물에 내재하는 본질이 아니라 사물들 사이에 존재하는 관계를 묻는 것이다. 지구가 무엇인가? 태앙이 무엇인가? 대신에 지구는 어떻게 태양을 도는가? 라고 물어본다. 더 정확히 말해, 과학은 사물들 사이의 관계가 아니라 그것이 관심을 가지는 것들entities 사이의 관계를 다룬다. 예컨대 혈당량과 심전도의 관계, 수요와 공급의 관계,…… 등을 다룬다. 과학적 작업에서는 상식적 의미에서의 사물은 증발한다. 과학이 측정한, 수로 포착한 것들이 과학적 맥락에서의 'entities'로 사유된다.

특히 근대 과학은 움직여 가는 관계를 다룬다. 그것을 '함수관계'라 부른다. 과학이란 기본적으로 함수관계를 찾는 행위이다. 온도, 압력, 부피의 관계, 혈압과 아드레날린의 관계 등등. 이 관계는 시간에 따라 달라지며, 과학적 작업은 이 움직이는 관계를 수학적으로 포착하고자 한다. 미적분이 과학적 작업의 가장 기초적인 수단이 되는 것은 이 때문이다. 근대 과학은 사물의 본질을 찾지 않는다. 근대의 과학적 사유는 고대적 본질주의가 아니다. 이것은 칸트, 르누비에, 아믈랭 등의 범주론에서도 확인된다. 실체는 더 이상 제1 범주가 아니다. 칸트의 경우, 실체와 속성 범주가 관계 범주의 하위 범주로 들어가 있고, 르누비에나 아믈랭의 경우는 범주론 자체가 아예 관계에서 시작되고 있다.

관계는 사물들 외부에 있다. 물론 사물들 내부의 본질도 외부적 관계들을 함축한다. '개'라는 본질은 개에 속하는 개체들이 맺을 수 있는 관계(예컨대 먹을 수 있는 음식과 먹을 수 없는 음식)도 함축한다. 그러나 그 외부적 관계들은 내부적 본질에 굳게 고정되어 있다. 라이프니츠의 경우는 그 극단적 예이다. 관계는 사물의 외부에 존재하지만, 사물의 내부에 의해 일정 정도는 그 밑그림이 그려져 있는 것이다. 그러나 대부분의 관계는 사물들 바깥에 존재하는 것으로 이해되어야 한다. 관계를 실체에 흡수하는 사고는 근대에 이르러 파기된다. 그러나 조심하자. 관계 자체가 실체화될 수 있다. 태양과 지구의 관계는 태양과 지구 사이에 있다. 그러나 그 관계가 고정되어 실체화되었을 때 그것은 또 다른 형태의 본질주의를 형성한다. 고대의 본질과 근대의 법칙은 여러 면에서 다르지만 결국 본질주의를 공유하고 있는 것이다. 우리의 삶도 마찬가지이다. 우리가 맺어야 할 관계가 실체화되어 있다면, 우리의 관계는 사실상 우리 내부에 각인되어 있는 것이다. 관계를 맺는 항들 위에서 관계 자체가 초월적으로 군림할 때 그것은 본질주의의 성격을 띤다. 본질주의의 종언은 이 관계들의 본질주의까지도 해체되었을 때 도래할 수 있었다.

근대적 사유의 또 하나의 핵심은 주체 개념에 있다. 이데아, 신, …… 등에서 주체로. 그러나 이제 주체 자체가 실체화된다. 물론 데카르트로부터 칸트로의 이행에서 분명히 확인되듯이, 근대 철학자들은 주체를 실체 범주로부터 벗어나도록 많은 노력을 기울였다. 데카르트의 코기토는 여전히 실체이다. 'Res cogitans'는 'res extensa'와 마찬가지로 하나의 실체이다. 그러나 칸트의 선험적 주체는 더 이상 실체가 아니다. 기능, 능력, 형식,……일 뿐이다. 헤겔에 이르면 아예 실체가 주체가 된다. 그러나 관계도 결국 본질이었듯이, 근대적 주체 또한 본질이었다. 『순수이성 비판』은 주체의 본질을 그린 책이다. 『정신현상학』은 주체의 본질에 더 많은 것들을 담으려 했다. 근대적 사유, 관계와 주체의 사유도 본질주의 사유인 것이다.

고중세적 실체이든 실체화된 관계로서의 법칙이든 또는 근대적 주체이든, 모든 형태의 본질주의에 대한 급진적인 비판은 니체에 의해 본격적으로 제기되었다. 니체는 현대 사유의 문턱에 위치한다. 그러나 본질주의는 그것대로 이어진다. 비트겐슈타인의 『논고』는 관계로서의 본질들을 논하고 있다. 르네 톰이나 알랭 바디우 등은 오히려 '초-플라톤주의'라 부를 수 있을 사유를 전개하고 있다. 플라톤이 이데아를 인정하기 꺼려했던 대상들에서조차도 형상들을 발견하기. 크립키의 독창적인 라이프니츠 해석도 그렇다. 본질주의 사상들은 여전히 존재한다. 그럼에도 20세기 문화의 전체 흐름은 본질주의의 종언을 곳곳에서 드러내고 있다. 특히 예술과의 연관성에서 볼 때 니체 이후의 반反본질주의가 현대 미학의 기초를 구성하고 있다고 해야 할 것이다.

다음으로 수학의 경우를 보자. 수학의 가장 기초적인 요소는 에우클레이데스 기하학이다. 에우클레이데스 기하학에서 기하학적 존재들은 각각 본질로서 주어진다. 삼각형의 본질, 사각형의 본질, 원의 본질이 있다. 즉, 기하학적 존재들은 즉자적으로 주어진다. 영원의 상하相下에서 주어지는 것이다. 예컨대 이빨이 빠진 원 같은 것은 성립하지 않는다. 원의 본질 자체가 즉자적으로 주어지는 것이기 때문이다. 원과 합성된 삼각형, 절반쯤 그려진 사각형 등도 성립하지 않는다. 도형들은 시간이 배제된 영원의 상하에서 자기동일성을 가진, 순수한(타자를 배제하는), 그 자체로서 주어지는 것이기 때문이다. 우리는 에우클레이데스적 도형들과 플라톤적 형상들의 유사성을 어렵지 않게 읽어낼 수 있다. 그리고 형상들을 발견하기 위해 거쳐 가야 할 중간 과정으로서 수학(기하학)을 중시한 플라톤의 입장도 이해할 수 있다.

그런데 근대에 들어와서 '작도'라는 개념이나 '궤적'이라는 개념이 중요한 역할을 맡게 된다. 이제 기하학적 도형은 영원의 상하에서 주어지는 것이 아니라 어떤 과정을 통해 그려지는 것이다. 이는 곧 기하학에 시간이 도입됨을 뜻한다. 데카르트의 '해석기하학'이 대표적이다. 이를 통해 도형들은 보다 일반화되었다. 원과 사각형이 결합된 도형은 고대 기하학에서는 의미가 없는 것이었다. 본질을 파악할 수 없는 그 무엇, 키메라인 것이다. 그러나 시간과 도형의 일반화가 도입되면서 기하학에서의 본질주의는 무너진다. 이제 도형들은 시간 속에서 그려지며, 어떤 도형도 가능하다. 이런 변화를 통해 기하학과 대수학의 융합이 가능해진다. 과거에는 대수에 일치하지 않았던 도형들이 이제 대수와 일치하게 된다. 대수를 기하로 표현하는 방식이 개발된 것이다. 더 나아가 수식으로 표현할 수 없는 도형, 임의로 그린 도형까지도 등장한다. 어떤 본질도 부여하기 힘든 도형까지도 등장하게 된 것이다. 가우스-리만의 사유를 통해 성립한 'n차원 다양체' 개념은 기하학을 완전히 일반화했다.

이제 세 번째로 생물학적인 맥락을 보자. 생물학에서 본질은 무엇일까? 바로 '종'이다. 실제 그리스어에서 형상을 뜻하는 '에이도스'가 또한 '종'이라는 뜻도 가지고 있다. 중세 철학에서 형상을 '스페키에스'species로 표현한 것도 이런 맥락에서 이해할 수 있다. 예컨대 "뽀삐는 무엇인가?"라는 물음에 대해 우리는 "그것은 개다"라고 말한다. "검은색이다"라고 대답하지 않는다. "뽀삐는 무엇인가?"라는 물음은 뽀삐의 본질을 물어보는 것이다. 그에 대해 우리는 종으로써 대답한다. 종이 본질인 것이다. 그런데 생명체를 종으로서 취급한다는 것은 종 안에 포함되는 개체들의 차이는 무시하는 것이다. 라이프니츠가 고대 철학에 대해 가졌던 불만은 바로 종의 사유는 개별자들 사이의 차이를 개념화하지 못한다는 것이었다. 라이프니츠는 '완전 개념'의 개념을 통해서 개체'의' 본질을 파악하고자 했다. 물론 본질 개념은 여전히 유지된다. 라이프니츠는 종의 추상성 아래에 개체들을 복속시키기보다는 개체 각각을 분자적으로 파악했다. 그러나 개체 각각의 몰적 동일성은 여전히 유지된다. 라이프니츠 사유는 본질주의의 극한이다.

다윈은 고전 시대의 진화론자들처럼 종을 기준으로 생명체들의 진화를 보지 않았다. 그의 책 제목은 『종의 기원』이다. '~의 기원'이라는 표현에 주의하자. 종이 영원한 즉자적 본질로서 존재한다면 종'의 기원'을 논할 이유가 없다. 종의 기원을 논한다는 것은 종의 생성과 소멸을 논한다는 것이다. 그것은 종을 영원의 상하에서 주어진 것으로서가 아니라 시간 속에서 생성하고 소멸하는 것으로 본다는 것을 뜻한다. 그러나 그 생성과 소멸은 연속적이다. 존재하지 않던 종/본질이 갑자기 생기거나 갑자기 사라지는 것은 생각하기 곤란하다. 실제 존재하는 것은 '개체군'이다. 개체들의 무리가 있는 것이다. 그것을 평균해서, 즉 통계적으로 다루었을 때 종 개념이 성립한다. 이제 종 개념은 실선이 아니라 점선으로서만 성립하게 된 것이다. 다윈은 이런 관점에서 '변종'들을 더 정확히 다룰 수 있었다. 이 역시 본질주의의 종언을 말해 준다. 베르그송의 '창조적 진화' 개념은 서구 본질주의의 완전한 종언을 선언하고 있다.

마지막으로 사회학적 맥락을 생각해 보자. 전통 사회에서는 한 인간의 본질이 즉자적으로 주어졌다. '신분'이 바로 그것이다. 인간이라는 생물학적 본질 내에서 다시 신분이라는 본질이 세분된다. 여기에서 '身'은 단순히 몸을 뜻하지 않는다. '自身'이라는 말을 음미하자. '自心'이나 '自魂'이 아니라 '自身'이다. '身'은 한 인간 자체를 뜻한다. '身分'은 한 인간의 정체성이 이미 '分'의 체계 속에 있음을 말해 주고 있다. 전통 사상들에서 '分'이 차지했던 위상을 다시 음미해 보자. '理一分殊'라는 성리학적 통찰에는 전체와 부분들, 더 큰 리들과 더 작은 리들의 중층적 위계가 핵심적으로 나타나 있다. 그 위계에서 각각의 집단들은 본질로서의 신분을 부여받는다. "네 分殊를 알라"는 말만큼 신분사회의 본질주의를 잘 보여주는 말도 없다. 현대 사회는 신분이 타파됨으로써 본질주의의 종언을 가져왔다. 물론 현실은 또 다른 '分'을 도래시켰다. 신분이 계급으로 바뀐 것이다. 그러나 계급은 본질주의를 함축하지 않는다. 본질로서의 신분 개념은 파기되었다. 여기에서도 탈-본질주의가 확인된다.

현대 문화의 심층부에는 이렇게 본질주의의 종언이라는 존재론적 원리가 작동하고 있다. 이제 회화사에서 이 흐름을 생각해 볼 차례가 되었다. 본질주의라는 말을 좁게 사용한다면, 이 개념은 르네상스 회화에 가장 적절한 개념일 것이다. 고대적 형상철학에 근거했던 르네상스 회화는 서구 본질주의의 형상화形象化된 모습을 보여준다. 형상적形相的인 것은 곧 이상적인 것이며, 이상적인 것에 대한 열망은 신화적-종교적 세계를 끌어들이게 만든다. 나아가 현실적인 것조차도 이상적인 것으로 묘사하게 만든다.

그러나 본질주의라는 개념을 보다 넓게 사용한다면, "이런 것이 실재다", "이런 것이 세계의 참 모습이다", "이런 것이 세계의 참 얼굴이다" 같은 식의 생각을 공유하는 모든 경우가 본질주의에 포괄된다고 할 수 있을 것이다. 아까 말했듯이 근대적 사유의 산물인 자연법칙도, 또 그 한 변형인 (구조주의에서 말하는) 구조도 본질주의의 성격을 띠고 있는 것이다. 본질주의는 시간의 근본적 역할을 제대로 고려하지 못한다. 근대 과학에 대한 베르그송의 비판이나 구조주의에 대한 들뢰즈의 비판을 상기하면 좋을 것 같다. 회화사를 놓고 볼 때, 르네상스 회화가 아니라 해도 "회화가 발견하고 드러내야 할 것은 바로 이런 것이다", "회화가 찾는 世界는 바로 이런 것이다"라는 생각은 어떤 식으로든 본질주의를 내포하고 있는 것이다.

사실주의 회화는 고대적 실재 즉 형상/본질의 세계를 거부하고 현실의 차원에 눈길을 고정시킴으로써 본질주의를 벗어났다. 사실주의는 현실세계를 살아가는 사람들이나 현실세계를 채우고 있는 사물들, 사태들을 그림으로써 보편자의 세계, 형상의 세계가 아니라 개체들의 세계, 사건들의 세계를 그린 것이다. 마네의 〈올랭피아〉가 스캔들을 일으킨 것은 모델이 누드이기 때문이 아니라 실제 인물의 누드이기 때문이다(그러나 일본화처럼 그려진 이 그림 자체가 '사실주의'라는 말의 모호함을 드러낸다). 고중세적 '실재'의 자리에 근대적 '현실'이 들어선다. 그러나 현실세계에 눈길을 고정시키는 것은 또 하나의 본질주의이다. 물론 여기에서 본질은 이미 고중세적 의미를 벗어난다. 그럼에도 世界의 특정한 面, 하나의 세계를 '실재'로 봄으로써 사실주의 역시 본질주의 사유를 견지하고 있는 것이다. 실재를 거부하는 현실이 아니라 실재로서의 현실.

인상파에 이르러 일견 본질주의는 완전히 해체된 듯이 보인다. 본질은 시간을 정복한 동일성이다. 시간 속에서 나타나는 다양한 양태들은 시간을 초월한 본질의 표현들이다. 인상파에서 이런 동일성은 파기된다. 드러나는 것, 양태들, 표현되는 것만이 그려진다. 그래서 예컨대 모네의 〈루앙 성당〉 같은 작품은 본질주의의 대척점에 있다. 그러나 역설적으로 인상파가 바로 그런 생성이 우주의 참모습이라고 보는 한에서, 이제 생성이 본질의 역할을 하게 된다. 물론 생성은 동일성을 무너뜨려 나가기에 이 본질은 논리적 본질일 뿐 본질주의의 본질과는 다르다. 그럼에도 사고의 논리적 구조에 있어 인상파 역시 본질주의의 그림자를 안고 있다. 물론 이 정도가 되면 전혀 다른 의미에서의 본질주의이긴 하지만. 어쨌든 '참'의 존재를 전제하는 것, 世界의 일의적 실재를 가정하는 사고를 우리는 본질주의라 부를 수 있으며, 인상파는 본질주의의 극한에서 탄생했다고 해야 할 것이다.

그러나 현대 회화로 가면 생성이 본질이라는 생각조차 거부된다. 그 결과 나타난 것은 또 다른 실재 개념이 아니라 실재 개념의 파기,

즉 무엇이 참이냐라는 물음 자체의 파기였다. 현대 회화는 특정한 재현 개념을 파기한 것이 아니라 무엇을 재현해야 하는가라는 물음 자체를 파기한 것이다. 이 점에서 현대 회화는 존재론적 상대성에 근거한다. 그러나 존재론적 상대성이 진리의 파기를 뜻하는 것은 아니다. 오히려 진리의 다원화, 더 정확히는 진리들의 상보성을 뜻한다고 보아야 할 것이다. 현대 사상은 진리의 무가 아니라 복수의 진리를, 그것들의 상보성을 말하고 있다. 현대 회화의 입구에서 중요한 역할을 했던 입체파의 그림이나 마티스의 그림 등은 재현을 파기했다기보다 차라리 世界의 다른 얼굴들을 드러내고 있는 것이다. 현대 회화는 주관적인 것을 그리려 한 것이 아니라 차라리 주관을 통해 드러나는 *存在*의 새로운 얼굴을 그리려 한 것이다. 즉, 존재론적 상대성은 世界의 진짜 얼굴이라는 개념을 파기하는 대신 그 여러 얼굴들을 드러내고자 한 것이다.

본질주의의 종언은 형태의 해방과 색의 해방으로 나타났다. 형태의 해방은 방금 말한 기하학에서의 변화와 밀접한 관련이 있다. 음악이 대수학과 밀접한 관련을 맺어 왔다면, 회화는 기하학과 밀접한 관련을 맺어 왔다. 르네상스의 화가들이 기하학적 비례를 추구했음은 잘 알려져 있다. 원근법은 극히 기하학적인 그리고 광학적인 발상이다(광학은 기하학적 기초를 가진다). 르네상스 회화가 고전적인 기하학에 입각해 완벽한 형태를 추구했다면, 이후의 회화들은 기하학의 발전과 간접적으로 보조를 맞추면서 보다 역동적인 공간들을 창출해내게 된다. 서로 이질적인 담론들이 직접적으로 연계를 맺는 경우는 많지 않다. 그럼에도 일정하게 형성된 시대적 장은 독자의 분위기를 형

클로드 모네, 「루앙 성당(해질녘)」, 1892
클로드 모네, 「루앙 성당(햇살 아래)」, 1894

예 8. 클로드 모네, 〈루앙 성당〉 연작.*

과학이 사실 수집적인 실증주의로부터 벗어나 탈-현존의 방향, 합리주의의 방향으로 서서히 선회하던 바로 그때(마하에서 볼츠만으로), 회화는 가장 급진적인 의미에서의 경험을, 베르그송적 뉘앙스에서의 경험을 발견하게 된다. 시간을 넘어 존재하는 본질이 와해되었을 때 시간은 가장 궁극적인 실체가 된다. "진짜" 루앙 성당은 존재하지 않는다. 시간의 흐름 속에서 변해 가는 루앙 성당이 있을 뿐이다. 하지만 그럼에도 왜 이 이미지들은 '루앙 성당'으로 불리는 것일까? 어떻게 '연작'이라는 것이 가능할까? 하나의 지시대상을 그리면서 본질주의의 종언을 이야기하는 것은 모순이 아닌가? 인상파의 연작들은 이런 존재론적 화두를 던진다.

클로드 모네, 「루앙 성당(붉은 햇살 아래)」, 1892
클로드 모네, 「루앙 성당(아침 햇살, 블루 하모니)」, 1892~1893

* 인상파 화가들의 작품에는 연작이 많다. 왜 인상파에는 연작이 많은 것일까? 본질주의 회화에서 한 대상에 대한 그림은 오직 한 편이어야 한다. 그 대상의 본질을 가장 잘 그려낸 '정답'은 당연히 하나여야 하기 때문이다. 〈모나리자〉가 여러 편 그려졌다면 그 중 어떤 것이 모나리자의 본질이라 할 것인가? 여러 편이 그려졌다면, 한 편을 뺀 나머지는 오로지 그 한 편을 그리기 위한 과정일 뿐이다. 그러나 대상의 본질이 아닌 현상을 그리고자 한 인상파 화가들에게 그 대상의 그림은 당연히 여러 편이어야 한다. 아침의 수련(垂蓮)과 저녁의 수련은, 비올 때의 수련과 화창할 때의 수련은 모두 다른 모습이며, 그 모습들을 넘어선 어떤 하나의 본질은 존재하지 않기 때문이다.

성하게 되고, 이 분위기를 통해서 각 담론은 다른 담론의 간접적인 영향을 받는다. 회화와 기하학처럼 밀접한 관련을 맺는 담론들의 경우는 더욱 그렇다.

본질주의 형태학은 기본적으로 불연속주의를 함축한다. 연속성은 아페이론이다. 아페이론 상태는 본질적 규정들이 자리 잡을 수 없는 상태이다. 본질들은 순수하게 어떤 무엇일 때 본질들이 될 수 있다. 즉, 본질이란 타자를 배제하는 순수한 동일자이다. 하나의 본질에 타자가 스며들 때, 타자화가 발생할 때 본질의 순수성이 깨지고 연속성과 운동이 도래한다. 이때 형태들은 에우클레이데스 공간의 자기동일적 본질-형태들을 벗어나 '기형들'이 된다. 타자와의 섞임은 본질-형태의 훼손이다. 호메로스 시대에 등장하기 시작한 기하학적 문양들은 그리스 본질주의를 표현하고 있다. 이 본질주의는 르네상스 회화에서 다시 선명한 형태로 나타난다. 그러나 해석기하학 이후의 기하학이 계속 변화해 갔듯이, 회화의 공간 역시 변모를 거듭하게 된다.

인상파 회화는 본질주의적 공간 개념을 단적으로 벗어난 공간을 그리게 된다. 개체들을 타자들과 구분해 주는 윤곽선은 흐려진다. 본질주의 형태학의 공간은 에우클레이데스 공간에서 사물의 외연이 정확히 오려내지는 공간이다. 곧, 개체성이 분명하게 성립하는 공간이다. 인상파 회화에서 이제 공간은 흐름이 된다. 그러나 이 흐름은 물질, 에너지, 생명, '氣' 등으로 이해된 흐름이 아니라 순수 현상적 흐름, 즉 질적 차이들의 흐름이다. 이 점에서 인상파 회화는 사물을 "있는 그대로" 보려고 했다고 할 수 있다. 때문에 사물 표현에서 색이 중요한 역할을 하게 된다. 사물을 날카롭게 분절하려 하기보다는 오히려 색을 통해서 분절을 간접적으로 표시하게 된 것이다. 이것은 음악에서도 마찬가지이다. 드뷔시 정도에 오면 음은 연속적으로 흘러가기에 이른다. 피아노곡으로 〈영상〉을 예로 들 수 있을 것이다. 호쿠사이의 〈바다〉를 표지 그림으로 한 〈바다〉 역시 인상 깊은 곡이다. 피아노는 애초에 불연속적인 음을 창출하는 악기이거니와, 그런 피아노로 연속성을 표현했다는 점에서 특기할 만하다.

탈-본질주의에서는 흐름, 연속성, 정도, 강도 같은 개념들이 중요한 역할을 맡게 된다. 본질주의는 존재론적으로 이다/아니다가 분명하다. '이다' 즉 존재는 한 사물의 본질을 표현한다. 존재론적 관심사에서 "저것은 무엇인가?"라고 물을 때 우리는 그 사물의 본질을 물어보는 것이다. 본질을 뜻하는 'quidditas'(quiddité/Washeit) 즉 '무엇-임'은 'quid?' 즉 '무엇?'이라는 물음에 대한 대답으로서 제시되는 어떤 것이다. 이런 생각은 플라톤 이래 서구 존재론의 기본 논리로 작동해 왔다. 각각의 본질은 영원의 하늘 아래 각인된 순수 개별성으로서 독자적으로 빛난다.

이와 대조적으로 흐름은 연속적으로 이어져 있고 시간이라는 절대적 존재에 굴복한다. 거기에서는 차이들의 계속적인 도래 즉 생성이 지배한다. 이것은 그리스 존재론에서 극복하고자 했던 아페이론에 다름 아니다. 그러나 탈본질주의, 특히 흐름의 존재론에서 아페이론은 이제 긍정적으로 이해된 아페이론이다. 불연속적인 종별화[1]가 연

1) 종별화(種別化)는 'specification'을 번역한 개념으로서, 하나의 'genus'(유)에 속한 'species'(종들)을 변별해낸다는 뜻이다.

속적인 변이로 바뀐다. 현대의 존재론과 미학은 아페이론을 복권시킴으로써 전통과 대비되는 새로운 시대를 열었다. 인상파 회화와 드뷔시의 음악 이후 예술은 본질과 본질 사이에서 빠져나갔던 작은 차이들의 도래 즉 생성을 발견했다. 베르그송의 '지속' 개념은 플라톤의 대척점에 서 있는 존재론을 대변한다. 생성은 더 이상 불완전한 것이 아니다. 생성은 창조의 근원인 것이다. 이제 창조라는 개념은 플라톤-기독교적인 제작적 세계상을 통해서가 아니라 니체-베르그송적인 생명철학을 통해 이해된다.

색도 바뀐다. 많은 경우 사물에서 색은 형태와 더불어 가장 일차적으로 지각되는 대상이다. 형태는 외연의 논리에 입각해 존재한다. 기하학은 사물들에서 질적인 측면들을 사상하고 외연만 추상해서 다룬다. 색은 외연의 논리가 아니라 강도의 논리에 입각해 지각된다. 색의 존재에는 신비한 구석이 있다. 예컨대 원자론에서처럼 우주를 모양, 위치, 크기만을 가진 원자들로 설명하려 할 경우, 이 세 규정성만을 가진 원자들이 제아무리 복잡하게 조합된들 거기에서 색이 나올 까닭이 없다. 색을 '제2 성질'로 격하시켜 주관적인 것으로 처리한 근대 철학자들로부터 오늘날 파동 개념에 입각한 물리학적 설명, 또 고분자공학에서의 색 이론들, 메를로-퐁티의 현상학적 설명 등에 이르기까지 여러 색 이론이 전개되었으나, 색은 여전히 정복되지 않은 채 신비를 품고 있다. 색에 가장 큰 관심을 가진 담론들 중 하나는 물론 회화이다. 탈본질주의의 흐름에서 색 또한 핵심적인 역할을 한다.

색에 대한 본질주의적인 생각은, 그것이 '객관주의'의 형태를 띠었든 '주관주의'의 형태를 띠었든, 사물들의 색을 고착화한다. 그래서 하늘은 푸르거나 붉고, 꽃은 빨강, 노랑, 보라 등이며, 우리의 얼굴은 살색이다. 하나하나의 색은 마치 그것이 어떤 고정된 무엇인 듯이 다루어진다. 그러나 19세기에 들어와 이런 생각은 조금씩 무너진다. 하나의 에피소드가 전해지고 있다. 들라크루아가 마차를 타고 가던 중, 숲 그늘에 들어선 그의 노란 마차의 그림자 색이 검은색이 아니라 보라색이라는 것을 발견한 것이다. 이런 경험은 자주 할 수 있다. 한강을 건너갈 때에도 자주 느낄 수 있다. 강물의 색깔이 늘 바뀐다. 녹색, 푸른색, 어떨 때는 하얀색,…… 건널 때마다 바뀐다. 아니 사실상 우리가 ~색이라고 부르는 색은 이미 하나의 단어에 의해 평균화된 색이다. 그래서 색 전문가들의 색 분류는 일상 언어의 분류보다 훨씬 정교하다. 그러나 그런 분류도 인식 주체와 언어의 한계 내에서 이루어진다. 아마도 색은 그 이상의 풍부함을 담고 있을 것이다.

우리는 사물의 무한히 풍요로운 뉘앙스들을 평균화해 하나의 단어로 고착화한다. 색에 관련해서도 마찬가지이다. 이런 식의 생각은 결국 어떤 사물의 색은 어떤 색이라는 식의 본질주의를 함축한다. 인상파에 이르러 색의 본질주의는 본격적으로 무너진다. 그러나 이것은 인상파가 색을 중요시하지 않았기 때문이 아니라, 과거에 다른 방식으로 표현하려 했던 것들도 색으로 표현하려 했기 때문이다. 색은 사물에 부착되는 것이 아니라 오히려 사물을 설명해 주는 것이 된다. 이런 맥락에서 색을 하나의 사물, 하나의 표면에 고착시키는 사고는 무너진다. 세잔에게서 이런 변화를 분명히 볼 수 있으며, 마티스의 그림에서도 색의 자유분방한 자기표현을 볼 수 있다(이 점에서 현대 회화의 개척자인 칸딘스키가 색에 대한 기호학적 체계를 세우려 했다는 것은 아이러니이다). 들로네의 색 실험은 색의 자기지시성을 인상 깊게 보여준다.

구조와 힘

현대 회화는 존재론적 상대성에 입각해 있다는 점을 이야기했다. 그러나 사실 미묘한 구석이 있다. 담론의 종류들이 다채로워지면서 각 담론과 맞물려 드러나는 世界의 얼굴들도 다채로워졌다. 각종 기계를 통해 드러나는 현상들, 무수한 담론들이 쏟아내는 지식들과 이미지들, 여러 예술 장르가 창출해내는 세계들, 우리가 사는 현대는 어지러울 정도로 많은 이미지들과 담론들, 世界의 숱한 얼굴들이 명멸하는 세계이다. 현대 회화 역시 존재론적 상대성 위에서 전개되고 있다. 그러나 이것은 현대 회화 전체를 놓고서 볼 때 그렇다. 오히려 각 화가나 각 유파는 본질주의적 열망 속에서 작업하는 것이 아닐까. 본질주의를 의식적으로 버린 작품들도 많지만, 사실상 각 화가는 世界를 바라보는 어떤 한 관점을 각자의 방식으로 표현한다.

자신의 존재론을 정립하지 않은 화가가 독창적인 작품을 그리기는 어렵다. 화폭 앞에 앉아 붓을 들었을 때 世界의 어떤 얼굴을 그릴까가 의식적으로든 무의식적으로든 정립되어 있어야 한다. 최소한 누구를 흉내내서, 어떤 사람들을 어떻게 조합해서 그릴 것인가가 뚜렷이 정립되어 있어야 하는 것이다. 이것은 화가가 그림을 그리기 전에 머릿속에서 그림을 완성하고 있어야 함을 뜻하지 않는다. 베르그송, 듀

이 등이 강조했듯이, 그림 자체는 그리는 과정을 따라서 형성되는 것이다. 그럼에도 世界에 대한 일정한 관점이 밑받침되지 않을 때, 회화사의 지도리를 만들어낼 수 있는 작품이 나오기는 힘들다 해야 하리라. 그래서 우리는 역설에 부딪힌다. 현대 회화 전체를 볼 때는 존재론적 상대성을 읽어낼 수 있지만, 각 화가들은 각자의 본질주의를 가지고 작업하는 것이다.

그러나 현대 화가들에게 일반적으로 승인된 실재는 없다. 각자 자신의 본질주의를 가지고 있을 뿐이다. 그러나 많은 화가들은 그것이 '實在'라고 말하지는 않는다. 자신이 본 世界의 얼굴이라고 생각할 뿐이다. 그래서 회화사적 독창성은 실재의 발견을 통해서가 아니라 그것의 다른 얼굴의 발견을 통해서 인정받는다. 즉, 이전의 관점 ― 우리는 이 개념을 라이프니츠적 의미에서 쓰고 있다 ― 과 다른 관점의 출현이 회화사의 지도리로서 받아들여진다.

서구 회화의 역사는 이데아를 찾았다가 현실의 극한(생성하는 표면)으로 돌아왔으나, 현대에 이르러 다시 실재를 찾아가는 나선을 그리고 있다. 그러나 두 가지 사실이 이해되어야 한다. 우선 오늘날 회화가 다시 추구하게 된 실재는 주객 이원론 구도에서 이해되는 주관 바깥의 실재가 아니라 인간의 무의식과 상상, 욕망까지 모두 포함한 전체 世界라는 의미에서의 실재이다. 현대 회화에서의 실재는 주관을 통해서 추구되지만, 그 주관은 단지 상상적=가능적인 것이 아니라 의식 아래에서의 경험까지 포괄하는, 즉 잠재성을 겨냥하는 주관이다. 그렇지 않다면 회화는 작위적인 놀이에 그칠 것이다. 이 차이는 매우 중요하다. 회화가 작위적인 상상적 놀이가 아니라 존재론적인 잠재성의 발견이 되려면, 주관에서 출발한다 해도 주관에 들어온 객관을 표현해야 하는 것이다. 이것이 앞에서 우리가 현대 회화에서의 주관을 새롭게 바라본 이유이다. 또 하나, 이렇게 다시 찾아낸 실재는 사실상 실재'들'이다. 개개 화가들은 실재를 찾지만, 그 결과 드러난 것은 다양한 실재들 즉 각각의 주관=관점에서 포착된 실재의 상이한 얼굴들이다. 각각의 화가나 유파는 나름대로 각각의 존재면을 찾아냈고 그것을 실재로 이야기하지만, 그러한 실재의 다양한 복수성이 결국 존재론적 상대성을 가져오는 것이다. 개개의 화가들이 본질주의의 맥락에서 작업하지만, 현대 회화 전체는 존재론적 상대성에 의해 특징지어지는 것은 이 때문이다.

그러나 현대 회화의 의미가 존재론적 상대성으로 그치는 것은 아니다. 화가들이 찾아낸 존재면들을 입체적으로 바라볼 때 우리는 世界의 '실재'에 좀 더 다가갈 수 있을 것이기 때문이다. 독창적인 화가들이 발견해낸 존재면은 곧 각 화가의 관점과 맞물려 표현된 世界이다. 그래서 이 존재면들의 입체적 배치는 世界의 진상에 다가서는 한 방법이 될 것이다. 그러나 문제는 쉽지 않다. 그러한 입체적 종합이 어려울 뿐 아니라, 설사 가능하다 해도 각 화가의 성취를 중성화시키는 것이 되기 십상이기 때문, 그래서 의미 없는 산술적 종합이 되기 십상이기 때문이다. 그럼에도 존재면들의 입체화를 통해 世界를 보는 관점을 입체화하는 것은 의미 있는 작업이다. 우리 강의의 처음에 언급했듯이, 여기에서 우리가 향하고 있는 곳은 "회화와 존재론이 함께 추구하는 한에서의 이 世界"이다. 그래서 역설적 결과가 도래한다. 오늘날 실재를 이야기할 수 있다면, 世界를 이야기할 수 있다면, 그것은 오히려 존재론적 상대성을 거침으로써 가능하다는 것이다.

그래서 현대 회화의 핵심은 본질주의의 종언이 아니라 본질의 다원화, 실재의 다원화를 거친 실재=世界의 추구라 할 수 있겠다. 다시 말해, 世界의 참된 얼굴 찾기를 파기한 것이 아니라 世界의 무수한 얼굴들을 발견하게 된 것, 그리고 잠재적으로 그 얼굴들의 입체화를 통한 世界 인식에의 길을 연 것이 오히려 현대 회화의, 더 정확하게는 현대 회화를 토대로 한 존재론의 참된 의미라 해야 할 것이다.

어떤 의미에서는 과거의 회화들조차도 단순한 본질주의가 아니라고 할 수 있다. 서로 비슷하게 보이는 르네상스 화가들의 그림조차도 상당히 다른 바탕 위에 서 있다고 할 수 있다. 본질주의적 회화들의 내부에서도 우리는 복수성을 발견한다. 회화의 본성은 이렇듯 世界의 다채로운 얼굴들을 드러내는 다원성에 있다. 그리고 각 회화들이 찾아낸 무수한 얼굴의 입체적 조합은 우리에게 世界의 진정한 얼굴에 접근할 수 있는 길을 열어준다. 이 점에 회화의 존재론적 의의가 있다.

이 대목에서 세잔의 회화사적 의미를 검토해 보자. 세잔은 인상파가 개척한 감각주의적, 생성철학적 전제를 공유하고 있다. 세잔은 현세계의 표면을 그리고자 한 인상파의 연장선상에 있다. 그러나 세잔은 바로 그 표면 안에서 본질주의의 종언을 깨달은 사람이 아닐까. 다시 말해 현대 회화의 존재론적 상대성이 본격적으로 도래하기 전에, 인상파 미학의 전제 위에서 존재론적 상대성을 깨달은 사람이 아닐까.

잘 알려져 있듯이 세잔은 사과를 많이 그렸다. 사물을 그릴 때 문제는 현실세계 자체 내에서, 표면 자체 내에서 주체의 경험은 유한하다는 것이다. 하나의 컵을 여러 각도에서 볼 때 각각 다른 컵이 보인다. 어떤 모습이 진짜인가. 인간관계도 마찬가지가 아닌가. 누군가에 대해 한 사람이 아는 측면을 다른 사람은 모른다. 어떤 사람을 10년을 알고 지내도 잘 못 보는 面이 있다. 여기에서 중요한 것은 이런 상대성이 지금까지 우리가 이야기해 온 世界의 존재론적 상대성이 아니라 世界의 한 面에서의 상대성, 한 얼굴에서의 상대성이라는 점이다. 이 점에서 사물의 다각적多角的 파악을 시도한 세잔은 현세계 내에서의 무수한 면들을 깨달은 사람이 아닐까. 인상파는 생생한 현실이야말로 실재라는 전제를 깔고서 작업했다. 세잔도 이 관점을 공유한다. 그러나 세잔은 그 안에서 상대성에 대해 고뇌했던 것이다. 이 점에서 세잔은 '본다'는 것에 대해 누구보다도 예민하게 고민했던 사람이라 할 수 있을 것이다.

세잔의 그림에서 관점들이 겹쳐져 있다는 것은 잘 알려져 있다. 다양한 각도에서 바라본 사과들이 (필연적으로 하나의 각도를 형성하는) 화폭에 공존하고 있다. 세잔은 인상파가 전제했던 그 표면 안에서 존재론적 상대성을 극복하고 사물들을 입체적으로 종합할 수 있었다. 이 점에서 회화사에서 유니크하다. 만일 21세기 초에 '울트라 세잔'이라 불릴 만한 사람이 나온다면 그는 어떤 그림을 그릴까? 이제 표면 내에서의 상대성을 종합하는 것이 아니라 표면을 하나의 면으로 포함하는 다양한 면들을 종합하는 사람일 것이다. 피카소의 면, 칸딘스키의 면, 미로의 면,……을 입체적으로 종합하고 있는 회화. 물론 이것은 회화 자체를 통해서보다는 회화를 개념화함으로써 가능할 것이다. 여러 화가들을 한 화면에 섞어 놓는다면, 위대한 그림이 아니라 의미 없는 혼돈이 나타날 것이다. 이 작업은 차라리 회화의 존재론(회화'에 대한' 존재론이 아니라 회화'의' 존재론)을 통해 가능할 것이다. 지금 우리가 하고 있는 논의는 바로 이런 '울트라 세잔'의 회화를 개념적으로 행하고 있는 것이다.

세잔은 사물의 본질, 그러나 고대적인 본질이 아니라 인상파를 거친 본질을 추구했다고 할 수 있다. 그것은 인상파가 추구했던 현상적이고 생성적인 차원에서의 본질이었기에, 완전한 자기동일성을 가진 고대적 본질과는 사뭇 다르다. 흐르는 현실 가운데에서 포착된 아슬아슬한 본질, 무너질 듯한 본질은 세잔의 그림을 유니크한 무엇으로 만들고 있다. 인상파의 그림은 흐름을 그렸지만 사실상 순간 속의 흐름이다. 흐름과 운동성이 화면에 그려진 한 그것은 순간적으로 정지된 흐름과 운동성이기 때문이다. 세잔의 화면에는 무수한 순간들을 고정시킨 관점들이 입체적으로 종합되어 있다. 이것은 어떤 사람들이 말하듯이 현상세계와 본질세계를 종합한 것은 아니다. 현상세계 자체 내에서 다양한 관점들을 종합한 것이다. 그것은 현상의 개별적이고 유니크한, 반복 불가능한 본질이다.

현대 회화가 존재론적 상대성을 가져왔고 각각의 회화는 하나의 얼굴에 집중하지만, 전체로서의 회화는 世界의 모든 얼굴을 그리고 있다고 했다. 그런 점에서 현대 회화는 다양성을 그 생명으로 한다. 예술 일반은 물론이고 회화 내에서조차 일반적인 미학 이론의 구축이 어렵고 또 때로는 불필요한 이유가 여기에 있다.

뤼뱅 보갱, 〈오감각〉, 1630
폴 세잔, 〈수프 그릇이 있는 정물〉, 1877

예 9.

보갱의 정물화는 데카르트적 직교좌표, 명암의 균일성, 사물들 사이의 명료한 경계선들, 색채의 균질성 등을 보여준다. 사물들은 각자의 본질을 뚜렷하게 드러내면서 마치 기하학적 공간에서 공존하듯이 타자들을 배제하고 있다. 여기에서의 조화와 균형은 각 사물의 자기동일성을 전제하고 있는 외적 조화/균형이다.

세잔의 정물화에서 사물들은 데카르트적인 명료함과 분명함을 상실하며, 경계선들 또한 색채들의 대비를 통해서 표현되고 있다. 기하학적 매끄러움은 사라지고 형태들의 본질도 희미해진다. 사물들은 지각의 공간에서 흔들리고 있다. 하지만 화면에는 놀라울 정도의 조화와 균형이 흘러넘치고 있다. 그러나 이 조화/균형은 기하학적 공간에서의 외적 조화/균형이 아니라 역동적인 지각공간, 색채공간, 비-본질주의적 공간에서의 아슬아슬한 조화/균형이다.

그럼에도 매우 넓은 시각에서 볼 때 몇 가지 핵심적인 원리들이 현대 회화를 이끌어 오지 않았나 싶다. 거듭 말하지만 현대 회화의 다양성을 언제나 염두에 두어야 한다. 그러나 차이의 무수한 생성만을 강조하는 것이 능사는 아니다. 그 가운데에서도 굵직한 논리를 잡아낼 수 있어야 한다. 마치 한 인간이 무수한 변화를 겪긴 하지만 그 사람의 '인격'이나 '스타일'이 존재하는 것처럼 말이다. 물론 이 굵직한 논리 자체도 사실상 다양할 수 있다. 존재론적 시각에 따라 다양성을 엮어 논하는 방식들 자체도 다양할 수 있기 때문이다. 따라서 우리의 가설은 다양한 현대 회화를 바라보는 존재론적 관점들 중 하나이다.

우선 빼놓을 수 없는 하나의 원리는 곧 '구조'와 '힘'이라는 개념쌍이다. 마치 타원의 초점이 두 개이면서도 하나의 타원을 형성하듯이, 구조와 힘이라는 두 원리가 현대 회화를 이끌어 온 두 초점이라고 할 수 있을 것이다.

구조는 사물에서 물질성을 솎아냈을 때 성립한다. 사람으로 말하면 모두 빼고 뼈대만 이야기하는 것과 같다. 입체파, 칸딘스키, 몬드리안 등의 추상화들은 구조적 회화의 전형적인 예이다. 몬드리안의 추상화가 성립하는 과정이 스케치들로 남아 있다. 예컨대 〈나무〉가 형성되는 과정은 물질성을 솎아내고 구조로 나아가는 과정을 잘 보여준다. 이것은 일종의 본질주의를 함축한다. 근본적으로는 플라톤주의에 맞닿는다. 칸딘스키는 생애에 걸쳐 다양한 변신을 보여주었지만, 그의 회화 역시 그 한 국면에서 전형적인 구조적 회화를 보여준다. 입체파의 경우는 구조를 파악하되 다원적으로 파악한 구조를 기계처럼 분해해서 재조립하고 있다. 구조의 회화에는 플라톤주의와 (칸딘스키,

몬드리안에게서 두드러지게 나타나는) 영지주의의 이원론과 더불어 현대 기계공학의 파토스도 가미되어 있다. 대체적으로 구조의 회화는 지적이고 분석적이고 차갑다.

그 반대편에 마티스, 미래파, 폴록 등에게서 잘 나타나는 힘의 회화가 있다. 사물에서 물질성을 솎아냈을 때 구조의 회화가 성립하듯이, 거꾸로 구조를 솎아냈을 때 드러나는 것이 힘이다(여기에서 '솎아냄'은 '추상'회화의 성격을 잘 보여준다). 질료형상설의 도식에서 볼 때, 개별적 사물은 형상이 질료를 조직함으로써 성립한다. 형상을 제거했을 때 질료가 아닌 물질의 힘이 드러나고, 질료를 제거했을 때 형상이 아닌 구조의 순수함이 드러난다.

이런 존재론적 구도는 서예의 경우에도 적용할 수 있다. 예컨대 행서行書에서 구조를 제거하면 초서草書가 되는 것이 아닐까. 초서를 보고 있노라면 마티스의 그림들을 생각하게 된다. 이런 회화들은 자주 음악과 관련을 맺는다. 음악이야말로 순수 강도, 율동,……이기 때문이다. 폴록을 보라. 폴록은 사물의 구조를 제거하고 역동적 기氣만을 표현하고 있다. 반대로 초서에서 물질성의 흐름을 제거하면 행서가 되기도 한다. 칸딘스키의 표현추상에서 기하추상으로의 이행에 비교할 수 있을까. 다른 맥락들(예컨대 의미론적 맥락)도 고려해야 하지만, 미니멀리즘에서 우리는 사물의 순수 구조를 만나게 된다.

물론 구조의 회화와 힘의 회화가 따로 존재하지는 않는다. 모든 회화는 구조의 축과 힘의 축을 함께 가진다. 구조와 힘을 **상관적 정도**correlative degree의 논리로 생각해야 한다. 반 두스뷔르흐의 비스듬한 선들은 구조의 회화에 역동성을 도입하고 있다. 힘을 추구하는 회

 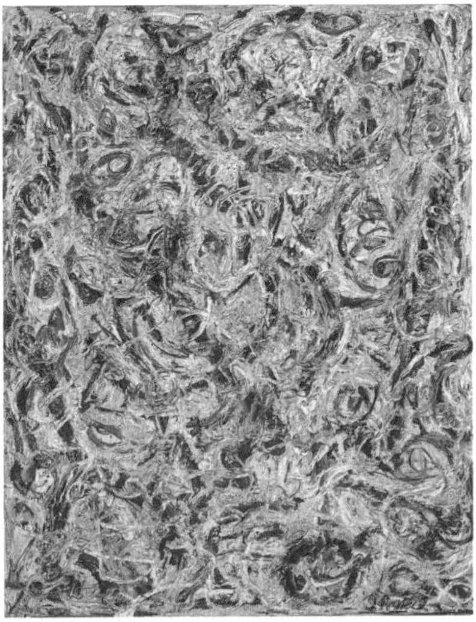

피에트 몬드리안, 〈나무〉, 1912
잭슨 폴록, 〈열기 속의 눈들〉, 1946

예 10.

몬드리안의 세계는 탈-물질의 세계이다. 이 세계는 질료를 떨어버린 형상의 세계이기도 하다. 그래서 그의 회화는 역설적이다. 회화는 비물질적인 것을 어디까지나 물질적인 방식으로 표현해야 하기 때문이다. 때문에 그의 화면은 물질성을 벗어던진 형태와 색으로만 채워져 있다. 최소의 형태인 직선, 그리고 각종 뉘앙스(음영, 색조 등)를 사상한 단색. 그래서 형식을 벗어던지고 무한한 떨림을 형상화한 폴록의 그림은 몬드리안의 대척점에 있는 듯이 보인다. 그러나 몬드리안과 정확히 대칭적으로, 폴록은 물질의 무한히 섬세한 '뉘앙스들'(베르그송)을 일정하게 형식화함으로써 그것을 그릴 수 있다.

자코모 발라, 〈태양 앞을 지나가는 수성〉, 1914
테오 반 두스뷔르흐, 〈역구성 V〉, 1924

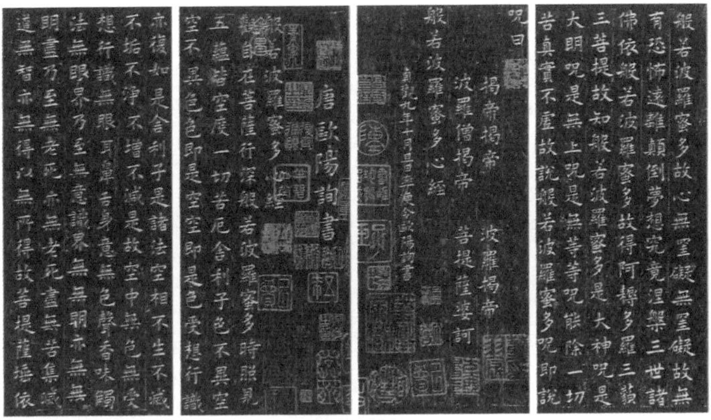

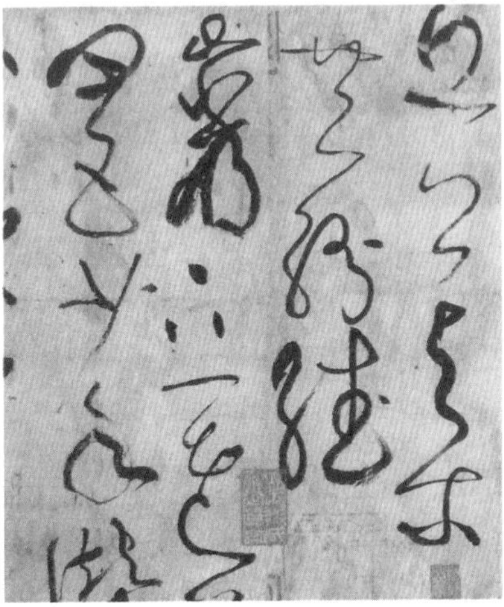

구양순, 〈반야바라밀다심경〉
장욱, 〈고시사첩〉

예 11.

행서의 형식성과 초서의 역동성을 비교해 보라. 그러나 역설적으로, 행서는 역동성을 갖출 때에만 평범함에서 벗어날 수 있고, 초서는 형식미를 갖출 때에만 혼란스럽지 않을 수 있다. '화이부동'(和而不同), '위이불범'(違而不犯)의 의미가 여기에 있다. 반 두스뷔르흐와 발라의 그림들 역시 구조와 힘, 형식미와 역동미의 조화를 보여준다.

화도 힘만으로 그리지는 못한다. 그린다는 것 자체가 힘과 더불어 형태화를 요구하기 때문이다. 어떤 형태로든 구조가 들어가야 한다. 폴록의 그림조차도 단순한 우연이 아니라 역동적인 구조를 담고 있다.

이렇게 한편으로 현대 회화의 존재론적 상대성과 다양성을 잊지 않으면서도 구조와 힘 개념을 기본 원리로 잡아낼 수 있다. 그렇다면 구조의 회화와 힘의 회화는 재현과 어떤 관련을 맺고 있는가? 보다 상투적으로 말해, 구상인가 추상인가? 하나는 구상이고 하나는 추상인가? 그러나 구상과 추상은 전통 회화를 재현의 회화로, 현대 회화를 추상의 회화로 이원화할 때 성립한다. 구조와 힘은 모두 추상이다. 구조는 힘을, 힘은 구조를 추상해냄으로써 성립한다. 그러나 완전한 추상은 불가능하며 또 바람직한 것도 아니다. 구조와 힘은 상관적 정도를 형성하며, 정도degree를 따라 함께 미끄러지면서 작업한다.

구조와 힘을 오래된 대비인 형태와 색에 연결해 볼 수 있다. 구조는 형태적인 것이고 힘은 색적色的인 것인가. 형태가 구조를 전제하고 색이 강도를 전제한다는 것을 생각하면, 이러한 대비도 가능하다. 그러나 색도 구조적일 수 있다. 일차적으로 색의 배열이 일정한 구조의 구성을 함축한다고 볼 수 있고, 나아가 색 자체가 본래적으로 구조를 함축한다. 보색 대비가 그 좋은 예가 될 것이다. 만일 무지개 색깔의 순서가 달라진다면, 그 이미지 또한 상당히 달라질 것이다. 마찬가지로 형태는 힘을 함축한다. 현대 회화가 힘을 표현하기 위해 색을 사용한 것은 사실이다. 그러나 미래파 화가들 중 발라 같은 사람의 그림은 구조의 힘을 보여준다. 마치 선들을 공중으로 던진 듯하다. 밤의 헤드라이트 불빛들이 교차하는 것을 상기시키는 그림들도 있다. 이런 맥락에서 빗금의 의미를 생각해 볼 수도 있다. 반 두스뷔르흐가 썼던 사선의 역동성, 또 현대 건축에서 자주 등장하는 구조의 역동성을 상기하라. 바넷 뉴먼이 빗금을 쓰지 않은 것도 빗금이 가져오는 역동성이 그의 회화가 겨냥하는 바를 거스르기 때문일 것이다. "형태와 색은 하나"(이텐Johannes Itten)라고 했지만, 더 정확히는 형태와 색 역시 상관적 정도를 형성한다고 하겠다.

또 하나, 구조와 힘을 위로의 추상과 아래로의 추상에 관련시켜 생각해 볼 수도 있을 듯하다. 구조는 위로의 추상이고 힘은 아래로의 추상인가? 그러나 심층적 구조도 있고 표층적 힘도 있다. 물질을 조직하는 구조는 사실상 물질 자체의 구조의 복잡한 전체이다. 생명체의 표층적 구조 아래에, 비교도 안 될 정도의 무한히 복잡한 구조들이 중층적으로 존재한다. 위로 추상되는 구조는 예컨대 중세 철학에서 다루었던 '보편자'들처럼 추상적인 존재들이 아니라 서로 끝없이 중층적으로 얽혀 있는 메타구조들이다. 힘 역시 아래로 추상되는 것만은 아니다. 표면의 물질성, 표면의 힘이 존재한다. 표면의 힘들이 심층적 힘의 표현인 것만은 아니다. 표면들이 형성하는 자체의 面이 있으며, 그 面 자체의 힘이 존재한다.

셋째 날

그저께는 '世界의 모든 얼굴'이라는 제목으로 우리 논의의 전체적인 구도를 잡아 봤다. 그리고 어제는 본질주의의 종언에 대한 논의에서 시작해 구조와 힘에 대한 논의로 나아갔다. 우리는 현대 문화의 일반적 특성을 존재론적 상대성으로 파악했지만, 그런 전제하에서 현대 회화를 바라보는 어떤 굵직한 흐름의 하나로서 구조와 힘에 대해 논했다. 이제 어제의 논의를 이어 현대 회화를 이해할 때 또한 빼놓을 수 없는 원리들을 생각해 보려 한다. 오늘 이야기할 내용은 '의미의 산종散種'과 '살의 외침'이다.

의미의 산종

20세기의 사상들이 그 전의 사상들에 비해 가지는 독특한 특징들 중 하나는 의미 개념에 대한 집중적인 관심에 있다. 현대 철학은 의미론에 대한 집요한 관심을 이어 왔다. 주체가 대상에서 읽어내는 노에마로서의 의미를 추구한 현상학이든, 텍스트에 숨어 있는 또 다른 의미를 캐내려 한 해석학이든, 언어의 논리적-구조적 분석을 통해 의미를 탐색한 언어분석철학이든, 또 기호들 사이에서 발생하는 차이들의 놀이를 통해 의미를 이해한 구조주의이든, 현대 사상의 여러 갈래들은 의미의 문제에서 교차한다.

근대 철학은 대상과 주체의 관계에 초점을 맞추었다. 대상에 접촉함으로써 주체에게서 발생하는 것이 관념이다(칸트는 표상이라는 말을 썼다). 주체는 영혼(마음, 의식, 정신)이고 주체가 경험했을 때 영혼에 생겨나는 것이 관념이다. 데카르트는 접촉 이전에 영혼에 주어진 관념들이 있다고 보았고, 영국 경험론은 접촉을 해야만 관념이 생긴다고 보았다. 이후의 철학자들에서도 이런 구도는 이어진다. 이런 구도 아래에서 기호는 관념을 물질적으로 표현한 것에 불과했다. 기호는 늘 관념과 붙어 있으며, 관념의 외화로서 이해되었다.

이에 비해 현대 철학에서는 대상과 주체 사이에 그 두 항을 일정한 방식으로 관계 맺게 하는, 눈에 보이지 않는 장이 있다고 생각한다. 대상과 주체가 직접 관계 맺는 것이 아니라 일정한 장이 있어 그것을 매개해 주체와 대상이 관계를 맺는다는 것이다. 물리적인 맥락에서 생각할 때, 대상과 우리 사이에는 공간이 존재한다. 만일 공간이 휜다면 물체는 우리에게 다른 모습으로 보일 것이다. 대상과 주체가 직접, 순수하게 관계 맺는 것이 아니다. 공간이라는 장의 성격이 매개되어 관계 맺는 것이다. 이제 이 점을 물리적 맥락에서 보다 추상적인 맥락으로 옮겨 생각해 보면, 우리는 현대 철학의 핵심적인 한 원리에 도달하게 된다. 우리가 하나의 대상을 볼 때 "있는 그대로의" 대상을 인식하는 것은 아니다. 항상 어떤 장을 통과해서, 항상 어떤 전제를 매개해서 그 대상을 보게 된다. 똑같은 하나의 사과를 봐도 생물학 시간, 미술 시간, 경제학 시간,……에 그 사과가 전혀 다른 의미로 다가오는 것은 이 때문이다. 바로 이 장을 사유하려는 것이 현대 사유이다. 그리고 이 장은 우선은 언어적-논리적인 장인 것이다.

이런 사유에서 '현존' 개념은 의문에 부쳐지게 된다. 대상과 주체를 관통하는 어떤 '빛' 아래에서 성립하는 순수한 나타남, 발가벗은 대상과 순수한 주체의 무구한 만남은 부정된다. 현상학의 한계가 노출되는 것은 이 지점이다. 이런 생각이 인식론의 형태로는 '이론 의존성'(핸슨), '패러다임'(쿤), '에피스테메'(푸코), '인식론적 장'(바슐라르, 캉길렘)의 개념으로 나타난다. 또 다른 맥락에서 이것은 실재적인 것과 상상적인 것(이미지적인 것) 그리고 상징적인 것(기호적인 것)의 문제이기도 하다. 구조주의 사유는 실재적인 것에 대한 나이브한 형이상학이나 상상적인 것—의식적인 것—에 대한 근대 철학의 집착을 비판하고 상징적인 것을 내세웠으며, 사물의 차원과 의식의 차원을 넘어 기호의 차원으로 나아가고자 했다. 사유는 탈-현존-화한다. 상상적인 것(의식의 차원), 실재적인 것(사물의 차원)은 상징적인 것(언어의 차원)을 매개해서 논의되어야 하는 것이다.

의미를 어떤 방식으로 개념화하든, 대다수의 의미론들은 의미를 투명한 어떤 것으로 인식하고자 했다. 이런 측면에서 서구의 고중세 철학과 근대 철학은 공통적으로 거울의 은유 또는 빛의 은유를 포함하고 있다. 마음이 대상을 그대로 비춰서 대상이 마음속에 재현되고, 그렇게 재현된 대상은 '관념'이 된다. 그리고 이 관념이 다시 그대로 바깥으로 투사되어 기호가 된다. 이런 거울과도 같은 재현들이 가능하려면 여러 존재들이 서로를 투명하게 볼 수 있게 해 주는 빛이 존재해야 한다. 이런 사유 구도는 현대 철학에 이르러 무너지게 된다. 존재와 사유를 이어주는 빛이 꺼지고(예컨대 칸트의 경우), 거울은 깨지거나 일그러진다(예컨대 라캉의 경우). 이제 의미는 예전처럼 단순한 것으로 이해되지 않으며, 바로 이것이 현대 철학이 의미의 문제에 천착하게 된 이유이다. 무엇인가가 잘 보이지 않을 때, 우리를 불편하게 만들 때, 기존의 인식을 무너뜨릴 때 사유가 시작되는 것이다.

의미의 문제를 집중적으로 파고들어 그것을 회화로 표현한 인물이 르네 마그리트이다. 마그리트는 현대 회화에서 유니크한 위치를 차지한다. 그것은 고전 회화와 현대 회화의 경계선에서 세잔이 유니크한 위치를 차지하는 것과도 같다.

마그리트의 회화들은 어떤 점에서 유니크한 의미를 띠는가? 현대 회화를 존재론적 맥락에서 읽는다면, 세계의 얼굴, 면, 가능세계를 찾고 그것을 시각적으로 드러낸 점에 있다는 것을 이야기해 왔다. 그래서 우리는 샤갈, 마티스, 피카소 등 현대 화가들에게서 각각의 '세계'를 발견한다. 마그리트는 바로 그런 작업들에 관련해 메타적인 위치에 있는 사람이다. 즉, 마그리트는 하나의 면을 찾는 데 집중한 사람이 아니라 그런 면들을 가로지르면서 世界를 찾아간 사람이다. 다시 말해, 면들을 가로질러 보다 입체적인 존재론을 추구한 사람이다. 이런 점에서 마그리트의 회화는 회화에 대한 회화, 메타회화, 회화의 철학이라고 할 수 있다.

물론 그런 인물이 마그리트만은 아니다. 피카소에게서도 그런 면을 볼 수 있다. 그러나 보다 의식적이고 집중적으로 면들의 입체화를 추구한 사람은 마그리트이다. 우리의 가설에 입각해 볼 때, 이런 점에서 마그리트는 회화사의 독특한 인물이다.

하나의 면에 정주하기보다 많은 면들을 가로지른다는 것은 무엇을 뜻하는가. 어떤 회화가 하나의 세계를 드러낸다는 것은 곧 일정한 의미체계, 의미패러다임을 드러냄을 뜻한다. 뛰어난 각 화가의 그림은 世界의 특정한 존재면을 드러내며, 그것은 곧 의미에 대한 일정한 규정을, 하나의 의미체계를 드러내는 것과 같다. 하나의 의미체계/의미패러다임이란 의미가 성립하는 일정한 한 방식, 기호로서의 사물이 의미를 획득하게 되는 일정한 방식을 뜻한다. 이 방식은 사물을 지시하는 방식, 기호들을 엮는 방식, 기호에 가치를 부여하는 방식 등을 포함한다. 각각의 화가는 각각의 의미패러다임을 제시하며, 그것은 곧 각각의 세계를 제시하는 것이다. 마그리트는 바로 그런 의미체계들 자체를 의식적으로 사유의 대상으로 삼은 사람이라는 점에서 기존의 화가들에 대해 메타적 차원의 사유를 전개했다고 할 수 있다.

명확한 존재론적 사유를 담고 있는 각각의 회화는 가능한 의미체계를 보여준다. 각각의 의미체계는 곧 가능세계이다. 마그리트는 다양한 가능세계를 입체적으로 종합한다. 그러나 그의 종합은 단지 포괄적이고 통합적인 종합은 아니다. 그것은 가능세계들 사이에 존재하는 간극과 양립 불가능성, 부조화 등을 드러낸다. 이 점에서 그의 종합은 이접적 종합이다. 마그리트의 그림은 불연속을 내포하는 가능세계들을 그대로 입체화하고 있다. 그의 그림은 가능세계들의 관계 자체를 사유하고 있는 것이다. 따라서 그의 종합은 한 면에서의 종합이 아니라 면들의 종합(그러나 역설적으로 통합의 불가능성을 보여주는 종합)이다. 세잔이 현실세계 내에서, 가시성의 표면 내에서 종합했다면, 마그리트는 다양한 면들을 입체적으로 종합했다. 그러나 이 입체성은 원융圓融하지 않은 입체성이다.

우리가 어떤 그림 앞에 오래 서 있게 되는 데에는 두 가지 이유가 있다. 한 경우는 그림의 내용은 단순하지만 표현이 강렬한 경우이고, 다른 하나는 그 그림이 무엇을 이야기하는지 알기 힘든 경우이다.

마그리트의 그림은 화려하고 아름다운 그림들의 경우처럼 환희나 즐거움, 감각의 상쾌함을 가져오지 않는다. 아니 그의 그림은 차라리 우리를 불편하게 한다. 더 정확히 말해 예술에서 편안함과 즐거움을 찾으려 하는 사람들이 있을 때 그들의 기대를 좌절시킨다. 누군가가 자신의 그림을 명쾌하게 해석했노라고 말할 때면, 마그리트는 이렇게 대답하곤 했다. "당신이 나보다 운이 더 좋으십니다그려." 회화가 현실세계의 재현에서 멀어져 점차 추상화되고 지적으로 변모하면서, 회화에서 편안한 즐거움을 찾는 것은 구시대의 유물로 화한 것 같다. 일상적인 편안함과 예술적 깊이는 일치하지 않는다. 마그리트의 그림은 그 대표적인 경우이다. 그의 그림은 우리에게 감각적인 감동을 주지 않는다. 감각적인 면에서 볼 때 그의 그림은 어중간하고 조잡한 면이 있다. 게다가 그의 그림들은 역사적, 신화적, 종교적 내용을 표상하고 있지도 않다. 그의 회화는 전적으로 탈맥락적이며 오로지 사유의 세계 내에서 성립한다. 카프카의 소설을 읽을 때와 같은 느낌을 준다. 왜 그의 그림들은 불편한가? 이 문제를 의미와 연관지어 생각해 보자.

우리가 살아가고 있는 현실세계는 의미에 대해 어느 정도 합의된 세계, 의미의 관점에서 볼 때 안정되고 규정된 세계이다. 달리 말해 우리는 世界의 한 얼굴에 매우 친숙해 있으며, 그 얼굴을 철학화한 의미론에 입각해 살아간다. 이 세계는 너무나 당연하고 상식적인 세계여서, 다른 세계들의 가능성을 생각해 보지 않은 사람들은 이 세계를 당연한 진실로 생각하면서 살아간다. 설사 이 세계의 한계를 사유하는 사람이라 해도, 일상을 살아갈 때면 역시 그 의미론을 전제하고서 살아간다. 그렇지 않다면 아마 우리의 삶은 불가능하게 될 것이다.

사회란 일정한 의미패러다임을 기반으로 존립한다. 물론 사회에는 서로 상용되지 않는 무수한 의미론이 넘실댄다. 의미론이 안정되지 않을 때 그 사회는 인식론적 혼란에 빠진다. 그러면서 한 사회에 여러 세계가 공존하게 된다. 예컨대 기성세대와 젊은 세대 사이의 갈등도 의미론에서의 합의가 이루어지지 않기 때문이다. 여자가 담배를 피우는 것에 대해 의견이 갈리는 것은 그 행위에서 의미를 읽어내는 방식이 다르기 때문이다. 그래서 사회는 어떤 식으로든 일정한 의미론을 '상식'으로서 유통시킨다. 그래서 한 사회는 다양한 의미론이 갈등을 일으키면서도 일정한 시점에서의 권력체제(교육체제, '합법적' 의미론들, 대중매체,……)의 작동을 통해 그 갈등들이 아슬아슬하게 봉합되는 곳이다. 그래서 이렇게 봉합된 의미론을 벗어나려는 몸짓들은 '반反상식적'인 것으로 간주된다.

마그리트의 그림은 그것이 함축하고 있는 의미론을 읽어내기가

외젠 들라크루아, 〈사르다나팔루스의 죽음〉, 1827년경
르네 마그리트, 〈자연의 은혜〉, 1948

예 12.

들라크루아와 마그리트의 그림 모두 우리로 하여금 오랫동안 바라보게 만들지만, 그 이유는 전혀 다르다.

쉽지 않다. 그의 그림에서 상식적인 의미패러다임은 붕괴된다. 물론 의미패러다임을 붕괴시키면서도 불쾌감을 주지 않는 경우도 많다. 아니 차라리 우리는 평범한 상상력으로 가득 찬 세계를 살고 있다. 그런 상상력은 오히려 대중적 지지를 받는다. 클림트, 샤갈 등 여러 화가들의 그림은 현실세계의 의미패러다임을 파괴하고 있지만, 오히려 그 편안한 느낌으로 대중의 사랑을 받는다. 이들의 상상은 현실세계에서 이미 정착되어 있다. 현실세계는 고착되어 있는 세계가 아니다. "현실적"인 것으로 받아들여지는 모든 것들로 구성된 것이 현실세계이다. 디즈니의 만화들은 너무나도 비현실적이지만 동시에 너무나도 현실적이다. 하지만 마그리트의 그림들은 쉽게 현실세계로 편입되지 않는다. 왜일까?

마그리트의 그림들은 대개 우리가 잘 상상해 보지 않는 것들을 보여준다. 그러나 그의 상상은 그저 단순히 기발한 상상은 아니다. 첫째 날 강의에서 우리는 잠재적인 것과 상상적인 것에 대해 논하면서, 상상적인 것도 잠재적인 것의 한 측면으로 보려고 했다. 무의식까지 포함하는 의미에서의 주체에게서 나타나는 잠재성이 상상적인 것이다. 단순한 상상이 대중—익명적이고 평균적인 방식으로 파악된 현대인—의 사랑을 받는 것은 그런 상상이 비교적 쉽게 이해되는 잠재성을 표현하고 있기 때문이다. 그래서 어떤 사람들은 보다 과격한 상상, 충격적인 상상을 마구 만들어내기도 한다. 마그리트의 그림들은 상상을 담고 있지만, 그 상상은 감성적이고 직관적인 방식으로 쥐어 짜낸 것이 아니라 고도의 사유가 깃들어 있는 상상이다. 마그리트의 그림에는 낯섦이 있다. 낯섦은 인간과 문화를 이해하는 데 매우 중요한 개념이다. 우리는 삶을 낯섦과 낯익음의 교차배어법으로 사유할 수 있다. 물론 경계선을 고정시킬 수는 없다. 인간은 낯선 것들에 적응해 그것들을 낯익은 것들로 변모시키기 때문이다. 마그리트의 그림들은 그렇게 변모시키기가 쉽지 않다. 거기에는 고도의 사유가 깃들어 있기 때문이다. 마그리트의 상상은 철저하게 지적인 상상이다.

정도의 문제이지만, 낯선 것을 좋아하는 사람들이 있고 싫어하는 사람들이 있다. 낯익은 것, 뻔한 것을 싫어하고 새로운 것, 낯선 것을 찾는 사람, 그러나 그와 반대로 낯선 것을 극히 싫어하고 편안한 동일성, 친숙한 환경에 안주하는 사람, 두 사람은 대조적이다. 유목적인 성향의 인간과 정주적인 성향의 인간. 예술가들은 본능적으로 유목적인 경향의 사람들이다. 여기에서 '유목적'이란 기존의 사회를 떠받치고 있는 의미와 통념을 넘어서 무의미non-sens, 역설para-doxa의 길을 찾는 것을 말한다. 존재론적으로 흥미로운 작품들이 대개 반-사회적 성격을 띠는 것은 이 때문이다.

낯설다는 것은 우리의 맥락으로 하면 의미패러다임이 다르다는 것이다. 그 원초적인 예가 얼굴이다. 하멜의 눈이 파랗고 머리 색깔이 금발이었기에, 조선 시대 사람들에게 그는 괴물이었다. 얼굴은 그 자체 하나의 의미패러다임이다. 누군가가 상가에 가서 기쁨에 찬 표정을 짓는다든가 결혼식장에 가서 우수 어린 표정을 짓는다면, 그는 이상한 사람으로 취급받을 것이다. 기존의 의미패러다임에 비추어 낯선 행동이기 때문이다. 기존의 패러다임과 그것을 벗어나려는 몸짓, 그 경계선에서 갈등과 싸움이 싹틀 수도 있고 창조와 사랑이 싹틀 수도 있다. 상식을 넘어서 가는 사유는 카오스를 통과해야 한다. 이때의 카

| 마그리트, 〈비밀 경기자〉, 1927

예 13.

마그리트의 세계가 뚜렷이 드러나기 시작하던 시절의 작품인 〈비밀 경기자〉는 해독하기 어려운 암호들로 가득 차 있다(이 암호들 중 하나는 바로 그림의 제목이다). 난간, 체스의 말 등을 연상시키는 커다란 기둥들에는 나뭇가지가 삐어 나오고 있다. 앞의 남자는 공을 치는데(공은 보이지 않는다) 등 뒤의 남자는 공을 받으려 하고 있다. 하늘에 떠 있는 (거북을 연상시키는) 검은 물체는 무엇일까? 뒤편의 여자는 마스크를 쓴 채 문 열린 상자 속에 들어 있다. 의미의 불확정성이 화면 가득 넘쳐흐른다.

| 마그리트, 〈헤겔의 휴일〉, 1958

예 14.

마그리트의 회화에서 사물들은 우발적 만남을 누린다. "수술대 위의 우산과 재봉틀." 그러나 마그리트 회화가 성숙해 가면서 마주침의 우발성은 좀 더 이해 가능한 형태를 띠게 된다. 좀 더 필연적인 형태를 띠게 되는 것이다. 〈헤겔의 휴일〉에서 우산과 컵은 비교적 조화롭게 '합'(合)을 이루고 있다.

오스는 단순한 혼란이 아니라 카오스모스이고, 새로운 코스모스를 품고 있는 카오스이다.

한 사물, 한 사건의 의미는 그 사물/사건에 내재해 있지 않다. 하나의 사물, 사건은 그 자체로서는 의미를 가지지 않으며, 다만 의미를 가질 수 있는 잠재성만 가지고 있다. 모든 사물, 사건은 다른 존재들과의 관계 속에서 구체적 의미를 가진다. 그러나 관계가 코드화되어 고착될 때 의미는 무미건조한 반복을 드러낸다. 관계가 열린 상태로 변해 갈 때 새로운 의미가 생성한다. 카오스는 어두움이고 그래서 보이지 않는다. 보이지 않는다는 것은 낯설다는 것을 뜻한다. 그런 카오스, 낯섦을 거쳐야 새로운 무엇이 나온다. 그래서 열린 관계의 생성은 카오스모스이다. 과학의 형태이든 철학, 예술의 형태이든, 사유하는 사람들은 이 카오스모스를 살아간다. 카오스모스의 차원은 "虛而不屈動而愈出"의 차원이다. 그것은 무질서의 차원이 아니라 무한한 질서, 그러나 잠재적 질서의 차원이다. 이 카오스에 희망이 들어 있다.

마그리트는 이 카오스의 차원을 집요하게 사유했다. 위대한 예술가라 해도 하나의 의미패러다임을 찾아내면 거기에 안주하게 된다. 바슐라르는 과학철학을 전개하면서 흥미로운 이야기를 전해 주고 있다. 한 사람의 독창적인 과학자는 젊은 시절에는 과학에의 공헌자이지만 말년에는 장애물이라는 것이다. 젊은 시절에는 기존의 패러다임을 깨기 위해 노력하고 독창적인 사유를 제시하지만, 일단 인정받고 명성을 얻은 이후에는 과거의 자기 이론에 집착하고 어떻게든 그것을 보존하려 하기 때문에 오히려 과학의 적이 된다는 것이다. 이것은 예술가에게도 그대로 적용되는 이야기이다. 진정한 유목은 끝없는 유목이다. 안주할 때 유목은 끝난다. 마그리트는 의미패러다임들을 집요하게 가로지르면서 사유했던 사람이다. 그런 의미에서 진정한 유목민이다.

마그리트의 세계는 의미가 끝없이 불안정하게 유동하면서 정착하지 않는 세계이다. 상식의 세계는 통념=독사의 세계이고, 사회의 본질은 적응과 소통이다. 예술은 이런 본질에 거꾸로 간다. 그래서 예술적 삶은 늘 평탄하지 않다. 묘하게도 마그리트는 평탄한 삶을 살았다. 칸트를 연상시킨다. 사유 자체는 격동적이지만 삶은 평탄했던 사람이다. 마그리트의 그림은 상식으로 보면 난센스이며, 그의 회화는 궁극적으로 난센스의 회화라고 할 수 있다. 그러나 여기에서 난센스란 의미의 무가 아니라 **무의 의미**이다. 기존의 눈길로 볼 때 무에 불과한 것, 즉 기존의 '존재들' 사이에서 보이지 않는 무에 불과한 것을 드러내 주기 때문이다. 난센스는 센스의 아래에서 우글대는 무한한 **다른** 센스들이다. 이 점에서 그의 그림은 라캉 이후의 후기 구조주의 사유들과 가깝다. (주로 영미 계통의) 어떤 철학자들은 이들의 철학을 '난센스'라고 비난한다. 그런데 이것은 얄궂게도 후기 구조주의 사유의 정곡을 찌른 것이다. 이 사유의 핵심이 바로 난센스에 있기에 말이다. 마그리트의 세계도 난센스의 세계이다.

마그리트 자신은 스스로의 그림을 헤겔의 변증법으로 이해했다. 그러나 이런 이해는 일면적이다. 마그리트는 자신의 그림이 가지는 담론사적 의미를 다소 복고적으로 이해하고 있다. 그러나 그의 작품이 가지는 의미는 그 이상이다. 헤겔적 변증법은 한 계기일 뿐이다. 마

| 마그리트, 〈인간의 조건 I〉, 1933

| 마그리트, 〈지는 저녁〉, 1964

예 15.

마그리트의 세계에서 시간과 공간은 심오한 실험에 부쳐진다. 〈인간의 조건 I〉에서 불연속적이어야 할 풍경과 그것을 그린 화면은 하나를 이룬다. 마치 무엇인가를 그린 화면이 아무것도 그려지지 않은 투명성으로, 오직 바깥의 풍경을 그대로 전달해 주는 유리의 투명성으로 전환한 듯이.

유리는 안과 바깥을 가로막고 있지만, 그 투명성을 통해 안과 바깥을 이어준다. 〈지는 저녁〉에서 그러한 투명성은 깨지고, 유리에 흡수된 이미지들은 깨어진 유리들에 그대로 묻어 있다. 유리가 이미지들을 재현한 한 폭의 화면인 듯이.

그리트의 사유는 훨씬 더 현대적이다.

마그리트의 그림들에서는 사물의 존재가 끝없이 실험된다. 그의 회화가 자체로서 존재론적인 것은 이 때문이다. 그러한 실험들은 맛(〈설명〉, 1952), 크기(〈심금〉, 1955), 무게(〈아르곤의 전투〉, 1959), 질료/물질(〈길 잃은 걸음〉, 1950), 시간(〈빛의 제국〉, 1954), 종(〈자연의 은혜〉, 1963), 온도(〈알퐁스 알레에 대한 경의〉, 1964), 형태(〈강간〉, 1945), 속도(〈유령의 성〉, 1950), 생명/물질(〈붉은 모델〉, 1935) 등 다양한 맥락에서 추구되었다. 물론 흔히 한 작품에는 여러 맥락들이 중첩되어 있다.

헤겔 변증법은 사유가 스스로를 전개하는 방식을 서술하고 있으며, 자연세계를 정신의 외화된 모습으로 파악하고 있다. 이 점에서 그의 사유는 유심론적이다. 헤겔 사유의 매력은 정신을 하나의 통일성으로, 단순히 주어진 것으로, 초월성 또는 선험성을 가진 존재로 보는 관점을 극복한 점에 있다. 정신은 분열된다. 정신은 타자와 만나게 되고, 자기 바깥으로 나오게 되며, 부정과 대립을 경험하게 된다. 그러나 그러한 부정, 대립, 타자, 바깥은 극복되어야 할 대상이고 정신은 다시 성숙해진 모습으로 자신에게로 돌아온다. 헤겔은 인류의 역사 전체를 이런 사유 모델에 입각해 정리하고 있으며, 따라서 그의 사유는 일종의 성장소설이라고 할 수 있다. 이 소설에서 중요한 것은 정신의 자기에게로-되돌아옴이다. 바깥은 이 되돌아옴을 위한 들러리이다. 헤겔에게서 '동일성과 차이의 동일성'이 중요한 것은 이 때문이다. 때문에 그의 사유에서 모든 낯선 것, 부정, 불연속, 비이성적인 것은 궁극에서는 극복('지양')된다. 이 점에서 그의 사유에는 진정한 의미에서의 낯섦이란 없다.

| 마그리트, 〈대화의 기술〉, 1956

예 16.

거대한 꿈(RÊVE)의 돌무덤 앞에, 그리고 거대한 나뭇잎들과 기둥들 앞에 선 두 사내(중절모를 쓴 그 사내들, 마그리트들), 사물들이 온축(蘊蓄)하고 있는 신비 앞에서, 끝없이 갈라지는 의미 앞에서, 사물들과 인간의 대화, 화가-철학자들의 대화가 이어진다.

마그리트, 〈꿈의 열쇠〉, 1936
마그리트, 〈이미지의 배반〉, 1928

예 17.

그림과 말의 관계는 무엇일까? 그림에서 제목은 어떤 역할을 하는가? 그림과 말의 일치란 도대체 무엇을 뜻하는 것일까? 〈꿈의 열쇠〉에서 세 가지 관계는 "틀린" 것이고 한 가지 관계만 "맞는" 것이라면, 여기에서 맞음과 틀림은 무엇을 뜻하는 것일까? 마그리트의 그림은 우리에게 갖가지 메타회화적인 물음들을 던져 주고 있다.

종이 위에 그린, 파이프와 "비슷한" 저 이미지는 파이프가 아니다. 그러니 "이것은 파이프가 아니다"라는 말은 너무 당연한 것이 아닌가? 왜 이 말이 스캔들을 일으키는 것일까? 종이 위의 이미지는 필연적으로 파이프를 지시해야만 하는 것일까? 하지만 왜 꼭 이것이 파이프가 아니기만 할까? 그것은 꽃도 아니고, 말도 아니고, 새도 아니고,…… 그 어떤 것도 아니다. 그렇다면 "이것은 파이프가 아니다"라는 말은 도대체 무엇을 겨냥하고 있는 것일까?

마그리트의 사유에는 낯선 만남이 존재한다. "수술대 위의 우산과 재봉틀"이라는 로트레아몽 식의 사유, 우발적이고 낯선 접속이 존재한다. 때문에 마그리트적 합체는 헤겔적 지양이 아니다. 헤겔적 지양에서 낯섦, 양립 불가능성, 불연속, 금 등은 메워진다. 부분들은 전체 속에 녹아들어 간다. 마그리트의 합체는 이 낯섦 등을 그대로 접합시킨다. 이 점에서 그의 합체는 조화의 회복이나 모순의 극복이 아니다. 모순의 얼굴을 그대로 드러내 보이는 것이다. 헤겔은 외화 개념을 통해서 정신이 어떻게 쪼개지고 운동해 가는가를 심원하게 밝혀냈지만, 그의 사유의 귀착점은 그러한 쪼개짐, 부정, 운동이 정신 자체의 영원한 동일성으로 추수秋收되는 지점이다. 카오스의 존재는 바깥, 틈, 낯섦, 외부, 간격을 함축한다. 헤겔은 이런 요소들을 모두 내부화한다. 특정한 대목, 일정한 맥락에서 이러한 화해와 통합은 깊은 감동을 준다. 그러나 모든 것이 동일성으로 추수될 때 사유와 현실의 간격은 극에 달하고 공허한 개념들만이 남게 된다. 마그리트의 그림은 우발적이고 낯선 접속의 세계를 있는 그대로 보여준다는 점에서 헤겔보다 훨씬 현대적이다.

마그리트의 회화는 어떤 하나의 세계를 그리기보다는 세계라는 것 자체에 대한 지속적인 실험을 시도한다. 이 점에서 그의 회화는 메타회화의 성격을 띠며, 바로 그렇기에 그는 회화 자체에 대한 물음을 끝없이 던지고 있는 것이다. 그가 말년에 그린 두 그림에 붙어 있는 '대화의 기술'이라는 제목은 어쩌면 그의 사유 전체를 압축하고 있는 것인지도 모르겠다. 그는 한평생 사물들과 대화하면서 그 존재와 의미를 붙들고 씨름했다. 마그리트를 통해서 회화의 자의식은 그 정점에 도달한 것이다.

살의 외침

마그리트의 그림은 논리적 사유에 입각해 있다. 그의 논리는 기존의 논리와는 현격하게 다른 논리이지만, 그럼에도 그의 그림이 논리에 의해, 사유에 의해 뒷받침되고 있는 것은 사실이다. 마그리트는 사물들의 신비를 지향했으나 그 신비를 논리적 사유를 통해 찾아갔다(보다 직관적이고 즉흥적인 초기의 작품들이 오히려 더 해석하기가 어려운 이유가 여기에 있다). 우리는 이 논리의 연쇄 때문에 그의 그림을 유심히 보게 된다. 논리의 복잡한 연쇄는 정신의 시간을 잡아끌며 거기에서 작품의 흡인력이 생겨난다.

이와 달리 논리의 연쇄가 아니라 감응의 연쇄가 정신의 시간을 길게 잡아끄는 작품들이 있다. 동적인 그림들, 그래서 그 동선들을 따라가느라고 정신을 빼앗기게 되는 작품들, 파토스가 넘치는, 생의 환희와 실존적인 고뇌로 찬 그림들, 그래서 그 파토스와 고뇌에의 공감 때문에 정신을 놓게 되는 작품들. 이런 작품들에서는 논리가 아니라 감응이, 머리가 아니라 가슴이 나아가 살이, 사유가 아니라 외침이 우리를 사로잡는다.

이런 그림들 중 20세기를 수놓은 작품들에는 유독 고통과 번민에 찬 그림들이 많다. 20세기라는 시대가 그만큼 힘겨운 시대였다는 사실을 보여주는 것이리라. 20세기 회화의 어두운 색조들, 고통으로 일

그려진 얼굴들과 신체들은 현대의 비극을 담고 있다.

에곤 실레는 자신의 누드를 그린 것으로 유명하다. 모델의 누드 즉 타인의 누드를 그리는 것과 자기 누드를 그리는 것은 다르다. 누드는 발가벗겨진 존재, 적나라한 대상, 그 말의 완전한 의미에서의 '대상'이다. 주체의 눈길 아래에서 누드는 사물이 된다. 자신의 누드를 그리는 것은 자신을 사물로서, 타인의 눈길 아래에 던져져 있는 대상으로서 존재하게 만드는 것이다. 만일 그 누드가 밝고 아름다운 누드라면 그것은 (최근에 인터넷에서도 종종 등장하는) 노출증적 행위의 결과일 것이다. 그것은 자신을 대상으로 만듦으로써 역으로 주체로 만들려는 방식이다. 이런 자기 대상화는 사실상 오히려 타인들의 눈길을 흡수해 자신에게 감탄하는 객체들로 만들려는 행위이다. 그러나 자신의 누드가 진정으로 헐벗은 모습을 보인다면 그것은 무엇을 의미하는가?

살의 외침을 담고 있는 이 그림들은 일종의 잔혹극이다. 내용상의 잔혹성만이 아니라 표상의 필요 없이 살 자체로 전달된다는 점에서 잔혹하다. 20세기 회화는 고통과 비애로 얼룩진 그림들을 통해서 시대를 표현했다.

베이컨의 회화는 일차적으로는 이런 식의 흐름에 속하면서도 동시에 변별되는 측면을 담고 있다. 마그리트가 회화사에서 유니크하듯이 베이컨 역시 유니크하다. 같은 고통이나 잔혹성을 그린다 해도, 에곤 실레 등의 그림은 직관적으로 접근할 수 있다. 민중회화는 더욱 그렇다. 이에 비해 베이컨의 회화는 살의 외침을 그리고 있으면서도 고

에곤 실레, 〈가족〉, 1918
프리다 칼로, 〈두 사람의 프리다〉, 1939

예 18.

실레나 칼로를 비롯해 많은 20세기 화가들에게 삶은 견디기 힘든 억압과 고통으로 다가왔다. 점점 강력해지는 부르주아 사회와 자본주의 메커니즘, 고도의 과학기술과 결합된 전쟁이 가져온 악몽과도 같은 상황들, 거기에서 으깨어지는 인간의 신체,…… 현대의 극악한 상황들은 직접적으로든 간접적으로든 현대 회화에 스며들어 잔혹한 그림들을 낳았다.

도의 사유를 매개하고 있다는 점에서 유니크하다. 그의 그림들에 붙어 있는 '연구'라는 표현을 유심히 보자. 이런 유니크함은 물론 베이컨의 '배경' 예컨대 아일랜드인으로서 경험했던 폭력 등을 통해 이해될 수도 있다. 그러나 그의 그림들은 다른 측면, 존재론적인 측면도 함께 내포한다. 살의 외침을 그린 그림들은 우리의 영혼을 직접 후벼파고 살을 떨리게 만든다. 거기에 긴 해설을 붙이는 것은 지적 사치일지도 모르겠다. 이에 비해 베이컨의 그림은 상당한 존재론적 해명을 필요로 하는 듯하다.

베이컨은 인간의 몸을 '고기'의 차원에서 해부한다. 베이컨의 시선은 종들을 차별해 주는 규정성들이 아니라 그런 규정성들을 모두 발가벗겼을 때 드러나는 가장 원초적인 '사실'이다. 그가 인간을 바라보는 시선은 이 원초적인 사실의 수준에 맞추어진다. 이 '사실'을 드러내기 위해 그는 형상形狀들을 탈맥락화한다. 즉, 타원을 비롯한 몇 가지 장치들을 통해 고립시킨다. 그러한 장치들은 일종의 수술대와도 같다.

말할 필요도 없이 인간이란 아주 밑바닥에서 초월성의 응시에 이르기까지 참으로 다채로운 얼굴을 가진 존재이다. 世界의 숱한 얼굴들은 바로 이 인간이라는 존재에게서 교차하면서 잠재적으로 공존하는 것이 아닐까(첫째 날 상상적인 것은 잠재적인 것의 또 하나의 존재 방식이 아닐까라는 가설을 제시한 것도 이 때문이다). 베이컨은 그 많은 얼굴들 중 가장 밑바닥(살의 차원, 나아가 고기의 차원)을 응시한다. 거기에서 그는 십자가형을 당하는 인간을 본다. 고통받는 모든 인간은 고기이다.

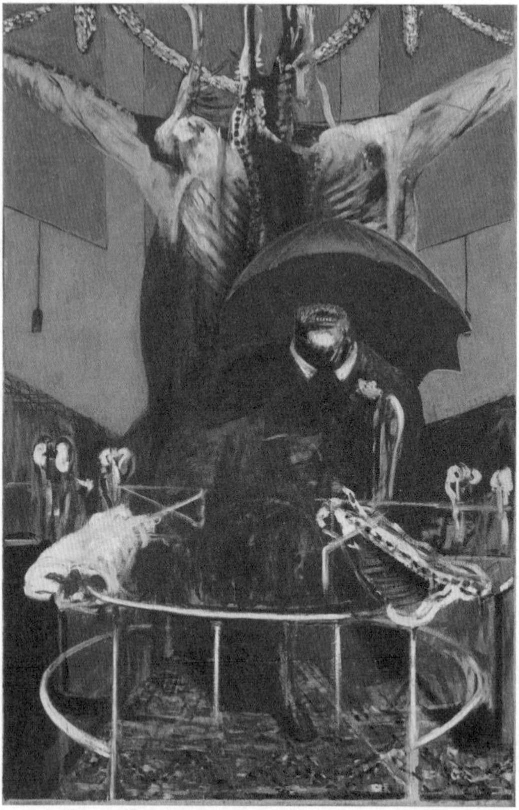

| 프랜시스 베이컨, 〈회화 1946〉, 1971(CR-No. 46-03)

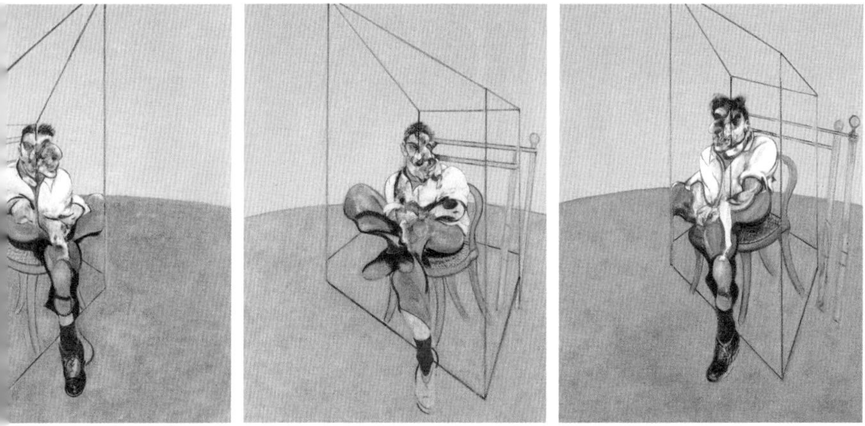

| 프랜시스 베이컨, 〈루시앙 프로이트의 세 연구〉(3부작), 1969(CR-No. 69-07)

예 19.

전형적인 베이컨 회화는 철저하게 탈맥락적이다. 연구의 대상이 된 인물들은 육각형이나 굵은 선 같은 수술대 위에 놓인다. 거기에서 그들은 고기들로서 해부된다. 그러나 이 해부는 기하학적 해부가 아니라 신체의 외적-내적 특질들(traits)의 해부이다. 대상과 수술대를 아플라가 감싼다. 아플라를 통해 대상은 다른 세계와 격리된다. 그러나 아플라는 대상 및 수술대와 역동적으로 조응함으로써 화면에 또 다른 방향에서의 긴장감을 감돌게 만든다.

그가 그리고자 한 것은 재현이 아니다. 고통의 재현이 아니다. 그래서 그의 그림은 무미건조하다. 고통의 느낌이 그다지 오지 않는다. 그는 고통을 재현하고자 한 것이 아니라 아르토적 의미에서의 잔혹함을 그리고자 했다. 그러나 이때의 잔혹함이란 현실세계의 고통의 파동이 불러일으키는 직접적 잔혹함이 아니라, 世界의 다른 얼굴에서 벌어지는 또 다른 고통에서 오는 잔혹함이다. 때문에 우리는 그의 그림을 보면서 표상을 떠나 있으면서도 동시에 고도의 사유를 해야 하는 특이한 경험을 하게 된다. 그러나 결과적으로 그의 그림에서 보게 되는 것은 사유라기보다는 감응이다. 이 감응은 내면적 감정이기보다는 차라리 어떤 낯선 감각, 이물질적인 감각이다.

베이컨은 고통을 그리고 있지만 현실세계에서의 고통이 아니라 또 다른 차원에서의 고통을 그리고 있다. 이 고통의 생생한 감각은 살에서 나타난다. 십자가형을 통해서 살은 밑으로 처진다. 운동을 통해서 살은 늘어나기도 하고 수축하기도 한다. 베이컨의 살은 생리학적 의미에서의 살이 아니다. 나아가 그것은 조직된, 잠재적으로 의미가 구성된 현상학적 살도 아니다(메를로-퐁티의 철학은 근대 의식철학을 무너뜨리고 살의 차원으로 내려가지만, 현상학자인 그의 사유세계에는 주체성이라는 뼈가 굳건하게 남아 있다). 베이컨의 살은 아직 신체라고 하기에도 뭣한 신체, 유기화 이전의 신체, 개체화 이전의 신체까지 내려간다.

그렇다고 그가 (내일 이야기할) 폴록처럼 형상을 해체한 것은 아니다. 베이컨의 눈길로 본다면 폴록의 그림은 오히려 추상적인 그림, 역설적으로 매우 지적인 그림이다. 베이컨 그림의 긴장감은 해체도 아니고 조직도 아닌 어떤 차원을 보여주고 있는 데 있다. 다시 말해 폴록적인 운동성과 현상학적 유기체성 사이를 그리고 있는 것이다. 그런 점에서 들뢰즈와 가타리가 말하는 '탈기관체'를 연상시킨다. 탈기관체는 기관들이 없는 무형의 체가 아니다. 그것은 기관들이 고착되지 않고 끝없이 새로이 생성되는 체이다. 베이컨은 신체의 조직도 해체도 아닌, 조직과 해체의 경계가 계속 와해되는 상태를 그린 것이다. 그것은 '이다'와 '아니다'가 혼란스럽게 교차하는 상태를 보여준다.

베이컨의 세계는 이미 조직된 '物'이 아닌, 조직 이전의 바탕인 '氣'의 세계를 그리고 있는 것일까? 얼핏 이런 해석도 생각해 볼 수 있지만, 기가 띠고 있는 가장 기본적인 성격이 취산聚散이라는 점을 감안한다면 그렇게 보기 힘들다. 베이컨의 그림은 '聚'도 아니고 '散'도 아닌 상태를 그리고 있는 듯이 보인다. 더 정확히 말해 '聚'와 '散'은 대립개념이 아니다. 상관적 정도의 개념이다. 이렇게 본다면 베이컨의 그림이 취와 산의 선을 따라 오가는 '氣化'의 어느 한 국면을 그린 것으로 이해할 수도 있다. 그러나 전통 사유의 대부분은 기의 취산을 원융의 관점에서 보았다. '本然'과 '圓融'은 전통 사유, 그 중에서도 특히 성리학적 사유를 떠받치는 두 기둥이다. 이렇게 본다면 베이컨의 그림은 적어도 고전적인 형태의 취산과는 한참 거리가 멀다. 그는 취산의 길을 아예 일탈한 차원, 원융의 길 아래로 함몰되어 들어가는 또 다른 길을 프로-그램 없이 걸어간다. 그것이 '氣'라면, 그것은 '理'의 선로를 일탈한, 탈선한 기이다.

베이컨은 생명을 그리지만 유기적으로 조직된 생명체 이전의 생명을 그린다. 조화와 원융을 통해 이해되는 '유기적인' 존재가 아니라 그런 유기성이 일그러진, 더 정확히 말해 유기성 이전의 존재를 그린다. 그것은 매우 이론적인 그림이지만, 그 그림을 통해 우리는 조화를 상실한 현대인들의 특징과 고뇌를 집요하게 응시할 수 있다. 그래서 그의 그림은 몰사회적이고 비역사적인 것 같지만 사실상 거기에는 역사의 고뇌가 녹아 있다. 이 점에서 그의 그림은 살의 외침을 보다 직접적으로 표현한 그림들과도 또 무의미와 역설(파라-독사)의 세계를 지적으로 그린 마그리트의 그림들과도 변별된다.

마그리트와 베이컨은 두 사람 모두 기존의 의미패러다임을 벗어나 작업했지만 가는 길은 다르다. 마그리트는 면과 면의 관계, 세계와 세계의 관계 위에 서서 작업했다. 이 점에서 마그리트는 세계들과 世界의 관계 위에서 사유한 화가이다. 때문에 그의 회화는 단적으로 지적인 회화이며, 이것은 그의 그림들이 회화로 표현된 존재론임을 말해 준다. 마그리트 회화의 이런 성격은 아예 문자들로만 그려진 그림들에서 극에 달한다. 반면 베이컨에게 문제가 되는 것은 의미패러다임들이 아니라 모든 형태의 의미패러다임들이 그 바탕 위에서 성립할 원초적인 바탕, 물질, 살, 고기이다. 베이컨은 이 원초적인 바탕과 그것의 한 의미패러다임 — 현실세계 — 사이를 그린다. 이 점에서 그의 그림은 여러 존재론들 사이에서 지적으로 사유하는 그림이 아니라 하나의 면에서 존재론이라는 지적 사유만으로는 포착되지 않는 어떤 것들, 즉 힘과 감응을 그렸다고 하겠다. 이 점에서 그의 회화는 폴록과도 다르다. 폴록은 물질성 자체로 아예 내려감으로써 또 다른 힘과 감응을 그렸기 때문이다.

베이컨의 생명은 아름답다기보다는 수수께끼와도 같다. 그의 생

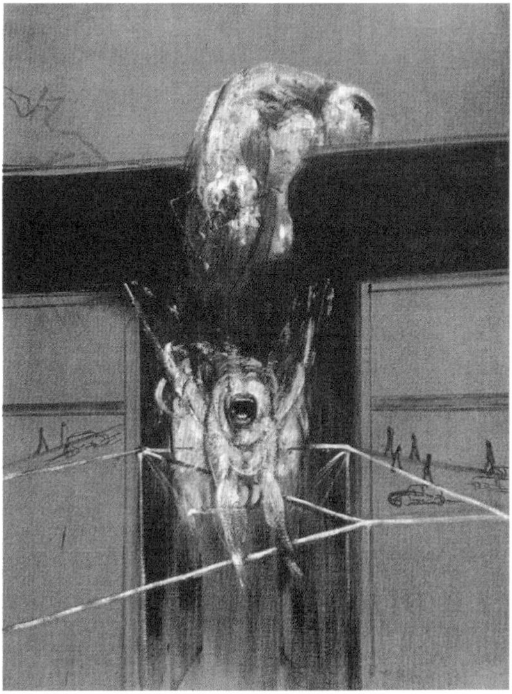

| 〈그리스도 십자가형의 단편〉, 1950(CR No. 50-02)

예 20.

축 처지는 살, 고기로 화한 인체. 뼈는 더 이상 인체를 떠받쳐 주지 못한다. 굳건하게 몸을 받쳐 주는 척추는 튀어나와 있거나, 부스러져 있거나, 아예 보이지도 않는다. 척추로 뒷받침되지 못하는 살과 피는 푸줏간의 고기처럼 뒤범벅되어 나뒹군다. 십자가형에서 살은 끊임없이 아래에로 처진다. 중력은 합리적인 자연법칙이기를 그치고 단말마적인 고통의 원천이 된다. 축 늘어지는 고기, 그것은 수직으로 타오르는 바슐라르의 촛불과 얼마나 대조적인가.

명에는 재현, 의미, 나아가 구성까지도 거부하는 감각의 잔혹성, 현존 자체가 존재한다. 그것은 고전적 의미에서의 유기적 재현과는 철저하게 대립적인 성격을 띤다. 그래서 베이컨의 힘은 폴록의 그것과는 다르다. 베이컨에게 회화의 특권적인 대상은 신체이기 때문이다. 엄밀히 말해, 베이컨은 살, 고기를 그린 것이지 물질, '氣'를 그린 것이 아니다. 이 점에서 베이컨의 주제는 생명이나 물질이 아니라 어디까지나 몸이다. 베이컨에게는 이런 개념들까지도 너무 지적인 개념들로 다가온다. 살을 놓고서 작업하는 베이컨에게 힘은 근육, 뼈, 피,……의 떨림, 뒤틀림이며 신경의 놀람이다. 그래서 그 힘은 시각, 청각보다 앞선다. 그것은 원초적 잔혹성이다.

넷째 날

20세기에 들어와 서구 미술계를 주도한 것은 파리였지만, 20세기 후반에는 뉴욕이 또 하나의 중심지로 부각되기 시작했다. 그것은 미국이 낳은 최초의 독창적인 회화라 할 추상표현주의의 등장과 더불어서이다. 이 화파는 때로 '색면파'色面派라고도 불렸는데, 아마도 이 화파의 그림들이 단색을 많이 써서 화면을 가득 채웠기 때문인 듯하다.

추상표현주의가 추구했던 미들 중 대표적인 것으로 '숭고미'를 든다. 숭고미라는 개념은 사람에 따라 여러 가지로 이해되는 복잡한 개념이지만, 추상표현주의에 이르러 다시 한 번 중요한 미학 개념으로서 부각되었다. 저 멀리로는 롱기누스로부터 최근에는 리오타르에 이르기까지 많은 미학자들이 숭고미를 논의해 왔다. 다소 즉물적으로 설명해, 깎아지른 듯한 절벽, 폭발하는 화산, 빨려 들어갈 듯한 심연, 끝없이 넓은 우주공간 등, 이런 경외심을 불러일으키는 존재들의 미를 숭고미라 한다. 가치론적으로 말해 상당히 고양된 가치라는 함축을 띤다.

위로의 추상, 아래로의 추상

영국 경험론과 칸트에 이르러 숭고미가 본격적으로 논의되었다. 아름답다는 것과 숭고하다는 것의 차이가 주된 논의의 대상이 되었다. 아름다움은 관조적이다. 칸트에 따르면, 어떤 사심도 개입되지 않은 채 대상 자체를 보는 것, 사심 없이 보는 것("Interesselosigkeit")이 관조적이다. 따라서 아름다움의 생명은 순수함에 있다. 주체의 갖가지 주관적 측면들을 모두 사상하고 사물 자체에 순수하게 주목할 때 관조적 아름다움이 성립한다.

칸트에게서는 인간이 가진 인식 능력들이 톱니바퀴가 맞물리듯이 정확히 맞물려야 한다. 최근의 여러 철학자들이 칸트에게서 '공통감각'의 중요성을 읽어낸 것도 이런 맥락에서이다. 그러나 숭고미의 경우 능력들 간의 일치가 흔들리게 된다. 칸트 사유의 핵심이 경험적 잡다를 선험적 주체가 종합하고 구성하는 데 있다고 한다면, 능력들 간의 일치가 흔들린다는 것은 그의 사유 전체에 큰 변화가 온다는 것을 뜻한다. 인식 주체의 구성행위가 흔들리게 되기 때문이다.

구성행위가 흔들린다는 것은 선험적 주체의 주체성, 능동성에 금이 감을 뜻한다. 이것을 반대로 말하면 주체의 구성을 얌전하게 기다리는 감성 또는 인식질료가 나름의 목소리를 낸다는 것을 의미한다. 주체의 톱니바퀴들이 엇갈릴 때, 그 엇갈리는 틈으로 존재의 새로운 모습들이 비집고 들어온다. 그래서 주체의 균열이 역으로 존재의 새로운 드러남을 가져오는 것이다. 『순수이성 비판』에서의 'Sinnlichkeit'와 『판단력 비판』에서의 'Sinnlichkeit'에는 일정한 차이가 있다. 잡다 즉 인식질료는 세계의 표면=현상계이며 『순수이성비판』에서의 주체는 이 표면만을 인식한다. 표면은 그저 잡다이며 마음에 의해 구성되어야만 의미를 가지게 된다. 그러나 『판단력 비판』에서 이 표면은 자체의 힘과 의미를 보여주게 되며, 이것은 현상계와 물 자체 사이를 가르던 선에 일정한 두께가 생겼다는 것, 그 두께 속에서 힘이 주체 쪽으로 밀려들 듯이 닥쳐온다는 것을 뜻한다. 그래서 'Sinnlichkeit'는 보다 적극적인 역능을 함축하게 된다.

숭고미란 주체를 압도해 들어오는 그 무엇이다. 이것은 근대적 주체중심주의를 넘어서는 발상을 보여준다. 근대적 주체중심주의를 잘 보여주는 두 개념을 든다면, 칸트의 '구성' 개념과 헤겔과 마르크스의 '노동' 개념을 들 수 있다. 경험적 잡다를 선험적 주체가 구성함으로써 인식이 성립한다고 보는 칸트의 생각, 역사란 정신적 주체이든 신체적 주체이든 주체의 노동을 통해서 만들어진다고 보는 헤겔과 마르크스의 생각(따라서 세계는 인식론적으로만 구성되는 것이 아니라 실제로 즉 물질적으로 구성된다), 이 두 가지 생각은 근대적 주체철학의 핵심을 보여준다.

숭고미는 서구적 근대 철학의 성격을 잘 보여주는 칸트 자신에게서 전형적인 칸트와는 다른 측면을 드러낸다. 구성주의 철학에 금을 가게 만드는 이질적 요소들이 칸트 사유 자체 내에 존재한다는 것이 흥미롭다. 철학사를 이야기할 때 항상 전형을 이야기하게 된다. 그러나 그렇지 않은 면들도 늘 함께 존재한다. 모든 철학자에게는 그 철학자의 전형적인 이미지를 깨는 어떤 이물질과도 같은 요소들이 항상 내재해 있다.

객체가 주체를 압도하면서 밀려온다는 것이 중요하다. 숭고한 무엇은 기본적으로 가지적인 것이 아니라 감각적인 것이다. 감각 자체가 현상계, 세계의 표면 이상의 그 무엇을 드러나게 해 준다는 점에서 그렇다. 그러나 중요한 것은 감각이 아니다. 감각 자체가 존재는 아니기에 말이다. 감각이 존재의 새로운 얼굴을 드러내는 통로로서 기능한다는 것이 중요하다. 世界의 새로운 존재면이 직접적으로 드러나는 것이다.

주체가 구성하는 차원은 무엇인가? 현상의 차원이다. 주체의 구성행위 저편에 있는 것은 본체계이다. 주체에 의해 구성되지 않는 것이 나에게 감각적으로 다가온다는 것은 묘한 것이다. 감각적인 것은 본래 주체의 구성을 기다리는 인식질료이기 때문이다. 결국 이것은 물 자체의 차원이 감각적으로 우리에게 살짝 얼굴을 내미는 것이다. 이것은 곧 볼 수 없는 것을 보는 것에 해당한다. 이때 숭고미가 성립한다. 칸트에게서 世界는 물 자체의 차원, 본체계이며, 인식은 그 한 얼굴 즉 현실세계에서 성립한다. 따라서 숭고미는 우리에게 현실세계를 넘어서 世界를, 또는 世界의 어떤 다른 얼굴을 보게 해 준다.

합리주의 사유는, 그것이 칸트적인 구성적 합리주의이든 플라톤에서와 같은 존재-사유 일치의 합리주의이든 아니면 주자적인 리기이원론적 합리주의이든 간에, 감각적인 것은 아직 의미를 가지지 못한다는 생각을 저변에 깔고 있다. 로고스, 이성, 리가 없다면 감각적인 것들은 그 자체로서는 카오스일 뿐이다. 플라톤에게 감성적인 것은 참된 존재를 발견하기 위해서는 거둬내야 할 장막이고, 칸트에서 감성적인 것은 주체의 구성을 기다리는 인식질료에 불과하다. 주자에게서도 리가 없는 기는 무형의 바탕일 뿐이다(그러나 플라톤-주자에서와 같은 존재론적 논의와 칸트에서와 같은 인식론적 논의 사이에는 큰 차이가 있다는 점도 덧붙여 두자). 이 점에서 감성적인 것이 물 자체를 우리에게 드러내 주는 단초가 된다는 생각은 매우 흥미롭다. 물론 본격적으로 드러내 주지는 못한다. 순간적으로 이성과 상식의 장막을 열어젖히고 우주의 본질을 힐끗 보게 해 준다는 뜻이다. 이 점에서 추상표현주의 회화에는 '초월'이라는 계기가 깃들어 있다.

그런데 뉴먼, 로스코 등의 색면파 회화와 폴록 등의 '액션 페인팅'을 묶어서 '추상표현주의'라 부르는 것이 과연 적절한가 하는 문제가 있다. 사상사를 규정하는 용어들은 대개 해당 당사자들이 붙인 말들이 아니며, 또 해당 당사자들의 시대에 붙은 말들도 아니다. 후대의 사람들이 붙여 주는 말인 것이다. 최근의 예로서, 정신분석학자인 라캉, 사회학자인 부르디외, 철학자인 들뢰즈와 데리다, 인식론과 정치철학을 통합한 푸코 등을 '후기 구조주의자들'이라 부르는 것은 정당한 것인가? 지젝은 라캉은 후기 구조주의자가 아니라고 강조하지만, 그것은 다른 사람들의 경우도 마찬가지이다. 그 누구도 자신을 '후기 구조주의자'라 부른 적은 없다. 과연 뉴먼 식의 회화와 폴록 식의 회화는 같은 범주에 묶일 수 있는가?

'액션 페인팅'이라는 용어는 폴록 회화의 의미를 잘 잡아 주는 말은 아니다. 다소 피상적인 용어라 하겠다. 그러나 폴록과 뉴먼을 함께 묶어 이해할 수 있다면, 그것은 초월성에 관련해서일 것이다. 두 사람의 회화는 공히 어떤 초월성과 연관된다. 그러나 폴록에게 초월성이

| 잭슨 폴록, 〈회화 no. 5〉, 1948

예 21.

마그리트가 世界의 존재면들 사이에 존재하는 파라-독사와 농-상스를 집요하게 드러냄으로써 世界의 불가사의한 구조를 드러내고자 했다면, 폴록은 존재면들의 물질적 바탕(世界의 얼굴들이 그 위에서 그려지는 터)을 낭만적인 필치로 그려냈다. 물질에 대한 현대인의 감성을 폴록만큼 아름답게 표현한 사람도 드물다.

라는 말을 적용한다면, 그것은 다소 아이러니한 방식에서이다. 폴록의 초월성은 말하자면 위로의 초월성이 아니라 아래로의 초월성이다. 초월성은 현실세계를 넘어선 차원을 응시하고자 한다. 폴록에게 그런 응시는 사물들 위의 그 무엇이 아니라 사물들의 근본 바탕으로 향한다. 거기에서 그는 '氣'의 운동을 발견했다.

색면파 화가들의 그림은 일단 상당히 큰 것이 특징이다. 어떤 것들은 걸어가면서 봐야 한다. 또 하나 색면파의 그림들은 많은 내용을 담고 있지 않다. 극히 간명한 몇 가지의 색과 형태만이 표현되어 있다. 무한한 사물, 주름, 프락탈을 표현하려 했던 바로크 회화와 대조적이다. 아울러 미니멀리즘과도 비교된다. 이 점에서 이들의 그림은 그 말의 가장 일차적인 의미에서 '추상적'이다.

화면이 크다는 것, 화면의 내용이 한눈에 들어오지 않는다는 것은 그 화면이 주체를 압도해 온다는 것을 뜻한다. 이 점에서 이들의 그림을 화보로 보는 것은 그 그림의 핵심에 어긋나는 것이라고도 하겠다. 그림을 직접 보는 것과 화보로 보는 것은 매우 다르다. 책에서 한 번도 느껴 보지 못한 전율을 화랑에서 실제 그림을 보고서 느끼는 경우가 많다. 가장 단순한, 그렇다고 중요하지 않은 것은 아닌 것이 그림의 크기이다. 화보의 그림들은 그 전체가 내 시선에 동시에 들어온다. 동시성이란 한 사물의 양 끝이 내 눈에 한꺼번에 보인다는 것을 뜻한다. 주체의 시야 아래에, 구성행위 아래에 폭 싸이듯이 들어오는 것이다. 주체를 압도해 들어오는 그림은 그 양 끝이 보이지 않아야 한다. 설사 외연적으로 들어온다 해도 내포적으로 보이지 않아야 한다. 이것은 곧 그 의미가 싱투적으로 해석되지 않음을, 나아가 그 감응이 일

| 바넷 뉴먼, 〈이브〉, 1950

| 빌럼 데 쿠닝, 〈굴착〉, 1950

예 22.

추상표현주의의 회화들, 특히 뉴먼, 로스코 등의 회화들은 숭고의 감정을 불러일으킨다. 칸트의 말처럼, 아름다움이 부정(不定)의 오성 개념을 드러낸다면, 숭고미는 부정의 이성 개념을 드러낸다(『판단력 비판』, §23). 특히 숭고미를 구현한 작품들은 世界의 '이념'(Idee) 즉 현실계를 넘어선 존재면(들)을 드러낸다. 숭고의 회화들에서 우리는 무한의 얼굴을 힐끗 보는 외경의 체험을 하게 된다. 구상력의 한계를 넘어서는 존재면을 구상—개별적이고 현실적인 사물들과 관련된 구상에서 추상적 사유의 경지로 뻗어간 구상—을 통해 표현하는 것, 여기에 추상표현주의의 핵심이 있다.

상식적인 숭고함들(태양, 화산,……)과는 달리 추상표현주의의 회화들은 무인 동시에 무한이기도 한 절대성을 드러낸다. 낭만주의와 추상표현주의의 차이가 여기에 있다. 이것은 더하기를 통한 숭고가 아니라 빼기를 통한 숭고이다. 이를 통해 관객들은 무 앞에, 무한 앞에 서게 되며, 숭고의 '지금'은 바로 이 순간, 이 체험, 이 사건에 있다 하겠다.

상적인 것으로 제한되지 않음을 뜻한다.

베르그송이 간파했듯이, 과학이란 사물들을 동시성의 체계로 포착하는 것이다. 과학적인 '법칙'들이 이 점을 잘 보여준다. '지속'은 시간을 공간화해 동시성으로 포착했을 때 빠져 달아나는 그 무엇이다. 숭고미의 그림은 동시성을 극복하려 한다는 점에서 베르그송적이다. 그러나 그 내용은 베르그송과 전혀 다르다. 동시성은 시간을 공간으로 압축시키는 것이다. 시간을 공간화하는 것이다. 그러나 뉴먼 등의 그림은 흐름의 그림이 아니다. 색면파의 시간은 차라리 바슐라르의 그것에 가깝다. 한순간에 수직으로 솟아오르는, 영원으로 비상하는 예술, '순간의 형이상학', 순간과 영원의 공존. 그것은 득도得道의 시간과 통한다. 순간 속에서 영원을 본다.

뉴먼이 자신의 회화에 부여하는 의미 중의 하나는 무한성이다. 진짜 숭고미는 자신이 무한 앞에 섰을 때, 그야말로 절대적인 타자성 앞에 섰을 때 다가온다. 그것은 절대적 타자성이라는 점에서 주체에게는 무와도 같다. 그렇다면 하이데거적인 무인가? 그러나 뉘앙스가 전혀 다르다. 무를 통해서 초월성을 만날 수 있다. 그것은 말로 할 수 없다. 무한은 언어를 초월한다. "말로 할 수 있다면 왜 그림을 그리겠는가?" 말로 할 수 없는 물 자체가 감각적인 어떤 것으로 돌출한다는 것이 중요하다.

종교적이고 형이상학적인 화풍이 뉴욕에서 전개된다. 그때 이런 화풍의 전개에 중요한 영향력을 끼치고 핵심적인 요소가 된 것은 동양이다. 물론 '동양'이라는 개념은 늘 모호하다. 아시아도 아프리카도 남아메리카도 다 "동양"이다. 서양의 타자들이 동양인 것이다. 어쨌든 이런 미학의 전개 과정에서 '동양적인 것', 정신적인 것이 핵심적인 역할을 했다. 역설적으로 뉴욕에서 이런 사유가 꽃필 때는 바로 자본주의의 황금기였다. 자본주의의 황금기에 그 반대편에서 서서 내면적, 정신적인 것을 찾았던 것이다. 그러나 오히려 자본주의의 황금기가 지나가고 위기의 시대가 온 1970년대에 자본주의 분위기가 물씬 풍기는 팝아트가 등장한다. 얄궂은 현상이다. 예술은 반영이 아니라는 증거인가? 아니면 아이러니한 역逆반영인가.

초월성이나 무한을 너무 외연적으로만 볼 필요는 없다. 화폭의 크기는 그저 상징일 뿐, 무한을 그린다고 화폭을 무한히 잡아 늘린다면 정말 우둔한 짓일 것이다. 무한에는 외연적 무한만이 있는 것은 아니다. 색면파가 추구한 무한은 차라리 내면적 무한이다. 말하자면 물리적 무한이 아니라 종교적 무한인 것이다.

묘妙하다. 초월적인 것은 항상 내면적인 것과 통한다. 저 먼 바깥에 있을 것 같은데, 오히려 동시에 정신적이다. 외부의 초월과 내면이 이어진다. 불교의 깨달음이 그렇고, 또 기독교도 그렇다. 기독교에서 神은 외면에는 나타나지 않는다. 그래서 초월적이다. 그러나 참으로 역설적으로 가장 가까운 곳, 즉 우리의 마음에는 나타난다. 객관세계에 나타나지 않는 초월적 존재가 묘하게도 우리의 마음속에 나타나는 것이다. 가장 먼 곳이 가장 가까운 것과 직접적으로 연결된다.

경험주의적 입장에서 말하면 초월 같은 것은 없다. 인간이 자신의 내면을 초월로 착각할 뿐, 다시 말해 자신의 내부를 저 먼 곳에 투영해서, 그 투영한 것을 실재하는 그 무엇으로 착각하는 것이다. 포이

어바흐의 기독교 비판을 상기해 보자. 그래서 초월적인 것이란 결국 심리적인 것에 불과하다고 본다.

한 가지 분명한 것은 초월과 내면을 직접 잇는 이런 사유에서는 내면과 초월 사이가 빠져버린다는 사실이다. 자기의 내면과 저 먼 초월 사이에 존재하는 것, 즉 현실이 탈각된다. 世界에 대한 주관적 확신이 현실세계를 탈각시키는 것이다. 그래서 이런 식의 사유에서는 흔히 자연과 역사가 누락된다.

그러나 역으로 얼핏 탈현실적으로 보이는 이 그림들에서 우리는 당대 현실의 중요한 한 갈래, 즉 탈서구적 운동의 갈래를 본다. 정신적인 것, 형이상학적인 것, 비서구적인 것의 추구는 그 자체 당대의 사회운동 중 하나였던 것이다.

물론 이때 당시의 비서구적인 것들은 본격적인 철학이 아니라 종교적인 것이었다. 다분히 피상적인 것이었다고 해야 할 것이다. 깊은 사유가 매개되어 '동양'을 이해했다기보다는 대개 종교적인 안심安心이나 신비주의적 감정에 가깝다. 그래서 영지주의, 카발라(유대신비주의) 등이 큰 흐름을 이룬다. 아이러니하게도, 우리 느낌에는 유대 문명이나 인도 문명 등은 서양이라는 느낌으로 다가오지만(물론 전형적인 서양은 아니지만), 서구 사람들에게는 그것이 동양이라는 점이다. 동북아에서 보면 인도는 '서역'이다. 그러나 서구가 보면 인도는 동양이다(고중세에는 인도가 동양의 끝이었다). 동양과 서양은 이토록 상대적이다. '동양'이라는 말에는 늘 어떤 환상이 깔려 있다.

영지주의나 카발라에는 흥미로운 면이 있다. 철학적인 견지에서 보면 상상에 불과하지만, 상상의 내공은 어마어마하다. 유대인들과 인도인들의 상상은 스케일이 크다. 그노시스=영지주의도 마찬가지이다. 영지주의는 철저한 이원론으로서, 퓌타고라스교나 오르페우스교와도 닿는다. 영지주의는 기독교의 일파로 간주되기도 했는데, 사실 원래 기독교는 하나가 아니라 여럿이다. 무수한 파들이 있다가 그 중 하나가 '오르토-독사'(오소독스)가 된 것이다. 그노시스파는 철저한 영육 이원론, 이브와 사탄의 결혼 그리고 인간의 탄생, 저주받은 세계로서의 현실세계, 세계의 멸망을 통한 영혼의 해방 같은 '정통' 기독교와는 판이한 생각으로 가득 차 있다. 이런 신비주의, 영지주의, 카발라, 인도적인 것, 인디언 문화, 멕시코 문화 등이 미국의 1960년대에 중요한 역할을 했다.

미국의 1960년대가 흥미롭다. 자본주의의 전성기에서 피어나는 형이상학적 미학, 베트남 전쟁, 케네디(존, 로버트), 킹 목사 등의 암살로 대변되는 기성세대의 음모,……와 더불어 젊은이들의 저항문화가 함께 꽃피었다. 인디언 문화에 대한 경도 등도 이런 맥락에서 이해된다. '영혼'의 문화인 것이다. 다른 한편 음악에서 록 음악, 영화에서 오프 할리우드, 또 정치적인 반전 운동, 히피 등 저항문화가 꽃피었다. 유럽이나 일본에서처럼 저항이 컸다. 사실상 서구에서는 마지막 저항이다. 도덕성을 추구한 마지막 세대인 것이다. 이런 분위기에서 탈서구를 위한 동양 문화에의 몰두가 한 갈래를 이룬다. 다분히 피상적인 성격을 띠지만, 문화사의 중요한 국면을 형성한다 하겠다.

얼핏 탈-현실적으로 보이는 추상표현주의 회화들에는 사실 이런 당대의 현실이 스며들어 있다고도 볼 수 있는 것이다.

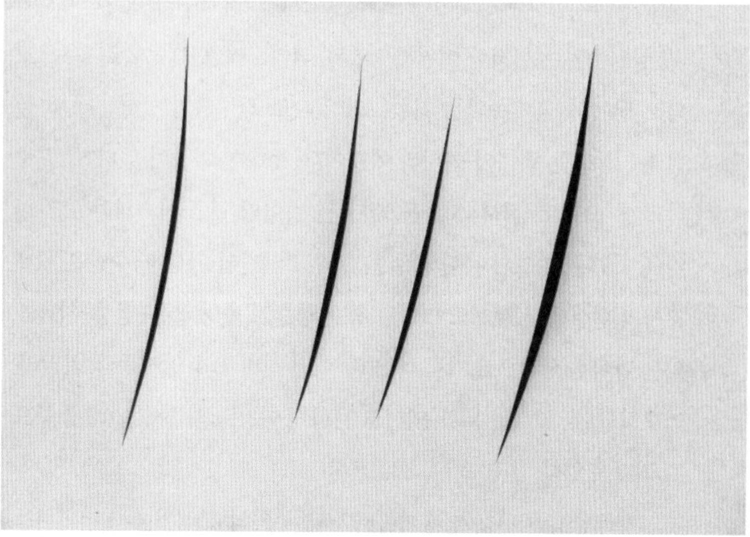

| 루치오 폰타나, 〈공간 개념: 기다림〉, 1960~1961

줄리오 르 파르크, 〈연속적인 모빌, 연속적인 빛〉, 1963
로버트 모리스, 〈무제〉, 1965~1966

예 23.

작가의 개성, 심오한 의미는 사라지고 빛, 바람 등등 상황에 따라 계속 변하는 작품들이 새로운 시대를 열었다. 저자에서 사물로. 자체의 현전을 조용히, 말없이 주장하고 있는 사물들은 그러나, 모리스의 말처럼, 형태의 단순함이 곧 경험의 단순함을 뜻하는 것이 아님을 증명해 주고 있는 듯하다.

회화의 종말?

1970년대가 되면 내면적이고 초월적인 회화에 대한 반동으로 객관적인(그러나 우발적인), 형이하학적인 미술이 발전한다. 어찌 보면 추상표현주의가 서구 회화사에서의 마지막 철학적인 회화, 형이상학적인 회화일지도 모르겠다. 앞으로 어떤 흐름이 나타날지 모르겠지만, 현재로서는 그렇다.

이 흐름은 기본적으로 내면에서 외면으로, 초월에서 내재로의 흐름이다. 1960년대의 활기가 꺼지고 보수적인 흐름이 자리 잡으면서 문화의 성격도 바뀐다. 모든 것이 자본주의적 '문화 상품'으로 화하기 시작한다. 깊은 사색, 영혼의 깊이 등은 시대의 분위기에 맞지 않게 되었다. 아이러니하게도 자본주의의 몰락과 함께 형이상학도 몰락한다.

그 중 하나로 옵티컬 아트라든가 키네틱 아트 등을 들 수 있다. 여기에는 형이상학적 사유나 화가의 내면, 초월성 같은 것은 아예 사라진다. 사유보다는 기술이 더 필요하게 된다. 빛이 바뀌면 작품도 바뀐다(후에는 속화되어 연예인들 입는 옷에도 활용되기에 이른다). 기술적으로 빛을 이용해 그때그때의 효과를 창출하는 작품들이 만들어졌다. 작가가 자신의 의도나 형이상학적인 사유나 종교적 내면을 표현한 것이 아니다. 만들어 놓으면(만들 때 어느 정도 의도가 들어가지만) 그 후 그것이 어떻게 될지는 작가도 모른다. 빛이라든가 바람 같은 외면의 메커니즘에 맡기는 것이다. 따라서 세계-전체의 다른 면을 파고드는 화가의 사유는 사라진다. 존재론적 맥락이 탈각되는 것이다. 그러나 이런 예술들도 어떤 면에서는 중요한 존재면들을 드러내 준다고 해야 한다. 사물의 변화를 객관에 맡김으로써, 우연을 통해서 사물들의 새로운 면모가 나타나는 것이다. 자연 자체가, 사물 자체가 스스로 다른 얼굴을 드러내게 하는 것이다. 이 점에서 세계-전체의 얼굴을 드러내는 또 하나의 방식으로 이해할 수도 있는 것이다. 폰타나의 작품들처럼 회화적 사유와 객관적 우발성이 공존하는 경우들도 있다.

미니멀리즘 또한 유사한 맥락에서, 그러나 다른 방식으로 작업해 나갔다고 할 수 있다. 여기에서는 사물이, 오로지 사물성이 문제가 된다. 집요하게 의미를 추구한, 다양한 의미를 입체적으로 파악하고자 한 마그리트의 대척점에서, 미니멀리즘은 모든 의미를 표백시킨다. 관객들은 아무런 의미도 간파하기 힘든 공간에 서서 오로지 자기 앞에 현전해 있는 사물 그것을 보게 된다. 스텔라의 말처럼, "당신이 보는 것은 바로 당신이 보는 것이다." 미니멀리즘은 이내 조각이나 설치로 옮겨가게 되는데, 만일 미술이 사물성 자체를 추구할 뿐이라면 회화보다 조각이나 설치가 그런 작업을 더 잘 해내지 않겠는가. 오랜 세월 동안 추상을 통해서 독창적인 세계들을 창출해낸 현대 회화의 그 귀결점에서 회화의 종말이 다가온 것이 아닌가. 1980년대에 이르러 회화의 중심부에서 밀려났던 구상의 부활은 이런 맥락에서 이해된다. 나아가 사물들의 설치에 긴 설명을 붙이는('의미'의 해명) '개념 예술'의 등장 또한 미니멀리즘의 막다른 골목을 넘어 나아가려는 한 몸짓으로 이해된다. 이런 회귀, 반복은 이미 회화의 가장 긴박감 넘치는 순간들이 지나갔다는 것을 뜻하는 것일까?

1970년대 이후의 상황을 좀 극단적으로 말하면 회화 자체가 퇴조했다고도 할 수 있다. 회화라는 것의 전성기가 지나가게 된다. 이제 화폭 하나에 의미 있는 무엇인가를 담을 수 있는 가능성이 소진된 것일까. 인사동에서 시간이 날 때면 그림을 보러 다니지만, 새로운 무엇을 느끼기가 쉽지 않다.

이러한 흐름을 전반적으로 평해 '사유에서 행위로'라고 할 수 있을지도 모르겠다. 물론 당연히 사유는 행위를, 행위는 사유를 전제한다. 그러나 현대 미술에서 행위는 예전에 볼 수 없었던 성격을 획득했으며, 어쩌면 이 사실이 회화의 퇴조를 설명하는 것인지도 모르겠다. 해프닝 같은 행위예술, 피아노를 톱으로 썰기 같은 케이지 식의 실험예술 등이 그 전형적인 예를 보여준다. 이것은 사건을 발생시킴으로써, 무슨 일이 일어나는가를 보는 것이다. 사유보다는 일종의 충격에 가깝다. 이런 '작품들'은 매우 실험적이고 독창적이긴 하지만, 한번 그 맥락을 인지한 사람이라면 그것을 다시 보기 위해 공연장을 찾지는 않을 것 같다. 고전적인 예술이 주는 감동을 느끼기는 힘들다.

사건과 해프닝의 관계는 무엇일까? 아주 넓게 볼 때 세계에서 발생하는 차이들이 사건이다. 역사적 사건은 비교적 큰 사건을 가리키지만, 존재론적으로는 모든 차이생성이 사건이다. 해프닝은 말하자면 일부러 일으킨 사건이다. 사건이란 世界로부터 인식 주체의 의식에 솟아오르는 것이다. 해프닝은 사건을 조작하는 것이다. 이것이 완벽한 프로젝트하에서 일어나면 재미가 없다. 일정 정도 기획하고 그 후에 벌어지는 일은 기획자도 모르는 우발성에 맡겨야 한다. 사건을 일부러 일으킨다는 것은 사건 개념에 반反하는 것일 수도 있다. 어쩌면 현대인의 공허한 심리를 채워 주는 것이라고도 할 수 있으며, '이벤트 산업'이라는 개념이 이를 대변해 주는 것으로 보인다.

그래서 미술의 무게중심은 회화에서 점차 다른 쪽으로 이동하는 것 같다. 이런 흐름은 예술과 비예술의 경계를 모호하게 만들기도 한다. 조경 분야에서 유명한 아드리안 허즈는 〈동東 셸트 방파제〉(1985)에서 조개들의 배치를 통해서 새들의 춤을 이끌어냈다. 검은 조개들과 하얀 조개들을 교차배어적으로 둥글게 말아서 배치함으로써 각각의 조개를 선호하는 새들이 아름다운 문양을 이루는 장관을 연출한 것이다. 이 연출을 통해, 버려진 땅이 하나의 예술작품이 되었다. 예술의 개념 자체가 변화하고 있음을 잘 보여주는 작품이다.

외면의 예술에서 한 발짝 더 나가면 사물성 자체를 의문에 부치는 예술들이 등장한다. 외면의 예술만 하더라도 사물의 사물성이 중요한 주제가 되었다. 키네틱 아트도 설치한 사물이 가지고 있는 특성, 성격, 변화 등이 중요하며, 옵티컬 아트의 경우도 마찬가지이다. 그러나 여기에서 한 발 더 나가면 사물 자체에 의문을 제기하는 예술이 등장한다. 이것은 예술 자체에 대한 급진적인 문제 제기이다.

내면의 예술이든 객체성의 예술이든 사물은 여전히 존재한다. 그러나 아예 사물의 사물성 자체를 의문에 부치는 것, 이것은 곧 시뮬라크르의 예술들이다.

시뮬라크르라는 말은 두 가지 의미를 가진다. 이 말은 원래 플라톤이 이데아의 반대편에 존재하는=생성하는 것으로서 제시한 것이다. 허상, 순간적인 것, 사라지는 것이다. 오늘날은 시뮬라크르의 시대라 할 수 있다. 이 시뮬라크르는 한편으로 사건으로 해석되어 사건의 철학으로 발전되기도 하고, 다른 한편으로 이미지로 해석되어 현대 사회 및 문화의 분석에서 다루어지기도 한다. 두 맥락이 연관되기는 하지만 상당히 다른 구도를 띤다. 하이데거, 데이비슨 등이 전자의 경우에 관련되며, 보드리야르나 리오타르 등은 후자에 관련된다. 들뢰즈의 경우에는 두 가지 문제의식이 동시에 존재한다.

보드리야르는 오늘날의 시대를 시뮬라크르가 원본을 압도하는 시대로 본다. 오늘날의 아이들은 사물을 보고 나서 후에 시뮬라크르를 보는 것이 아니라, 시뮬라크르를 먼저 보고 한참 후에야 사물을 본다. 그림책, TV, 영화 등에서 이미 기린의 시뮬라크르들을 실컷 보고 나서야 동물원에 가서 진짜 기린을 본다. 이미 익숙해 있기 때문에 신기할 것도 없다.

앤디 워홀은 시뮬라크르를 아이러니한 방식으로 긍정하고 예술화했다. 캠벨 회사의 깡통들, 마릴린 먼로를 그린 그림들, 이런 작품들은 일종의 반反예술이다. 존 케이지의 반음악과 통한다. 예술의 유니크함, 고상함 등을 비웃으면서 아우라를 무너뜨린 예술이다. 여기에서는 世界에 대한 존재론적 탐구보다는, 가장 일상적인 현실에서의 시뮬라크르의 존재론만이 존재한다. 모든 아우라가 사라지는 세계이다. 기계성, 상품성, 일상성만이 존재한다.

그러나 이런 작품들이 어떤 면에서는 역설적으로 지금 우리 시대를 나름대로 표상하고 있다고도 할 수 있다. 우리는 이런 작품들을 한참 들여다보지 않는다(그 예술사적 의미를 모를 때만 들여다본다). 너무나도 익숙한 상품들이기 때문이다. 벤야민은 사진의 노출 시간이 짧아지면서 사물에 대한 기계적 지각이 점점 예민해지고 아우라의 상실이 발생하게 된다는 점을 지적한 바 있다. 바로 이것이야말로 우리 시대의 한 표상 아니겠는가. 그렇다면 재현을 거부하는 현대 미술이 어떤 면에서는 바로 현대 사회의 재현이라고도 할 수 있지 않겠는가.

푸코는 그의 유명한 마그리트론에서(『이것은 파이프가 아니다』) 유사성ressemblance과 상사성similitude을 구분한다. 시뮬라크르의 예술은 무엇인가를 재현하는 유사성의 예술이 아니라 엇비슷한 것들을 늘어놓는 상사성의 예술이라고 할 수 있다. 팝아트의 중요한 계기들, 예컨대 코카콜라, 쇼 윈도우, 청바지, 영화, 만화, 자동차 등을 상상해 볼 수 있다. 백남준의 비디오 아트도 유사한 맥락에서 볼 수 있다. 가장 대중적인 TV, 비디오를 가지고서 작품들을 만들고 있다. 기계적 메커니즘, 대중문화, 자본주의를 경멸과 비판의 대상이 아니라 예술적 차원에서 수용해 보려는 것이라 할 수 있겠다.

그러나 회화는 지치지 않고서 世界의 얼굴들을 드러내 왔다. 사물들에 잠재해 있는 구조와 힘, 世界의 역설과 무의미, 존재론적 또는 역사적 고뇌로 물들어 있는 삶의 외침, 형이상학적 초월성의 차원 등 다양한 존재면들이 화가들의 노력을 통해서 빛을 보게 되었고, 많은 사람들이 감동을 받아 왔다.

오늘날 회화는 예전과 같은 독창성과 활기를 보여주지는 못하는 것 같다. 그러나 화가들의 영혼이 죽지 않는 한 회화의 존재 탐구는 계속되리라 믿는다.

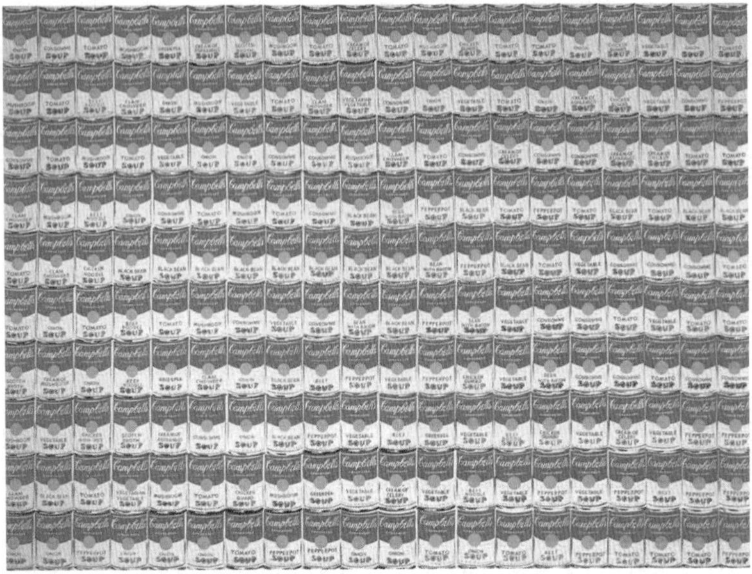

| 앤디 워홀, 〈200개의 캠벨 수프 통조림〉, 1962

예 24.

디지털 이미지 합성에 시바크롬 인화.—일상적인 것의 전시는 아무런 새로운 것도 없음을 전면에 내세움으로써 거기에 뭔가 새로운 것이 있을 것도 같은 환영을 연출한다. 기술의 발달, 특히 다양한 매체들의 발달은 기술과 예술의 재결합을 유발했지만, 그 결과는 그리스적 '테크네'의 부활이 아니라 아방가르드적인 실험들의 계기(繼起)를 가져왔다. 오를랑은 여성에 대한 남성의 판타지를 무너뜨리기 위해 자신의 몸을 계속 변형시키고 있다.

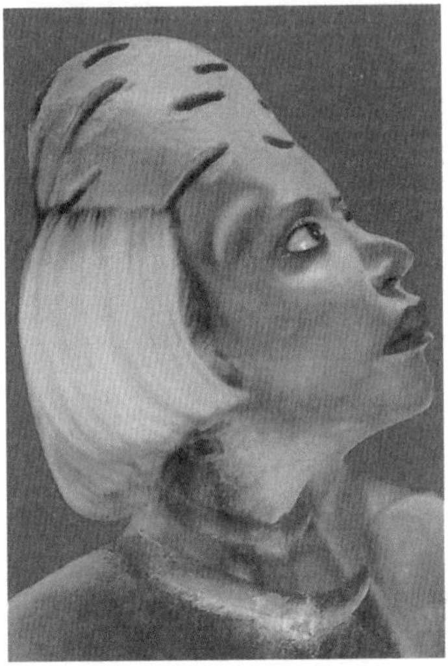

릴리언 슈바르츠, 〈모나/레오〉, 1992. 디지털 이미지 합성
생트 오를랑, 〈자기 교배, 콜럼버스 발견 이전〉, no. 2, 1998

유목적 사유의 탄생

책이 없는 세상이란 어떤 곳일까. 어린 시절 많은 시간을 보냈던 고향마을이 바로 그런 곳이었다.

세 살 때 어머니 등에 업혀 서울로 올라왔으니, 나는 분명 서울 사람이겠다. 그러나 머리가 굵기 전 자주 시골에 가 있었고, 초등학교(당시에는 '국민학교'라 했다) 때에도 방학이면 어김없이 고향으로 내려갔으니, 생활의 절반은 고향에서 이루어졌던 셈이다.

고향으로 가는 길, 그때만 해도 그것은 멀고도 먼 길이었다. 느리기 한량없는, 게다가 자리가 없을 때면 영락없이 긴긴 시간을 서서 가야 하는 기차를 타고서 충청북도의 영동역에 내린 후, 다시 학산 행 버스를 타고 정말이지 한참이야 달려야 '봉소리'라는 마을 이름이 새겨진 큰 돌 앞에 다다를 수 있었다. 도로가 포장되어 있지 않아 버스는 마치 자갈밭 위를 구르듯이 정신없이 흔들렸고, 사람들로 가득 찬 버스 안에는 닭 따위의 여러 가축들도 득실거렸다. 다른 차들이 옆을 지나갈 때면 길바닥에서 먼지가 뽀얗게 올라와 사람들의 얼굴을 덮쳤다. 그러나 어린 나는 그저 할머니 할아버지를 보러 가는 길이 즐겁기만 했고, 마음은 새롭게 찾아올 시골 생활에 대한 기대감으로 잔뜩 부풀곤 했다.

마을에 도착해서 버스에서 내리면 할머니께선 "우리 대감!" 하고 외치면서 나를 끌어안고 얼굴을 비비곤 하셨다. 그때만 해도 남존여비男尊女卑가 워낙 강해서 누나나 동생은 할머니의 눈길조차 받지 못했었던 것 같다.

고향마을은 큰 마을(안마을)과 새마을로 나뉘어 있었는데, 우리 집이 있던 새마을은 말이 마을이지 집이 딱 세 채뿐인 아담한 곳이었다. 안마을, 새마을을 합쳐 온 동네에 가깝고 먼 친척들이 살고 있었다. 할아버지께서는 안마을에 가실 때면 나를 리어카에 태우고 질주하셨고, 나는 마치 왕자라도 된 것처럼 넓게 펼쳐지는 마을 풍경과 얼굴에 스쳐가는 바람을 만끽하곤 했다.

아마 내 눈에 뜨이지 않았던 것이겠지만, 고향 집 어디에도 책을 보기는 힘들었던 것 같다. 게다가 사람들이 하는 말 또한 원초적인 생활언어들이었으니, 사물차원과 언어차원의 이분법 같은 것은 존재하지 않는 세상이었다. 오로지 사람들과 사물들, 그리고 가장 소박한 말들만이 존재하는 세상, 그런 세상을 경험해 봤다는 사실이 지금은 무척이나 신기하게 느껴진다. '시뮬라시옹', '디지털 알고리듬', '전자 책' 등이 판을 치는 작금에 되돌아보면, 나는 '격세지감'이라는 말로도 잘 표현이 되지 않는, 문명사의 거대한 단절을 건너뛰어 지금 이렇게 살고 있는 것이다.

매우 넓은 마당, 거기에는 담배 철이 되면 노란 담뱃잎들이 새끼

줄에 묶여서 가득 널렸다. 마당 저편에는 탑같이 생긴 건물이 있었는데, 아마 담배 농사와 관련된 곳이었을 것이다. 싸리문을 열고 들어서면 외양간과 닭장이 있었고, 저쪽 맞은편에는 포도밭과 우물이 있었다. 아침에 일어나 방문을 열면 제일 먼저 인사하곤 했던 것은 처마 밑에 집을 짓고 살던 제비들이었다. 나는 싸리채로 잠자리를 잡거나 친구들과 어울려 산길을 돌아다니곤 했다. 마을 앞을 흐르던 양물래기에 가서 여름에는 멱을 감고 겨울이 되면 얼음을 깨고서 물고기를 잡았다. 어떨 때는 소를 몰고서 다니기도 했고, 또 어떨 때는 돼지, 닭에게 모이를 주기도 했다. 그 시절 동물들과 사람은 얼마나 가까웠던가. 겨울에는 논둑에 불을 놓거나 할아버지께서 만들어 주신 연을 날리곤 했다. 엄청나게 멀리, 또 높이 날아가 잘 보이지도 않던 그 연들, 그리고 신나는 연싸움. 감이나 밤, 딸기 등을 돈 주고 사 먹는다는 것은 상상도 못할 일이었다. 그리고 뒤뜰에 병풍처럼 서 있던 대나무들과 뒷동산에 피어 있던 할미꽃들.

그렇게 고향에서 지내던 어느 날 내 눈길은 방 안 한편 벽에 붙어 있는 노란 종이에 가 멎었다. 그 종이는 단순한 벽지가 아닌 것 같았는데, 거기에는 몇 가지 글자와 추상적인 그림이 그려져 있었다. 생각나는 글자—당시의 나에게는 물론 글자라기보다는 오히려 일종의 그림이었지만—는 '本', '元' 같은 것들이다. 물론 무슨 글자인지 알 수가 없었다. 그리고 그 아래에는 동그라미가 그려져 있고 또 몇 개의 글자와 그림이 있었던 것 같다.

지금 가만히 생각해 보면, 그 벽지에서 내가 보았던 것은 일종의 태극도太極圖였음에 틀림없다. 아마 그때가 내가 처음으로 '언어'라는 것을 본격적으로 접하고 그것에 관해 막연하게나마 이런저런 생각을 하기 시작했던 순간이었을 것이다. 한글을 본격적으로 읽기도 전에 한자를 먼저 보고, 그림책을 보기도 전에(그 당시만 해도 그림책은 귀한 것이었다) 태극도를 먼저 보았으니, 지금의 기준으로 보면 참 독특한 출발인 셈이다. 나는 할아버지께 그 글자들과 그림들의 의미를 물어보았고 당연히 할아버지의 설명을 알아듣지는 못했지만, '本'이니 '元'이니 하는 글자/그림들 그리고 왠지 신비하게 느껴지는 동그라미가 아무것도 모르는 어린 꼬마에게 처음으로 막연하게나마 형이상학적 흥미를 가지게 해주었을지도 모르겠다. 지금도 그 누런 벽지가 기억난다.

농부이셨던 할아버지께서는 각세교覺世教라는 작은 종교에서 어떤 직책을 맡고 계시기도 했다. 충북 영동에서는 제법 세勢가 있던 종교였고, 할아버지는 동학에 비유한다면 아마도 '접주'接主에 해당하는 역할을 맡으셨던 것 같다. 그런 할아버지께서 툇마루에 앉아 늘 부르시던 노래가 있었다. 그 노래의 가사가 다 생각나지는 않지만, 그 첫 부분은 지금도 기억하고 있다.

원각천지 圓覺天地
무궁조화 無窮造化
해탈…… 解脫……
연기연계 緣起連繫
……

한자가 정확한지 모르겠지만, 이 첫머리는 할아버지의 그 구성진 목소리, 길게 늘어지는 곡조와 더불어 지금도 생생하게 내 마음속에 남아 있다. 반듯이 정좌하고서 "원 ~ 각 ~~ 천 ~ 지 ~~"를 노래하시던 할아버지의 모습은 내 가슴속에 살아 있는 가장 아름다운 광경들 중 하나이다. 그래서인지 그 노래는 지금도 가끔씩 불현듯 내 마음에 떠올라 나도 모르게 흥얼거리게 된다.

그 후 한글로 된 책을 보게 되었는데, 그때가 내가 책이라는 존재를 처음 접했을 때였을 것이다. 그 책 역시 각세교에 관련된 것이었고, 일정하게 운을 맞춰서 나아가는, 일종의 노래 형식을 갖춘 긴 연작시였다. 『용담유사』龍潭遺詞도 이런 형식을 띤 것으로 보아, 아마 조선시대부터 내려온 형식일 것이다. 할아버지께서 읽어 주셨던 그 첫머리가 지금도 생각난다.

하느님의 명命을 받아
우주간宇宙間에 화생化生하니,
본향本鄕은 천국天國이요
생장지生長地는 조선朝鮮이라.
……

그 뒤로도 길게 이어지는 이 노래는 틀림없이 각세교의 교주를 찬양하는 노래였을 것이다. 나중에 가서야 이 가사를 쓴 사람(들 중 한 분)이 다름 아닌 아버지라는 사실을 알게 되었다. 아버지는 오지奧地나 다름없던 학산이 배출한 지식인이셨고, 국어 교사이자 한학자漢學者로서 활동하셨다. 아버지 자신은 각세교에 별다른 애착이 없으셨으나, 이 종교에 관련된 여러 글들을 쓰거나 다듬으셨다.

언어라는 것, 책이라는 것에 대한 내 최초의 경험은 이렇게 종교적이고 고풍스러운, 누렇게 바랜 종이 위에 적혀 있는 한문과 가사歌詞의 세계에서 이루어졌다. 어쩌면 그때의 경험이 나로 하여금 한평생 고전들을 끼고 살게 만들었던 건 아닐까.[1] 일반적으로 낯설고 어렵게 느껴질 수도 있는 고풍스러운 저작들이 내게는 오히려, 아련한 추억들과 함께 옛 친구들을 만나기라도 하는 듯이 정겹게 다가오곤 한다.

어쨌든 책에 대한 내 경험은 이렇게 시작되었다. 그 얼마 후에 본 책들 중 생각나는 것으로는 조선 시대의 책—큰 규격에 왼편을 실로 꿰매어 만든 책—처럼 만들었지만 표지로 보건대 분명 현대에 발간된 것이 틀림없는 책들이 있다. 거기에는 한문도 한글도 아닌 묘한 글자들이 적혀 있었다. 지금 생각해 보면 그것은 우리 옛말이었고, 그 내용은 『용비어천가』龍飛御天歌나 『월인천강지곡』月印千江之曲 같은 유의 작품들이었다. 나는 내용도 잘 모른 채 그저 책이 예쁘고 글자들이 신기해서 그것들을 자주 들여다보곤 했다.

때로는 한의학 서적들도 눈에 뜨이곤 했는데, 할아버지의 친구셨던 이성재 선생님이 각세교 접주이자 한의사였기 때문이다. 나는 그 책들에 그려져 있는 그림들—생각해 보면, 경락을 그린 그림들이었다—이 신기해서 자주 들여다보곤 했다. 어쩌면 그때의 기억 때문에

---

1) 본 저작에서 동양 철학의 고전들에 대한 독서는 다루지 않았다. 내가 줄곧 읽어 온 동양 고전들에 대해서는 따로 보다 상세하게 다룰 계획을 가지고 있기 때문이다.

그 후에도 줄곧 한의학에 관심을 가져 왔는지도 모르겠다.

그 후 이런 언어들, 책들은 내 기억 저편으로 희미하게 사라져 갔다. 그러나 사람의 인연이란 참으로 면면綿綿한 것이런가. 한참의 세월이 지난 후 나는 이성재 선생님을 다시 뵐 수 있었다. 젊은 시절의 모습은 이미 내 기억에서 사라졌지만, 선생님을 다시 뵈었을 때 느꼈던 풍모風貌는 여전히 내게 희미하게나마 익숙한 그 무엇이었다. 나는 긴 세월이 지난 후 어린 시절에 접했던 그 세계를 다시 만났던 것이다.

이성재 선생님은 평생 닦아 온 한의학 지식, 그리고 그보다 더 애정이 깊었던 각세교 경전들을 다듬는 일에 몰두하셨다. 그 중에는 『천부경』天符經을 비롯한 전통 종교의 경전들에 대한 해석도 포함되어 있었다. 선생님은 이 저작들의 일부분을 외국어로 번역하고 싶다고 하시며 그 일을 나에게 부탁하셨다. 그래서 나는 이 글들 중 중요한 부분들을 영어, 일본어, 중국어로 번역할 기회를 가질 수 있었는데, 그것은 나 자신에게도 의미 있는 경험이었다. 이미 현대 철학의 사유들로 무장된 나에게 이런 책들의 내용이 쉽게 받아들여지지는 않았다. 그러나 어린 시절의 추억과 결부된 고전들의 세계, 그것은 내 사유에 지울 수 없는 흔적을 남겼다.

초등학교에 입학해서야 비로소 여러 종류의 책들을 접하게 되었고, 지금까지 이어져 오고 있는 독서생활이 시작되었다. 그러나 나는 동화책들을 읽는 것 외에는 공부에는 그다지 취미가 없었고, 지금과 달리 당시에는 공부로 어린아이들을 들볶는 일도 드물었다. 그저 산에 들에 부지런히 놀러 다니던 기억들만이 난다. 내가 공부의 세계, 학문, 사유, 문학의 세계에 눈뜬 것은 중학교에 입학했을 즈음이었다.

아래의 이야기는 내가 1970년대 중반에서 1980년대 중반까지, 그러니까 10대 중엽에서 20대 중엽까지(중학생 때부터 석사과정 때까지)의 10년간 받았던 지적 영향에 대한 회고이다. 10대 중반에서 독서와 사유의 세계로 들어가 20대 중반(정확히는 1985년) 사유에 개안開眼하기까지의 경험, 나의 유목적 사유가 탄생하는 과정을 회고해 보았다. 이 회고를 통해 내 마음에 정신적 영감을 가득 채워 주었던 그 모든 인물들, 작품들에 감사의 염을 표하고 싶다.

문학과 더불어

생의 비애

중학교 2학년 즈음해서부터 본격적으로 책에 파묻히기 시작했던 것으로 기억한다. 왜 그때 갑자기 책과 공부에 취미를 붙이게 되었는가는 기억이 나지 않는다. 그러나 어디에서 그랬는지는 분명하게 기억한다. 그것은 바로 아버지의 서재에서였다. '아버지의 서재', 그곳은 독서와 사유가 태어나는 지성의 모태이다.

아버지의 서재는 내게 보물섬과도 같았다. 거기에는 근현대 문학을 모아 놓은 몇 가지 시리즈들, 조선 시대를 수놓은 각종 문집들, 중국의 고전 소설들, 세계문학대계, 제자백가의 저작들, 유학 관련 고전들, 각종 형태의 옥편들과 자전들, 백과사전들이 가득 차 있었다. 어떤 책들은 누렇게 색이 바래 있었고, 맞춤법도 지금과는 상당히 달랐다. 대부분의 책들은 세로쓰기를 하고 있었다. 일본어처럼 장음長音을 표기하고 있는 책들, 복잡한 이중자음들, 어려운 한자들, '대미'大尾로 끝나는 마지막 부분들……. 나는 이 책들의 숲에 푹 빠져 그 속에서 뒹굴었다. 그것은 보물섬의 여러 동굴들에 들어가 보고, 숱한 강을 건너고, 빽빽한 숲을 횡단하는 모험과도 같았다. 중학교 2학년부터 고등학교 1학년까지 대략 3년간 아버지의 서재에서 지속되었던 그 탐험의 시간들, 무수한 책갈피들에 파묻히던 그 시간들을 통해 나는 책을 사랑하게 되었고 책과 더불어 사는 사람이 되었다.

사춘기 소년이었던 나의 시선은 자연히 문학작품들로 쏠렸다. 짧아서 읽기 쉬웠기 때문일까, 아니면 다른 이유가 있었을까. 우선 열심히 읽기 시작한 것은 한국의 단편소설들이었다. 그 소설들에서 나는 부모 세대가 겪었던, 그리고 당시에도 여전히 한국인들의 일상을 채우고 있었던 삶의 비애悲哀를 만났다.

당시에 읽었던 단편소설들은 대개 일제 강점기 또는 해방 직후의 이야기들이었다. 거기에는 일제의 지배를 받거나 전쟁 이후의 가난한 시대를 살아야 했던 사람들의 비애가 가득 담겨 있었다. 이제 막 청춘의 시기를 맞이한 소년이 그런 이야기들을 이해하기에는 한계가 있었지만, 반드시 낯선 이야기들만도 아니었다. 당시(1975년 즈음)의 우리 삶이 그 전에 비해서 크게 변했다고는 할 수 없었기 때문이다. 극소수의 특권층을 제외한다면, 일제시대부터 당대까지 대부분의 사람들의 삶을 지배했던 것은 가난이었다.

문학적 구성의 발견: 시간

당시 읽었던 많은 단편소설들 중 내가 '문학성'이라는 것을 처음 강렬하게 느꼈던 것은 아마 현진건의 「운수 좋은 날」이 아니었나 싶다. 이 작품은 '아이러니'를 잘 묘사하고 있다는 점에서도 흥미로웠고(아이러니만큼 문학적인 것도 드물 것이다), 또 시간을 주제로 하고 있다는 점에서도 인상 깊었다. 사실 '시간'이라는 개념이야말로 나에게는 필생의 화두라는 점을 생각해 보면, 그때의 그 강렬한 인상은 우연이 아니었을 것이다.

몸이 아파 거의 죽음의 문턱에 다다른 아내와 그날따라 왠지 계속되는 행운, 아내를 생각해서 사다 준 쌀, 나물과 그것들이 가져다준 병, 아픈 사람에게 사다 주려 한 설렁탕과 그의 칼칼한 목을 잡아끄는 막걸리, 집으로 가까이 올 때면 풀리고 멀어질 때면 힘이 치솟는 다리, 그리고 무엇보다 횡재들의 꼬리를 계속 이어주는 시간과 아내의 목숨이 점점 마지막으로 치닫는(다고 주인공이 생각한, 그러나 그 놈의 억센 운수 때문에 결국 놓쳐버리게 되는) 시간이 소설 전체에 긴박감을 불어넣고 있다. 큰 손님을 잡은 주인공은 남대문으로 가다가 집 근처를 지나게 된다.

> 이윽고 끄는 이의 다리는 무거워졌다. 자기 집 가까이 다다른 까닭이다. 새삼스러운 염려가 그의 가슴을 눌렀다. "오늘은 나가지 말아요. 내가 이렇게 아픈데!" 이런 말이 잉잉 그의 귀에 울렸다. 그리고 병자의 움쑥 들어간 눈이 원망하는 듯이 자기를 노리는 듯하였다. 그러자 엉엉 하고 우는 개똥이의 곡성을 들은 듯싶다. 딸국딸국 하고 숨 모으는 소리도 나는 듯싶다.
>
> "왜 이러우, 기차 놓치겠구먼."
>
> 하고 탄 이의 초조한 부르짖음이 간신히 그의 귀에 들어왔다. 언뜻

> 깨달으니 김 첨지는 인력거채를 쥔 채 한복판에 엉거주춤 멈춰 있지 않은가.

소설 전체를 이끌어 가는 핵심적인 개념은 시간(과 아이러니)이다. 이 소설은 내게 시간에 대해 생각하도록 중요한 계기를 마련해 주었다. 집 근처를 지나쳐 갔다가 돌아오는 길에 다시 집 근처를 지나게 된 김 첨지의 심리를 묘사한 대목은 방금 인용한 대목과 호응하면서 소설의 핵심적인 상황을 그리고 있다.

> 한 걸음 두 걸음 집이 가까워 올수록 그의 마음조차 괴상하게 누그러졌다. 그런데 이 누그러짐은 안심에서 오는 게 아니요, 자기를 덮친 무서운 불행을 빈틈없이 알게 될 때가 박두한 것을 두려워하는 마음에서 오는 것이다. 그는 불행에 다닥치기 전 시간을 얼마쯤이라도 늘리려고 버르적거렸다. 기적에 가까운 벌이를 하였다는 기쁨을 될 수 있으면 오래 지니고 싶었다. 그는 두리번거리면서 사면을 살피었다. 그 모양은 마치 자기 집 — 곧 불행을 향하고 달려가는 제 다리를 제 힘으로는 도저히 어찌 할 수 없으니 누구든지 나를 좀 잡아다고, 구해다고 하는 듯하였다.

운수 좋은 날은 계속되고, 죽어가는 아내의 모습은 어른거린다. 그러나 이제 운은 다하고 꼬리를 물었던 행운들 때문에 놓쳐버린 시간으로, 그 두려운 결말로 다가가야 한다. 계속되는 횡재가 가져온 쏠쏠한 벌이와 그 기분 좋음 때문에 더 길게 가져가고 싶은 시간, 그러나 고통스럽게 점점 강해지는 확신—비극에의 확신—이 드러내는 (피하고 싶어서 누군가 차단해 주었으면 하고 바라게 만드는) 시간, 이 두 시간의 엇갈림을 잘 묘사한 대목이다. 당대 사람들의 고단하고 안쓰러운 삶을 문학적으로 형상화하는 데 성공했다고 하겠다.

오늘날을 살아가는 상당수의 사람들은 이런 상황이 크게 실감나지는 않을 것 같다. 그러나 내가 이 소설을 읽던 시절만 해도 이런 광경은 그렇게 이질적이고 낯선 것이 아니었다. 인력거는 사라진 시절이었지만, 매일 밤 연탄가스 중독으로 많은 사람들이 죽어나가고, 밤에 비가 올 때면 천장에서 새는 비 때문에 밥그릇, 찬그릇들을 잔뜩 벌여 놓고서 자야 했던 시절이다. 그릇들에 떨어지는 빗방울이 내는 소리를 자장가 삼아서 자던 밤들이 떠오른다. 거리에는 거지들이 그득했고 때로는 광인들도 나돌아다녔다(한국 사회에서 '대감호'가 실시된 것은 얼마 되지 않는다). 「운수 좋은 날」은 이런 쓰라린 현실에 대한 비감悲感과 뛰어난 문학적 묘사라는 두 가지 느낌의 소설로 내 뇌리에 남아 있다.

이외에도 당시 한국 단편소설들을 많이 읽었는데, 대개는 유사한 느낌을 준 소설들이었다. 그러나 내 시선은 이내 다른 책들로 옮겨가고 있었다. 인생의 비애를 끝없이 반추하고 있을 나이가 아니었기에. 나는 '청춘의 환희'를 맞이하고 있었고, 그래서 어느새 내 시선은 웅장한 역사소설들, 장쾌한 대하소설들로 옮겨가 있었다.

역사 속의 군상

대부분의 언어권에는 그 권역에 속하는 교양인들에게 영향을 끼치는, 말하자면 인생에 한 번쯤은 그 세례를 받게 되는 고전 문학작품이 존재한다. 영어권의 셰익스피어 비극, 독일어권의 『파우스트』, 인도어권의 『마하바라타』, 아랍어권의 『아라비안 나이트』 등등.

한자문화권의 경우 이런 고전으로는 역시 『삼국지』를 들 수 있을 것이다. 『삼국지』는 한문으로 된 장편소설의 상징처럼 되어 있다. 나 역시 『삼국지』를 읽었고, 아마 대부분의 사람들이 그렇겠지만 한 번이 아니라 여러 번 읽었다. 한번 읽으면 언젠가 다시 읽게 만드는 것이 이 소설의 매력인 것 같다. 본래 『삼국지』는 진수陳壽의 역사서 제목이고 나관중羅貫中의 소설은 『삼국지통속연의』三國志通俗演義이므로, 『삼국지』보다는 『삼국지연의』라 불러야 할 것이다(이하 『연의』라 부른다).

『연의』를 보는 눈

고전에는 여러 판본들이 있기 마련이거니와 『연의』 역시 마찬가지이다. 내가 처음 읽었던 판본은 다섯 권으로 된 녹색 표지의 책이었는데, 각 권의 제목이 '도원결의'桃園結義, '군웅할거'群雄割據, '적벽대전'赤壁大戰, '복룡봉추'伏龍鳳雛, '와룡출사'臥龍出師였던 것으로 기억한다. 가장 표준적인 판본으로 인정받고 있는 모종강본毛宗崗本이 한실漢室의 붕괴와 황건적의 난으로부터 시작하는데, 내가 읽었던 판본은 저녁노을이 비끼는 한 시골 마을에 돗자리와 짚신을 어깨에 맨 유비가 등장하는 장면에서 시작하고 있었다. 중간중간에 멋진 한시들이 있어 소설의 품격을 한결 높여 주었다. 짐작건대 아마 내가 읽었던 판본은 요시카와 에이지 판이거나 아니면 박태원 판이 아니었을까 싶다.

이 소설은 삼국의 쟁패爭覇라는 흥미로운 상황, 드넓은 배경, 숱한 전술과 전투 등이 어우러져 그야말로 대하소설의 진미를 보여준다. 그 중에서도 특히 결정적인 것은 역시 '난세'에 등장해 갖가지의 삶을 살다 죽은 '인물'들이 뿜어내는 매력일 것이다. 그래서인지 이 소설에 대한 많은 논의들이 인물평의 형태를 띠곤 한다는 것을 확인할 수 있다. 일본에서는 가끔씩 '인기투표'도 한다고 들었다(최근에는 조자룡이 '부동의 1위'인 제갈공명을 눌렀다고 한다). 이렇게 이 소설에는 난세의 극에 달한 세상에서 인간 군상이 살아가는 숱한 흥미진진한 모습들, 그 모습들에 대한 갖가지 가치평가들의 대립, "내가 저 인물이었다면 저런 상황에서 어떻게 했을까?"라는 동일시의 재미가 있다. 이렇게 『연의』는 사람을 보는 관점, 한 인간에 대한 평가가 초미의 관심사가 되는 소설이며, 그래서 그토록 오랫동안 사람들의 마음을 사로잡았는지도 모른다. 어떤 인물에 대한 평가는 평가하는 사람, 그 사람이 속한 시대, 사회의 특징을 드러낸다. 평가받는 사람보다도 오히려 평가하는 사람의 인간관, 가치관, 역사관을 고스란히 드러내는 것이다. 그러나 이런 현상이 또한 『연의』의 함정이기도 하다. 객관적인 역사적 상황이나 지리·경제·문화 등의 배경, 사건들의 구체적인 인과관계, 사상적 맥락 등을 도외시한 채 지나치게 개개인의 성격이나 인간관계에만 주목하게 만들기 때문이다.

삼국 이야기는 진수의 『삼국지』(와 배송지의 주석), 나관중의 『연의』, 그리고 진한秦漢 제국과 위진魏晉 시대 사상사·문화사를 다룬 연구서들과 함께 읽는 것이 좋다. 역사, 사상, 문학을 함께 읽어야 진정으로 그 시대를 이해할 수 있기 때문이다. 사상은 물론이고 역사조차 누락시킨 채 소설만을 읽는 경우가 대부분인데(이는 『연의』의 경우만이 아니라 다른 경우들에서도 마찬가지이다), 이런 현상이 사람들의 지성을 빗나간 방향으로 몰고 간다. 역사를 다루는 소설들은 반드시 역사와 함께 읽어야 한다. 주객이 전도되어서는 안 된다. 그러나 우리의 경우 소설의 번역본은 수십 종이 되지만, 배송지의 주석은 말할 것도 없고, 진수의 원전조차 번역되어 있지 않다[다행히 지금은 번역되어 있다]. 한국 문화의 한 단면을 보여주는 상황이라 할 것이다.

나 역시 당시에는 이런 의식 없이 그저 이 소설을 소설 자체로만 탐독했다. 오랜 시간이 지나 본 저작을 쓰기 위해 다시 한 번 이문열·장정일·황석영 등의 여러 판본들을 읽어 보니(본 저작에서는 황석영의 판본을 기준으로 인용한다), 그동안 공부했던 역사·사상의 지식으로 인해 전에는 내 눈에 띄지 않았던 구절들에 주목할 수 있었다. 소설 첫머리를 예로 든다면, 우선 황제와 인척 그리고 환관의 관계를 이해해야 한다. 이 문제는 중국사 전체에 관련해서도 중요하다. 또, 상소를 올려 환관을 견제한 채옹蔡邕은 서예사 등에도 중요한 발자취를 남긴 중요한 인물이다. 그리고 황건의 난을 일으킨 장각에게 남화노선南華老仙이라는 신선이 나타나 『태평요술』太平要術이라는 책을 주었다는 이야기는 황건 난의 사상적 배경이 도교임을 알 수 있게 해 준다. 유비의 스승으로 나오는 노식盧植은 마융, 정현을 이어 한대 훈고장구학訓詁章句學의 수립에 크게 공헌한 인물이다. 소설 첫머리만 봐도 이런 여러 측면들이 쏟아져 나온다. 이런 역사적·사상적 배경을 살피지 않고 그저 소설의 세계에만 갇힐 경우, '도원결의'라는 (삼국시대 전체의 핵심적 의미와는 거리가 먼) 문학적 허구에만 주목하고 오히려 더 중요한 당대의 객관적 상황들과 사상적 배경들은 놓쳐버리게 된다. 그 결과 결국 객관적 실재에 대한 인식 없이 주관적 이미지들에만 사로잡히게 되는 것이다.

두 얼굴의 유비

소설의 전반부는 무너지는 한 제국 말기에 권력을 쟁탈하려는 군웅들의 할거割據를 그리고 있다. 그 중 가장 중심적인 테마(인물에 중심을 두었을 때의 테마)는 조조와 유비 형제들의 대비이다. 유비는 이런 묘사와 함께 등장한다.

> 그는 글 읽기를 썩 좋아하지는 않았지만 천성이 너그럽고 온화하고 말이 적으며, 기쁘거나 화나거나 도무지 얼굴에 드러내지를 않고, 원래 마음에 큰 뜻을 품어 오로지 천하 호걸들과 사귀기를 좋아하는 사람이었다. (…) 눈은 자기 귀를 돌아볼 수 있을 만큼 크게 맑았으며, 얼굴은 옥처럼 깨끗하고, 입술은 연지를 칠한 듯 붉었다.(1화)

짧은 대목이지만 여기에 유비의 모든 것이 있다. "글 읽기를 썩 좋아하지는 않았지만"은 그가 그다지 지적인 인물은 아님을, "천성이 너그럽고 온화하고 말이 적으며"는 그가 유교의 최고 가치인 '인'仁과 '화'和의 덕목을 갖추고 있음을, "기쁘거나 화나거나 도무지 얼굴에 [정情을] 드러내지는 않고, 원래 마음에 큰 뜻을 품어 오로지 천하 호걸들과 사귀기를 좋아하는 사람이었다"는 마음속에 거대한 야심을 품고 있음을, "눈은 자기 귀를 돌아볼 수 있을 만큼 크게 밝았으며, 얼굴은 옥처럼 깨끗하고, 입술은 연지를 칠한 듯 붉었다"는 인상 깊은 용모와 사람을 끄는 매력을 가지고 있음을 정확하게 짚어내고 있는 것이다. 결국 유비는 '지'의 인물이기보다는 '정'의 인물이었고, 유교적인 군자상과 그 아래에 숨겨져 있는 만만찮은 야심을 동시에 갖춘 인물—정의 인물이었으면서도 도무지 정을 겉으로 드러내지 않았다는 저 흥미로운 묘사를 보라!—이었으며, 사람을 끄는 강한 카리스마의 소유자였다고 할 수 있다. 이런 특징은 『연의』 전체에 걸쳐 일관되게 나타나며, 이 점에서 유비는 『연의』가 문학적으로 가장 성공적으로 다듬어낸 인물들 중 한 사람이라고 할 수 있다.

유비에 대해 줄곧 내려온 호평은 이른바 '촉蜀 정통론'과 밀접한 관련이 있다. 그가 '한실 부흥'을 대의명분으로 내세웠다는 것, 유교적 덕목인 인의 체현자였다는 것 등과 같은 역사적·사상적 평가에다가 약한 자를 동정하는 대중심리가 겹쳐, 촉 정통론이 이루어졌다 하겠다. 때문에 악독한 조조와 선량한 유비라는 대조가 만들어지기에 이른다. 이런 관점은 유교 부흥과 중원 회복의 기치를 내건 송대에 굳어져 원을 거쳐 명대까지 내려온 것으로 보인다. 소식蘇軾이 전해 주고 있듯이 송대에 이미 아이들은 유비가 패하면 눈물을 흘리고 조조가 패하면 박수를 쳤다고 하며, 이런 분위기가 서민들의 감성이 담뿍 들어간 원대의 평화平話를 거쳐 명대에 이르러 나관중의 『삼국지연의』로 정착하게 되었다고 할 수 있다. 그러나 유비의 음험함을 세세히 지적하면서 혹평한 왕부지 같은 인물도 있으며, 현대에 와서는 유약하고 무능한 인물 또는 위선적이고 교활한 인물로 좋지 못한 평가를 받기도 한다. 결국 '유교 부흥'을 절대 과제로 삼았고 또 (촉을 정통으로 본) 주자학이 관학으로 서서히 자리 잡아 간 시대인 송·원·명 시대에 유비상이 확립되었으며, 중국 학문이 실증적 정신의 고증학으로 넘어갈 때를 즈음해서부터 그 상이 무너지기 시작해, 현대에 들어와 갖가지 상이한 평들이 공존하고 있다고 할 수 있다.

객관적으로 보아(여기에서 '객관적'이라 함은 실제 발생한 사건들에 입각할 때라는 뜻이다. 물론 사건에 대한 이야기에도 해석이 들어가지 않을 수 없지만) 유비는 삼국시대를 이끌어 갈 원대한 안목이 부족했고, 지략도 그다지 뛰어나지 않았던 것으로 보인다. 그는 여포, 조조, 원소, 유표 등으로 옮겨 다니면서 몸을 의탁하는 신세를 벗어나지 못했고, 전투를 치를 때에도 그다지 유능하지 못했다. '한실 부흥'이라는 대의명분을 얻었지만, 사실 당대에 누구나 할 수 있는 상투적인 발언이었다고 해야 할 것이다. 좀 심하게 말해, 유비가 제갈량을 만나지 못했다면 과연 삼두마차에 낄 수나 있었을까 하는 생각을 금할 수 없다. 『연의』는 유비의 이런 무능력과 떠돌이 생활을 모두 그의 인덕仁德의 소치로 돌리고 있으나, 대부분 구체적으로 확인하기 어려운 내용들이다.

그러나 따지고 보면 조조, 손권과 유비의 출발점은 너무나도 달랐다. 처음부터 상당한 배경을 가지고 출발한 다른 두 사람과 달리 유비는 그야말로 맨손으로 시작한 인물이기 때문이다. 내가 읽었던 판본에서 유비가 '홀어머니를 모시고 사는 가난한 청년'이라는 이미지로 그려진 것은 이 때문이었을 것이다. '도원결의'—이 이야기는 한편으로 『연의』를 소설적으로 뛰어난 작품으로 만든 미장센이지만, 역사의 맥락에서 보면 이 시대 전체를 보는 시각을 탈락시키고 사적인 감성의 틀로 보게 만든 장치이기도 하다—이후에도 관우와 장비라는 두 용장이 그가 가진 전부였다 할 것이다. 유비가 무능력했다기보다는 애초에 크게 차이가 나는 배경을 극복할 정도의 능력을 가지지는 못했다고 해야 할 것이다. 오히려 유비의 뛰어남은 그런 절대 약세에서 출발했음에도 결국 삼국의 정립을 이루어냈다는 점에 있다. 결국 그의 뛰어남은 사람을 정확히 보는 눈(나관중은 제갈량도 보지 못했던 마속의 허세를 유비가 정확히 짚어낸 것으로 묘사한다), 관우 · 장비 · 조운 같은 용맹하고 충직한 천하의 명장들과 제갈량 · 방통 같은 불세출의 기재奇才들을 끌어안을 수 있는 인간적인 매력, 그리고 무엇보다도 백성들의 신망을 한 몸에 받을 수 있었던 후덕함에 있었다고 해야 하리라. "조조는 천시天時를, 손권은 지리地理를, 유비는 인화人和를 이루었다"는 평가는 정곡을 찌른 것이다. "천시는 지리만 못하고 지리는 인화만 못하다"(『맹자』, 「공손추 하」)고 했으니, "도를 얻은 사람은 도와주는 사람이 많다"得道多助는 말은 유비 같은 인물에 딱 들어맞는 말일 것이다.

그러나 유비의 이런 장점은 동시에 단점이기도 했다. 조조와 손권의 집단이 상하관계가 분명하고 체계를 갖춘 집단이었던 데 비해 유비의 집단은 의리와 인정으로 똘똘 뭉친 임협任俠 집단, '건달들'의 집단이었고, 때문에 수직적인 위계의 집단이기보다는 수평적인 혼화混和의 집단이었다. 그 압권은 온갖 부귀영화를 뿌리치고 유비를 찾아나서는 관우의 모습일 것이다. 이 모습보다 더 '동양적인' 아름다움을 잘 보여주는 경우가 어디에 있을 것인가. 이 대목을 읽으면서 수많은 사람들이 눈물을 흘렸고, 이런 감성이야말로 동북아세계의 근저에서 (많이 희미해지긴 했지만) 여전히 흐르고 있는 그 무엇이 아닐까. 법가사상을 갖추었고 행정 능력이 뛰어난 제갈량이 들어온 후에야 비로소 유비 집단은 체계를 갖춘 집단으로 변했다고 할 수 있다. 그러나 결국 본래의 특성을 잃지 않았음은 죽은 아우의 원수를 갚으려 앞뒤 안 가리고 나선 유비, 장비의 행동이나 후주後主 유선에 대한 제갈량의 눈물겨운 충정에서도 잘 나타난다. 어쨌든 바로 이런 특성이 지식인들에게는 유교적 의리義理의 실현으로, 대중들에게는 끈끈한 인정人情의 표현으로 받아들여졌고, 그것이 촉 정통론의 밑바탕이 되었다. 촉 정통론은 하나의 역사적-정치적 입장이라기보다는 동북아 문명이 띠고 있는 어떤 근본적인 성격의 표현이라고 보아야 하지 않을까.

『연의』는 이런 유비를 조조의 대척점에 놓고 있다. 그러나 우리가 잊지 말아야 할 것은 이런 식의 단적인 대비는 문학적 장치라는 점이다. 소설이라는 장르는 이런 극단적인 대비를 필요로 한다. 그래야만 극적인 효과를 창출해낼 수 있기 때문이다. 선한 주연이 있으면 반대편에는 악한 주연이 있어야 한다. 이는 사실 여부를 떠나서 소설, 『연의』처럼 쟁패爭覇를 다루는 소설이 갖추어야 할 필연적인 구도라 하겠다. 『연의』는 아예 유비의 입을 통해서 이 구도를 노골적으로 드러낸다. 서촉을 빼앗자는 방통의 권유에 유비는 이렇게 말한다. "지금 나와 조조는 물과 불처럼 상극이오. 따라서 조조가 급하게 굴면 나는 느긋하게 처신하고, 조조가 포악하면 나는 어질게 행동하며, 조조가 속임수를 쓰면 나는 충직하게 움직여야 하오. 이렇게 항상 조조와 상반되게 움직여야 대사를 이룰 수 있을 터인데, 혹시라도 작은 이익을 얻자고 천하의 신의를 저버리는 일이 아닐까 두렵소."(60화) 이렇게 자신의 '역사적 역할'에 대해 유비 자신이 분명하게 인식하고 있는 것으로 묘사된다. 이는 당연히 조조는 이런 유비의 대척점에 선 인물로서 묘사되어야 함을 함축한다고 하겠다.

유비의 동생 관우와 장비는 유비와 대조적인 방식으로 그려진다. 관우는 강한 의지와 실력, 유비에 대한 뜨거운 충정, 굳세기 이를 데 없는 자존심 같은 이미지로 그려지며, 장비는 소탈한 성격에 덜렁대는 행동, 그러나 강인하고 강직한 이미지로 그려진다. 미염공美髥公이라고까지 불린 관우의 수염과 고슴도치처럼 뻗어 있는 장비의 수염이 이런 이미지 설정을 압축적으로 보여준다. 물론 이 모든 것은 문학적 '설정'이다. 세 형제의 실제 성격과 모습이야 어쨌든 나관중은 세 형제의 성품과 모습을 정확히 대조시키면서 이미지의 삼각형을 그리고 있는데, 이는 『연의』가 이룩한 최대의 문학적 성취들 중 하나이다. 어질고 지혜로운 유비, 온후하면서도 의리에 찬 관우, 소탈하고 강인한 장비 세 사람의 선명하게 대조되는 이미지 삼각형은 동북아 문학사상 잊히지 않을 '캐릭터'들을 창조해내었다고 하겠다.

그러나 나관중의 문학적 묘사가 더욱 날카롭게 나타나는 곳은 이 세 형제의 마지막 모습을 그릴 때이다. 자신의 무공에 대한 자만심 때문에 결국 형주를 잃고 죽음을 당하는 관우, 아우가 죽자 복수심에 눈이 멀어 정작 무엇이 중요한지를 망각해버리는 유비, 복수심에 사로잡혀 부하들을 괴롭히다가 허무하게 암살당하는 장비에 대한 묘사를 통해 결국 저잣거리 건달들에서 출발한 유비 집단의 문제점이 어디에 있는가를 정확하고 냉정하게 그리고 있다 하겠다. 이들이 전반부에서 보여준 아름다운 모습은 여기에 이르러 정확히 그 상반된 이면을 드러내고 있다는 점에서 인상적이다. 관우의 의리와 용기는 필부의 자만심으로, 유비의 후덕함과 인정은 판단력에서의 아둔함으로, 장비의 소탈함과 호방함은 맹목적인 무모함으로 전락하는 것이다. 세 형제의 죽음에 대한 나관중의 묘사는 전반부에서의 그들의 모습과 정확히 대조를 이루면서 정곡을 찔러 묘사된다.

교활한 천재 조조

이 유 · 관 · 장 삼형제 그 누구와도 유사하지 않은, 말하자면 이들의 이미지 삼각형이 존재하는 면과 다른 면에 존재하는(정사면체의 네 번째 꼭짓점을 생각하면 될 것 같다) 인물이 조조이다. 나관중의 이런 문학적 구성은 가히 천재적이다. 조조는 유비와 더불어 『연의』가 창조한 가장 복잡 · 미묘한 인물이며, 동북아 문학사상 그 이상 다면적인 인물 묘사를 보기 힘들 정도로 흥미로운 인물이다. 그리고 이런 조조의 이미지는 그의 실재를 상당 부분 반영한 것이라고 봐야 할 것이다.

조조만큼 다재다능하고 빼어난 능력을 갖춘 인물도 찾아보기 힘들다. 『연의』 전체를 통틀어 조조와 맞수로 그려진 인물은 제갈량밖에는 없다. 그럼에도 그에게는 늘 교활함의 이미지가 따라다닌다. 조조의 성격을 이렇게 복잡미묘하게 만든 것은 그의 '출신'과 '재능' 사이의 모순이 아니었을까. 환관의 손자라는 그의 출신은 애초부터 그를 비뚤어지게 만들었을 것이다. 원소가 조조를 치면서 건안칠자建安七子의 한 사람인 진림에게 격문을 쓰게 했을 때, 진림은 조조의 바로 그 아픈 곳을 찌른다.

> 사공司空 조조의 할아비 중상시中常侍 조등은 좌관, 서황과 함께 사도邪道로 흘러서 온갖 요사한 짓을 다하고 탐욕과 횡포를 일삼아 교화敎化를 해치고 백성을 괴롭혔다. 그의 아비 조숭으로 말하자면, 본래 조등의 양자로 들어가 성장했으며 뇌물을 써서 벼슬길에 올랐다. 그는 황제께 아첨하고 황금과 벽옥을 수레로 권문權門에 바쳐 재상의 지위에 오른 후 나라의 법도를 어지럽힌 자였다. 조조는 더러운 환관의 후예贅閹之遺醜로, 인덕이 없고 교활하며, 표독하고 난을 일으키길 좋아하니, 세상의 재앙을 즐기는 자이다.(22화)

나관중은 조조가 진림의 글을 읽고서 "모골이 송연해지면서 온몸에서 식은땀이 줄줄 흘렀다. 갑자기 두통이 가시는 듯 자리를 박차고 일어나,……"라고 익살스럽게 묘사하고 있다(평생 그를 괴롭힌 두통도 그의 성격을 굴곡지게 만든 한 원인이 아니었을까 싶다).

그러나 조조의 천재성은 두드러진 것이었다. 조조와 그 두 아들인 조비, 조식은 한시漢詩의 역사에서 한 장을 차지할 정도로 뛰어난 문재文才를 보여주었다. 그는 한평생 손에서 책을 놓지 않은 지식인이었고, 제자백가 전반에 대한 폭넓은 이해를 가지고 있었다. 또 그는 건축이나 기계공학에도 뛰어나 여러 궁전들 및 기계들을 일정 부분 직접 설계했는데, 그가 세운 수도인 업도鄴都는 조조 자신의 기초 설계를 기반으로 한 것이었다고 한다. 게다가 음악, 서예 등 다양한 분야들에서도 재능을 보였다. 더 핵심적인 것으로, 그는 예리한 상황 판단력과 인재들을 끌어모을 수 있는 포용력, 특유의 임기응변과 재치, 익살까지 곁들였으니, 참으로 매력적인 인물임에 틀림없다. 그리고 적어도 젊은 시절에는 한실漢室에 대한 굳은 충정까지 품고 있었다.

결국 이 이율배반, 떳떳하지 못한 출신과 빼어난 재능 사이에 존재하는 엇박자가 조조의 복잡미묘한 성격을 만들어냈다고 해야 할 것이다.

바로 이 때문에 조조는 자신과 정확히 반대되는 유형의 인물들, 즉 유교적 교양으로 무장했으나 실질적인 재능은 모자란 인간들에 대한 모멸감을 표출하곤 했다. 나관중은 이 점을 정확히 묘사하고 있는데, 그것은 다음과 같은 반복되는 표현에서 두드러진다.

> 옆에 있던 한 사람이 이들이 나누는 말을 듣고 손바닥을 두드리고 크게 웃으면서 중얼거린다. "이런 일은 손바닥을 뒤집기보다 쉽거늘 무슨 말이 이렇게 많은가." 바라보니 그는 전군교위 조조였다.(2화)

> 왕윤의 말에 모여 앉은 대신들은 일제히 울음을 터뜨렸다. 그런데 유독 한 사람만이 손뼉을 치면서 웃어댄다. "허허, 그만들 하시오. 이렇게 날밤 새도록 울기만 하면 동탁이 저절로 죽는답디까?" 그는 효기교위 조조였다.(4화)

흔히 (서구의 영향을 받은) 근대 문학에 비해 고전 문학은 문학성이 떨어진다고 말한다. 아닌 게 아니라 카프카나 프루스트, 조이스 같은 현대 작가들의 작품을 읽다가 동북아의 고전을 읽으면 역사책을 좀 길게 풀어놓은 것에 불과하다는 인상을 받을 수도 있다. 그러나 이것은 단견이다. 고전 문학에는 나름대로의 고유한 표현 방식들이 존재한다. 거의 똑같은 표현을 반복함으로써 나관중은 조조의 인물됨을 정확히 포착하고 있다.

자신의 대척점에 존재하는, 유교적 교양은 풍부하지만 현실적인 상황의 타개에는 무능한 관료들을 조조는 신랄하게 비웃고 있다. 삼국시대 같은 풍운의 시대에는 도덕적이지만 문약文弱한 인간보다는 과감하고 영악獰惡한 인간이 더 빛을 발하는 법이다. 게다가 두 구절 모두 조조가 "손뼉을 치면서 웃는" 모습을 그리고 있는데 이 또한 시사적이다. 이 모습에는 자신을 비하하는 귀족들에 대한 반항의식, 위선의 극치를 달린 후한 명교사회名教社會/예교사회禮教社會에 대한 모멸감과 의도적인 반反교양, 예술적인 사람 특유의 신경질적인 예민함 등이 압축적으로 나타나 있다. 조조의 이런 성격은 때로는 호방하고 낭만적인 시인으로, 때로는 냉철하고 합리적인 정치가로, 때로는 무자비하고 잔혹한 간적奸賊으로 나타났다.

나관중은 조조의 이런 여러 측면들을 성공적으로 묘사하고 있으며, 이 인물의 복합성을 여기저기에서 인상 깊게 서술한다. 나관중이 촉 정통론을 취했다고 해서 조조를 오로지 형편없는 인물로만 그렸다면 『연의』의 문학성은 반감했을 것이다. 나관중은 조조가 충의와 용기에 불타던 청년에서 온갖 영화를 거머쥔 난신적자亂臣賊子로 변해 가는 한평생의 모습을 세밀하게 그려내고 있다. 조조의 인물 묘사는 제갈량의 그것보다 뛰어나며 『연의』가 가장 큰 문학적 성공을 이룬 부분이라 할 수 있다. 특히 유비 · 관우 · 장비 삼형제와 조조를 대비시키면서 성공적으로 묘사한 것이 『연의』의 주요 성취라 할 수 있다.

『연의』는 크게 세 부로 나눌 수 있다. 1부는 조조가 주요 적들을 하나하나 무너뜨리면서 패권을 잡아 가는 과정과 고난을 겪으면서도 의리를 지키는 유 · 관 · 장 삼형제의 대비되는 모습을, 2부는 제갈량의 출현과 위 · 촉 · 오 삼국의 성립 과정을, 3부는 중원 회복을 위한 제갈량의 눈물겨운 분투 과정을 그리고 있다.

1부에서는 하진과 십상시의 대립 과정, 동탁과 반-동탁 연합군의 전쟁 과정에서 항상 날카로운 판단력과 과감한 행동, 넓은 시야로 상황을 타개해 나가는 조조의 모습이 그려진다. 그 후 조조가 복양, 육수, 남양 등에서 몇 번 패하기도 하지만 결국 여포, 유비, 원소 등 난적들을 차례차례 무너뜨리면서 중원의 패자 자리를 차지하는 과정이 1부의 줄거리를 형성한다. 이른바 '난세의 간웅奸雄'이라는 평가에 어울리는 모습이다. 특히 중과부적衆寡不敵의 상황에서 원소를 무너뜨린 관도대전官渡大戰은 이런 조조의 행적에서 백미에 해당한다.

그러나 조조의 승리를 좀 더 객관적인 당대의 여러 상황들에 연결시켜 이해할 필요가 있다. 『연의』만 가지고서는 쉽게 포착이 되지 않는 여러 가지 맥락들을 짚어 보자. 우선 조조는 엄청난 권력을 가진 환관의 후예로서 인적 · 물적인 여러 특권(막대한 재산, 그리고 조씨와 하후씨를 아우르는 막강한 인맥)을 얻었으면서도 동시에 환관, 외척, 대大호족 등 이른바 '탁류'濁流를 비판함으로써 '청류'淸流 지식인의 대열에 낄 수 있었다. 즉, 얻을 것은 얻고 버릴 것은 버림으로써 일찍부터 입지를 굳힐 수 있었던 것이다.

또 하나, 조조의 군대는 다른 군웅들의 군대와는 달리 애초부터

사병私兵에서 출발했다. 때문에 일종의 종족적 유대감으로 똘똘 뭉친 군대였고, 수는 5,000에 불과했지만 그 응집력에 있어서는 강력하기 짝이 없었다. 『연의』에서도 조조의 군대를 가리켜 수차례 "정예병"이라는 표현을 쓰고 있다. 여기에다가 조조는 산동성 청주에서 발생한 황건의 난을 진압하면서 또 다른 정예병을 얻게 된다. 100만에 이르는 황건군을 고전 끝에 항복시킨 조조는 그들 중 최정예만을 뽑아서 이른바 '청주병'을 구성한다. 기존의 정예병에 이 청주병이 더해지면서 조조의 군대는 타의 추종을 불허하는 강한 군대로 성장하게 된다. 전쟁의 승패를 결정짓는 것은 일차적으로 군주와 모신謀臣들의 작전과 판단이며, 그 다음으로는 지휘관들의 용맹함과 임기응변이 중요하다. 그러나 이 모든 것들도 군대 자체의 질이 뒷받침해 주지 않는다면 소용없다고 할 수 있다. 조조, 순욱, 정욱, 곽가를 비롯한 빼어난 두뇌들과 하후돈, 허저, 장요를 비롯한 기라성 같은 명장들에 주목하다 보면 자칫 조조의 군대가 얼마나 뛰어난 정예병이었는지에는 주목하지 못할 수 있다. 그러나 조조의 힘을 뒷받침한 중요한 한 요소는 그의 정예병이었다고 할 수 있다.

황건군과 조조의 관계는 매우 밀접하다. 조조 자신은 가학家學으로서 황로黃老의 학문을 공부했다고 하며, 황건군 또한 반反귀족적인 조조에게 호감을 가지고 있었다. 황건군을 무찌름으로써 군벌로서 성장한 조조가 황건군 덕분에 천하를 제패할 수 있었던 것은 역사의 아이러니이거니와, 황건군이 추구했던 세계는 적어도 젊은 시절의 조조—'청류'로서의 조조—와 공감하는 바가 있었다. 곽말약이 조조를 높이 평가한 것(『채문희의 「호가십팔박」胡笳十八拍에 대하여』)도 이

부분이다(채문희에 대해서는 『연의』의 71화를 참조). 조조가 오두미도五斗米道의 본산이었던 한중을 취한 후 장로, 장연('흑산적'의 우두머리) 등을 파격적으로 대우한 것도 필시 이 점과 연관이 있을 것이다.

게다가 조조는 천자봉대天子奉戴를 통해서 권력의 정당성을 확보할 수 있었다. 천자를 끼고 있었기에 그의 명령은 곧 천자의 명령이 되었고, 그에 대한 저항은 곧 반역이 되었다. 원소의 뛰어난 모사謀士인 저수가 원소에게 천자봉대를 권유했으나 원소는 이를 받아들이지 않았으니, 여기에서도 조조와 원소의 판단력에서의 차이가 드러난다. 나아가 조조는 헌제를 그의 근거지인 허도로 모심으로써 중원의 확고한 발판을 굳히게 된다. 조조가 천자를 봉대하고 허도로 천도했을 때, 사실상 천하대세의 절반은 그에게 기울었다고 해야 한다. 이 구도가 얼마나 매력적이었던지, 야심의 극에 달한 말년의 조조도 끝내 찬탈만큼은 삼갔으며(조조는 「술지령」述志令에서 이 점을 그의 충성심 때문인 것으로 묘사했지만, 물론 이는 기만적인 것이다) 자식에게 그 역할을 전해 주는 데 만족했다("진실로 천명이 내게 있다면, 나는 주 문왕처럼 될 것이다." 78화).

조조는 이 근거지에서 둔전제屯田制를 실시했는데, 이 또한 천하 제패의 핵심적인 밑거름이 되었다. 전쟁으로 날이 새고 지던 이 시대에 식량은 턱없이 부족했고 그나마 군량미로 싹쓸이당한 농민들은 유민이 되어 떠돌았다. 조조는 한무제가 서역에서 실시한 바 있던 둔전제('屯' 개념은 역학에서의 세 번째 괘와 연관된다)를 도입함으로써 경제적 기반을 확보했고, 유민들을 흡수함으로써 노동력을 충당할 수 있었다. 토지를 국유화하고 생산수단(특히 소)을 대여해 주고 병사들과 유민들을 통해서 노동력을 충당해 주는 한편 그 대가로 수확의 5~6할을 거두어들임으로써 커다란 성과를 거두었는데, 첫해에만도 100만 곡斛 이상의 식량을 거둬들일 수 있었다. 조조가 전쟁 시에도 얼마나 농민들을 보호하려 노력했는가는 『연의』에서도 여러 차례에 걸쳐 묘사되고 있다. 이런 경제적 기반 덕분에 조조가 천하제패에 성공할 수 있었던 것이다.

조조를 살펴봄에 있어 사상적 배경도 빼놓을 수 없다. 조조는 개인적·심리적으로는 황로학에 가까웠고 기질적으로는 시인이었지만, 정치가·전략가로서는 철저한 법가사상가였다. 조조와 제갈량 두 사람의 핵심적인 공통점은 상벌이 분명하다는 점이었다. 또한 조조는 능력제일주의를 채택했으며, 이 점은 "불인불효不仁不孝한 자라 해도 치국용병治國用兵의 술術만 있다면 모두 천거하라"는 그의 명에 극명하게 나타나 있다. 조조라는 인물의 핵심적인 사상적 배경을 짚어낸다면 아마도 비교적 최근에 사용되기 시작한 범주인 '도법가'道法家에 가까울 것이다.

조조가 이토록 뛰어난 인물이고 또 결과적으로 천하를 제패했음에도 그의 인기人氣는 늘 그다지 높지 못했다. 이것은 상당 부분 바로 『연의』가 묘사하고 있는 그의 교활하고 잔악殘惡한 모습 때문일 것이다. 그는 모든 것을 갖추었지만 정작 가장 중요한 것 즉 '인의'만은 보여주지 못했다. 여기에서 우리는 새삼스럽게 동북아 사회에 공자라는 인물이 남긴 가치의 긴 그림자를 느끼게 된다. 물론 『연의』에서 묘사된 조조의 잔인무도함에는 허구도 많이 섞여 있다. 그러나 이것이 실제 역사를 왜곡한 것은 아니다.

유심히 보면, 『연의』는 조조를 어떨 때는 지극히 호방하고 후덕하지만 또 어떨 때는 치가 떨릴 정도로 잔인한 인물로 그리고 있다. 두 경우를 세심히 비교해 보면 분명한 흐름이 간파된다. 전자의 경우는 그 상황이 천하제패에 이로울 경우이고(특히 인재에 대한 포용력), 후자의 경우는 그와는 반대되는 상황이다. 후자의 상황에서 그의 행동은, 복황후를 때려죽이는 장면(66화) 등에서 볼 수 있듯이 목불인견目不忍見에 달한다. 이 경우보다 더 본질적인 예로서, 서주 백성들을 잔학하게 도륙한 사건이 있다. 도겸의 예측하기 힘들었던 실수 때문에 그의 가족이 몰살당하자, 군사를 일으킨 조조는 애꿎은 서주의 백성들을 참혹하게 도륙한다. 그 상황이 너무나 처참해 진순신 같은 이는 제갈량이 유비를 선택한 것이 바로 이 사건 때문이었다고까지 말하고 있다(『제갈공명』). 형주의 그 많은 백성들이(10만을 넘었다고 한다) 유비를 따라나선 것도 유비를 흠모해서이기도 하지만 다른 한편으로는 조조의 잔악성을 일찍이 알고 있었기 때문일 것이다. 바로 이런 면이 사람들로 하여금 조조라는 인간에게 애정을 느끼기는 힘들게 만들었다고 할 수 있다.

조조의 사람됨을 잘 보여주는 또 하나의 일화는 그 스스로가 "나의 장자방"이라고 말했던 순욱이 그의 권력에 제동을 걸자 결국 그를 압박해 죽게 만든 일이다. 순욱은 정욱 등과 더불어 대표적인 청류 인사로서 그가 없었다면 조조도 없었을 것이다. 『연의』에서는 지나치게 제갈량에게 중점을 둠으로써 순욱, 정욱, 노숙 같은 인물들이 잘 드러나지 않거나 폄하되고 있지만, 이는 다분히 허구적인 것이다. 순욱은 일생에 걸쳐 한실 부흥을 추구했으며 그런 그로서는 조조가 이윤이나 여상(강태공) 같은 인물로 보였을 것이다. 그러나 순욱의 이런 일관된 입장과 날이 갈수록 커져 가는 조조의 야심은 필연적으로 부딪칠 수밖에 없었다. 순욱의 말로는 손끝 하나로도 권좌를 차지할 수 있는 절대 권력을 가졌으나 죽는 날까지 유선에게 충성을 바친 제갈량의 모습과 극명하게 대조된다. 그러나 그 차이는 순욱과 제갈량의 차이라기보다는 차라리 조조와 유비의 차이라고 해야 할 것이다.

조조라는 인물의 가장 큰 비극은 그가 절대 권력을 소유함으로써 결국 권력이라는 절대 괴물에게 정복당했다는 점에 있다. 권력이라는 괴물은 그것을 소유했다고 생각하는 인간을 내부에서부터 정복해버린다. 청류의식과 갖가지 재능, 그리고 인간적인 매력까지 갖추었던 조조는 바로 이 권력에 정복당함으로써 점차 변질되어 그 자신 괴물로 변해 갔으며, 역사는 바로 그 점에 대해 끝까지 냉엄한 심판을 내리고 있는 것이다.

인(仁)과 지(智)의 통합체, 제갈량

이 점에서 제갈량은 조조와 극명하게 대비된다. 제갈량은 한편으로 절대 권력을 쥐고서도 아둔한 후주後主에게 눈물겨운 충정을 바쳤고, 다른 한편으로 권력을 최대한 선용해 철저하게 법가적 원칙을 따라서 공정하게 통치했다. 유사 이래 권력에 정복당하지 않고 오히려 그것을 철저히 활용한 인물로 제갈량만 한 이도 없으리라. 삼국시대의 주인공이 조조가 아니라 제갈량인 것은 단지 『연의』가 문학작품이기 때문만은 아니다. 문학의 주인공은 언제나 비극적이고 고뇌에 찬 인물일 수밖에 없다. 그것은 문학이라는 장르 자체가 요구하는 사항이다.

그러나 『연의』의 주인공이 제갈량인 또 하나의 결정적 이유는 권력과의 관계에서 제갈량이 조조와는 극명하게 대조되는 모습을 보여주었기 때문이다. 『연의』가 길어 중간에 지루해질 수도 있는데도 끝까지 긴장감을 유지하게 되는 것은 제갈량의 이런 모습 때문이다.

제갈량은 왜 유비를 선택했을까? 나관중은 제갈량의 모습을 마치 은사隱士처럼 그리고 있지만, 제갈량 자신이 평소 스스로를 관중과 악의에 비유했으니 그의 본래 모습은 은사와는 거리가 멀었다고 해야 한다. 그는 언제나 자신이 모실 군주를 기다렸다고 해야 한다. 그런데 왜 그는 조조는 그렇다 치고 바로 옆의 손권에게 가지 않고 한심한 패장 유비를 선택했을까? 이 문제는 삼국시대 전체에 있어 최대의 수수께끼로서 아직까지도 이 시대를 연구하는 학자들의 관심거리가 되고 있다. 아마 세 갈래의 답이 존재할 것이다.

가장 도덕적인 관점을 취한다면, 제갈량은 한실 부흥을 꿈꾸었고 유비의 대의명분을 좇아 일신을 바쳤다고 볼 수 있다. 실제 그는 한실 부흥을 자주 이야기했고 중원 회복을 평생의 숙원으로 삼았다. 유비가 관우의 복수를 위해 동오를 치려 했을 때 극구 막았던 것도 이런 맥락에서 이해된다. 그러나 스스로를 관중과 악의에 비교했다는 것은 그가 당대를 이미 춘추전국시대 같은 새로운 전환기로 파악하고 있었다는 뜻이 아닐까? 또 그의 행적을 유심히 보면 유비 개인에 대한 충정이 한실 부흥이라는 대의명분보다 더 앞서는 것이 아니었을까 하는 생각이 들 때도 있다("그는 시무時務를 이해했다고는 할 수 있지만 대의大義를 밝혔다고 할 수는 없으며, 유비에게 충성했다고 할 수는 있지만 한실에 충성했다고 할 수는 없다"는 평가도 있다). 그러나 그의 삶을 이

끈 핵심적인 동기가 한실 부흥과 중원 회복이라는 도덕적 가치였다는 것은 부정할 수 없다.

이와 대조적인, 말하자면 '형이하'적인 관점은 개인적인 이해득실 때문에 그가 그런 선택을 내렸을 것이라고 보는 관점이다. 이미 기라성 같은 참모들이 포진해 있고 천하의 대세를 장악한 위魏보다는 최고 약체인 유비를 선택함으로써 "용의 꼬리보다는 뱀의 머리가" 되려고 했다는 것이다. '무위지치'의 성격이 강한 유비의 특성에 비추어 본다면, 이 또한 제법 설득력이 있다. 심지어 배송지가 인용한 『위략』魏略에서는 제갈량이 유비를 먼저 찾아갔다고 기록하고 있다. 그러나 한 인간의 삶의 의미는 오로지 그의 행동에 비추어 판단할 수밖에 없다. 실제 과정이 어쨌든 제갈량의 위대한 삶을 이런 관점에서만 해명할 수는 없다고 생각한다.

이 두 관점의 중간에 있는, 일반적으로 잘 알려져 있는 관점은 제갈량이 유비의 '삼고초려'에 감동받아서 그를 따라나섰다는 생각이다. 제갈량 자신이 「출사표」에서 이를 밝히고 있으며, 무엇보다 그의 삶 자체가 그것을 여실히 증명해 준다. 제갈량은 자신과의 관계를 "수어지교"水魚之交로 표현한 유비에게 지우지은知遇之恩을 갚으려는 마음이 강했다. 그가 유선에게 늘 강조했던 점도 이것이었다. 유비 집단이 임협적 성격이 강했기에 그들과는 상당히 다른 기질을 가진 제갈량이 일정 부분 동화되기도 했을 것이다. 그러나 그가 융중에서 유비에게 말했다고 하는 천하삼분의 대계大計를 보면, 그는 이미 웅지를 세웠고 그 웅지에 걸맞는 인물로서 유비를 선택했다고 하는 것이 더 적절할 것이다. 따라서 이 관점도 일면적이다.

결국 그를 이해하기 위해서는 천하경륜에 대한 그의 뜻(조조를 무너뜨리고 한실을 부흥시키는 것)과 유비에 대한 감읍感泣, 그리고 사적인 야심 등을 모두 포괄해야 할 것이다. 사적인 야심은 제갈량의 특징이 아니라 인간의 본성 자체이므로, 의미가 있는 것은 앞의 두 가지라 하겠다.

제갈량의 등장은 정말이지 드라마 같은 면이 있으며, 중국사 전체에서 삼국시대가 가장 흥미롭게 회자되는 근본적인 이유도 제갈량에게 있다 하겠다. 그의 등장이 없었다면 도대체 '삼국시대'라는 개념 자체가 성립했을까 싶기도 하다. 늘 패하기만 하면서 떠돌아다니던 유비가 제갈량을 만나 비로소 삼국정립을 이루었으며, 어쨌든 황제에까지 올랐으니 말이다. 더구나 생의 마지막까지 보여준 그의 충정은 삼국시대 전체에 어떤 의미를 부여하는 핵심이기도 하다. 그래서 나관중도 그의 등장을 길게 묘사하면서 문학적으로 극히 공들여 다듬어 내고 있다. 제갈량이 등장하는 대목은 그야말로 한 편의 서정시와도 같다.

그러나 제갈량에 대한 작가의 지나친 애정이 오히려 그에 대한 묘사를 일면적으로 만들어버린 것은 아닐까. 적벽대전 등을 비롯해 그가 치른 전투들에서 제갈량은 거의 신적인 통찰력을 발휘하며, 그에 비하면 나머지 인물들은 마치 바보들처럼 느껴진다(특히 주유와 노숙에 대한 묘사가 그렇다). 그 예리한 조조도 이 대목에서는 좀 멍청해 보인다. 그러나 제갈량에 대한 이런 지나친 묘사는 그를 마치 무슨 신통력을 가진 마법사처럼 보이게 만들며, 이것이 오히려 현실감을 크게 떨어뜨리고 있다. 문학적인 측면에서 볼 때, 『연의』가 가장 성공적으로 묘사한 인물은 조조이지 제갈량이 아니다. 조조에 대한 묘사가 입체적이고 흥미진진하다면 제갈량에 대한 묘사는 너무 일방적이고 밋밋하다. 나관중으로서는 제갈량의 생애 전반부의 이미지와 후반부의 이미지를 극적으로 대비시키기 위해 이런 구도를 짰을 수도 있지만, 이는 얕은 발상이라 해야 할 것이다. 결국 내용상 제갈량에게 찍은 방점이 문학적으로는 오히려 작품의 맛을 떨어뜨리고 있는 것이다. 나는 이 점이 『연의』의 최대 허점이라고 본다.

이 점은 제갈량의 출현과 적벽대전을 묘사한 대목에서 가장 분명하게 나타난다. 이 대목은 『연의』 전체에서 가장 길게 그리고 빼어나게 묘사된 대목이다. 이야기가 매우 박진감 넘치게 전개되기 때문에, 아마 대부분의 독자들이 "손에 땀을 쥐며" 흥미진진하게 읽은 부분이 바로 이 대목이 아닐까 싶다. 섬세하기 이를 데 없이 묘사된 삼고초려, 얼을 빼놓을 정도로 펼쳐지는 제갈량의 신기묘산神機妙算, 유비를 따라 나선 백성들의 비참한 아우성, 아두를 품에 안고 필마단기로 고투하는 조자룡, 장판파 위에 버티고 서서 함성 하나로 조조군을 물리치는 장비, 동오의 문사들과 제갈량이 벌이는 불꽃 튀기는 설전, 노숙, 주유 등 새로운 주인공들의 등장, 황개의 고육지계苦肉之計와 방통의 연환계連環計, '火'자가 씌어진 손바닥을 동시에 펴는 주유와 제갈량, 장강의 밤잔치와 조조의 멋들어진 시 한 수, 불타는 적벽과 격렬한 수전, 화용도에서의 기구한 만남 등, 긴박감 넘치는 이야기들이 숨 돌릴 틈도 없이 펼쳐지는 이 대목이야말로 『연의』의 백미가 아닌가.

그러나 얄궂게도, 뒤집어 생각해 보면 필연적으로, 문학적으로는 가장 흥미진진하고 빼어난 이 부분이 사실상은 가장 허구가 심하고 묘사가 일면적이다. 제갈량에 대한 신격화도 그렇거니와, 적벽대전은 사실상 위와 오의 싸움이며 유비의 역할은 미미했다고 해야 한다. 그러나 『연의』는 이야기 전체를 오히려 사실상은 도망친 것밖에는 별로 한 일이 없는 유비 측을 중심으로 서술하고 있으며, 위와 오는 거의 조연으로 처리해버리고 있다. 게다가 여러 사람들이 지적한 바 있듯이, 적벽대전이 과연 그만큼 결정적인 전투였는가 하는 점에도 의구심이 든다. 이 대전 때문에 조조의 권력이 기울어버린 징후들은 별달리 포착되지 않기 때문이다. 심지어 이 전쟁을 아예 언급조차 하지 않은 사서들도 있다. 조자룡과 장비의 무용담, 관우와 조조의 해우 같은 이야기들도 물론 과장되어 있거나 허구적인 것들이다. 결국 『연의』에서 문학적으로 가장 뛰어난 부분이 역사적 진실성이 가장 희박한 부분이라고 할 수 있다. 허구는 거짓이지만, 인간이라는 존재에게는 허구가 중요한 역할을 하는 것이 사실이다. 그러나 적어도 역사소설에서는 허구가 진실을 압도해버려서는 안 된다.

그렇다면 실제 제갈량은 어떤 인물이었을까. 나관중이 진수의 역사서를 참조해 재구성한 제갈량의 인물됨과 사상은 그가 유비를 처음 만나 역설한 이른바 '융중대'隆中對, 동오의 모사들과 벌인 설전(이 대목에는 나관중의 창작이 많이 가미되어 있다), 그리고 「출사표」 등에서 가장 잘 드러난다. '융중대'에서 제갈량은 다음과 같이 말한다.

> 이제 조조가 100만의 무리를 거느리고 황제를 앞세워 제후를 호령하니, 그와는 함부로 힘을 다툴 수 없게 되었습니다. 손권은 강동을 손에 넣고 이미 3대를 이었으며, 지형이 험하고 백성들이 따르니, 그와

화친하여 힘은 빌리더라도 함께 도모할 수는 없는 형세입니다. 형주는 (…) 군사를 일으키고 천하를 다스릴 만한 땅입니다. (…) 익주는 (…) 천부지토天府之土라 하여 한고조께서도 이 땅을 의지하시어 제업帝業을 이루었습니다. (…) 형주와 익주를 발판으로 (…) 진천으로 나아가신다면, 어느 백성이 뛰어나와 장군을 맞이하지 않겠습니까? 진실로 이와 같이 한다면 가히 대업을 이룰 수 있을 것이요 한나라 황실을 다시 일으킬 수 있을 것입니다. (…) 패업을 이루시려거든 북쪽은 천시를 얻은 조조에게 양보하고 남쪽은 지리를 손에 넣은 손권에게 양보한 다음 인화를 얻으십시오. (…) 조조, 손권과 더불어 정족지세鼎足之勢를 이루십시오. 그런 뒤에라야 중원을 도모할 수 있을 것입니다.(38화)

여기에 제갈량의 생각이 압축적으로 나타나 있다. 첫째, 조조와 손권에 대한 생각의 차이가 명확하다. 조조는 이미 대세를 장악했으나 쳐서 부셔야 할 적이며, 반면 손권은 "백성들이 따르니" 화친해야 할 존재이다. 둘째, 중원 회복과 한실 부흥의 의지와 방법이다. 즉, 형주와 익주를 기반으로 해서 두 갈래 길로 나아가 중원을 회복하고 한실을 부흥시켜야 한다는 것이다. 셋째, 유비의 정통성에 대한 믿음이다. 그가 중원을 회복하면 "[모든] 백성들이 뛰어나와 맞이할" 것이라는 신념이다. 아울러 조조의 천시, 손권의 지리, 유비의 인화를 대비시키고 있다. 넷째, 삼국정립이라는 구도의 제시이다. '천하' 전체를 굽어보는 식견이 놀랍다.

'융중대'가 공명의 시대 인식을 분명하게 보여준다면, 동오 선비들과의 설전은 공명이라는 사람 자체를 잘 보여준다. 유비의 패퇴를 비꼬면서 공명을 면박하는 장소에게 공명은 유비의 인의와 현실적 궁핍함을 대조시키면서 응대한다. 그러면서 유비의 옹색한 처지를 비꼬는 우번의 공격에 대해서는 훨씬 좋은 여건을 가지고 있으면서도 조조를 두려워하고 있는 동오의 선비들을 역공한다. 또, 조조를 은근히 치켜세우면서 유도심문을 펼치는 설종에게는 유교적 가치를 역설하면서 조조를 "한나라의 역적"이라고 잘라 말한다. 엄준이 공명의 학문을 묻자, 이에 대해 그는 다음과 같이 답한다.

> 옛 문장이나 글귀를 따지는 것은 세상의 썩은 선비들의 일이니, 어찌 나라는 일으키고 공을 세울 수 있으리오. 옛날 신야에서 밭을 갈던 이윤과 위수에서 낚시질하던 자아(강태공)며, 장량과 진평 같은 사람이나 등우, 경감 등은 모두 우주를 바로잡는 재주를 가졌지만, 그들이 평생 무슨 경전을 공부했다는 말은 들어본 적이 없소이다.(43화)

"옛 문장이나 글귀를 따지는 것"은 바로 한의 학문인 훈고장구학을 말한다. 공명은 이 훈고장구학에 몰두하는 학자들을 "썩은 선비"라고 표현하고 있으니, 이는 그가 자신의 시대는 이미 훈고학과는 다른 학문을 필요로 하는 시대라는 점을 분명히 파악했음을 뜻한다.

이것은 두 가지 핵심적인 사항을 함축한다. 하나는 제갈량의 목적은 이윤, 자아, 장량, 진평, 등우, 경감 같은, 오늘날로 말하자면 혁명가들에 있지 직업적 학자에 있지 않음이다. 또 하나는 제갈량이 이미 한대 훈고학에서 위진남북조 시대의 새로운 학문으로 이행하는 흐름 속에 서 있었다는 점이다. 위진남북조 시대는 유교적 훈고학의 시대가 아니라 현학玄學과 불교의 시대이며, 번잡한 주석이나 문헌 분석이 아니라 사태의 본질을 꿰뚫는 날카로운 직관과 짧으면서도 명징한 표현을 중시한 시대이다. 희대의 천재로 일컬어지는 왕필이 대표적인 경우이다. 훈고장구학의 시대였다면, 그토록 젊은 나이에 위대한 업적을 남기는 것은 애초에 불가능했을 것이다. 제갈량이 "시무를 아는 사람"이며 또 문헌들의 세세한 부분들보다는 그 큰 흐름을 파악하는 데 주력했다는 기록이 남아 있거니와, 이 두 가지가 제갈량 사상의 핵심적인 특징이다.

이런 사상적 배경과 웅대한 계획을 가지고 있던 제갈량은 불세출의 재능으로 마침내 삼국정립을 이루어냈으나, 형주를 잃음으로써 결국 그의 전체 구상에는 금이 가기 시작했다고 할 수 있다. 형주와 익주에서 동시에 중원으로 나아가려던 그의 계획은 형주가 무너짐으로써 한 날개가 꺾인 것이다.

그러나 제갈량의 참모습은 삼국정립을 이루어 가는 과정보다는 오히려 유·관·장 삼형제가 죽고 촉의 모든 것을 떠맡게 된 이후에 드러난다. 앞에서도 말했듯이, 적벽대전을 비롯한 여러 전투에서의 그의 모습은 신출귀몰한 마법사처럼 보이는데, 이것은 물론 『연의』가 대중의 기호에 영합하기 위해 만들어낸 제갈량 상이다. 제갈량 이야기 외에도 『연의』에는 주술적인 이야기들이 상당히 많이 등장하는데 모두 당대 대중의 기호가 반영된 대목들이다. 그러나 제갈량의 경우는 좀 심각한데, 그의 이런 마법사 같은 모습은 그의 실상과 정확히 반대되는 것이기 때문이다. 대중은 이성적이고 논리적인 것보다는 뭔가 신기하고 천재적인 것을 좋아하기 마련이다. 그리고 이런 경향이 가장 결정적으로 압축되어 나타나는 것이 곧 미래에 대한 예측이다. 미래를 예측할 수 있다는 것이야말로 대중의 호기심을 강하게 자극하며, 한국 땅에 끝도 없이 널려 있는 (참으로 얄궂게도 "철학관"이라 이름 붙여진) 점쟁이집들이 이를 잘 보여준다. 『연의』에 계속해서 나타나는 점성술이나 역易 이야기들은 이런 정황을 반영한 것이다. 여기에 한 인간의 외모에 엄청난 비중을 두는 이야기들도 자주 등장하는데(제갈량이 위연의 뒤통수를 보고 그의 역심을 예측했다는 이야기 등), 이 또한 현상과 실재를 구분하지 못하는 대중의 무지에 영합하는 이야기들이다. 그러나 이런 이미지들을 제갈량에게 부여하는 것은 진실의 완벽한 왜곡이다. 제갈량은 철저하게 합리적으로 사고한 인물로서, 정보를 모으고, 천문지리를 연구하고(그가 동남풍을 이용한 것—이것이 사실이라면—도 그의 과학적 연구의 결과이지 어떤 신통력에 의한 것이 아니다), 상황을 분석하고, 갖가지 경우의 수들을 따져보는 분석적 사유의 소유자였다. 지나치게 신중하고 치밀한 것이 어떨 때는 그의 약점으로 작용했을 정도였다. 그가 임기응변에 능하지 못했다는 지적이 있는데, 오히려 이것이 정확한 지적이라 해야 할 것이다. 제갈량을 천재적 직관이나 신기한 능력의 소유자로 보는 것은 큰 왜곡이다. 바로 그렇기 때문에 제갈량의 능력이 완벽에 가깝도록 드러난 곳은 전쟁보다는 정치였다. 전쟁의 멋있는 장면들이나 흥미진진한 이미지들은 표피적인 것들이며, 그 뒤에서 움직이는 정치적 상황이 더 본질적인 것이다. 제갈량의 신출귀몰한 작전에만 주목하면, 그가 촉을 얼마나 뛰어나게 통치했는가는 잘 보이지 않는다.

제갈량은 중원 회복과 한실 부흥의 대의를 마지막 날까지 추구했는데, 이때의 그의 생각은 유명한 「출사표」와 「후출사표」에 잘 나타나 있다.

> 전한이 흥한 것은 현명한 신하를 가까이하고 소인배를 멀리했기 때문이며 후한이 무너진 것은 소인배들을 가까이하고 현명한 신하를 멀리한 때문이니, 선제께서는 생전에 신들과 이런 이야기를 나누면서 일찍이 환제와 영제 때의 일에 대해 통탄을 금치 못하셨습니다.
>
> (…)
>
> 선제께서는 신을 비천하게 여기지 않으시고 세 번씩이나 몸을 낮추어 몸소 초려를 찾아오시어 신에게 당세의 일을 자문하시니, 신은 이에 감격하여 마침내 선제를 위해 몸을 아끼지 않으리라 결심하고 응하였습니다. (…) 선제께서는 신이 삼가고 신중한 것을 아시고 돌아가실 때 대사를 맡기셨나이다. (…) 노둔하나마 있는 힘을 다해 간흉한 무리를 제거하고 한실을 다시 일으켜 옛 도읍으로 돌아가는 것만이 바로 선제께 보답하고 폐하께 충성하는 신의 직분입니다. (…) 신이 받은 은혜에 감격을 이기지 못하옵니다! 이제 멀리 떠나는 자리에서 표문을 올리며 눈물이 앞을 가려 무슨 말씀을 아뢰어야 할지 모르겠나이다.

> 선제께서 한나라와 역적[魏]은 양립할 수 없으며, 왕업은 천하의 한 지역에만 안주할 수 없다고 생각하시어 신에게 적의 토벌을 부탁하셨습니다. (…) 역적을 치지 않는다면 왕업 또한 망할 것이니, 앉아서

망할 때를 기다리기보다 그를 쳐야 하지 않겠사옵니까? (…) 바야흐로 백성은 궁하고 군사들은 지쳐 있으나 대사를 그만둘 수는 없습니다. (…) 대개의 길은 이처럼 예측하기 어렵사옵니다. 이제 신은 몸을 바치고 정성을 다해 오로지 나라를 위해 죽을 때까지 일할 뿐이니, 일의 성패와 이해利害는 신의 소견으로는 능히 예견할 수 없는 일이옵니다.

한실이 무너진 것에 대한 애통함, 역적 조조의 토벌과 한실 부흥에의 의지, 삼고초려로 시작되는 유비와의 인연과 남은 뜻을 이으려는 충신의 애절한 마음 등이 절절히 묻어 나온다. 그리고 「후출사표」에서는 촉에 안주해 있다가는 결국 위에게 망할 수밖에 없을 것이라는 절박한 판단이 배어 나온다. 후주가 "천하가 바야흐로 정족지세를 이루어 동오와 위도 전혀 서로 침범하지 않거늘, 상보相父는 어찌하여 평안히 태평을 누리시려 하지 않습니까?"라고 물었을 때, 공명은 "신은 꿈에서조차 위를 토벌할 일을 한시도 잊은 적이 없습니다"라고 답한다. 개인의 영달을 접어 두고 죽는 날까지 충정을 바치는 한 인간의 모습이 여기에 있다.

제갈량은 둔전병屯田兵을 두어 농사와 식량 조달에 힘썼고, 목우木雨, 유마流馬, 연노連弩 등을 비롯한 많은 기술적 성과도 거두었다. 그리고 무엇보다 군사를 부림에 철저하게 신의에 기반했으며 바로 그 때문에 군사들의 사랑을 받았던 것이다. 『연의』에는 마지막까지 혼신의 힘을 다하는 공명의 모습이 이렇게 묘사되고 있다. "공명은 병든 몸을 억지로 일으켜 와주의 부축을 받으며 작은 수레에 올라 각처의 영채를 두루 살폈다. 가을바람이 얼굴에 스치니 그 냉기가 뼛속까지 스미는 듯했다. 공명이 한숨을 내쉬며 탄식한다. '내 다시는 싸움에 나가 적들을 토벌하지 못하겠구나. 유유한 창천이여, 어찌 이렇게 끝내십니까!'" 이 대목을 읽으면서 여러 번 눈시울을 붉혔다. 제갈량이 위대한 것은 절대 권력을 쥐고 있으면서도 개인적 영달은 안중에 없이 대의와 의리에 혼신의 힘을 바친 이런 점에 있을 것이다. 그가 죽었을 때에도 "뽕나무 800그루와 밭 15경"이 남은 재산의 전부였다고 한다. 그가 죽었을 때 애통해하지 않은 사람이 없었던 것은 그의 이런 모습 때문이었다.

유 · 관 · 장, 조조, 제갈량 다섯 사람에 대해서만 이야기했으나 『연의』를 읽는 맛은 역시 그 수많은 인물들의 가지각색의 모습을 음미하는 일일 것이다. 그러나 『연의』는 근대 소설이 아니다. 즉, 개인의 심리를 묘사하거나 한 인간의 내면을 직접적으로 들여다보는 소설이 아니다. 호메로스의 『일리아스』로부터 초기 근대 소설에 이르기까지, 대부분의 문학은 사건/행위와 말을 통해 인간을 표현해 왔다. 『연의』 역시 이런 성격을 띠며, 때문에 독자들로 하여금 깊이 사유하면서 읽을 것을 요구한다. 다시 말해 끝없이 이어지는 사건/행위와 대사를 신중하게 음미하면서 그것들로부터 주인공들의 인물됨을 스스로 읽어내야 하는 것이다. 이렇게 읽을 경우 별 의미 없이 느껴지는 대목들, 지루하게 반복되는 듯한 대목들도 전체적인 연관성 속에서 복잡다단한 의미를 띠고 있음을 발견하게 된다. 이렇게 거듭거듭 음미하면서 읽을 때 우리는 새삼스럽게 『연의』가 얼마나 뛰어난 소설인가를 발견하게 된다.

『연의』를 읽는 시간은 늘 행복했다. 특히 제갈량은 내게 하나의 꿈이요 이상이요 낭만이었다. 마지막까지 신의를 저버리지 않는 갸륵한 마음과 불가능하다는 것을 알고 있었을지도 모르면서 삶이 다할 때까지 온몸을 살라 쟁투하는 모습이 내게 삶의 한 모델이 되었던 것 같다. 이제 소년의 마음을 설레게 하던 그 시간도 아득한 저편으로 사라졌으니, 시간이야말로 누구도 대적하지 못할 절대적 힘이 아니런가.

滾滾長江東逝水	장강은 넘실넘실 동으로 흐르는데
浪花淘盡英雄	물거품처럼 흩어져 간 영웅들이여,
是非成敗轉頭空	시비승패 모두가 찰나에 공空이로구나.
青山依舊在	청산은 의연히 저렇게 서 있건만
幾度夕陽紅	석양은 몇 번이나 붉게 물들었던가.
白髮魚樵江渚上	백발의 어부와 나무꾼 저 강가에서
慣看秋月春.	가을 달 봄바람을 얼마나 보았을꼬.
一壺濁酒喜相逢	한 병 막걸리 들고 반갑게 만나
古今多少事	고금의 길고 짧은 이야기들 모아
都付笑談中	엮어 가면서 함께 웃어나 보세

시간의 강으로 물거품들이 흩어져 사라지듯이, 그 숱한 영웅들도 시간을 이기지 못하고 사라져 갔다. 역사의 진정한 주인공은 시간이 아닐까. 그러나 언어는 시간을 정복한다. 문학은 시간을 언어 속에 형상화해낸다. 그 언어 속에서 우리는 쓸쓸한 시간들을 견딘다. 삶이란 가끔씩 견디기 힘든 허망함으로 다가오지만, 시간의 한 줄기를 잡아

유장하게 풀어낸 문학작품들이 있는 한 그 허망함 또한 견디어낼 수 있으리라.

군도(群盜)의 시대

『연의』 못지않게 사춘기 소년의 꿈과 낭만을 키워 주었던 소설은 『수호지』와 『임꺽정』이었다. 어떤 면에서는 『수호지』가 『연의』보다 더 흥미로웠다. 『연의』는 사회의 상층부를 다룬 이야기이다. '왕후장상'王侯將相에 대한 이야기인 것이다. 그리고 이야기 전체를 관류하는 것은 '천하통일'이라는 주제이다. 그렇기 때문에 전체적인 플롯이 단일하고 반복적인 면이 있다. 이에 비해 『수호지』는 사회의 하층부를 다룬 이야기이며 108명 호걸 한 사람 한 사람에 대한 이야기이기 때문에, 플롯들이 다채롭고 이야기의 전개가 무척 아기자기하다. 축구[毬] 하나 잘해서 졸지에 태위에 오르는 한량, 제할提轄 노릇을 하다가 사람을 죽여 팔자에도 없는 승려 노릇을 하게 된 거한, 아내를 노리는 놈팽이에게 걸려 먼 타향으로 귀양 가게 된 금군교두禁軍教頭, 계속 비틀어지는 삶을 다잡으려고 발버둥치다 결국 녹림綠林에 들게 되는 제사制使, 거부의 생신강生辰綱을 터는 일곱 명의 호한들을 비롯해 무수한 인간 군상들의 다채로운 이야기들이 담겨 있다. 등장인물들의 개성이나 그 개성에 걸맞은 플롯들이 옴니버스 형식으로 이어지며, 다시 각 단편들의 연계관계가 세밀하게 이어져 있기 때문에 문학작품으로서의 역동성이 뛰어나다.

『연의』와 마찬가지로 『수호지』에서도 인물들의 파노라마를 음미하는 맛이 특히 각별하다. 이는 『임꺽정』의 경우도 마찬가지이다. 다만 『연의』가 영웅들을 그리고 있다면, 『수호지』와 『임꺽정』은 호걸들을 그리고 있다고 하겠다. 『수호지』와 『임꺽정』은 당대를 살아가는 민중들의 삶이 손에 잡힐 듯 그려지고 있기 때문에, 『연의』에서는 느끼기 힘든 측면들을 만끽할 수 있다.

『수호지』를 읽는 맛은 역시 저항의 몸짓들과 뜨거운 의리를 음미하는 데서 나온다. 북송 말 아둔한 황제 휘종 아래에서 고구, 채경 등 간신들이 설치는 뒤틀린 현실을 배경으로, 저항과 의리의 드라마가 펼쳐진다.

나는 이 이야기가 기존 세력에 대한 저항의 이야기라는 점에서 커다란 매력을 느꼈다. 세상이 결정해 놓은 테두리 안에서 인정받으려 하기보다는 독자적이고 창조적인 길을 가는 것, 사회가 만들어 놓은 가치들의 위계를 벗어나 순수하고 자유로운 길을 가는 것, 상투적이고 도식적인 삶과는 다르게 사는 것, 이것은 나의 태생적 기질인 것 같다. 바로 그렇기 때문에 기존의 권력에 저항하는 『수호지』와 『임꺽정』의 주인공들의 삶이 가슴 뜨겁게 다가왔다.

그러나 『수호지』가 저항의 이야기로만 구성되어 있는 것은 아니다. 이 소설은 크게 두 부분으로 나누어지며, 1부는 호걸들이 한 사람 한 사람씩 양산박에 모여 마침내 천강성天罡星 36인과 지살성地煞星 72인이 108 호걸을 이루기까지이고, 2부는 이 호걸들이 조정에 귀순해 요동을 정벌하고 '역적들'인 전호, 왕경, 방납 등과 싸워 공을 세우지만 결국 간신들의 음모로 대부분 허무하게 죽는 결말까지이다. 그러나 1부와 2부는 내용상으로나 문학적으로나 성격이 전혀 다르다. 김성탄이 70회로 정리한 판본은 1부까지만 다루고 있다. 반면 시내암의 원작 100회본과 양정견의 120회본에는 '충의 수호지'라는 제목이 붙어 있으며, 2부에도 일정한 의미를 부여하고 있다. 1부에 중점을 두느냐 2부에 중점을 두느냐에 따라 소설의 의미와 특색이 전혀 다르게 다가온다. 2부에 중점을 두는 판본들은 1부의 주인공들 역시 '충의'의 길로 가는 인물들로 그리고 있으나, 김성탄 70회본의 경우는 1부만 다루고 있기 때문에 주인공들의 면면이 충의나 도덕과는 거리가 멀다. 피만 보면 살인귀가 되는 이규, 주동을 끌어들이기 위해 네 살배기 어린애를 죽이는 오용의 꾀 같은 경우가 대표적이다. 『수호지』는 이렇게 중점을 어디에 두느냐에 따라 화적패 이야기가 될 수도 있고 충의군 이야기가 될 수도 있다.

문학적인 면에서도 1부와 2부는 현저히 다르다. 1부에서 호걸들 하나하나가 겪는 이야기들은 각각의 플롯을 따르면서도 전체에 녹아들어가 짜임새 있게 구성되어 있다. 특히 1부의 전반부를 구성하는 이야기들, 즉 구문룡 사진, 화화상 노지심, 표자두 임충, 청면수 양지, 조개와 그 형제들(오용, 공손승, 유당, 완소이, 완소오, 완소칠), 행자 무송, 호보의/급시우 송강, 병관삭 양웅과 반명삼랑 석수 등의 이야기는 각각 독자적으로 다채롭게 전개된다. 1부 후반부에서 송강을 중심으로 계속 형제들이 불어나는 이야기가 펼쳐질 때는 다소 박진감이 떨어지긴 하지만, 중간중간 흑선풍 이규와 낭자 연청이 벌이는 에피소드들이 활기를 불어넣고 있다. 이에 비해 2부에서는 단조로운 전쟁 이야기들이 계속되며, 이미 『연의』에서 볼 수 있는 플롯들과 이야기들이 지루하게 반복되기 때문에 문학적 흥미가 현저하게 떨어진다. 『수호지』는 『연의』에 비해서 뒤로 갈수록 재미가 반감되는 약점을 갖고 있는 것이다. 다만 마지막 부분에서 양산박 형제들이 하나하나 죽임을 당하는 과정에서는 깊은 허무감과 비애감을 맛볼 수 있다.

이렇게 보면 『수호지』의 백미는 2부보다는 1부, 그 중에서도 그 전반부라 할 수 있다. 특히 노지심, 임충, 양지, 조개 형제들, 무송, 송강 등이 겪는 이야기들은 그 하나하나가 흥미로운 서사 구조를 갖고 있는 동시에, 당시 사람들의 삶의 면면들을 바로 눈앞에 펼치듯이 생생하게 보여준다. 『연의』에서는 느낄 수 없는 또 다른 차원의 감동을 주는 것이다. '표자두'豹子頭, '청면수'靑面獸, '급시우'急時雨, '흑선풍'黑旋風 같은 별명들에서는 '현덕'玄德, '운장'雲長, '와룡'臥龍 같은, 『연의』의 주인공들 앞에 붙은 묵직한 별명들을 들을 때와는 사뭇 다른 분위기를 느낄 수 있다. 이 소설, 특히 김성탄 본은 주인공들을 도덕적으로 미화하지 않는다. 주인공들은 남다른 기개와 용력을 가진 호걸들이긴 하지만, 그들의 행동은 보통 사람과 다를 바 없다. 송강이 형님으로 대접받는 기본적인 이유도 그가 돈을 잘 뿌리기 때문이다. 조개 일당도 말로는 도의를 내세우지만 사실상은 날강도들이다. 이런 현실감 넘치는 묘사들 때문에 소설의 이야기들이 더욱 실감난다. 또 바로 그렇기 때문에 『수호지』의 주인공들을 영웅시하는 것은 옳지 않아 보인다.

이 소설의 1부를 수놓고 있는 이야기들은 그 하나하나가 각각 뛰어난 구도를 보여주며, 자체로서 완결된 이야기를 형성한다. 그러나 이 여러 이야기들 중 문학적인 측면에서 압권을 이루는 것은 무송 이야기가 아닐까 싶다. 더 정확히 말해, 무송과 무대, 그리고 반금련, 서문경, 왕파 다섯 사람이 펼치는 드라마이다. 한쪽이 심하게 기울지만 변함없이 뜨거운 형제애, 시동생을 유혹하는 형수, 요부와 색한의 만남, 불륜을 부추겨 이익을 챙기려는 할멈, 남편을 독살하는 여인, 시동생의 복수극과 수난 등 극적인 이야기가 펼쳐진다. 드라마적인 요소가 약한 전통 소설에서 가장 극적인 이야기가 펼쳐지고 있으며, 그래서 잘 알려져 있듯이 소소경은 이 대목을 따로 취해 『금병매』의 1권을 채우고 있다(소소경은 서문경이 살아남는 것으로 이야기를 전개했고, 따라서 시내암의 이야기와 소소경의 이야기는 두 가능세계를 보여준다). 여기에 덧붙여 남의 일이라고 못 본 척하는 이웃들, 증거물을 남겨 놓아 무송의 칼끝을 피하는 의사, 서문경의 돈을 받고 말을 바꾸는 관료들 등 당대의 세태가 생생하게 묘사된다. 아마 중국 고전 소설 전체를 통틀어도 백미의 자리를 차지하지 않을까 싶다.

생각해 보면 『수호지』는 처음부터 끝까지 남성 중심적인 소설이다. 여기에 등장하는 여성들은 대부분 색정녀들이거나 악녀들이다. 시동생에 대한 욕정을 주체하지 못하는 형수 반금련, 송강을 속이고 바람피우는 것도 모자라 더 큰 욕심을 부리는 염파석, 남편을 속이고 엉터리 중과 놀아나는 반교운 등이 그렇다. 또 청풍채의 관리 유교의 아내는 송강 때문에 목숨을 건지고도 배은망덕한 태도를 보인다. 흥미로운 것은 비교적 긍정적으로 묘사되는 여성들, 예컨대 축가장의 여전사인 호삼랑이나 전호 정벌 때 등장하는 경영 등은 사실상 무예를 익힌, 즉 남성화된 여성이라는 사실이다. 『수호지』는 철저하게 호걸들, 건달들의 세계를 그리며 무협적 가치를 드러낸다.

『수호지』의 2부는 1부와 대조를 이루면서 양산박 호걸들이 조정에 귀순해 '정규군'이 되고 이제는 거꾸로 다른 '역적들'을 치는 과정을 묘사한다. 들뢰즈/가타리 식으로 말해서 '전쟁기계'가 '국가장치'

에 흡수된 것이다. 양산박의 문제는 그 구성원 대부분이 한때 관료생활을 하던 사람들로서 다시 조정에 '귀순'歸順해야 한다는 관념으로부터 자유롭지 못했다는 점에 있다.

이 이야기는 내게 많은 것을 생각하게 만들었다. 여기에서 핵심이 되는 인물은 송강이다. 송강은 관리 중에서도 그다지 높지 않은 압사押司를 지낸 사람이다. 그는 『연의』에서의 유비와 비교되는 인물로서, 딱히 재주는 없지만 사람을 끄는 인품으로 양산박의 주인이 된다. 송강 덕분에 양산박은 단순한 도적떼로 떨어지지 않고 의를 지킬 줄 아는 집단의 모양새를 갖추게 된다. 이 점에서 송강이라는 존재는 양산박의 의미 자체라고 해도 지나치지 않다. 그러나 다른 한편 그는 관료적인 의식으로부터 한 걸음도 나아가지 못한 인물로서, 결국 철저하게 봉건적 가치에 순응하는 존재이기도 했다. 그래서 그는 "그렇게 자신을 믿고 따르는 형제들이 있음에도 불구하고 평생 도둑으로 살아야 할 것 같은 예감에 서글퍼진 것"이다. 이와 대조적으로 이규, 무송, 노지심 등 애초부터 관료의식이 철저하지 않은 사람들은 송강에 반발하기에 이른다. 결국 송강 집단은 조정에 귀순해 같은 입장에 있던 다른 도적떼들을 쳐서 공을 세우지만, 전투에서 많은 형제들을 잃고 간신들의 모략으로 하나둘 세상을 떠난다. 세상에서 가장 강한 존재는 무엇일까? 아마 '관념'일 것이다. 천하의 용맹을 갖춘 호걸들도 그들의 마음을 지배하고 있는 관념만은 이기지 못했던 것이다. 그들은 그들의 삶의 실재보다 훨씬 컸던 '도적떼'라는 관념/말의 무게를 넘어서지 못했던 것이다.

『임꺽정』은, 미완성 소설이기는 하지만, 『수호지』와는 다른 결말을 보여준다. 임꺽정을 비롯한 일곱 형제와 서림이 청석골에서 독자적인 세계를 꾸려 나가다가 결국 서림의 배반으로 일곱 형제 모두가 장렬한 최후를 맞이하는 이야기이다. 그런데 청소년 시절 내가 읽었던 『임꺽정』은 「의형제」편부터였던 것 같다. 이번에 새로 사계절출판사에서 펴낸 『임꺽정』을 읽으면서 보니 앞에 「봉단」, 「피장」, 「양반」편이 있고 그 뒤를 「의형제」 세 편, 「화적」 네 편이 잇고 있었다(마지막 편은 쓰이지 못했다). 조사해 보니, 원래 출간된 것이 「의형제」와 「화적」이고 앞의 세 편은 신문에 연재되었으나 출간되지 않았던 것을 뒤에 합쳐 출간한 것이라 한다. 월북 작가이기에 남한에서는 금기시되었던 그의 소설이 긴 세월이 지나서야 제대로 편집되어 출간된 것이다.

이번에 앞의 세 편을 읽어 보게 되었는데, 임꺽정 형제들의 본격적인 이야기가 시작되기 전에 연산군, 중종, 인종, 명종 대의 조선의 역사를 서술하면서 그 사이사이에 임꺽정과 관련되는 인물들의 이야기를 삽입해 놓았다. 각종 사화士禍로 점철된 암울한 시대 상황이 잘 묘사되어 있고, 갖바치를 비롯해 여러 인물들을 복잡하게 얽어 놓아 읽는 맛이 있다. 인종이 수상한 이유로 세상을 뜬 직후인 이 시대의 극한적인 상황이 이렇게 묘사되고 있다.

> 육칠 년 동안 내려오며 연년이 흉년이 든 끝에 이 해 가을에 늦장마가 심하여서 (…) 사람은 고사하고 까막까치까지도 먹을 것이 없어서 인분이나마 먹어 보려고 뒷간에 와서 기웃거린즉 인분까지 없어서 뒷간이 비었다는 말이니 이 말이 거의 사실이나 다름없었다. 양반은 편지로 살고 아전은 포흠逋欠으로 살고 기생은 웃음으로 살지마

는, 가난한 백성들은 도적질 아니하고 거지짓 아니하면 굶어 죽을 수 밖에 없었다. 도적으로 뛰어나와서 재물 가진 사람을 죽여내고 거지가 되어 나와서 밥술 먹는 집에 들싼대기도 하지마는 북망산에는 굶어 죽은 송장이 늘비하였었다. 이와 같은 흉악한 살년에 갸륵한 상감이 수상하게 돌아갔다. 득세한 간신들이 살육을 몹시 한다. 이것저것이 겹치고 덮치어서 서울 사람은 인심이 송구하다고 시골로 내려가고 시골 사람은 시골 인심이 소란하다고 서울로 올라왔다.(「양반」편, '살육')

앞의 세 편에서는 이렇게 각종 사화가 들끓는 가운데 흉년까지 겹친 살풍경한 시대상이 묘사되고 있다.

이 소설은 근대에 들어와 쓰인 것이어서 근대적 소설 기법들을 엿볼 수 있다. 두드러진 것은 관점의 이동이다. 어떤 사람의 관점에서 일정하게 이야기가 진행되다가 또 다른 사람의 관점에서 다른 이야기가 진행된다. 그 과정에서 앞의 관점이 어느 순간 뒤의 관점의 한 지점에서 나타나면서 상황들이 더욱 역동적으로 연결된다. 구키 슈조九鬼周造가 『우연론』에서 전개한 사유와 관련된다고 하겠다. 그러나 앞의 세 편은 뒤의 편들과의 연계성이 다소 떨어지고 전체적으로 지루한 감이 있다.

새로 읽게 된 편들에서 주목하게 된 부분은 갖바치라는 존재의 삶, 그리고 임꺽정이 양반에게 증오심을 품게 되는 과정에 대한 묘사이다. 갖바치는 허구적 인물이지만, 소설 전체를 놓고 볼 때 중요한 의미를 띤다. 소설을 세 부분으로 나누어 볼 때, 앞의 세 편의 주인공은 갖바치이다. 갖바치는 임꺽정에게 깊은 영향을 끼친 인물로 묘사된다. 그러나 임꺽정은 갖바치의 영향을 받은 사람의 모습을 보여주지 못하며, 이 점에서 갖바치와 임꺽정의 연결고리에는 다소 무리가 따른다. 어떤 면에서 이 소설은 갖바치의 삶과 임꺽정의 삶을 대비시키고 있다고도 할 수 있을 듯하다.

사지가 뇌의 지배를 받는 것과 유비적으로, 문文과 무武를 날카롭게 구별하는 동북아 문화권에서 무인들은 늘 그 위에 존재하는 문인의 지배를 받았다. 제갈량과 관우, 장비, 조운이 그렇고, 송강·오용과 다른 호걸들이 그렇고, 또 삼장법사와 손오공·저팔계·사오정이 그렇다. 그러나 역사적 임꺽정의 경우 임꺽정이 최고 지도자가 되었고, 바로 그것이 그대로 임꺽정 집단의 한계가 된다. 이 구도를 소설적으로 보완해 주는 인물이 갖바치이다. 흥미로운 것은 갖바치와 서림의 관계인데, 두 사람은 임꺽정을 사이에 두고 서로 대조를 이루면서 소설의 대칭 구도를 형성하게 된다. 역사적 실재에서(사실 뚜렷하게 검증되어 있지는 않은 이야기이지만) 서림이 임꺽정을 배반하고 죽음의 구렁텅이로 모는 인물이었다면, 갖바치는 그 서림과 대칭을 이루는 소설적 인물이라고 할 수 있을 것이다.

갖바치(양주팔)는 아마도 벽초가 생각한 이상적인 인물(이상적인 지식인)일 것이다. 갖바치는 백정 출신이기에 삶의 밑바닥을 체험한 인물이며, 그럼에도 학업을 쌓아 서경덕, 조광조를 비롯한 당대 인물들과 교우를 쌓는다. 그리고 심정의 아우인 심의를 죽음으로부터 구해내는 등 여러 가지 선행을 쌓는다. 갖바치는 미래를 걱정하는 심의에게 "광야우야 무재무해"狂也愚也 無災無害라는 여덟 글자를 써 주었는데, 여기에는 미친 척하고 바보처럼 굴어야 살아남으리라는 생각이 들어 있다. 갖바치는 혁명가가 아니며, 단지 현실에 대해 깊이 체념한 상태에서 자신이 할 수 있는 선행을 행하는 인물이다. 이 모습은 어쩌면 일제 강점기를 살아야 했던 벽초 자신의 모습일지도 모르겠다. 결국 갖바치는 불가에 입문해 병해대사가 되고 생불로서 칭송받으며 삶을 마감한다. 갖바치는 암울한 시대에 임꺽정과는 정반대의 길을 걸어간 인물이라 할 수 있으며, 그런 그가 임꺽정(과 이봉학, 박유복)의 스승으로 묘사됨으로써 소설 전체에 일정한 균형을 가져오고 있다.

「양반」편에는 임꺽정이 양반들에게 한을 품게 되는 구체적인 경위가 나타나 있다. 임꺽정의 성격상 애초에 양반에 대한 불만이 컸겠지만, 그 결정적인 도화선을 이황과 연관시켜 구성한 점이 재미있다. 이황의 형 이해가 모함을 받아 죽어 그 시체가 양주에 방기되었을 때, 임꺽정 부자가 그 시체를 관에 넣어 처리해 준다. 그러나 꺽정의 의기는 오히려 동네 사람들의 분노를 산다.

> 양주읍도 선비가 살고 양반이 사는 곳이라 이해와 같은 명망 있는 인물이 애매한 죄로 거리 송장이 된 것을 분하게 생각하는 선비도 있었고 가엾게 여기는 양민도 있었지만, 그 썩는 송장을 돌아볼 의기 있는 사나이는 하나도 없었는데, 백정의 부자가 있어 양주 사나이의 의기를 드러내니 선비와 양민들은 부끄러운 줄을 모르는 대신에 괘씸히 여길 줄을 알았다.(「양반」편, '익명서')

자신들이 하지 못한 옳은 일을 백정이 하자 오히려 그를 괘씸히 생각하는 시대상이 정확하게 묘사되어 있다. 이 일로 마침내 꺽정 부자는 관가에 끌려가 곤경을 당하게 되고, 꺽정은 양반사회에 대한 분노를 품게 된 것이다.

그러나 벽초는 임꺽정을 이런 분노를 보다 높은 의식과 행위로 승화시키지 못한 인물로 묘사한다. 임꺽정은 양반에 대한 분노를 품고 있었으나 세상을 바꾸겠다거나 약한 사람들을 위해 투쟁하겠다는 생각은 하지 못한다. 꺽정은 "양주팔과 같은 도덕도 없고 서기[꺽정의 친구]와 같은 학문도 없는" 인물로 묘사된다(「화적」편, '청석골'). 임꺽정이 청석골에 들게 된 것도 어떤 뚜렷한 사상이나 가치 때문이 아니라 우연한 상황 때문이었다. 옆집 최가의 밀고로 가족들이 죽거나 다치자 임꺽정 앞에는 세 가지의 길이 나타났다. 옥으로 들어가 관가에 순응하는 길, 혼자 내빼는 길, 파옥해서 청석골로 가는 길. 임꺽정은 마지막 길을 선택하지만 '도적놈'이라는 개념 자체에 대해서는 철저하게 체제 순응적이다. 그는 "자기가 늦깎이로 도적놈 되는 것도 마음에 신신치 않거니와 외아들 백손이를 도적놈 만드는 것이 더욱 마음에 싫었다."(「의형제」편, '결의') 물론 이것은 임꺽정과 의형제를 맺은 여섯 형제들(점잖고 뚝심도 있는 이봉학, 머리를 쓸 줄 모르지만 다정다감하고 올곧은 박유복, 성격은 개차반이지만 싸움은 요령 있게 하는 배돌석, 싹싹하고 순수하지만 고생을 해 보지 않아서 꽁한 구석이 있는 황천왕동, 악귀같이 거칠지만 속은 전혀 없는 곽오주, 흉물스럽고 짓궂은 길막동)도 마찬가지이다. 이들 또한 별다른 안목도 생각도 없이 개인적인 사정 때문에 청석골로 들어왔을 뿐이다. 그래서 벽초가 그리고 있는 이들의 모습은 수준 높은 의적들이라기보다는 어찌 보면 어린아이들 같은 도적패들의 모습이다. 이것은 분명 벽초가 임꺽정 집단에 부여한 의미("그가 가슴에 넘치는 계급적 해방의 불길을 품고 그때 사회에 대하여 반기를 든 것만 하여도 얼마나 장한 쾌거였습니까?")와 걸맞아 보이지 않는다. 벽초는 처음부터 끝까지 소설적 과장보다는 역사적 진실성을 택하고 있다.

이런 청석골 집단을 수준 높은 군사집단으로 만든 인물이 서림이다. 서림을 통해 청석골은 체계가 잡힌 도적떼로 변신하고 머리를 쓸 줄 알게 된다. 서림이 없었다면 임꺽정 패는 지나가는 행인이나 터는 여느 도적 패와 다를 바 없었을 것이다. 서림은 대담한 야심마저 보여준다.

> "앞으로 큰일을 하실라면 순서가 있습니다. 먼저 황해도를 차지하시구 그 다음에 평안도를 차지하셔서 근본을 세우신 뒤에 비로소 팔도를 가지구 다루실 수가 있습니다. 그런데 황해도를 차지하시기까지는 아무쪼록 관군을 피하시구 속으루 힘을 길르셔야 합니다."
> 꺽정이가 서림의 말을 들을 때 눈썹이 치어들리고 입이 벌어지더니 몸을 움직여서 서림에게도 가까이 나앉으며 (…) (「화적」편, '청석골')

자신은 생각지도 못했던 웅대한 계획을 듣고서 놀라는 임꺽정의 모습이 잘 그려져 있다. 그러나 임꺽정의 수준은 끝내 일정한 한계를 넘지 못한다. 토포사討捕使가 쳐들어온다는 기별을 들었을 때, 서림이 계책을 내면서 "나중에 모두 잡혀 죽더래두 우리의 이름은 반드시 뒤에 남을 겝니다"라고 말하자 임꺽정은 "도둑놈으로 뒷세상까지 욕을 먹잔 말이오?"라고 반문한다. 서림이 웅대한 비전과 멀리 보는 의기를 내세우는 데 비해, 임꺽정은 자신의 집단이 가질 수 있는 의미를 전혀 이해하지 못하고 있다.

그러나 이런 서림이 결국 임꺽정을 배신할 뿐만 아니라 그를 잡아 바쳐 공을 세우려 한다. 죽음 앞에서 나약한 인간의 모습일까, 아니면 앞에서 한 말들이 모두 빈말에 불과한 것일까. 역사상의 서림이 과연 어떤 인물이었는지를 알 길이 없으나, 적어도 그로 인해 임꺽정 집단이 수준 높은 군사집단이 되었고 또 그의 배반으로 인해 결국 패망의 길로 접어든 것은 사실인 것 같다. 나는 당시 『임꺽정』을 읽으면서 서림에게 계속 오용의 이미지를 오버랩 시키곤 했다. 그러나 서림은 결국 오용 같은 인물은 못 되었고, 그의 한계가 그대로 임꺽정 집단의 한계가 되었다고 하겠다.

서림과 임꺽정의 이런 한계 때문에 『임꺽정』은 『수호지』에 비해 소설적 재미가 현저하게 떨어진다. 박진감 넘치는 사건들의 전개도 부족하고, 인물들도 그다지 매력적이지 못하다. 흥미 없는 짧은 대사들이 계속 이어지기 때문에 지루하고, 이야기가 점점 고조되면서 정점에 이르는 맛이 없다. 이렇다 할 거대한 전투 장면도 보이지 않는다. 전반적으로 『수호지』에서 볼 수 있는 흥미진진하고 긴장감 넘치는 이야기 전개가 보이지 않는다.

그러나 이런 관점은 이 소설을 빗나간 각도에서 보는 것일 수도 있다. 벽초의 의도는 한 편의 멋들어진 이야기, 흥미 위주의 소설을 쓰는 데에 있지 않았던 것이 아닐까. 만일 그가 『임꺽정』을 그런 식으로 썼다면, 우리는 한 편의 멋진 대중오락소설을 얻었을지는 몰라도 위대한 민족소설을 얻지는 못했을 것이다. 벽초는 이 소설을 통해서 조선시대 민중의 삶 밑바닥까지 들어가 그 생생한 삶의 현장을 진실된 언어로 포착하고자 했던 것이다. 때문에 그의 소설에는 과장된 액션이나 이상화된 인물 묘사, 현실과 맞지 않는 매끄러운 사건 전개, 흥미 위주의 이야기들은 나오지 않는다. 동북아 문화 특유의 주술적 요소들(공부를 많이 한 사람은 앞일을 훤히 예측한다는 등의)을 예외로 한다면, 이 소설은 철저하게 사실주의적 태도를 견지하고 있다. 『임꺽정』의 의미는 이 점에 있다고 해야 할 것이다.

『임꺽정』은 안타깝게도 미완성 작품이다. 『수호지』가 뒤로 갈수록 긴박감이 떨어지는 반면 『임꺽정』은 처음에는 지루하다가 뒤로 갈수록 흥미를 자아낸다. 소설이 완성되었더라면 자모산성에서 구월산성으로 전전하면서 마침내 최후를 맞이하는 임꺽정의 모습이 비장하게 그려졌을 것이다. 이 점에서 이 소설은 안타깝게도 가장 중요하고 의미 있는 부분이 쓰이지 못한 채 미완성 소설이 되어버렸다.

서양 근대를 보는 눈

아버지의 서재에서 여러 책들을 붙들고 뒹굴었지만, 대부분이 한국과 중국의 고전들이었다. 서구의 문학작품들을 모아 놓은 전집은 딱 한 질뿐이었다. 이 전집이 유일하게 서구의 작품들을 모아 놓은 것이어서 그랬던지, 거기 포함되어 있는 작품들은 거의 모두 읽었다. 스탕달의 『적과 흑』, 에밀 졸라의 『목로주점』, 브론테 자매의 『제인 에어』와 『폭풍의 언덕』, 앙드레 지드의 『좁은 문』과 『전원교향악』, 톨스토이의 『전쟁과 평화』, 『안나 카레니나』, 『부활』, 도스토예프스키의 『카라마조프 가의 형제들』, 『죄와 벌』, 푸시킨의 『대위의 딸』, 헤르만 헤세의 『데미안』, 『지와 사랑』, 『싯다르타』, 괴테의 『파우스트』, 『젊은 베르테르의 슬픔』, 헤밍웨이의 『노인과 바다』, 『킬리만자로의 눈』, 『무기여 잘 있거라』, 허먼 멜빌의 『모비 딕』 등이 생각난다. 당시 『삼국지』, 『수호지』, 『임꺽정』과 나란히 내 상상력을 자극했던 대하역사소설은 『전쟁과 평화』였다.

『전쟁과 평화』는 1805년과 1812년 나폴레옹의 러시아 침공을 배경으로 다양한 인물들과 사건들이 뒤얽히면서 전개되는 소설로서, 러시아를 대표하는 대하소설이라 할 만하다. 19세기 초 러시아 귀족사회의 면면들, 나폴레옹의 침입과 전쟁터의 풍경들, 쿠투조프의 초토화 작전과 나폴레옹의 퇴각, 그 전쟁의 와중에서 변해 가는 사람들이 그려져 있으며, 중간중간에 각각의 사건의 의미, 역사의 의미에 대한 논설조의 성찰이 등장한다. 무수한 등장인물들의 면면들과 인연들, 유럽 역사상 풍운의 시대였던 나폴레옹 시대의 분위기, 전쟁과 평화가 교차하면서 전개되는 복잡한 사건들로 가득 차 있는 이 소설을 거의 밤을 새우면서 정신없이 읽었던 기억이 생생하다.

『삼국지』를 비롯한 동북아 고전 소설들에 비할 때 이 작품에서 두드러지는 것은 인물 묘사의 섬세함이다. 『삼국지』에는 병사들의 표정 같은 것은 등장하지 않는다. 전통 소설들은 인물들과 사건들을 어디까지나 바깥에서 묘사한다. 그러나 『전쟁과 평화』에는 전쟁을 치르는 숱한 사람들의 마음과 행동이 세세히 묘사되어 있다. 이것은 고전소설과 근대 소설의 두드러진 차이라 할 수 있다. 예컨대 젊은 니콜라이 로스토프가 겪는 심리적인 변화('도대체 이것이 어떻게 된 일일까?

나는 움직이지 않고 있던 걸까? 나는 말에서 떨어졌어. 나는 피살된 것이다. (…)' 순간 그는 이렇게 자문자답했다. 그는 이미 들 한가운데에 혼자 처져 있었다. (…) '아니, 나는 부상당하고 말이 피살된 거야.' 1권, 2편, 19) 이런 식의 묘사는 고전 소설들에서는 찾아볼 수 없다. 따라서 큰 사건이 아닌 매우 미세하고 미묘한 사건들도 세세한 묘사의 대상이 될 수 있다. 음험한 야심가인 바실리 공작이 난봉꾼 아들인 아나톨리를 데리고 와 (못생긴 마리아를 딸로 가진) 볼콘스키 가의 사위로 만들려 했을 때, 세 명의 여인(마리아, 리자, 부리엔느)이 겪는 심리 변화에 대한 섬세한 묘사(1권, 3편 3 이하) 등은 고전 소설들에서는 결코 찾아볼 수 없는 근대 소설의 면모라 하겠다.

이 소설은 세 가문(베주호프 가문, 볼콘스키 가문, 로스토프 가문)을 중심으로 전개되며, 세 가문이 복잡하게 얽히면서 이야기가 입체적으로 짜여진다. 어차피 러시아 상류사회의 이야기이기에 대부분의 주인공들이 얽히고설켜 거대한 그물을 이루고 있다. 소설 전체의 주인공인 피에르 베주호프 백작, 그리고 그 아내 엘렌, 장인 바실리 공작, 처남 아나톨리, 엘렌의 정부 돌로호프 등이 소설의 한 꼭짓점을 이룬다. 다른 한 꼭짓점은 볼콘스키 공작과 또 한 사람의 주인공인 그의 아들 안드레이, 딸 마리아, 안드레이의 아내 리자, 프랑스 여인 부리엔느가 형성하고 있다. 삼각형의 마지막 꼭짓점은 로스토프 가로서, 로스토프 부부와 그들의 자녀인 니콜라이, 나타샤, 베라, 페챠, 데려다 기른 딸인 소냐, 이 댁에 얹혀 살던 드루베스카야 공작부인과 그 아들 보리스가 배치되어 있다. 그리고 나폴레옹과 쿠투조프, 알렉산드르, 사교계의 리더인 안나 파블로브나 등 다양한 인물들이 등장해 시대적 배경을 드러낸다. 대하소설들이 으레 그렇듯이, 이 세 가문은 복잡한 관계를 맺는 것으로 그려진다. 피에르는 원래 로스토프 가와 친했고 후에 나타샤와 결혼한다. 안드레이와 나타샤는 약혼, 파혼, 재회, 이별의 드라마를 만들며 비극적 사랑을 나눈다. 니콜라이는 소냐와의 사랑을 이루지 못하고 결국 마리아와 결혼한다. 전체적으로 작위성이 느껴질 정도로 짜임새 있게 구성되어 있기 때문에, 그토록 복잡한데도 결국 매끈하게 정리되는 '근대적인' 소설의 전형을 보여주고 있다.

피에르 베주호프는 이른바 '방황하는 지성'의 전형이다. 사생아였기에 편안하면서도 불안정한 생활을 영위하던 피에르는 베주호프 공작이 그를 적자로 인정하고 재산의 대부분을 물려줌으로써 졸지에 러시아 최고의 갑부가 된다. 이것은 곧 그가 '최고의 신랑감'이 되었음을 뜻하기도 한다. 방탕한 사생아에서 일약 러시아 최고 부호가 된 피에르는 바실리 공작의 술책으로 러시아 최고의 미인 엘렌과 결혼하나 환멸심만 간직하고서 헤어진다. 피에르의 상속과 결혼을 둘러싸고 주변 사람들이 벌이는 수작들에 대한 치밀한 묘사는 '세상'이라는 곳이 어떤 곳인지를 뛰어나게 묘사해 준다. 화려하고 유치하며 온갖 허식으로 가득 찬 상류사회에서 살아가다가 남다른 삶의 가치를 찾아 방황하는 피에르는 아마도 톨스토이 자신의 분신일 것이다. 다소 몽상적이고 세상 물정 모르는 피에르는 안나 파블로브나의 연회에 가서도 나폴레옹을 찬양함으로써 주변 사람들을 놀라게 한다. 엘렌과 헤어진 후 피에르는 비밀공제조합(프리메이슨)에 가입하면서 '새 사람'이 된다. 이렇게 변모한 피에르는 보기 드물게 선량한 지주가 되어 농민들에게 은덕을 베풀고, 약삭빠른 인간들의 비웃음의 대상이 된다.

피에르의 친구이자 약간 선배 격으로 묘사되는 안드레이 볼콘스키는 피에르와 대조적으로 날카로운 현실감각을 가지고 있는 섬세한 미남이지만, 그 현실감각은 비천한 출세욕이 아니라 고결한 명예욕에 가깝다. 세속적 눈길로 보면 지극히 매력적인 아내가 그에게 오히려 답답하게 느껴진 것은 이 때문이다. 그래서 그는 군인으로서의 명예에 모든 것을 건다. 아우스테를리츠 전투에서 용감하게 활약한 끝에 부상을 당한 그는 나폴레옹의 눈에 띄어 치료받고 고향으로 돌아온다. 그날 남편과 시아버지를 제외한 모든 사람들에게 사랑받던 아름다운 리자는 아들 하나를 남기고 죽는다. 그제야 비로소 숨어 있던 사랑의 감정을 느끼게 된 안드레이는 깊은 자책감에 빠지고 어두운 내면 안으로 침잠한다.

3류 귀족 집안이지만 화목하기 그지없는 로스토프 가에 대한 묘사는 이제 막 피어나는 젊은이들인 니콜라이, 소냐, 나타샤, 페챠 등이 풍운의 세월을 겪으면서 성숙한 성인들로 자라나는 모습들을 보여주고 있다. 니콜라이는 이제 막 사회생활을 시작한 젊은이다운 패기, 실수, 방황, 야심을 보여주면서 사색적이고 어리숙한 피에르나 세련되고 섬세한 안드레이와 대조되는 인물로 그려진다. 소설에서 니콜라이라는 인물은 주로 군대사회의 면면들을 모니터링해 주는 역할을 맡고 있다. 거기에 니콜라이를 사랑하면서도 로스토프 가로부터 입은 은혜 때문에 그를 포기할 수밖에 없는 소냐와 이제 막 꽃봉오리처럼 피어나는 철부지 미인 나타샤가 소설 전체에 낭만적 활력을 불어넣고 있다. 특히 젊은 날의 나타샤에 대한 화사한 묘사는 젊고 아름다운 처녀에 대한 낭만적 묘사의 극치를 이룬다.

인간은 고뇌를 겪음으로써 깨달음을 얻는다("pathei mathos"). 『전쟁과 평화』는 안드레이, 나타샤, 피에르가 역사의 격동기를 살아가면서 숱한 사건들을 겪고 그 겪음을 통해서 깨달음을 얻어 가는 과정을 그리고 있는 일종의 성장소설로서, 이후 유사한 성격의 대하소설들의 원형이 되었다고 할 수 있다.

이 소설은 세 가지 종류의 국면들이 계속 서로 교차하면서 전개된다. 그 하나는 평화로운 시절의 귀족사회라는 국면으로서, 사랑과 결혼을 중심으로 한 이야기가 핵심을 이룬다. 다른 하나는 전쟁을 둘러싸고서 전개되는 국면으로서, 군대라는 곳과 전투, 나폴레옹과의 전쟁 과정 등이 펼쳐진다. 세 번째의 국면은 깨달음의 국면으로서, 주로 피에르의 경험을 통해서 인생과 역사의 의미를 깨달아 가는 과정을 보여준다.

이 소설이 가장 성공을 거둔 부분은 러시아 귀족사회에 대한 날카로운 시선과 비판적 묘사가 아닐까 싶다. 사생아에서 러시아 최고 부호로 변신한 피에르를 대하는 사람들의 태도 변화가 그 한 예이다. 천방지축의 사생아가 갑자기 모든 사람들에게 사랑을 받는 존재가 되고 그 자신도 그것을 내면화하는 과정이 치밀하게 묘사된다. 귀족사회에서 결혼이 가지는 의미에 대한 냉소적인 풍자는 보리스와 줄리의 경우에 두드러진다. 출세에 몸달아하는 젊은 남자들은 막대한 지참금을 가진 노처녀들을 사냥한다. 보리스는 당대의 두 부자 노처녀인 마리아와 줄리를 저울질하다가 좀 더 쉬운 상대인 줄리에게 접근한다. 당대의 유행에 따라 우수와 고독의 분위기를 연출하던 두 사람은 마침내 결혼에 성공한다.

그는 벌써 오래전부터 마음속으로 자기를 [줄리의 영지인] 펜자와 나쥐니이 노브고로드 영지의 소유자처럼 공상하고, 그 수입의 용도까지 정해 놓고 있었다. (…)

"당신은 제 마음을 알고 계시겠죠?" 더 이상 말할 필요는 없었다. 줄리의 얼굴은 승리와 만족으로 빛났다. 그러나 그녀는 보통 이런 경우에 남자가 말해야 할 모든 것을 기어이 보리스에게 말하게 했다. 즉 그가 자기를 사랑하고 있다는 것, 여태까지 자기 이외의 다른 여자를 한번도 사랑한 적이 없었다는 것 등을 남자의 입으로 말하게 했다. 그녀는 펜자의 소유지와 나쥐니이 노브고로드의 숲에 비한다면, 이 정도의 요구는 해도 괜찮다고 생각했던 것이다. 그리고 그녀는 마침내 자신이 요구한 답변을 얻어냈다.

약혼한 두 사람은 이젠 어둠과 우수를 흔들어 떨어뜨리는 나무에 대한 이야기는 입 밖에 내지도 않고, 페테르부르크에 있는 화려한 저택의 설비에 대해서 갖가지의 계획을 세우기도 하고 그곳을 방문하기도 했다. 그리고 호화스러운 결혼식을 위한 온갖 준비를 했다.(2권, 5편, 5)

이 소설은 이렇게 귀족들의 허영과 기만의 세계를 그리는 데 특히 탁월하다. 그러나 이런 전형적인 경우들과 대조적으로 진정으로 낭만적인 사랑 이야기도 삽입되어 있는데, 나타샤와 안드레이의 비련悲戀과 나타샤와 피에르의 사랑 이야기는 소설 전체에 낭만성을 불어넣어 주면서 19세기 귀족사회의 또 다른 측면을 드러내고 있다. 안드레이와 피에르 두 주인공의 사랑을 받는 나타샤의 이야기는 이 소설에 전형적인 멜로드라마적 분위기를 불어넣고 있다. 이것이 이 소설의 대중적 성공 요인일 것이다.

두 번째 측면은 역시 전쟁이라는 상황에 대한 것이다. 이 소설을 두 부분으로 나눈다면, 전반부는 1805년 전투와 그 후의 평화 시기에 해당하고 후반부는 1812년 전쟁과 그 후의 이야기이다. 결국 두 번의 거대한 전쟁이 소설의 중추를 이루고 있다. 부잣집 도련님으로 자란 피에르는 귀족 차림으로 전선에 들어가 전쟁을 체험하게 된다. 군인이 아닌 그는 다가올 전투 앞에서 "어쩐지 가슴 두근거리는 불안감과 일찍이 경험한 적이 없는 새로운 환희의 감정을 맛볼 수 있었다." 그러나 전투의 실상을 경험하면서 그는 비로소 자신이 전쟁에 가졌던 환상이 얼마나 치기 어린 것이었나를 깨닫게 된다. 전투 전날 안드레이는 자신을 찾아온 피에르를 만나게 되고, 그에게 전쟁과 군인에 대한 깊은 회의를 털어놓는다.

> 전쟁은 장난이 아니라 인생에 있어서 가장 더러운 사업이야. (…) 전쟁의 목적은 사람을 죽이는 거야. 전쟁의 도구는 간첩, 반역의 장려, 주민의 황제, 군대를 유지하기 위한 강탈과 절도, 전략이라는 이름이 붙은 속임수와 거짓말이야. 또 군인계급의 성격이란 자유의 결핍, 말하자면 군기의 나태, 무식, 잔인, 방탕, 음주 등이야. (…) 내일이면 사람들은 서로 죽이기 위해 모여서 몇 만이라는 인간을 죽이고 병신을 만들겠지. 그리고 그 뒤에는 많은 사람을 죽였다고 해서 ― 그 숫자를 한층 더 과장하기까지 하면서 말이지 ― 감사의 미사를 올리고 죽인 사람의 수가 많으면 많을수록 공훈도 큰 것처럼 알고 승리를 자

랑하게 되는 거야.(3권, 2편, 25)

전투는 시작되고 안드레이는 심각한 부상을 입은 채 후송된다. 비참한 병동에서 그는 자신과 나타샤의 행복을 박살냈던 원수 아나톨리가 부상당한 다리를 절단당하면서 절규하는 광경을 목도하게 된다. 그 광경을 보고서 그는 비로소 이전의 행복했던, 그러나 그 감정을 모르고서 지나갔던 모든 순간들을 떠올리고, 처음으로 삶과 사람들에 대한 강렬한 사랑의 감정을 느끼게 된다. 전쟁이란 인간에게 모든 것을 앗아가면서 그 대가로 뭔가 소중한 것을 던져 주는 심술궂은 존재인가 보다.

이 소설에서 평화시의 행복은 주로 나타샤를 통해 표현되고, 그와 대조적으로 전쟁/전투에 관련된 상황들은 주로 안드레이를 통해 표현된다. 그리고 두 사람은 평화시의 사랑 · 결혼 이야기와 전쟁 상황에서의 죽음 · 이별 이야기로 밀접하게 엮인다. 전체적인 구성이 탁월하다.

전쟁과 평화라는 두 축을 가로지르면서 깨달음을 얻어 가는 피에르는 이 소설 전체를 관통하는 인물이라 할 수 있다. 전쟁의 실상을 깨달으면서 나폴레옹에 대한 피에르의 생각도 급변하게 되며, 그는 급기야 나폴레옹을 암살하려 기도하기에 이른다. 이 과정은 당대 지식인들이 나폴레옹에 대해 가졌던 일반적인 태도 변화를 반영하고 있다.

피에르는 전쟁터에서 "그들"을, 민중을 발견하게 되고, 한 사람의 민중으로서 묵묵히 살아간다는 것이 무엇을 뜻하는지를 배우게 된다. 특히 플라톤 카라타이예프와의 만남은 그에게 커다란 영향을 준다.

그는 "순박과 진실의 영원하고도 불가사의한, 그리고 원만한 구상화"로서 언제까지나 피에르의 마음에 남게 된다. 아마도 피에르/톨스토이에게 플라톤 카라타이예프로 대변되는 "그들"은 카프카가 만났던 유랑극단 사람들과 유사한 의미를 가졌던 것으로 보인다. 문제는 톨스토이에게서는 "그들"의 범위가 너무 넓고 막연하다는 점이다. 그래서 카프카에게서와 같은 정확한 인식이라기보다는 막연한 상상과 기대의 성격을 띤 무엇 ― "민중"이라는 환상 ― 으로서 느껴진다. 그리고 이런 상상과 기대는 대조적으로 나폴레옹을 비롯한 주요 인물들에 대한 단적인 폄하와 쌍을 이루고 있다.

톨스토이가 이런 사상을 논설조로 설파하는 대목은 지극히 신학적이다. 수동적-자연적으로 살라. 즉, 섭리에 따라 살라. 하느님이 다 알아서 해 주신다는 것이다. "하느님의 섭리는 이들 모든 사람들로 하여금 그 개인적인 목적을 달성하게 하는 한편 하나의 커다란 결과를 이룩하게 했던 것이다." 인간의 능동성을 최소화하고 신의 권능을 최대화하기. 중세 신학에서 흔히 보게 되는 상투적인 논리일 뿐이다. 그의 역사철학 또한 이 신학의 응용이다. 역사적 인물들의 주체성/역할을 최소화하고 신의 섭리를 최대화하기. 그것은 라이프니츠 신정론神正論의 통속적 버전 이상은 아니다. 톨스토이는 미분법의 논리를 동원해 사람들의 행위와 역할을 무한소로 잘게 나누고, 적분법의 논리로써 그 분할 과정에서 소거되었던 모든 것들을 신으로 귀일시킨다. 그의 역사철학은 그저 낡은 신학, 기껏해야 헤겔 역사철학의 한 통속화에 불과하다 하겠다.

『삼국지』, 『수호지』, 『임꺽정』을 다시 읽으면서 나름대로 옛 기억과 새로운 감흥이 어우러지는 경험을 했다. 그러나 『전쟁과 평화』의 경우는 좀 달랐다. 그토록 웅장하고 낭만적이며, 찬란할 정도로 정신적인 소설로 기억되던 작품이 이번 독서에서는 왜 그렇게 범상해 보이고 지루하고 거부감이 들었을까. 아마 작품 전체에 넘쳐흐르는 기독교 신학적 분위기 때문이겠지만, 더 근본적으로는 서구 근대를, 더 넓게는 서양 문명을 바라보는 내 시선이 그만큼 변했기 때문일 것이다.

그러나 이 소설은 여전히 뛰어난 작품이라고 생각한다. 웅장한 스케일과 젊은 날의 꿈을 상기시키는 낭만적 필치, 그리고 역사에 대한 집요하고 일관성 있는 관찰이 돋보이는 소설임에 틀림없다. 겪음으로써 깨달아 가는 인생의 고뇌와 환희를 힘차게 그린 소설이라고 생각한다. 이 점이 『삼국지』라든가 『전쟁과 평화』를 비롯한 대하소설들이 주는 매력일 것이다.

동경(憧憬)

사람마다 문학 작품들을 읽는 동기가 있을 것이다. 그리고 그 동기는 대개 하나가 아니고 여러 가지일 것이다. 내가 문학 작품들을 읽는 동기도 여럿이 있다. 그 중 하나는 외국어를 익히기 위한 것이다. 한 언어가 가장 섬세하고 풍부하게 사용되는 장소는 문학성이 높은 작품들이다. 그래서 어떤 외국어를 공부할 때 그 외국어로 쓰인 문학 작품들을 읽는 것은 필수적인 일이다. 그럴 때에만 그 언어의 심층에 들어갔다고 할 수 있다.

나는 어릴 때부터 국문학 작품들과 한문 서적들에 둘러싸여 살아왔다. 학교 교육과 별개로 이런 환경에서 자랐다는 사실이 지금 생각해 보면 행운인 것 같다. 중학교에 들어가서는 영어를 배웠고, 고등학교에서는 독일어를 배웠으며, 그래서 그 후에도 영어 문학 작품들과 독일어 문학 작품들을 읽곤 했다. 특히 고등학교 시절 독일어는 내가 가장 좋아하는 과목들 중 하나였다. 대학에 들어와 시간이 좀 날 때면 독일어 작품들을 찾아서 읽곤 했는데, 작품들에 관심을 가졌기 때문이기도 했고 독일어 실력을 다듬기 위해서이기도 했다. 양이 적어서이기도 했지만 특히 시를 많이 읽었는데, 그래서 그런지 지금도 독일시를 좋아한다. 그 중에서도 많은 감흥을 느꼈던 것은 횔덜린과 릴케 그리고 바하만 등의 시였다.

청춘의 빛

"터진 구름 사이로 비추어 나오는 햇살", 내게 횔덜린이라는 이름은 늘 이 이미지와 더불어 떠오른다. 밝고 높은 이상주의에 불타던 시절이었다. 현실의 암울함과 청춘의 약동이 교차하면서 좌충우돌 방황하던 시절, 횔덜린의 시들이 왠지 모를 깊은 위안을 주었다.

> 오랜 방황 끝에 강물들은
> 대양을 애타게 그리워하듯
> 때로 취한 듯 흘리는 눈물로 사랑하며
> 아름다운 세계여! 그대의 충만함 가운데
> 나는 내 갈 길을 잃기도 했었노라.

아! 그때 모든 존재와 더불어
시간의 고독함으로부터 빠져나와
마치 한 순례자 아버지의 궁전에 뛰어들듯
내 환희하며 영원함의 품안에 뛰어들었도다—

Oft verlor ich da mit trunknen Thränen
Liebend, wie nach langer Irre sich
In den Ozean die Ströme sehnen,
Schöne Welt! in deiner Fülle mich;
Ach! da stürzt' ich mit den Wesen allen
Freuding aus der Einsamkeit der Zeit,
Wie ein Pilger in des Vaters Hallen,
In die Arme der Unendlichkiet—

「자연에 붙여」An die Natur라는 시의 일부이다. 횔덜린의 초기 시여서 다분히 추상적이고 상투적인 면이 있지만, 동경으로 가득 찬 젊음의 시이다. 이 시를 읽으면서 내게는 시인의 의도와는 전혀 무관한 '전이'가 일어났다. 헬라스의 신들을 동경하면서 새로운 세계를 꿈꾸는 19세기 초 독일 시인의 감정이 민주화된 사회를 동경하면서 좋은 세상을 꿈꾸는 20세기 말 한국 청년의 감정으로. 시의 공간은 언어에서의 은유만이 아니라 감정에서의 'meta-phora'도 허용되는 꿈의 공간인가 보다.

노란 배와 들장미가
가득 매달린
호수 위의 땅,
너희 사랑스런 백조들.
입맞춤에 취한 채
성스럽도록 맑은 물 속에
머리를 담근다.

슬프도다, 겨울이면 나는
어디서 꽃을 얻게 될까.
또 어디서 햇빛과
대지의 그림자를?
장벽은 말없이 차갑게
서 있고, 바람결에
깃발이 펄럭인다.

Mit gelben Birnen hänget
Und voll mit wilden Rosen
Das Land in den See,
Ihr holden Schwäne,
Und trunken von Küssen
Tunkt ihr das Haupt
Ins heilignüchterne Wasser.

Weh mir, wo nehm'ich, wenn
Es Winter ist, die Blumen, und wo
Den Sonnenshein,
Und Schatten der Erde?
Die Mauern stehn
Sprachlos und kalt, in Winde
Klirren die Fahnen.

간결한 시어와 고도로 응축된 사유를 보여주는 작품이다. 꿈과 동경으로 가득 찬 젊음, 그리고 사라진 청춘에 대한 그리움과 쓸쓸하게 조락한 현실 속에서도 놓치지 않으려는 희망이 영롱하게 빛을 발한다.

횔덜린의 시적 사유를 특히 잘 보여주는 시로 「빵과 포도주」가 있다. 이 시를 읽던 무렵(1980년대 중반)은 암울한 시대였지만, 나는 중학생 이래에 내 가슴을 떠나지 않던 청춘의 환희를 여전히 간직하고 있었다. 더구나 당시 나는 희랍의 역사와 문학 · 철학에 푹 빠져 있었다. 그래서 내게는 특히 다음과 같은 외침이 가슴에 다가왔다.

하지만 그것들은 어디에 있는가? 찬란히 피어났던 도시들, 축제의 월계관들은?
테베도 아테네도 시들어버리고, 창칼과 활이 바람 가르는 소리도 이젠 들리지 않네.
올림피아에는 더 이상 올림픽의 황금마차가 달리지 않고,

화려하게 장식된 코린트의 배들도 더는 볼 수 없는 것인가?
저 숭고했던 고대의 연극, 왜 더 이상 들리지 않는 것일까?
신들을 위해 추어졌던 그 성스러운 춤, 왜 생기를 잃어버린 것일까?
인간의 얼굴에서 빛나곤 하던 그 신성神性의 광휘, 왜 사라져버렸는가?
선택받은 자들에게서 보이곤 하던 그 성스러운 징표들, 도대체 어디로 갔는가?
아니면 인간의 형상을 띠고서 강림한 그 어떤 신이 있어,
사람들의 마음 어루만지면서 천상의 축제를 끝내고 있는 걸까.

Aber wo sind sie? wo blühn die Bekannten, die Kronen des Festes?
Thebe welkt und Athen; rauschen die Waffen nicht mehr.
In Olympia, nicht die goldnen Wagen des Kampfspiels,
Und bekränzen sich denn nimmer die Schiffe Korinths?
Warum schweigen auch sie, die alten heiligen Theater?
Warum freuet sich denn nicht der geweihete Tanz?
Warum zeichnet, wie sonst, die Stirne des Mannes ein Gott nicht,
Drückt den Stempel, wie sonst, nicht dem Getroffenen auf?
Oder er kam auch selbst und nahm des Menschen Gestalt an
Und vollendet und schloß tröstend das himmlische Fest.

횔덜린의 시 세계에서 우리는 암울한 실향失鄕/Heimatlosigkeit의 시대에 결코 꺼지지 않는 동경의 힘을 감지하게 된다. 그의 시어들은 공허하지 않다. 그의 삶이 그 시어들에 진정성을 부여해 주고 있기 때문이다. 횔덜린은 내게 고통의 시간 속에서 삶의 아름다움을 음미하는 법을 가르쳐 주었다. 그래서 늘 횔덜린 시의 한 구절을 마음속에서 되뇌이곤 했다.

오직 쓰라린 내면의 고통 속에서만
내가 사랑할 가장 아름다운 것 태어나느니.

Und unter Schmerzen nur gedeiht
Das Liebste, was mein Herz genossen.

'천사'는 누구였을까?

횔덜린과 같은 맥락에서 내게 또 하나의 동경의 시로서 다가왔던 것은 릴케의 시, 그 중에서도 특히 「두이노의 비가」였다. 학부 시절 이 시를 처음 읽었을 때 너무나도 강렬한 인상을 받았던 기억이 난다. 하지만 당시에는 시의 내용을 충분히 이해하기 힘들었다. 특히 시에 등장하는 '천사'Engel라는 개념이 잡힐 듯 잡히지 않았다. 후에 대학원 석사과정에 들어가 하이데거의 릴케 해석을 읽으면서 어느 정도 이 시를 이해하게 되었으나, 그 이상 파고들지는 않았다. 당시에 나는 그리스의 역사와 문화에 흠뻑 빠져 있을 때였고, 박홍규 선생의 영향으로 베르그송 등 프랑스 철학자들을 열심히 읽기 시작했을 때였기 때문이다. 이번에 「두이노의 비가」를 읽으면서 비로소 시의 전모가 눈에 들어왔다. 매우 긴 대작이지만, 그 도입부는 언제 읽어도 매력적이고 또 시 전체의 내용을 압축하고 있다고도 할 수 있을 것이다.

> 나 이렇게 외친들, 그 어느 천사 하늘에서 내려와 나를
> 들어줄까. 아니 한 천사가 느닷없이 나를 껴안는다면,
> 그 숭고한 존재 안에서 나는 스러지고 말 터. 아름다움이란
> 우리가 간신히 견디어내는 두려움의 시작일 뿐이기에.
> 우리 이처럼 그에게 경탄하는 것은 그가 아무렇지도 않은 듯
> 우리를 소멸시켜버리기 때문이지. 모든 천사는 두려운 법.
> 하여 나 이토록 주저하며 어두운 흐느낌의 유혹이 내는
> 그 소리를 삼켜버리지. 아, 대체 우리는 누구를 필요로
> 하는 것일까? 천사도 아니고 인간도 아닐진대,
> 영리한 동물들은 이미 우리가 이 의미의 세계에서
> 불안해하고 있음을 눈치채고 있잖나. 우리에겐 이제
> 비탈에 선 그 어떤 나무 남아 있어, 날마다 그것을
> 응시할 수 있을지는 모르지. 하나 결국 우리에게 남은 것이라곤
> 어제의 거리, 그리고 일상에의 구겨진 맹종뿐. 우리를
> 안주케 하고 우리 곁에 붙어 있는 것이란 바로 이것들뿐.
> 오, 그리고 밤, 밤, 우주로 가득 찬 바람이 우리의 얼굴을
> 무너뜨리면, 누구에겐들 이 밤이 머물지 않겠는가? ― 그토록
> 기다리던 밤, 쓸쓸한 마음 앞에 진득하게 서서 살며시 깨우는
> 이 밤이. 연인들에겐 이 밤이 조금은 더 견딜 만할까?

아, 그들은 서로의 몸을 합쳐 그들의 운명을 가리고 있구나.
너는 아직도 모르고 있느냐? 우리가 숨 쉬는 공간으로
한 아름의 네 공허를 내뱉어라. 어쩌면 새들은 더욱
뿌듯이 날면서, 한결 넓어진 대기를 숨 쉴지도 모르니.

Wer, wenn ich schriee, hörte mich denn aus der Engel
Ordnungen? und gesetzt selbst, es nähme
einer mich plötzlich ans Herz: ich verginge von einem
stärkeren Dasein. Denn das Schöne ist nichts
als das Schrecklichen Anfang, den wir noch grade ertragen,
und wir bewundern es so, weil es gelassen verschmäht,
uns zu zerstören. Ein jeder Engel ist schrecklich.
Und so verhalt ich mich denn und verschlucke den Lockrauf
dunkelen Schluchzens. Ach, wen vermögen
wir denn zu brauchen? Engel nicht, Menschen nicht,
und die findigen Tiere merken es schon,
daß wir nicht sehr verläßlich zu haus sind
in der gedeuteten Welt. Es bleibt uns vielleicht
irgend ein Baum an dem Abhang, daß wir ihn täglich
wiedersähen; es bleibt uns die Straße von gestern
und das verzogene Treusein einer Gewohnheit,
der es bei uns gefiel, und so blieb sie und ging nicht.
O und die Nacht, die Nacht, wenn der Wind voller Weltraum

uns am Angesicht zehrt—, wem bliebe sie nicht, die ersehnte,
sanft enttäuschende, welche dem einzelnen Herzen
mühsam bevorsteht. Ist sie den Liebenden leichter?
Ach, sie verdecken sich nur mit einander ihr Los.
Weißt du's *noch* nicht? Wirf aus den Armen die Leere
zu den Räumen hinzu, die wir atmen; vielleicht daß die Vögel
die erweiterte Luft fühlen mit innigerm Flug.

릴케의 천사는 무척이나 많은 것을 뜻할 수 있다. 억지로 하나를 선택하라면, 아마 그것을 '존재'라고 할 수 있을 것이다. 인간이 그로부터 떨어져 나와 의미의 세계를 살아가고 있으며, 다시 돌아가고 싶지만 그 품에 안기기엔 너무나 두려운 그것. 그러나 천사는 존재 외에도 다른 많은 것이 될 수 있다. 하나의 말이 가리키는 의미론적 장의 불확정성은 과학에게는 부정확성이 되겠지만 시에게는 시적 매력의 원천이다. 이 의미론적 불확정성과 그것이 허락하는 사유와 향유의 여백이야말로 시의 매력이 아니겠는가. 릴케의 이 시처럼 이런 여백을 풍부하게 제공하는 시도 드물 것 같다.

詩란 무엇인가

대학에 들어가 이공계 학문을 공부하면서 문학에서 점차 멀어졌다. 대학원에 들어가 본격적으로 철학을 공부하면서부터는 문학으로부터는 더욱 멀리 떨어지게 되어버렸다. 다만 하이데거를 읽으면서 내가 좋아했던 독일 시인들을 다시 접하게 된 것은 무척이나 반가운 사건이었다.

하지만 그 와중에서도 이런저런 기회에 가끔씩 문학 작품들을 접하게 되었는데, 대학원에 다니는 동안 유일하게 새롭게 접했던 시인은 잉게보르크 바하만이었다. 바하만의 시가 특히 이지적이고 깔끔했기 때문일 것이다.

바하만의 시는 시에 관한 시, 메타-시라고 할 수 있다. 그의 시에는 시 자체에 대한 명징한 사유와 여성 특유의 감성이 함께 담겨 있다. 세계와 인간의 관계 맺음에서 감각적인 것과 가지적인 것의 관련성은 매우 중요하다. 그것은 신체적 실존과 이성적 사유 사이의 관련성이기도 하다. 근대적 합리성은 사물들을 공간화해 분석하고, 양화함으로써 함수화하고, 조작함으로써 변형했다. 시는 이런 흐름의 반대 항을 구성했다고 볼 수 있으며, 이것은 자연히 사물의 시간적 유동성, 질적인 총체성, 조작 이전의 사물성의 추구를 함축한다. 다른 한편 시는 이미 범주화된 눈길로 사물을 보는 일상적 지각을 넘어 사물들의 특이성을, 진부한 눈길에 충격을 주는 존재의 새로운 모습을 찾았다. 이 두 가지 면에서 시는, 적어도 시의 한 갈래는 근대성—물론 전형적인 의미에서의 근대성—으로부터의 탈주의 성격을 띠는 것으로 보인다.

원초적 현실 속에서 우리는 복합체들을 만난다. 분석적 사고란 복합체들을 나누어 '~자子', '~소素' 등을 발견하는 작업을 포함한다. 궁극적인 요소들은 가장 단순한 것, 즉 타자를 내포하고 있지 않은 것이다. 이런 요소들을 발견했을 때 우리는 사물들의 알파벳을 이해할 수 있게 된다. 이런 단순한 존재들이 어떻게 조합해 현실적인 복합체들을 이루는지를 설명하는 것은 그 다음 단계를 구성한다. 이렇게 부분들과 전체의 투명한 그림이 그려졌을 때 합리적 사유가 형성된다. 그러나 시적 명징성은 다른 형태의 명징성이다. 그것은 사물들을 분절하는 새로운 방식을 창조하는 행위이다. 은유는 좋은 예를 제공해준다. 은유는 일반적으로 형성된 존재론적 분절을 가로지르면서 새로운 존재론을 창조해낸다. 즉, 시는 동일성과 차이의 격자를 무너뜨린다. 이렇게 형성된 시어들은 합리적 사유에서와는 다른 방식의 정확성을 형성한다. 시는 정확하지 않은 것이 아니다. 시는 시적으로 정확해야 하는 것이다.

이 정확성은 예측을 위한 것이 아니다. 예측은 세계의 결정성을 파악해 미래를 제압하기 위한 행위이다. 그러나 시는 세계를 그 자체로서 드러내고자 한다. 시 속에서 세계는 자신의 모습 그대로 나타난다. 시는 세계에로 나아가기보다 차라리 세계가 스스로를 드러내기를 기다린다. 그 드러남은 존재의 빛의 드러남이다. 이 드러남에서의 명징성은 예측이 함축하는 명징성과는 전혀 다르다. 바하만은 이렇게 표현하고 있다.

단어여, 우리의 것이 되어,
자유롭고 명징하고 아름다워라.
이제 예견하는 일에는
종지부를 찍어야 하느니.

Wort, sei von uns,

freisinnig, deutlich, schön,

Gewiß muß es ein Ende nehmen,

sich vorzusehen.

시가 드러내는 것은 진리가 아니라 진실이다. 시는 우리가 알지 못했던, 우리에게 감추어져 있던 진리를 드러내지 않는다. 그것은 과학의 역할이다. 대신 시는 우리에게 이미 드러나 있으나 우리의 둔한 지각이나 때문은 눈에 보이지 않는 진실을 드러낸다.

이런 드러냄은 기하학적 명징성과는 전혀 다른 형태의 명징성을 필요로 한다. 합리적 명징성은 사물들을 기하학화했을 때 성립한다. 모든 것을 우리의 시야 아래에, 투명한 이성의 빛 아래에 놓을 때 성립한다. 때문에 베르그송이 강조했듯이 합리적 명징성은 늘 공간을 지향한다. 사물들을 추상공간 속에 놓았을 때에만 그것들을 분석할 수 있다. 시적 명징성은 일반적 의미에서의 명징성과 상반된다. 합리적 명징성은 시간의 제거를 필요로 한다. 그래서 시간 속에서 흘러가고 변해 가는 것은 합리적 지성으로 포착해 분석할 수 없다. 그러나 시는 시간을 따라가면서 사물들의 리듬을 노래한다. 이 점에서 공간적 합리성과 시간적 시성詩性은 대조된다. 예측한다는 것은 시간을 흐름으로서가 아니라 이미 결정되어 있는, 그래서 공간적으로 표상할 수 있는 것으로서 다룸을 뜻한다. 그에 비해 시는 주객이 함께 흘러가는 관조요 음미이다.

오, 위대한 해빙이여!
그 오랜 기다림이여!
오를레안더 꽃 속의 음절
녹음 진 아카시아 속의 단어
바위에서 흘러내리는 폭포여.

O großes Tauen!
Erwart dir viel!
Silben im Orleander,
Wort im Akaziengrün,
Kaskaden aus der Wand.

바하만의 시들에는 시와 언어에 대한 고도의 사유가 응축되어 있고 그것이 명징한 시어로 표현되고 있다. 그런 점에서 독일어의 맛을 음미하기에 특히 좋은 작가라고도 할 수 있다. 바하만의 세계에 젖어 있었을 때, 언어라는 세계의 어떤 절정에, 시적 동경의 세계에 서 있는 느낌을 받곤 했다.

인간의 심연

삶의 애환을 다룬 단편소설들, 역사의 거대한 흐름과 인간 군상을 다룬 대하소설들, 그리고 맑고 드높은 이상을 노래한 독일 시 등을 읽으면서 많은 시간을 문학적 감동 속에서 보낼 수 있었다.

이와 더불어 내 사유에 또 다른 영향을 주고, 지속적으로 지적 영감을 준 작품들은 인간의 심연을 다룬 소설들이다. 인간을 그 근저에서 탐구하는 이런 소설들이야말로 최고의 문학적 깊이를 갖춘 작품들일 것이다. 인간 존재의 심연을 탐색하는 이 작품들을 통해 나는 많은 시간들을 성찰의 발자국들로 엮을 수 있었다.

인간 내면의 굴곡들

중학생 시절 가장 몰두해서, 그랬기에 가장 짧은 시간에 읽어 나간 소설은 『카라마조프 가의 형제들』(이하 『형제들』)이었다. 밤에 잠깐 잠든 시간을 빼곤 이 소설을 손에서 떼지 않은 채 무엇인가에 홀린 듯이 읽어 나갔고, 이틀인가 사흘 만에 완독했다. 비길 데 없이 박진감 넘치게 흘러가는 이야기 하며, 그 안에 담긴 인간에 대한 깊은 성찰이 나를 매료시켰다. 이렇게 빠른 시간에 '침식을 잊고서' 몰두한 소설은 그 전에도 또 그 후에도 없었다.

이번에 본 저작을 준비하면서 이 작품을 다시 읽었는데, 『형제들』의 이번 재독은 『전쟁과 평화』의 재독과는 판이한 느낌으로 다가왔다. 후자가 다소 범상하고 지루하기까지 했다면, 전자는 예전만큼은 아니어도 역시 흥미진진하고 강렬한 독서의 시간을 다시 한 번 가져다주었다. 톨스토이가 여전히 괴테의 시대에 속해 있다면, 도스토예프스키는 이미 카프카의 시대에 들어와 있는 것이 아닐까.

반면 사상적 측면에서는 이와는 단적으로 상반된 느낌을 받게 되었다. 사실 중학생 나이에 이 소설의 사상적 깊이에까지 다가가기는 힘들었다. 이 소설의 사상적 측면은 이번 재독을 통해서 비로소 내 눈에 분명하게 들어왔다고 해야 할 것이다. 그러나 이렇게 눈에 들어온 도스토예프스키의 사상은 고루한 보수주의와 편협한 민족주의 그 이상은 아닌 듯하다. 『형제들』의 이번 재독은 양가적인 느낌으로 다가왔다.

사흘간에 벌어진 부모자식, 형제들 사이의 갈등을 치밀하게 묘사하고 있는 이 소설은 인물들 하나하나에 대한 선명한 묘사가 두드러진다. 도스토예프스키는 카라마조프 가의 삼형제인 드미트리, 이반, 알료샤와 (사생아로 짐작되는) 스메르쟈코프 네 인물을 각각 일정한 하나의 정형으로 형상화하고 있다.

배금주의자이자 호색한이며 비열한 인간인, 그에 대해 온전한 묘사를 하고자 한다면 형용사의 부족을 통감해야 할 어릿광대인 아버지 표트르 파블로비치 카라마조프와 그를 쏙 빼닮은 이 집안의 맏형 드미트리는 유산 상속을 둘러싼 싸움에 돌입한다. 그러나 드미트리는 아버지와 달리 직선적이고 어쩌면 순박하기까지 한 얼굴도 함께 가지고 있는데, 그를 묘사할 수 있는 정확한 단어는 아마 넓은 의미에서의 '정욕'情慾일 것 같다. 드미트리가 동생 알료샤에게 하는 다음 말이 그의 내면을 가장 적나라하게 표현하고 있다. "아름다움이란 무시무시할 정도로 끔찍한 것이란다! 무서운 것이지. 아름다움은 규정되지 않은 것이고 결코 규정할 수도 없는 것이며 신이 던질 유일한 수수께끼니까. 거기에는 양극단이 맞물려서 온갖 모순이 공존하고 있단 말이야. (…) 이성의 눈에는 치욕으로 보이는 것도 마음의 눈에는 끊임없이 아름다움으로 보이니까. 그러니 아름다움은 소돔 속에 존재하는 것이 아니겠니?"(III, 3)

그에게 아름다움은 곧 정욕이다. '무구'無垢의 존재인 알료샤는 역시 카라마조프인 자기 자신도 드미트리의 길을 따르게 되지 않을까 하는 강한 불안감에 사로잡힌다.

소설에서 가장 흥미로운 인물은 이반 카라마조프와 스메르쟈코프이다. 간명하게 정리되는 전형적 인물들인 드미트리와 알료샤와는 달리 둘째 이반과 사생아 스메르쟈코프는 불투명하고 중층적인 성격의 소유자로서 그래서 문학적으로는 더 매력적인 인물들이다. '사색'思索의 인간인 이반은 도스토예프스키의 사상의 일면을 전해 주고 있는 인물이며, 그가 자신의 생각을 길게 설파하는 대목(V, 3-5)은 소설의 백미라 할 만하다. 이반은 이 소설에 결정적 깊이를 더해 주고 있는 인물이다. 이에 비해 스메르쟈코프는 삶에 대한 극히 어둡고 비틀린 감정을 가지고 있는 '음험'陰險의 인간이다. 스메르쟈코프는 그에 대한 묘사(III, 6)를 읽고 나서도 정확한 이미지가 그려지지 않는, 도스토예프스키가 공들여 창작한 묘한 인물로서 소설 전체에 긴박감과 불투명성을 불어넣는다. 스메르쟈코프 자신의 입으로 한 다음 말이 그를 이해하는 단초가 될 것이다. "어려서부터 다른 운명을 타고났더라면, 이 정도가 아니라 더 많은 능력을 가졌을 것이고, 더 많은 것을 알았을 겁니다. 아비가 누군지도 모른 채 스메르쟈쉬차야 뱃속에서 태어났다는 이유로 나를 악당이라고 불러대는 놈은 결투를 신청해서 권총으로 쏘아 죽였을 겁니다. (…) 나는 러시아 전체를 증오합니다."

소설 전체를 이끌어 가고 있는 것은 친부 살해 사건이다. 아버지인 표트르 파블로비치가 살해당하고 그 범인으로 맏아들 드미트리가 지목된다. 드미트리는 그루셴카라는 여자와 3천 루블을 두고서 아버지와 대립하게 되고, 급기야 아버지를 살해하고 3천 루블을 강탈한 혐의로 체포되어 재판을 받게 된다. 사실 표트르 파블로비치를 죽인 것은 그 사생아인 스메르쟈코프였으나 드미트리는 오심 끝에 유죄판결을 받는다. 소설의 대부분은 사흘 동안 카라마조프 가에서 벌어진 일들을 묘사하고 있으며, 마지막 부분에서는 재판 과정을 다루고 있다. 대부분의 뛰어난 소설들이 그렇듯이 단순하다면 단순한 한 사건을 끝도 없이 치밀하게 파고들어 인물들과 사상들을 서술하고 있다. 인물들 한 사람 한 사람에 대한 입체적 묘사가 비길 데 없이 빼어나고, 현실에서는 있기 힘든 길게 늘어지는 대사들이 전혀 어색하거나 지루하지 않다. 세밀한 상황 파악이나 박진감 넘치는 재판 장면도 일품이다.

소설을 이끌고 있는 다른 한 축은 기독교 신학을 둘러싼 복잡한 논의들이다. 친부 살해를 놓고서 드미트리와 스메르쟈코프가 대립한다면, 기독교 신학을 둘러싸고서는 이반과 알료샤가 대립한다. 이 소설은 일종의 기독교 소설이라 해도 될 만큼 철저하게 기독교적 배경을 염두에 두고 읽어야 할 책이다. 이 책에는 "철학"이라는 말이 자주 등장하는데, 이 말은 사실상 기독교 신학을 뜻한다. 내용 자체는 중세의 신학과 철학에서 흔히 볼 수 있는 이야기들이지만, 도스토예프스키의 뛰어난 형상화를 통해 폐부를 찌르는 언어들로 표현되고 있다.

이 소설의 배경이 되는 19세기 후반 러시아라는 곳을 떠올려 보자. 사람들은 '서양'이라는 말을 쓰지만 몹시 모호한 단어이다. 사람들이 이 말로 가리키는 것은 대개 영국, 프랑스, 독일, 미국을 비롯한 '서구'일 뿐 동구와 러시아는 포함되지 않는다. 로마가 양분된 후 동로마제국은 서로마제국과 다른 역사와 문화를 이어갔으며, 그런 전통은 그 후 동구 및 러시아로 이어진다. 소설에서도 자주 등장하지만 러시아는 영국, 프랑스, 독일 등의 '서방 국가들'과 스스로를 대립시키고 있으며 자신을 '동방'으로 이해한다. 서구 또한 러시아를 동방으로 인식하고 있다. 그러나 '동양', 예컨대 우리가 볼 때 러시아는 오히려 서양에 가깝다. 그래서 러시아는 서구가 볼 때는 동양이지만, 더 동쪽의 문명권에서 볼 때는 서양이다. 사실 비잔틴-동구-러시아는 또 하나의 독자적인 문명권을 이루고 있다고 해야 할 것이다. 서구, 동구-러시아, 이슬람, 인도, 중앙아시아, 동북아, 동남아 등은 모두 독자적인 문명들이며, '서양'과 '동양'이라는 말은 상대적인 개념일 뿐이다. 그러나 이 소설의 맥락에서 러시아는 어디까지나 '동방'으로서, 그 짝은 '서방'으로서의 서구이다.

19세기 후반의 러시아는 서구에서 생겨난 새로운 자유사상들(계몽사상, 자유주의, 사회주의 등), 즉 근대 사상들에 대해 거의 공포에 가까운 불안감을 가지고 있었음을 소설의 곳곳에서 느낄 수 있다. 이 점은 "훌륭한 옷과 깨끗한 셔츠 그리고 반짝거리는 구두를 문명이라고 생각"하면서 프랑스를 동경하는 스메르쟈코프를 통해서 희화화되기도 한다. 예컨대 도스토예프스키 자신이 사회주의에 대해 곳곳에서 악감정을 내비치고 있으며(얄궂게도 이후 러시아는 공산주의 국가가 된다), 사상적으로는 철저하게 동로마제국-비잔틴 문명에서 연원하는 러시아 정교 그리고 서구 문명에 대한 국수주의를 취하고 있다. 소설에는 저자가 자신의 국가를 가리키는 '러시아'라는 말이 끝없이 등장하며, 소설 자체가 일종의 러시아론의 성격을 띠고 있다고도 할 수 있다. 러시아의 정체성에 대한 고민은 톨스토이와 도스토예프스키에게 공통된 화두이다.

결국 이 소설은 친부살해 사건을 둘러싼 가족 갈등 및 재판이라는 수평축과 기독교 신학 및 러시아의 정체성을 둘러싼 사상적 격돌이라는 수직축으로 직조되어 있다고 할 수 있다. 아버지인 표트르와 맏아들 드미트리, 사생아인 스메르자코프, 두 여인 카체리나와 그루센카 등이 전자의 중심 인물들이고, 이반과 알료샤, 조시마 장로 그리고 검사 키릴로비치와 변호사 페추코비치 등이 후자의 중심을 이루고 있다. 무엇보다도 인물과 인물이 맺는 복잡미묘한 객관적 · 심리적 관련성들에 대한 묘사가 빼어나다.

표트르 파블로비치가 첫 번째 부인에게서 낳은 드미트리는 재산 문제로 아버지와 대립하게 되며, 이 문제를 중재하기 위해서 수도원에서 가족 집회가 열린다. 이 모임에서 이반이 쓴 논문이 화제가 되고, 뒤늦게 나타난 드미트리와 표트르 사이에 격한 말다툼이 벌어진다.

이 대목에서 등장하는 이반의 논문을 둘러싼 논의는 흥미로운데, 이반의 고민은 당대의 지식인 도스토예프스키의 고민을 그대로 드러내고 있다.

두 가지 대립되는 생각이 있다. 만일 기독교가 무너지고 '자유사상들'이 세계를 지배하게 된다면 그 어떤 도덕적 기초도 수립될 수 없을 것이며, 그때에는 모든 것이, 심지어 사람을 잡아먹는 일까지도 허용될 것이다. 이 "모든 것이 가능하게 되는" 사태를 막기 위해서는 교회가 재판을 비롯한 가치판단 문제의 전권을 가져야 한다. 이에 대해 그것은 교황전권주의라는 비난, 나아가 '기독교 사회주의'(몹시 부정적인 뉘앙스를 담아)라는 비난이 인다.

이렇게 과연 교회를 국가로 만들려는 것인가, 아니면 국가를 교회로 만들려는 것인가를 둘러싼 논쟁이 오간다. 앞의 생각이 교황의 전횡에 불과하며 다름 아니라 악마의 세 번째 유혹일 뿐이라고 보는 생각과 교회가 세상을 주재해야 한다는 생각이 맞서고 있다. 겉으로는 후자의 입장으로 보이는 이반의 진짜 생각은 과연 무엇일까?

도스토예프스키는 이 집회에 등장하는 인물들과 주변 인물들에 대한 묘사를 통해서 19세기 후반 러시아 사회를 살아가던 사람들의 다종다양한 삶과 생각들—그 기본 구도는 기독교적 보수주의와 서구적 진보주의의 대립이다—을 입체적으로 묘사하고 있다. 따라서 이 대목은 당대 러시아 사회 및 그 속에서 살아가는 인물들, 사상들의 묘사이자 소설 전체를 관류하는 문제의식의 제시이기도 하다. 여기에서 가장 흥미로운 인물은 이반이다. 다른 인물들과는 달리 그는 어느 한 입장을 취하지 않고 한 극단에서 다른 극단에 이르기까지 사상의 넓은 진폭 사이에서 번뇌하기 때문이다.

도스토예프스키 자신의 생각이 어떤 것인지는 인물들에 대한 묘사를 유심히 보면 분명히 알 수 있다. 표트르 파블로비치가 "파리지앵이자 진보적인 신사분"이라고 비꼰 미우소프는 젊잖게 보이기 위해 애쓰는 위선적인 인물이다. 또, "인간은 영생을 믿지 않으면서도 선행을 하며 살아갈 수 있도록 자기 자신에게서 그 힘을 찾아낼 거야! 자유와 평등과 박애에 대한 사랑을 찾아낼 거란 말이야"(II, 7)라고 자신의 생각을 피력하는, 1870년에는 공안당국의 요주의 인물로 찍힐 만한 인물인 라키친은 냉소적 출세주의자로 묘사되고 있다. 이처럼 서구의 영향을 받은 진보주의자들은 대개 인간적으로 저열한 인물들로 그려진다. 진보적 성향의 인물들을 이렇게 "인간적으로 문제가 있는" 사람들로 그리는 것은 1980년대 한국의 공안당국이 진보 세력을 "인간성에 문제가 있는" 존재들로 몰아가던 모습과 흡사한 데가 있다.

게다가 프랑스를 중심으로 한 서구 지역들에 대해서는 처음부터 끝까지 노골적인 악감정을 숨기지 않는다. 이는 철학자 디드로나 현대 생리학의 아버지 클로드 베르나르 같은 인물들에 대한 억지스러운 패러디에서 단적으로 나타난다. 결국 도스토예프스키의 사상은 고루하고 배타적인 기독교 보수주의, 러시아 민족주의에 다름 아니다.

표트르와 드미트리의 대립은 마침내 폭력 사태로 치닫고 알료샤는 사태를 수습하기 위해 동분서주한다. 이 과정에서 저자가 그리고 있는 인물들의 성격은 놀랍도록 선명하고 그들 사이의 관계들은 치밀하기 이를 데 없다. 그러나 가장 압도적인 부분은 알료샤가 이반과 만나 듣게 되는 이야기들이다. 이반의 이야기는 몇 가지로 나누어 이해할 수 있다.

수도원의 회합에서 이반이 쓴 논문이 화제가 되었는데, 그 논문에서 이반은 "교회가 국가 전체를 포함해야지 단지 국가의 한 구석만을 차지해서는 안 되며, 만일 지금 현 상태에서 그것이 어떤 이유 때문에 불가능하다면 현상의 본질상 반드시 기독교사회 장래의 모든 발전에 직접적이며 가장 중요한 목표가 되어야 하다"는 논지를 펼친 바 있다. 이런 식의 문제가 19세기 후반에 여전히 논의되고 있었다는 것은 앞에서 말한 러시아 사회의 성격을 염두에 두어야 이해할 수 있다. 이반의 이 논지는 "교회는 이 세상에 속하지 않는다"고 한 그의 논적에 대한 비판으로서 제시된 것이다. 조시마 장로는 이반의 말을 받아 "만일 지금 그리스도 교회가 존재하지 않는다면 어떤 범죄도, 악행에 대한 제지도, 훗날 그에 대한 징벌도 존재하지 않을 것"이며 "기계적인 것이 아니라 진정한 징벌, [육체가 아니라] 단지 마음을 자극할 뿐이며 자기 양심 속에 간직되어 공포를 불러일으키기도 하고 위안이 되기도 하는 정말로 효과적인 진정한 징벌"도 불가능하게 될 것임을 천명한다. 이반과 조시마 장로는, 훗날 미셸 푸코가 『감시와 처벌』에서 논구하게 될 근대적 훈육, 즉 내면의 훈육이라는 방식을 통해서 교회에 의한 정치와 국가를, 교회정치와 교회국가로 세우고 싶어 하는 것이다.

그러나 교회국가의 희망보다 더 강하게 이반의 영혼을 사로잡고 있는 것은 훨씬 회의적인 생각이다. 만일 '영생'이 존재하지 않는다면, 영혼불멸이 가능하지 않다면, 도덕의 기초는 수립될 수 없다는 생각이 그것이다. 영생에 대한 믿음이 없다면 인류의 모든 활력이 고갈될 것이며 '비도덕적인 것'이라는 개념도 존재할 수 없게 되는 것이다. 사람을 잡아먹는 일까지 포함해 모든 일이 가능하게 될 것이다. 그래서 이반은 좀 더 단호한 결론을 내린다.

> 현재의 우리들처럼 신도 자신의 영생도 믿지 않는 모든 개인에게서 자연의 도덕률은 과거의 종교적인 것과는 완전히 상충되도록 급격히 바뀌게 되고, 극악한 이기주의조차도 인간에게 인정될 뿐만 아니라, [이런 결론이] 인간의 입장에서 보면 필연적이고 가장 합리적인 것이며 가장 고상한 결론으로 인정된다.(II, 6)

이반의 또 다른 생각은 알료샤와의 대화에서 등장한다. 이반은

"신은 인간이 고안해낸 것이 아닐까"라는 생각을 던진다. 18세기의 어느 파계자의 말처럼 "신이 존재하지 않는다면 고안해내야 할 것이다". 여기에서 이반은 데카르트적인 논법을 구사한다. 즉, 정말 놀라운 것은 인간이라는 "야만적이고 사악한 동물"이 어떻게 신 같은 존재를 머리에 떠올릴 수 있는가이다. 어떻게 유한한 인간이 무한한 절대자라는 관념을 가질 수 있었는가? 그러나 이반은 유한한 인간은 무한한 절대자를 인식할 수 없다고 말하면서, 그러면서도 자신은 신의 존재를 인정 — 인식이 아니라 인정 — 하겠다는 칸트적 결론으로 치닫는다.

> 그래서 나는 기꺼이 신을 인정할 뿐 아니라, 게다가 우리들이 도저히 간파할 수 없는 신의 지혜와 목적까지도 인정하며, 인생의 질서와 의미를 믿고 또 우리들을 하나로 합치게 할 듯한 영원한 조화를 믿기도 하며, 전 우주가 지향하고 "하느님과 함께 있었고" 또 그 자체가 신이기도 한 그 말씀 등을 믿으며 종국에 가서는 무한성을 믿는 거지.(V, 3)

그러나 이반의 정말 중요한 생각은 이것이다. 원한다면 신을 믿겠다. 하지만 그가 만든 세상은 용납할 수 없다. 신이 정말 존재하고, 그래서 최후의 심판 때에 모든 선행과 악행이 신의 심판을 받을지도 모른다. 그러나 설사 그것이 사실이라 해도, 그래도 신이 만든 세상을 용납할 수 없다.

신이 인간의 고안물일지도 모르듯이, 악마 역시 인간의 고안물일지도 모른다. 인간은 자신의 형상을 따라 악마를 만들었다. 어떤 잔인한 군인들은 젖먹이 어린애를 공중으로 던졌다가 총검을 수직으로 세워 그 아기를 꿰어버린다. 그것도 어머니가 보는 앞에서. 그래야 쾌락이 극대화되기에 말이다. 어떤 군인들은 어린아이를 쓰다듬어 주다가 그 아이가 웃으면 바로 코앞에서 권총을 겨눈다. 아이가 신기해서 고사리 같은 손으로 총구를 만지면 방아쇠를 당긴다. "동물들은 결코 인간들처럼 그렇게 잔인할 수 없어. 기교적이고 예술적일 정도로 잔인할 수는 없거든." 어린아이들이나 말 못 하는 짐승들을 사정없이 후려치는 인간들을 보라. 아이들, 짐승들의 방어 불가능한 상태가 그런 자들의 더러운 피를 더욱더 자극한다. 신이 있을지도 모른다. 최후의 심판이 있을지도 모른다. 그러나 그 사이에서 이런 세상을 살아가야 하는 사람들은 도대체 무엇이란 말인가. 라이프니츠나 헤겔 등에게서 전형적으로 나타나는 '변신론'辯神論보다 더 억지스러운 논리가 어디에 있는가.

리샤르라는 아이는 누군가의 사생아로, 부모는 여섯 살밖에 안 된 그 아이를 스위스 산악 지방의 목동들에게 "선물로 주어"버렸고, 목동들은 일이나 부려먹을 심산으로 그 아이를 키웠지. 목동들의 손에서 야생동물처럼 자라던 그 아이는 아무런 교육도 받지 못했고, 일곱 살 때부터 비가 오는 날이든 혹한이 심한 날이든 거의 헐벗고 굶주린 채 양치기로 내몰렸던 거야. (…) 그 아이는 그렇게 어린 시절과 청년 시절을 보냈는데, (…) 결국은 어느 노인을 살해하고 강도짓을 하게 되었지. 그 자는 곧 체포되어 재판을 받은 끝에 사형선고를 받고 말았어. 그러자 감옥에는 목사들, 각종 기독교 사회단체들, 자선사업을 하는 귀부인 등이 줄을 섰던 거야. 그들은 감옥에서 그에게 읽고 쓰는 법을 가르치고, 성서를 가르치고, 훈계하고, 설교하고, 위협을 가하기도 하고, 잔소리를 해대는 등 온갖 압력을 가했지. 그래서 그는 마침내 진지하게 자기 죄를 자인하게 되었던 거야. 그 자는 자기 손으로 편지를 써서 법정에 보냈지. 자신은 천하의 악당이지만 그리스도의 광명을 받고 은총을 입었노라고 말이야. 제네바 사람들은 모두 흥분의 도가니에 빠졌으며, (…) 사람들은 (…) "자넨 우리의 형제야. 자네한테 은총이 내린 거야!"라고 떠들어댔어. "(…) 주님을 몰랐으니 자넨 죄가 없어. 하지만 남의 피를 흘리게 했으니 죽어야만 해"라고 말하는 것이었어. 그리고는 최후의 날이 다가왔지. (…) "오늘은 제 생애에서 가장 기쁜 날입니다. 주님께 가거든요!" 그러자 목사들, 판사들, 자선사업하는 귀부인들은 소리쳤어. "그래, 너한테는 가장 행복한 날이야. 주님께 가기 때문이지!"라고 말이야. 사람들은 마차를 타거나 걸어서 리샤르를 실은 죄수 마차를 따라서 처형장까지 뒤쫓아 갔어. 그리고는 처형장에 도착하자, "어서 죽게, 우리의 형제여, 주님의 품 안에서 죽으라고. 자넨 은총을 받았으니까!"라고 리샤르를 향해 소리치는 것이었어. 리샤르는 그를 둘러싼 그 형제들의 입맞춤을 받으며 처형대로 끌려갔고, 그에게 은총이 내렸다는 이유로 기요틴 아래에서 박애적으로 목이 잘리고 말았지.(V, 4)

이 이야기 앞에서 도대체 무엇을 말할 수 있겠는가? 종교와 도덕의 이름으로 한 무지하고 기댈 곳 없는 인간에게 가해지는 이 얄궂은 폭력을 이 이야기보다 더 잘 보여줄 수 있겠는가? 뿐만 아니다. 러시아의 어떤 부모는 어린 딸이 밤중에 화장실에 가겠다는 말을 하지 않았다고(오줌을 쌌다고) 그 아이를 밤새 화장실에 가두고 심지어 얼굴에 똥칠을 하고 똥을 먹이기도 했다. 이뿐인가. 19세기 초 러시아의 한 귀족은 한 하인 집의 아이가 돌을 잘못 던져 자신이 아끼던 개의 다리를 다치게 만들자 아이를 그 어머니가 보는 앞에서 사냥했다. 아이를 발가벗겨 들판으로 내몬 다음 사냥개를 풀어 그 아이를 갈기갈기 찢어 죽이게 한 것이다. 이런 일들이 다 신의 섭리라고? 언젠가 최후의 심판이 도래한다고? 인간으로서는 신의 뜻을 알 수 없다고? "신의 뜻"이라는 말만큼 무서운 말이 또 어디에 있겠는가!

"고통으로 영원한 조화를 사기 위해 모두가 고통을 겪어야 한다고 쳐도, 어째서 아이들이 거기에 있어야 하는 거지?" 이반은 설사 영원한 조화를 위해서 고통이 필요하다는 사실을 인정하는 경우라 해도, 왜 아이들마저 그 고통에 포함되어야 하는지를 묻고 있다. 어른들 세계의 그 숱한 고통들은 인정한다 해도 아이들의 고통은 어떻게 이해할 것인가?

> 어째서 그 아이들이 고통을 겪어야 하는지 전혀 이해할 수가 없어. 어째서 그 애들의 고통으로 조화의 대가를 치러야 하는 거냐고? 어째서 그 애들이 밑거름이 되어서 누군가를 위한 미래의 조화를 이루어야 하는가 말이야? 사람들의 죄악 사이에 존재하는 연계성을 이해해. 응보의 연계성을 이해한다고. 하지만 아이들은 죄악과 아무런 연관도 없어. 설사 [어떤 사람들의 말대로] 그 애들이 정말로 자기 조상들의 악행과 연결되어 있다 해도. 물론 그런 진실은 이 세상의 것이

아니니 난 이해하지 못해.(V, 4)

그래서 이반은 조화와 인식, 진리를 위해서 인류에 대한 사랑을 방기해야 한다면 차라리 그것들을 포기하겠노라고 고백한다(이때의 '조화'는 톨스토이가 안드레이의 입을 통해서 설파한 것과 같은 종류의 조화이고, 가까이로는 헤르더에게로, 멀리로는 라이프니츠에게까지 거슬러 올라가는 생각을 함축한다). "나는 조화를 원치 않아. 인류에 대한 사랑 때문에 원치 않는단 말이야. 난 차라리 보상받지 못한 고통과 함께 남고 싶어. '비록 내 생각이 틀렸다고 하더라도' 차라리 보상받지 못한 고통과 해소되지 못한 분노를 품은 채 남을 거야."

알료샤는 이반의 이런 생각에 예수라는 존재를 앞세워 대응하고자 한다. 그러자 이반은 이 책 전체를 통틀어 가장 흥미진진한 부분들 중 하나인 '대심문관' 이야기를 펼친다.

이야기는 16세기 즉 예수 사후 1,500년 이상이 지난 시대를 배경으로 한다. 한편으로 예수의 재림이, 다른 한편으로 스페인에서 온갖 화형을 주도하던 대심문관의 종교 재판이 배경이 된다. 예수는 대심문관이 "하느님의 영광을 위하여"ad majorem gloriam Dei 100명이 넘는 "이단자들"을 불에 태워 죽인 그 다음 날에 재림한다. 대중들은 그를 알아보고서 감격한다. "민중들은 억누를 수 없는 힘에 이끌려 그분에게 달려가 그분을 둘러싸고, 그 수효는 점점 불어나면서 그분의 뒤를 따르는 거야. 그분은 끝없는 연민의 고요한 미소를 머금은 채 아무 말 없이 민중들 사이를 걸어가시지. 그분의 가슴속에는 사랑의 태양이 타오르고, 광명과 교화와 권능의 빛이 두 눈에서 흘러나와 사람들의 마음으로 들어가 화답받는 사랑으로 몸을 떨게 하시지. 그분은 손을 뻗어 그들을 축복하는데 그분의 몸에, 아니 옷자락에 손길이 닿기만 해도 병이 치유되는 기적이 일어나는 거야."(V, 5) 예수가 이런 기적을 행하고 있을 때 "쇠약한 얼굴에 두 눈은 움푹 파였지만 [그 눈에서] 불꽃같은 광채가 빛나고 있는" 아흔 살에 가까운 대심문관이 지나가다가 그 광경을 보게 된다. 그는 예수를 체포하라고 명한다. 밤중에 그를 조용히 찾아온 대심문관은 그에게 말한다.

> 당신은 당신이 예전에 이야기한 것 이외에 다른 이야기를 덧붙여 설교할 권리가 없단 말이오. 당신은 어째서 우릴 방해하러 온 거요? 당신이 우릴 방해하러 왔다는 것은 당신 자신이 잘 알고 있지 않소. (…) 난 내일 형을 선고해서 가장 사악한 이교도로서 당신을 화형에 처할 테니.

대심문관은 예수의 이름으로 자신의 권력을 누리고 있고 자신의 세상을 만들고 있다. 하지만 이제 자신이 팔아먹던 존재가 직접 나타났으니 어찌할 것인가? 그래서 대심문관은 "모든 것을 당신 스스로 교황에게 인계했으니 이제는 모든 것이 교황의 소유이며, 이제는 제발 이곳에 찾아오지도 말며 적어도 때가 오기 전까지는 방해하지 말아 달라"는 것이다.

대심문관의 생각은 이렇다. 기독교 권력이 이 세계(서양세계)를 꽉 틀어쥐고 있는 오늘날(당시)이야말로 마침내 인류의 행복이 도래한 시기이다. 사람들은 자유가 아니라 복종을 원한다. 그들은 자신들의 자유를 교회에 가져와서 그 발밑에 공손히 바쳤다. 그런데 당신은 바로 당신의 당대에 이 행복을 이룰 수도 있었다. 바로 당신이 그[악마]의 유혹을 받아들였다면 말이다. 악마는 당신에게 정말이지 위대한 제안을 했던 것이다. 그런데 당신은 어리석게도 그것을 거절했다. 악마는 당신에게 힘을, 권력을 주려 했다. 기적의 힘, 신비의 힘, 그리고 교권教權을 말이다. 바로 이 세 가지야말로 대중을 지배해서 기독교 사회를 건설할 수 있었던 힘이 아니던가. 그러나 당신은 세 가지 모두를 거절했다. "자유"의 이름으로 말이다. 그러나 당신은 심각한 착각을 했던 것이다. 대중은 자유를 원하지 않는다. 양심의 자유만큼 거추장스럽고 부담스러운 것이 어디에 있단 말인가. 대중은 바로 기적, 신비, 교권을 원했던 것이다. 예컨대 돌멩이를 빵으로 바꾸어 줄 수 있는 그런 힘 말이다. 사람들은 "먹여 살려라, 그러고 나서 선행을 요구하라!"고 외치면서 성전을 파괴할 것이다. 물론 당신을 따라 광야의 시험을 견뎌낼 사람들도 분명 있다. 그러나 그들의 수가 도대체 얼마나 되겠는가. 당신의 수준 높은 요구를 받아들일 사람들이 도대체 몇 명이 된다는 말인가. 당신은 대중이라는 존재를 근본적으로 오해했다. 당신이 못한 것을 한 사람들은 바로 우리이다. 나 대심문관을 포함한 우리(교회/사제계층)야말로 당신이 잘못 간 길을 바로잡아 사람들에게 행복을 주었다. 우리는 대중에게 빵을 주었다. 안심하고 기댈 곳, 복종할 곳을 만들어 주었다. 바로 당신의 이름으로 말이다. 그러나 사실상 우리가 따르는 것은 당신이 아니라 악마이다. 당신은 그저 껍데기일 뿐이다. 우리는 당신이 하지 못한 일을 악마의 뜻을 따라, 그러나 당신의 이름으로 행하고 있는 것이다. 당신은 천상의 빵을 주지만 절대 다수의 사람들은 지상의 빵을 원한다. 천상의 빵을 원하는 일부 사람들 때문에 지상의 빵을 원하는 다수가 희생되어야 하는가? 우리에게는 그 힘없는 사람들도 소중하다. 그들을 행복하게 해 주는 것은 우리이다. 사람들은 공통으로 경배할 대상을 찾고, 그래서 서로 다른 경배 대상들을 두고서 전쟁(종교전쟁)까지 벌인다. 만일 당신이 대중에게 지상의 빵을 주었다면 기독교는 세계를 제패했을 것이다. 사람들은 당신이 준 그 자유 때문에 끝없이 싸움을 벌이는 것이다. 당신이 율법 대신 자유를 주었을 때 사람들은 혼란과 논쟁에 빠져든 것이다.

> 우리는 당신의 위업을 손질해서 '기적'과 '신비'와 '교권'을 반석으로 삼았소. 그러자 사람들은 자신들을 다시 양떼처럼 인도해 주고 마침내 가슴속에 극심한 고통을 안겨 준 그 무서운 재능[자유]을 제거시켜준다며 몹시 기뻐했소. (…) 우리는 인류의 무능을 너무나 딱하게 여겨 사랑으로 그들의 짐을 덜어 주고, 비록 죄를 지었다 할지라도 어느 한도 내에서는 그들의 허약한 본성을 용납하고 있소. 그런데도 우리가 인류를 사랑하지 않는다고 말할 수 있겠소? 당신은 무엇 때문에 우리를 방해하러 온 것이오? (…) 우리들이 함께하는 것은 당신이 아니라 '그'[악마]요. 그것이 바로 우리들의 비밀이란 말이오.

대심문관은 자신들이 로마의 힘, 카이사르의 칼을 얻음으로써 비로소 위대한 사업에 착수할 수 있었음을 강조한다. 악마의 세 번째 유혹을 받아들인 것이다. 그 위대한 사업이란 무엇인가? "모든 사람들이 한 몸이 되어 이의 없이 공동생활을 영위하는 개미처럼 단결하는 것"

이 그것이다. 티무르나 칭기즈칸의 무리들은 "비록 무의식적이긴 해도" 그런 위대한 요구를 품고 있었다. 예수가 카이사르의 칼을 얻었더라면 그는 세계왕국(기독교왕국)을 건설할 수 있었을 것이고 세계평화를 이룰 수 있었을 것이다. 그래서 바로 우리가 당신을 내세워, 그러나 사실은 악마를 따라, 이 위대한 사업을 이룬 것이다. 지금은 "자유로운 지혜와 과학과 식인食人이 미쳐 날뛰는 세월"이 지속되고 있지만 결국 승리는 우리의 것이며 우리는 이 짐승을 깔고 앉아 축배를 들 터이고, 그 술잔에는 "신비!"라고 적혀 있을 것이다. 자유로운 지혜와 과학을 따르던 당신의 추종자들조차도 결국 "당신들만이 그(예수)의 신비를 지니고 있습니다"라고 하면서 우리들에게 복종할 것이다. 그리고 그때서야 우리가 주는 빵이 사실상은 그들이 만든 빵이라는 사실을 깨닫게 되겠지만, 사태는 변하지 않을 것이다. 그들이 갈망하는 것은 복종이기 때문이다. 자유야말로 그들이 영원히 버리고 싶어 하는 것이기에 말이다. 우리는 그들에게 얼마간의 죄도 허용할 것이다. 그러면 그들은 우리에게 감사하리라. 하느님 앞에서 그들의 죄를 떠맡는 것은 우리이기에, 이제 모든 사람들이 자유라는 무서운 고통으로부터 해방될 것이다. 그리고 진실을 알고 있는 우리들만이 불행해질 것이다. "그들[수억 명의 갓난애들]의 행복을 위해 스스로 죄를 떠맡은 우리들은 당신 앞에서 '우리들을 심판하라, 그것이 가능하다면 또 그럴 능력이 있다면'이라고 말할 것이오."

세 단계에 걸쳐 펼쳐진 이반의 생각은 이렇다. 중요한 것은 신이 존재하느냐가 아니다. '신의 존재'라는 관념을 통해서(그것이 설사 거짓이라 하더라도) 좋은 세상을 만드는 것이 중요하다. 해야 할 일은 이 세상에 존재하는 그 수많은 극악한 고통들과 싸우는 것이다. 그 싸움을 위해서 필요한 것은 신의 존재나 예수가 준 영혼의 자유가 아니다. 실질적인 힘이 필요한 것이다. 그 실질적인 힘을 위해서라면 차라리 악마를 따르는 것이 좋지 않겠는가. 교회는 그 일을 할 수 있다. 심문관들은 신이나 예수가 아니라 오히려 악마를 따를 수도 있다. 그러나 중요한 것은 겉으로 신과 예수를 앞세워 사람들을 복종시키고 실질적인 세계평화를 이루는 것이다. 사람들은 양심의 자유가 아니라 복종과 빵을 원하기 때문이다. 어쩌면 우리들이 신의 심판을 받을지도 모른다. 그러나 우리는 사람들의 고통을 외면하느니 차라리 심판의 고통을 떠맡겠다.

이반의 이런 이야기에 대해 알료샤는 그것을 "가톨릭교도들의, 심문관들의, 예수회 중에서도 가장 나쁜 자들의 해석"이라고 외친다. 여기에서 우리는 이반과 알료샤의 대립이 일면 서구 가톨릭과 러시아 정교 사이의 대립이라는 사실을 눈치챌 수 있다.

> 알료샤: "그들은 로마 교황을 황제로 삼는 미래의 세계적 지상 왕국의 로마 군대에 지나지 않아. (…) 그것이 그들의 이상이지만 그 속에는 아무런 신비도, 고상한 비애도 없지. (…) 그것은 단순히 권력, 지상의 추악한 행복, 노예제에 대한 희망만 있을 따름이고 (…) 그들이 지주가 되는 미래의 농노제와도 같은 것이야."
> 이반: "예수회 교도들과 심문관들이 어째서 더러운 물질적 행복만을 위해서 단결했다는 거지? 그는 (…) 만약 자유의지를 완벽히 성취한다고 해도 그 도덕적 만족감이란 그리 대단한 일이 아니라는 사실을

문득 깨달은 인물이지. 이런 사실을 깨달은 그는 방향을 선회해서 현명한 사람들 편에 (…) 가담했던 것이야."

알료샤: "그 심문관은 신을 믿지 않으며 그것이 그자가 지닌 비밀의 전부야!"

이반: "그럴지도 모르지, 결국 너도 알아차렸구나. 그건 사실이고 바로 거기에 모든 비밀이 들어 있지. 하지만 광야에서의 위업을 위해 자신의 일생을 버렸고 인류에 대한 사랑을 치유하지도 못했던 그런 인간인데도 그것을 정말 수난이라 할 수 없을까? 그는 인생의 황혼기에 접어들어 무서운 대악마의 충고만이 허약한 반역자들, '조롱받도록 창조된 미완의 시험적 존재들'이 그런대로 견딜 만한 상태에서 살 수 있게 할 수 있을 거라는 확신이 들었던 거야."

이 소설은 "정말 잘 들어 두어라. 밀알 하나가 땅에 떨어져 죽지 않으면 한 알 그대로 남아 있고 죽으면 많은 열매를 맺는다"라는 『신약』의 한 구절을 게사揭辭로 내걸고 있고, 소설의 화자는 알료샤를 "내가 그토록 사랑했던, 내 소설의 젊은 주인공"(VII, 2)이라고 말하고 있다. 결국 도스토예프스키 자신은 알료샤와 입장을 같이한다고 하겠다. 이반과 알료샤의 대화 이후 6권에서는 조시마 장로에 대한 이야기가 길게 펼쳐지며, 7권에서는 알료샤의 이야기가 전개된다. 조시마 장로는 피에르가 안드레이에게 설파했던 헤르더적인 생각—멀리로는 라이프니츠까지 거슬러 올라가는 생각—을 설교조로 전개하는데, 이반의 이야기에 비해 너무 상투적이고 문학적으로도 박진감이 떨어진다. 그에게 과학, 개혁세력, 새로운 이념 등은 모두 거부해야 할 것들이다. 반면 러시아적인 것, "동방", 민중에 대한 친밀감은 각별하다. 즉, 과학과 자유사상들에 대해서는 러시아 정교를, 개혁세력들에 대해서는 장로들과 (그들의 말을 이의 없이 받아 주는) 무지한 농민들을 대비시키고 있는 것이다. 이때가 19세기 후반이라는 사실을 감안하면 상당히 시대착오적이고 배타적이라 하지 않을 수가 없다. 게다가 러시아의 후진성과 봉건성을 타파하려 했던 당대의 개혁 세력들에 대한 유치한 인신공격("나는 감옥에서 흡연을 금지당한 '이념의 투사' 한 사람을 알고 있는데, 그는 온 힘을 박탈당하기라도 한 듯 너무나 괴로워서 담배 한 대만 얻어 피울 수 있다면 자신의 '이념'도 팔아먹을 수 있다고 했습니다")은 비열하게 느껴지기까지 한다.

그러나 놀라운 것은 도스토예프스키 사상의 이런 수준이 그의 문학적 빼어남을 조금도 훼손시키지 않는다는 사실이다! 이번의 재독 역시 문학적인 측면에서는 예전 못지않게 감동적이었다. 그래서 이반의 생각이 펼치고 있는, 사실상 저자 자신으로서는 비판적으로 보고 있는 대목이 저자 자신의 생각에 가까운 조시마 장로, 알료샤를 다룬 대목보다 훨씬 흥미진진하고 문학적으로 빼어나다는 얄궂은 사실에 직면하게 된다(이는 『연의』에서 제갈량의 묘사보다 조조의 묘사가 오히려 더 뛰어난 것을 연상시킨다). 사상의 진부함과 문학적 천재성이 기이하게 엇갈리고 있다.

이후 이어지는 이야기는 드미트리가 친부 살해범으로 몰리게 되는 상황을 중심으로 한, 외형적으로는 단순하고 짧은 이야기이다. 그러나 저자는 이런 평범한 내용을 복잡한 내적 갈등의 분석과 세밀한 상황 묘사를 통해서 격정적이고 미세하게 풀어 나간다. 그 중에서도 중요한 대목들은 드미트리의 재판, 이반의 정신분열, 스메르쟈코프의 행적 등이다.

드미트리의 재판 부분에서 우리는 당대의 재판 분위기를 마치 현장에 앉아 있기라도 한 듯이 생생하게 느낄 수 있다. 그 압권은 물론 검사 키릴로비치와 변호사 페추코비치의 공방이다. 검사 키릴로비치는 이 사건이 당대 러시아의 문제들을 응축하고 있다고 하면서 "운명의 삼두마차"를 강조한다. "개화와 문명을 위해 광포하게 질주하는 환영 앞에 튼튼한 장벽이 되어 우뚝 서서 그 미친 방종과 질주를 막으려" 유죄 판결을 요청한다. 페추코비치는 얼핏 보면 유죄를 인정하는 듯하면서도 형벌이 문제의 해결이 될 수 없음을 강조한다.

> 형벌은 다만 피고의 고통을 감해 줄 뿐입니다. 피고의 양심의 가책을 덜어 줄 뿐입니다. (…) 여러분들은 러시아의 재판이 단순한 형벌을 내리는 것이 아니라, 파멸된 인간을 구원하는 데 있다는 것을 이미 잘 알고 있지 않습니까! 다른 나라 국민들에게는 법률과 형벌이 존재할 뿐이라면, 우리들에게는 영혼과 사상[기독교 사상]이, 파멸한 인간의 구원과 부활이 존재하는 것입니다.

상당히 길게 전개되는 검사와 변호사의 공방이 일품이다.

한편 이반과 스메르쟈코프의 관계도 흥미롭다. 현실에 대해 강한 불만을 품고 있는 스메르쟈코프는 섬세한 이반의 심기를 계속 건드리면서도 자신과 이반이 공모관계에 있음을 확신한다. 그는 분명 이반의 급진적인 생각에 반했을 것이다. 그래서 그는 점점 분열증으로 치닫는 이반을 비웃는다. "항상 용감하셨지요. '모든 것이 허용된다'고 하시면서 말입니다. 그런데 이제 와서 이렇게 떨고 계시다니!" 스메르쟈코프는 이반이 자신을 교사했다고 믿었으며, 그래서 주범은 이반이라고 말한다. 이런 스메르쟈코프의 비난은 이반의 분열증을 증폭시킨다.

그러나 이반과 스메르쟈코프에 관한 묘사는 그다지 만족스럽지는 않다. 저자는 이반에게 나타난 악마—이반의 내면의 반쪽—를 등장시켜 이반의 분열증을 묘사하고 있으나, 자신의 입장을 이반에게 투영해 이반으로 하여금 자학과 반성의 분위기를 연출하게 함으로써 오히려 이야기의 긴박감을 떨어뜨리고 있다. 이반처럼 생각하는 사람은 이렇게 불행을 겪는다는 것을 보여줌으로써 이야기를 훈도적으로 이끄는 동시에, 자신이 창조한 독특한 인물의 매력을 스스로 약화시키고 있는 것이다. 이는 스메르쟈코프의 경우도 마찬가지이다. 스메르쟈코프의 자살로 극 전체의 긴박감이 크게 떨어지기 때문이다. 스메르쟈코프를 좀 더 강도 높게 그렸더라면 이야기의 전개가 또 다른 힘을 얻게 되지 않았을까 싶다. 말하자면 저자는 악역들—만일 이들을 악역이라고 할 수 있다면—을 약화시킴으로써 결국 이야기 전체를 둔화시키고 있는 것이다.

그러나 전반적으로 인간의 내면에 대한 도스토예프스키의 치열한 문학적 묘사는 빼어나다. 내가 그토록 짧은 시간에 그토록 강도 높게 이 작품에 빠져들었던 것도 이 때문이었을 것이다.

'이방인'의 눈에 비친 '세상'

내가 문학작품들에 몰입했던 것은 고등학교 1학년 때까지였다. 2학년이 되자 서서히 입시 준비에 들어가야만 했다. 당시만 해도 입시에 대한 중압감은 지금과는 사뭇 달라서 중학교 때까지는 여유롭고 즐거운 학창생활을 보냈고(신일중학교 시절에는 합창반과 성가대로 활동했고, 그래서 더욱 재미있는 나날을 보낸 것 같다), 고등학교 1학년 때까지도 입시를 별로 의식하지 않았다. 어릴 때부터(아마 중학교 때부터) 내가 줄곧 생각했고 또 마음속으로 결심했던 것은 자유롭게 또 순수하게 살겠다는 것이었다. 남들처럼 살지 않는 것, 사회가 만들어 강요하는 틀에 갇히지 않는 것, '결정론'적으로 살지 않는 것, 이것이 일찍부터 내 마음을 사로잡은 가치관이고 이제 쉰을 바라보고 있는 지금까지도 이런 생각에는 변함이 없다. 그 어떤 현실적인 어려움도 자유와 순수에 대한 내 신념을 꺾을 수는 없다고 생각하면서 살아왔다.

이런 기질 때문에 내게 '입시 공부'라는 것은 항상 반감의 대상이었다. 이런 반감 때문에 입시에 전혀 도움이 되지 않는 책들(예컨대 미술사 책들)을 많이 읽었고, (지금은 어떤지 모르겠지만) 당시 '예비고사'에서 큰 비중을 차지했던 상업(특히 부기가 점수가 많았던 것으로 기억한다)은 일부러 공부를 하지 않았다. 나는 인간이 인문학을 공부할 때보다 '인간'답게 된다는 생각을 가지고 있었고, 사실 지금도 이 생각에는 변함이 없다. 그러나 어쨌든 고등학교 2학년 정도가 되자 이제 입시 공부를 하지 않을 수가 없었다. 결국 이 때문에 내 독서생활은 치명적인 단절을 겪게 되었고, 이때부터 문학에서도 멀어지게 되었다. 공과대학에 들어간 이후에는 자연과학에 매료되었고, 그러면서 더더욱

문학에서 멀어져 갔다.

그러나 그런 와중에서도 몇 편의 작품들을 읽었는데, 『장 크리스토프』, 『이방인』, 『구토』, 『아Q정전』, 『성』, 『심판』 등의 작품들이 기억난다. 그 중 대학원 때 읽은 『이방인』은 특히 감동적이었고 또 여러 번 읽었다. 이 책을 여러 번 읽은 것은 소설 자체의 매력 때문이기도 했지만, 다른 한편 프랑스어를 익히기 위해서였던 점도 있다. 고등학교 때부터 줄곧 독일어를 공부했고 대학에서 독문학을 전공할까 생각하기까지 했지만, 프랑스어는 접할 기회가 없었다. 그러나 내 인생에서 특히 중요한 만남인 소은 박홍규 선생과의 만남, 특히 선생의 베르그송 강의가 프랑스어를 공부하게 된 계기가 되었다. 특히 신아사라는 출판사에서 나온 책들은 원문을 수록하고 그 아래에 문법 설명을 달아 놓고 있어, 프랑스어를 다듬기에는 제격이었다. 이 출판사에서 나온 책들을 여러 권 읽으면서 프랑스어 실력이 부쩍 늘었는데, 그 중에서도 결정적인 것은 『이방인』이었다. 카뮈의 문장은 최고의 프랑스어 문장들 중 하나이다. 사실 『이방인』은 고등학교 때 읽은 적이 있었다. 그러나 그때는 잘 이해하지 못했고 재미도 느끼지 못했다. 대학원에 들어와 다시 읽으면서 그 감동에 깊이 빠져들었다.

『형제들』을 읽고 나서 『이방인』을 읽으면 한 세계에서 다른 세계로 옮겨간 사람이 겪는 낯섦이 잠시 온몸을 휘감을 것이다. 양자 사이에는 내용상의 차이, 지역적 차이, 시대적 차이가 엄연히 가로놓여 있다. 그러나 이런 측면들 못지않게 강렬하게 다가오는 차이, 그것은 문채文彩의 차이이다. 숱하게 굴곡지면서 길게 이어지는 『형제들』의 문체와 간결하고 함축적인 『이방인』의 문채. 후자의 문채에는 주인공

뫼르소의 즉물적이고 다소 냉소적인 의식이 아른거리고 있다. 당장의 일에만 관심을 두며 사람들이 사물들과 사건들에 부여하는 의미들, 관례들을 생각 없이 바라보는 주인공의 의식은 문채를 통해 고스란히 나타난다.

『이방인』은 현대인의 실존의 한 단면을 날카롭게 포착해 명료하게 그려 나간다. 이야기는 '일상성'을 다루면서 시작한다. "오늘 어머니가 세상을 떠나셨다. 어쩌면 어제였는지도 모른다." 함께 살기에 버거운 어머니를 양로원에 보내고, 회사원 뫼르소는 사장의 눈치를 받으면서 휴가를 신청한다. 늘 식사하던 식당, 떠나는 버스를 잡기 위한 달음박질, 가솔린 냄새,……. 『형제들』이 강렬하고 세밀한 유채화의 세계라면, 『이방인』은 사물들의 특징을 선 몇 개를 써서 잡아내는 만화의 세계를 연상시킨다.

뫼르소에게는 세상이라는 존재가 낯설다. 세상의 사건들, 의미들, 기호들이 그에게는 낯설기 그지없다. 그는 이 세상에서 이방인이다. 세상의 기호들에 익숙해지지 않는 그는 '사는 법'에 서툴다. 그의 의식은 세상에 동화되어 있지 않다. 그는 사건들의 통념적인 계열화에 무심하다. 그래서 그는 자신이 하는 말과 행동을 능숙하게 계열화하지 못하며, 그런 것들이 통념적 의식들에 의해 어떻게 의미화될 것인지도 깨닫지 못한다. 그 대신 그의 몸은 자연과 친밀하다. 그는 기호에는 약하지만 감각에는 익숙하다. 그는 담배와 커피, 귀에 들려오는 소리들, 뜨거운 태양, 색깔과 냄새에 민감하다. 그는 몸이 따르는 대로 살아가고, 사물들이 의식에 즉각적으로 나타나는 대로 인식한다. 그는 타고난 자연주의자이다. 그는 주어진 것들에 익숙하지만 만들어진 것들에는 낯설다. 그런 것들이 그에게 판단과 반성을 요구할 때면 그는 늘 어떻게 해야 할지 몰라한다. 그래서 그는 세상에 대해 영원한 이방인이다. 그의 몸과 즉물적 의식만이 세계와 자연스럽게 접촉한다.

현실에 쉽게 적응하는 인간에게 세상이란 너무나도 친숙한 곳이다. 그런 사람은 출세하는 법, 사람들과 사귀는 법, 남과 적절한 거리를 유지하는 법, 적당히 둘러대는 법, 돈을 관리하는 법 등, 요컨대 '사는 법'에 능숙하다. 그러나 세상에 적응하지 못하는 인간은 모든 것이 그 반대이다. 이방인 뫼르소는 양로원에서 어떻게 행동해야 하는지를 알지 못한다. 그는 담배 생각이 나서 어머니의 시신 앞에서 담배를 피우고, 문지기가 권하는 커피도 사양하지 않는다. 교외의 아름다운 경치를 보고서 "어머니 장례식만 아니라면 산책하기에 얼마나 즐거울까?" 하고 생각한다. 그는 어머니의 시신을 보기를 원하지 않았고, 또 어머니의 정확한 나이를 잊어 대답하지 못한다. 그는 이런 일련의 사건들을 계열화하지 못한다. 그의 의식은 단편적인 이미지들로만 채워진다. 그 반대로 그의 몸은 자연과 친숙하다. 뫼르소는 사회와 불연속을 이루고 자연과 연속을 이룬다. 그는 해변에서 해수욕을 하고, 다시 만난 마리와 동침한다. 마리에 대한 그의 감정은 간단히 한마디로 표현된다. "나는 성욕을 느꼈다." 그는 세상 사람들을 무심히 바라보면서 또 하루를 보낸다.

> 일요일이 또 하루 지나갔고, 어머니의 장례식도 이젠 끝났고, 내일은 다시 일을 시작해야 할 것이다. 그러니 결국 달라진 것은 아무것도 없다는 생각이 들었다.(I, 2)

뫼르소는 사물들과 사람들, 사건들을 구성하지 않는다. 그는 사건들을 구성하는 세상의 통념에 익숙하지도 않고 그렇다고 그 자신의 독자적인 범주들을 가지고 있지도 않다. 그래서 그의 의식은 수동적이다. 외부에서 그의 의식에 나타나는 존재들은 아무런 구성 없이 그에게 수용된다. 그는 반反칸트적 존재이다. 그는 타인들을, 그들의 행동을 구성하지 않는다. 뚜쟁이이자 양아치인 레이몽이 그를 집에 초대했을 때도 그는 거절하지 않는다. "끼니를 준비하지 않아도 된다고 생각"했기 때문이다. 어머니의 시신 앞에서 담배를 피우고 커피를 마시는 것, 레이몽 같은 자와 사귀는 것,……, 이 모든 것이 그에게는 단지 특별히 거절할 이유가 없는 것들일 뿐이다. 그래서 그에게는 야심도 없다. 어떤 의미를 구성해내고자 하는 열망은 그와 거리가 멀다. 때문에 사장이 그에게 생활의 변화를 권했을 때 사양한다("이곳에서의 생활이 조금도 불편하지 않다고 대답했다").

그는 외부의 존재들을 비구성적으로 받아들이는 것과 꼭 마찬가지로 내부의 생각들을 아무런 자기검열 없이 표현한다. 그는 거짓말하거나 두 얼굴을 가지거나 복잡하게 계산하지 않는다. 그래서 마리가 자신을 사랑하느냐고 물었을 때에도 "그런 것은 쓸데없는 말이지만 사랑하고 있는 것 같지 않다"고, 그러나 "그녀가 원한다면 결혼하겠다"고 대답한다. 그에게 감동적으로 다가오는 것은 '사랑'이나 '결혼' 같은 개념들이 아니라 해변가에서의 그녀와의 수영, 부드러운 몸과의 접촉이다. "우리는 몸짓과 만족감에서 서로 일치함을 느낄 수 있었다."

가장 결정적인 순간에도 그는 능동적이고 구성적인 판단을 하지 못한다. "그 순간 나는 총을 쏠 수도 있고 쏘지 않을 수도 있었지만 쏘아도 좋고 쏘지 않아도 좋을 것이라고 생각했다." 그가 살인을 한 것은 어떤 적의敵意 때문도 심각한 판단 때문도 아니다. 훗날 재판정에서 그는 "태양 때문에" 살인했다고 말한다. 왜냐하면 그것이 사실이기 때문이다.

> 태양 빛이 강철 위에 반사되자 번쩍거리는 날카로운 칼날이 내 이마에 와서 부딪치는 것 같았다. 그와 동시에 눈썹에 맺혔던 땀이 한꺼번에 눈꺼풀 위로 흘러내려 미지근하고 두터운 막으로 내 눈을 덮어 버렸다. 이 소금의 장막에 가려져 나는 앞이 보이지 않았다. 다만 이마 위에서 울리는 태양의 제금提琴 소리와 단도로부터 여전히 내 앞으로 다가오는 눈부신 빛의 칼날을 느낄 수 있을 뿐이었다. 그 뜨거운 칼이 나의 속눈썹을 자르고 어지러운 눈을 헤집는 것이었다.
> 바로 그때였다. 모든 것이 동요하기 시작한 것이. 바다는 답답하고 뜨거운 바람을 실어 왔다. 하늘은 활짝 열리면서 불을 쏟아내는 듯했다. 나의 온몸이 긴장하면서 나는 총을 힘 있게 거머쥐었다. 나는 방아쇠를 당겼고, 권총 자루의 미끈한 배를 만졌다. 그리하여 짤막하고도 요란스러운 소리와 함께 모든 것이 시작되었던 것이다.(I, 6)

자연인自然人인 뫼르소는 자신에게는 가장 낯설 수밖에 없는 상황에, 즉 재판이라는 상황에 처한다. 사건들에 대한 모든 형태의 계열화가 논의되고, 생사이해를 둘러싼 모든 조작들이 횡행하고, 온갖 형태의 비리와 부정이 개입하는 장, 갖가지 형태의 심리적·의미론적 투쟁이 벌어지는 장, 이제 뫼르소는 자신의 기질과는 완벽히 대조되는 장에 떨어지게 된다.

그래서 그에게 사람들이 하는 행동과 말은 모두 낯설게 느껴지거나 우습게 느껴진다. 얼굴이 잘 보이지 않는 어둠 속에서 그를 심문하는 예심판사의 모습은 그에게 두렵거나 권위 있게 느껴지지 않는다. "그 전에 나는 책에서 그런 장면을 읽은 적이 있었고, 그것은 모두가 어린애 장난만 같았다." 그에게 법정에서 벌어지는 모든 일들, 사람들의 말과 행동은 어리둥절하고 우스꽝스러운 것이었다. 변호사가 그날(어머니의 시신을 묻은 날) 자신이 "슬픈 감정을 억제했다"고 대답하라고 요구했을 때에도 그는 그것을 거절한다. 그것은 사실이 아니기 때문이다. "그(변호사)는 내가 얄밉다는 듯이 이상스러운 눈초리로 나를 바라보았다." 뫼르소는 자신이 특별한 존재라고는 생각하지 않는다. 그는 다만 세상이라는 곳의 '게임의 법칙'에 익숙하지 않을 뿐이다.

그를 힘겹게 하고 말하고 싶지 않게 한 것은 자연적인 것들이다. 담배, 마리의 육체, 해변 등이 그를 힘들게 한다. 형무소 안에서 그는 점차 굳어진다. "그날 간수가 돌아간 후에 나는 쇠로 만든 밥그릇에 비친 내 얼굴을 들여다보았다. 내 모습은 아무리 마주 보며 웃으려고 해도 무뚝뚝한 채로 있는 듯했다. 나는 그 모습을 눈앞에서 흔들고 빙그레 웃었으나, 거기에 비쳐진 얼굴은 여전히 무뚝뚝하고 슬픈 표정이었다." 감옥에서의 세월이 그렇게 흘러갔다.

『형제들』과 『이방인』을 논의거리로 택했는데, 그러고 보니 우연히 두 작품 모두 후반부를 재판 이야기로 장식하고 있다. 그러나 두 재판은 사뭇 다르다. 하나의 재판은 행동의 세부사항들 하나하나가 세밀한 의미로서 추적되고, 주인공들의 신경이 끝 간 데 없이 곤두선다. 사건들의 각종 계열화가 치밀하게 계산되고 빛나는 논거들이 제시된다. 이와 대조적으로 뫼르소의 눈에 비친 다른 한 재판은 다분히 어리석고 무미건조하다. "나는 그들이 배심원들이라는 것을 깨달았다. (…) 마치 전차의 맞은편 좌석에 앉아 있는 사람들처럼, 그 이름 모를 승객들은 호기심 많은 눈빛으로 새로 타는 승객을 훑어보는 것 같았다." 뫼르소는 자신을 심판하는 재판정에서 자신은 불청객이라고 느낀다. 그러나 두 재판에는 본질적인 공통점이 있다. 사람들이 심판하는 것은 사건이 아니라 인물이라는 점 말이다.

> 나의 변호사는 참다못해 두 팔을 높이 쳐들며 외쳤다.
>
> (…)
>
> "도대체 피고가 어머니를 매장한 것으로 기소된 것입니까, 살인을 한 것으로 기소된 것입니까?"
>
> 방청객들이 웃었다. 그러자 검사가 다시 일어나서 법복法服을 바로잡아 몸에 휘감고 나서, 존경할 만한 변호인이 참으로 순진하지 않고서야 그 두 가지 사실 사이에 근본적이며 충격적이요 본질적인 관계를 느끼지 않을 수는 없다고 단언했다. "그렇습니다" 하고 그는 매몰차게 외쳤다. "범죄의 마음을 가지고 자신의 어머니를 매장했으므로 나는 이 사람의 죄를 논고하는 것입니다."(II, 3)

양로원에서의 뫼르소의 행동과 바닷가에서의 행동, 검사는 두 행동 사이의 관련성을 밝히고 그 사이에 의미의 다리, 나아가 인과의 다리를 놓는다. 그것은 즉물적인 상황의 단속斷續들을 살아가는 뫼르소의 삶의 방식과 정확히 대척적이다.

검사는 이 의미와 인과의 계열을 마침내 뫼르소의 영혼으로까지 이어간다. 행위의 계열들과 그 의미들은 영혼이라는 실체로 소급되어 설명된다. "검사는 나의 영혼을 들여다보았으나 아무것도 찾아볼 수 없었다고 배심원들에게 말했다. 아니 나에게는 영혼이라는 것이 도무지 없으며, 인간다운 점이 조금도 없고, 인간의 마음을 유지하는 도덕적 원리가 나와는 모두 인연이 멀다는 것이었다."(II, 4)

행위, 의미 등을 영혼으로 소급시켜 설명한 검사는 이제 다시 이러한 영혼으로부터 파생될 사회적 효과들에 대해 우려를 표명한다. "이 사람에게서 볼 수 있는 것 같은 영혼의 공허가 사회 전체를 삼켜버릴 수도 있을 경우에는 (…)." 행위와 영혼 그리고 사회를 완벽하게 이어 수미일관한 논리와 가치를 부여하는 검사의 논고, 그 의미의 거미줄에 세상 바깥의 존재, 잉여존재être de trop인 뫼르소는 운 나쁜 벌레처럼 휘감기고 만다.

검사의 거미줄과는 성격이 다른, 그 내재적이고 사회적인 거미줄보다 더 강력한 초월적이고 형이상학적인 거미줄이 또한 뫼르소를 "구원하기" 위해 쳐진다. 예심판사는 뫼르소를 개과천선시키기 위해서 "은으로 만든 십자가를 꺼내 그것을 휘두르면서" 예수의 존재를 내세운다.

> 그러나 그는 나의 말을 가로막고 다시 한 번 몸을 일으켜 하느님을 믿느냐고 물으면서 나를 훈계했다. 나는 믿지 않는다고 대답했다. 그

는 분연히 앉아버렸다. 그러고는 그럴 수는 없다며, 누구나 설사 그가 하느님의 얼굴을 외면하는 사람일지라도 하느님을 믿는 법이라고 말했다. 그것이 그의 신념이요, 만약 그것을 의심해야 한다면 그의 삶은 무의미해지고 만다는 것이었다. "당신은 나의 인생이 무의미하게 되기를 바랍니까?" 하고 그가 외치다시피 물었다. 내 생각으로는 그것은 나와 아무 상관이 없는 일이어서, 그렇다고 대답했다. 그러자 그는 예수의 십자가상을 책상 너머로부터 내 얼굴 앞으로 들이밀고는 소리를 지르는 것이었다. "나는 기독교 신자야. 나는 이분에게 당신의 죄의 용서를 구하고 있어. 어찌하여 당신은 그리스도가 당신을 위해 고통을 당하셨다는 것을 믿지 않느냐 말이야!"(II, 1)

세계에 대해서, 삶에 대해서 완벽한 정답을 가진, 최종적인 '모범답안'을 가진 예심판사가 뫼르소에게는, 세상의 무의미를, 삶의 부조리를 있는 그대로 받아들이는 이 이방인에게는 무척이나 낯선 존재로 다가온다. '믿음'으로 중무장한 판사의 눈길 아래에서 뫼르소는 도무지 이해할 수 없는 인간으로 드러난다.

완벽한 의미/믿음과 무의미 사이의 대결—일방적인 시비 걺이라 해야 하겠지만—은 사형 전날에 다시 일어난다. 늘 그랬듯이 뫼르소는 다시 한 번 '주어진' 상황을 받아들인다.

내가 다른 사람들보다 먼저 죽는 것은 사실이다. 하지만 인생이 고통스럽게 살 만한 가치가 있는 게 아니라는 것은 누구나 다 알고 있다. 결국 서른 살에 죽든지 예순 살에 죽든지 별로 다름이 없다는 것을 나 또한 알고 있다. 이렇든 저렇든 어쨌든 이후에도 다른 남자들, 다른 여자들이 살아갈 것이요, 긴긴 시간 동안 그럴 것이다. 결국 이보다 더 명료한 사실이 있겠는가. 지금이건 20년 후이건 '나'는 죽을 것임에 틀림없다.(II, 5)

사형 집행 전날 밤에 찾아온 신부는 뫼르소에게 어떤 신념, 정답, 의미를 요구하고 "구원"을 베풀고자 하지만, 뫼르소에게 그것은 "관심을 끌지 않는 일"이고 원하지도 않는 일이다. 정답을 가진 사람에게, 그 정답을 타인에게 가르쳐 주고 그래서 타인을 "구원"하려 하는 열망에 불타는 사람에게 그 타인의 무관심과 사양만큼 답답한 것은 없다. 그래서 그는 그 타인을 가엾다는 듯 강하게 응시한다. 그러나 뫼르소는 그것을 눈싸움 놀이로 받아들인다. 신부는 뫼르소에게 "죄"를 강요한다. 죄가 있어 구원이 필요한 것이 아니다. 구원을 위해 죄가 필요한 것이다. "죄가 무엇인지 나는 모른다고 말했다. 내가 죄인이라는 것을 사람들이 내게 가르쳐 주었을 뿐이다." 신부는 끈질기게 죄, 고백, 참회를 강요하고 뫼르소는 마침내 폭발하고 만다.

당신은 확고한 믿음을 가지고 있다. 그렇지 않은가? 하지만 당신의 그 믿음은 여인의 한 오라기 머리카락만큼의 가치도 없는 것이다. 당신은 삶에 대한 확실함조차도 가지고 있지 않다. 마치 죽은 자처럼 살고 있기에. 나? 나는 빈손인 것처럼 보이겠지만, 나 자신에 대한 확실함을 가지고 있다. 모든 것에 대한 확실함, 당신의 것보다 더 큰 확실함을. 내 삶에 대해서, 그리고 곧 다가올 죽음에 대해서. 그렇다, 내게는 바로 그것밖에는 없다. 하지만 적어도, 이 진실이 나를 껴안고 있는 만큼이나 나 또한 그것을 껴안고 있다. 나는 그런 진실을 가지고 살아왔고, 살고 있으며, 살아갈 것이다.

자연주의자이자 실존주의자인 뫼르소는 형이상학자—3류 형이상학자—인 신부에게 공박을 가한다. 당신은 마치 세계와 인생에 대해 완벽하게 인식하고 있기라도 한 듯이, "진리"를 알고 있다는 듯이, 나를 "구원"할 수 있고 또 그래야 한다는 듯이 행동한다. 그러나 내게 당신이 말하는 이야기들은 아무런 설득력도 현실감도 없다. 그런 공허하고 사변적인 주장들은 밝게 빛나는 태양빛의 한 줄기, 해변의 따스한 모래사장, 여인의 짧은 체취, 어린아이의 미소보다도 무가치한 것이다. 당신이 말하는 것과 같은 엄청난 것은 아닐지 몰라도, 적어도 내게는 그리고 누구에게나 확실한 이런 것들보다도 말이다. 당신에 삶에 대해서, 이 대지의 위대함에 대해서, 내 신체와 해변, 햇빛, 바닷물의 일치감에 대해서 알기라고 하는가? 당신이 정말 살고 있다고 생각하는가? 그렇다. 나는 사형수다. 나는 그 사실, 그 진실을 확실하게 인식하고 있다. 그리고 그것으로부터 정신적으로 도피할 생각이 없다. 그 앞에서, 죽음 앞에서, 나는 그 어느 때보다도 깨어 있다. 내 생각은 단순하지만 그러나 진실되다.

나는 이렇게 살아왔으나, 달리 살 수도 있었을 것이다. 나는 이런 것은 했고 저런 것을 하지 않았다. 나는 저런 일은 하지 않았지만, 이런 일은 했다. 그 다음에는? 마치 내가 이 순간을, 내가 심판받을 이 짧은 새벽을 한평생 기다려 오기라도 했던 것 같지 않은가. 아무것도 그 어떤 것도 중요하지 않으며, 나는 그 이유를 잘 알고 있다. 당신도 알고 있다. 내가 살아온 이 부조리한 전 생애에, 미래의 심연으로부터 어떤 어렴풋한 숨결이 아직 오지 않은 여러 해에 걸쳐 내게 다시 올라와, 내가 살아온 시간들만큼의 실재는 아닐 이 시간들에, 내게 주어질 모든 것들을 아무 차이 없는 것들로 만들어버릴 것이다. 다른 이들의 죽음, 어떤 어머니의 사랑이 내게 어떤 중요성을 가질까? 당신의 그 하느님, 사람들이 선택하는 인생, 걸어가는 길들이 내게 어떤 중요성을 가질까? 오로지 하나의 길만이 나를 선택할 것이 아닌가. 그리고 나와 더불어 당신처럼 서로 "형제"라 부를, 운 좋게 먼저 갈 수많은 사람들도 마찬가지가 아닌가. 이해하겠는가? 이제 이해하겠는가? 모든 이들이 운 좋게 먼저 갈 뿐이다. 모두가 다. 다른 사람들 역시 때가 오면 죽는다. 당신 또한 마찬가지이다. 살인죄로 고발되었지만 어머니의 무덤 앞에서 울지 않았다고 처벌받은들 어떻다는 말인가? (…) 오늘 마리가 또 한 사람의 뫼르소에게 그녀의 입술을 내민다 한들 그게 어떻다는 말인가?

사람들은, 그리고 당신처럼 완벽한 의미체계를 갖춘 사람들은 내 행동 모두를 꿰어 멋대로 의미를 부여했다. 그러나 정말 그런가? 내 삶이, 내 행동들이 정말 당신들이 만들어낸 그 거창한 의미의 거미줄에 붙들려 매어져야 하는가? 저 새벽, 당신들이 나를 다른 세계로 보내려고 감옥 문을 열 그 새벽, 그 새벽의 의미를 나는 깨달았다. 죽음이라는 절대적 진실을 나는 받아들인 것이다. 그 앞에서 당신들이 어쩌고저쩌고 하는 모든 것들은 의미를 상실한다. 그 앞에서 모든 것들은 평등하다. 나도 그 길을 걸어가고 다른 모든 사람들도 그 길을 걸어간다. 당신들이 설치해 놓은 온갖 의미/기호의 거미줄은 그 앞에서 무력한 것이다. 사형 선고를 받은 것은 바로 당신이다. 그러나 그것 앞에서 진실한 것은 바로 나이다. 당신은 의기양양하게 거창한 의미의 그물망을 던져 죽음을 극복했다고 생각하지만, 그 앞에서 단 한 번이라도 진실해 본 적이 있는가? 나는 이미 헛된 차이들을 극복했다. 절대적인 무-차이 앞에 서 봤느냐?

신부가 나가버린 뒤에 나의 마음은 조금씩 가라앉았다. 나는 기운이 없어 침대 위에 몸을 던졌다. 그러고는 잠이 들었던 모양이다. 얼굴에 별빛을 느끼면서 잠이 깨었으니까. 시골 마을에서 나는 소리들이 나에게까지 들려왔다. 밤 냄새, 흙 냄새, 소금 냄새가 관자놀이를 시원하게 해 주었다. 잠든 여름의 그 놀라운 평화가 밀물처럼 내 속으로 흘러들어 왔다. 바로 그때, 밤의 끄트머리에서, 사이렌이 울려 왔다. 그것은 이제는 나와 인연을 맺게 된 어떤 세계로의 출발을 알리는 소리였다. 참으로 오래간만에 나는 어머니를 생각했다. 그녀가 왜 생의 마지막에 "애인"을 사귀었는지, 왜 다시 시작하려 노력했는지 알 것 같았다. 저편에서, 저편에서 또한, 생명이 꺼져 가는 이 요양원의 주위에서도, 저녁은 서글픈 휴식기간 같았을 것이다. 죽음과 얼굴을 맞이했을 때 비로소 어머니는 자유를 느꼈고, 모든 것을 새로이 시작할 준비가 되었던 것이다. 누구도, 그 누구도 그녀의 시신 앞에서 눈물을 흘릴 권리는 없다. 그리고 나 또한 처음부터 다시 살 각오가 되어 있음을 느낀다. 별들과 별자리들로 가득 찬 밤하늘을 올려다보며, 내가 퍼부었던 그 분노가 내 안에서 악을 씻어 주고 희망을 비워 주기라도 한 듯이, 나는 난생처음으로 세계의 부드러운 무차이에로 나 자신을 열었다. 세계가 나와 무척이나 가깝다는 것을, 결국 나와 형제나 다름없다는 것을 감지하게 되자, 나는 내가 행복했었다고, 지금도 여전히 행복하다고 느꼈다. 내가 마지막으로 원하는 것이라곤, 모든 게 잘 마무리되도록, 내가 혼자임을 덜 느낄 수 있도록, 처형장에 보다 많은 구경꾼들이 운집하고, 그들이 증오의 함성으로 날 맞아주었으면 하는 것뿐이다.

이 대목을 읽고 또 읽었다. "세계의 부드러운 무차이"라는 구절을 오랫동안 곱씹었던 기억이 난다. 의미가 완전히 발가벗겨진 세계, 그 세계에서 인간은 완벽한 무의미 앞에 서게 된다. 그 세계에서 인간은 이방인이다. 『이방인』은 이런 세계 앞에 우리를 세운다. 그러나 그 세계는 '무'의 세계가 아니라 '주어진 것'과의 원초적인 만남이 이루어지는 세계이다. 그 세계 위에 두터운 의미의 두께가 쌓인다. 『이방인』은 그 두께를 덜어냈을 때 드러나는 무구한 세계로 우리를 데려간다. 거기에서 우리는 완전히 새로운 자신의 의미, 세계의 의미, 삶의 의미를 다시 써야 하는 것이다. 『이방인』은 존재론적 의식의 통과의례이다.

환각적인 현실, 현실적인 환각

대부분의 문학작품들을 청소년 시절에 읽었고 『이방인』을 비롯한 몇몇 작품들은 대학에 들어온 이후에 읽었지만, 청소년 시절부터 지금까지 지속적이고 반복적으로 읽어 온 작가가 있다. 바로 카프카이다. 중학생 시절에는 『변신』에 매료되었고, 대학에 들어온 후에는 『성』과 『심판』을 재발견하고, 한참 후에는 단편들에 매력을 느끼게 되었으니, 한평생 카프카를 읽어 온 셈이다.

아마 『변신』을 읽은 누구나 그랬겠지만, 이 작품을 읽으면서 다음 날 아침 나도 커다란 벌레로 변하는 것이 아닌가 하고 전전긍긍하던 기억이 난다. 그만큼 첫 대목이 인상적이다.

> 어느 날 아침 그레고르 잠자가 불안한 꿈에서 깨어났을 때, 그는 자신이 침대 속에서 한 마리의 커다란 해충으로 변해 있는 것을 발견했다. 그는 갑옷처럼 딱딱한 등을 대고 누워 있었는데, 머리를 약간 쳐들면 반원으로 된 갈색의 배가 활 모양의 단단한 마디들로 나누어져 있는 것이 보였다. 배 위의 이불은 그대로 덮여 있지 못하고 금방이라도 미끄러져 내릴 것만 같았다. 그리고 몸뚱이 크기에 비해 비참할 정도로 가느다란 다리들이 눈앞에서 힘없이 흔들거리고 있었다.(1)

이 구절을 처음 읽으면 깊은 충격과 전율에 몸을 부르르 떨게 된다. 카프카의 세계는 환각적이면서도 정밀해서, 현실이라기에는 너무 꿈같고 꿈이라기에는 너무 현실 같다. 현실이라기에는 너무 낯설고 기이한 세계이고, 꿈이라기에는 너무나도 세밀하고 현실감 넘친다. 『변신』에서 단 하나의 꿈과 같은 설정은 그레고르가 거대한 곤충으로 변신한 것이다. 그 설정이 바로 모든 것이지만 말이다. 그 후의 이야기들은 어떤 상징도 은유도 교훈적 복선도 없이 지극히 사실적으로 전개된다. 너무나 사실적이어서 마치 어떤 사실을 기록해 놓은 다큐멘터리처럼 느껴진다.

그래서 이 소설의 '스토리'는 단 하나, 그레고르의 변신뿐이다. 그 외의 모든 것은 세밀한 묘사에 가깝다. 그런 점에서 이 소설을 개념적으로 재구성하거나 온갖 알레고리적인 의미를 부여하려고 하는 것은 어쩌면 부질없는 것인지도 모른다. 변신이라는 그 아연한 사건 자체 앞에 서야 하는 것이다. "나는 항상 전달할 수 없는 것을 설명하려고 애쓰지요. 그리고 뼛속에 지니고 있고 또 이 뼛속에서만 체험할 수 있는 것을 이야기하려고 애씁니다."

하나의 삶, 하나의 세계, 하나의 상황이 극에 달하면 그 삶, 세계, 상황으로부터의 탈주를 꿈꾸거나 실제 어떤 식으로든 탈주가 발생하게 된다. 그레고르의 상황이 그렇다. "아아, 이렇게도 힘든 직업을 택하다니. 매일같이 여행이다. 이 일은 회사에서 하는 실질적인 일보다 훨씬 더 신경을 자극한다. (…) 기차 연결에 대해 늘 걱정해야 하며, 식사는 불규칙한 데다가 맛도 형편없고, 대하는 사람들은 항상 바뀌어 그들과의 인간관계는 절대로 지속적일 수 없고 또 진실한 것일 수도 없다. 이 모든 걸 악마가 가져갔으면!" 그레고르의 이런 상황은 현대의 직장인 모두의 상황이며 따라서 변신 또한 일반적인 상황이라고 하겠다. 열심히 일해 봤자 빚 갚는 데 급급하고, 늘 시간에 쫓겨 시계를 쳐다보면서 살아야 하는 현대인, 그러면서도 메마른 인간관계에 황폐한 가슴을 가지고서 살아가는 현대인. 그런 현대인의 상황의 극한에서 변신이 발생한다. 그것은 카프카 자신의 체험이기도 했다. "잠시 동안 나는 갑주甲冑로 온몸이 둘러싸여 있음을 느꼈다." "나의 몸은 두려워 떨며 (…) 천천히 벽 위로 기어 올라간다."

변신은 한 세계에서 다른 세계로의 이행이다. 그래서 변신한 그레고르와 식구들 사이에는 단절이 생기고 사람들은 그를 곤충으로 취급하는 데 점점 익숙해진다. 그러나 그레고르의 단절은 부분 단절이다. 그레고르는 일방적으로 식구들의 이야기를 듣고 식구들도 적어도 처음에는 그레고르가 아들/오빠임을 알아본다. 그레고르는 이미 자신에게서 멀어져 가는 세계로 다시 진입하려 몇 번이나 시도하지만 그것이 그를 더욱더 그 세계로부터 떨어뜨려 놓는다. 아들/오빠라는 이름-자리에서 곤충이라는 이름-자리로. 열심히 돈을 벌어다주는 그레고르는 집안의 기둥이었다. "그가 집에서 그 돈을 식탁 위에 올려놓으면 식구들은 놀라서 기뻐했다. 정말 좋은 시절이었다." 그레고르는 식구들에 대한 애정, 의무와 하루빨리 벗어나고 싶은 현실의 무게 사이에서 흔들거린다. 그 흔들거림은 마침내 그에게 '출구'를 제공한다. 그러나 그 출구는 이미 이전의 세계 내에서의 출구는 아니다. 현실 속에 출구는 없다. 다른 세계로의 변신만이 그에게 출구를 제공해 준다.

카프카의 변신을 생각할 때면 늘 장자의 변신 — "화이위조"化而爲鳥 — 을 생각하게 된다. 암울하고 극한적인 카프카의 변신과 호방하고 초연한 장자의 변신, 나는 이 두 변신 사이에서 사유하고 살아왔다는 생각이 든다. 카프카 그리고 장자.

카프카 문학이 보다 현실적인 맥락을 띨 때 그것은 권력의 문제를 농밀하게 함축한다. 대학생이 된 후 『성』과 『심판』을 다시 읽었는데, 이전에 깨닫지 못했던 의미들을 새롭게 발견하기 시작했다. 그리고 횔덜린 시를 읽을 때 그랬듯이, 그 의미들과 1980년대의 시대 상황이 오버랩되어 드러나곤 했다. 카프카, 마르크스와 엥겔스, 그리고 베버(와 후에는 푸코), 나는 이들을 통해 권력론을 배웠지만 거기에는 늘 1980년대 한국을 살아야 했던 한 청년의 의식이 투영되곤 했다.

『성』을 읽으면서 가장 예민하게 주목하게 된 부분은 이 소설에 나타난 시공간 개념이었다. 아마 그것은 내가 이 소설을 읽을 당시(학부 2학년 즈음) 자연과학에 흥미를 가지게 되어 상대성 이론이나 양자역학, 열역학 등을 공부하고 있었기 때문일 것이다. 이런 이론들을 공부하는 동안 특히 시공간 문제에 흥미를 갖게 되었고 그것이 훗날 철학적 관심으로 이어졌다. 또한 당시 건축에 많은 흥미를 가지고 있었기에 자연스럽게 공간에 주목하게 되었던 것 같다. 『성』은 권력에 대한 이야기이지만 나는 권력 문제를 시공간의 관점에서 읽은 것이다.

이 소설에서 성의 거리를 묘사하는 대목이 한 예이다. "이렇게 그는 다시 나아갔는데 먼 길이었다. 이를테면 거리, 마을의 한 길은 성 언덕으로 통하는 게 아니라 가까이 가기만 하면 일부러 그러는 것처럼 휘어졌으며, 성에서 멀어지진 않는다 해도 성에 가까워지는 것도 아니었다." 카프카 특유의 이런 공간 묘사는 『성』의 곳곳에서 발견된다. 전화하는 장면(II)은 카프카의 세계에서 공간, 시간, 그리고 현존/부재의 존재론을 극명하게 보여준다. 전화는 부재하는 상대와 오로지 목소리만으로 접속하는 장치이다. K는 성과 통화하면서 소통의 부재를 절실히 체험한다. 전화는 공간적 부재를 시간적 현존으로 바꾸어 주지만, 거기에서 확인하게 되는 것은 영원히 닿을 수 없을 듯한 성의 모호한 정체이다. K는 성 — 당시 내게는 이 성이 파시즘 정권으로 표상되곤 했다 — 을 헤매고 돌아다니면서 "내내 길을 잃었거나 아니면

멀리 낯선 곳에 와 있다는 느낌"을 받게 된다. 그것은 "한 인간의 생존을 좌우하는 어처구니없는 미로"가 아닌가.

변신에 관련해서도 그랬듯이, 나는 K의 방황에 관련된 이런 대목들에 관련해서도 가끔씩 장자의 '방황'彷徨을 떠올리곤 했다. 당시에 나는 장자를 카프카와 대조적으로만 이해했다. 점차 나이가 들면서 두 사람의 거리는 참 가깝다는 것을 깨닫게 되었다. 물론 어떤 면에서는 둘은 여전히 대조적이다. 카프카와 장자는 "가깝고도 먼 사이"가 아닌가 싶다.

『성』에서 묘사된 기이한 시공간은 『소송』에서도 나타난다. "최근 어느 날 저녁 K가 그의 사무실과 중앙계단 사이에 있는 복도를 지나려는데 (…) 아직 한 번도 직접 본 일은 없었지만 그 뒤에 헛간이 있다고만 생각했던 문 뒤에서 신음소리가 들려왔다. (…) 억제할 수 없는 호기심에 이끌려 그대로 문을 확 열어 보았다. 상상했던 대로 헛간이었다. (…) 방 안에는 세 명의 남자가 서 있었다."(V)

늘 다니던 회사에 헛간이 존재하고 거기에서 태형이 벌어지고 있다는 악몽 같으면서도 코믹한 상황. 더구나 거기에서 태형을 당하고 있던 두 사람이 K를 체포하러 왔던 감시인들이라는 사실. "K는 그들이 감시인인 프란츠와 빌렘이며, 제3의 사나이는 그들을 때리기 위해서 손에 매를 들고 있다는 것을 알았다." 이렇게 『소송』은 권력의 문제를 보다 농밀하고 아이러니하게 표현하고 있다. 이 소설은 하나의 악몽이지만 그러나 가끔씩은 웃음이 터져 나오는 악몽이다. 그것은 비극이라기에는 너무 희극적이고 희극이라기에는 너무 비극적이다.

"누군가가 요제프 K를 중상한 것이 틀림없다. 왜냐하면 그는 아무런 나쁜 짓도 하지 않았는데 어느 날 아침 체포되었으니 말이다." 이 도입부는 몽환적이고 불확실한 『성』의 도입부와는 달리 시작부터 극한적인 상황을 보여주고 있다. 전체적으로 『소송』은 『성』보다 더 구체적이고 명료하다. 그러나 이런 구체성과 명료함은 소설 전체의 불가해함과 어리둥절함에 의해 상쇄되고 있다. 그런데 이런 이중적 성격은 곧 이 소설의 주제이기도 하다. 법과 권력의 구체성, 명료함과 불가해함, 어리둥절함. 카프카는 도스토예프스키, 카뮈와는 또 다른 방식으로 법과 권력을 다룬다. 도스토예프스키의 그것은 흥미진진하고 드라마틱하고 복잡하지만 또한 명료하다. 카뮈의 그것은 우스꽝스럽고 자의적이며 헛되다. 이에 비해 카프카의 그것은 기괴하고 아이러니하고 불가해하다. 하지만 그것은 그저 장난, 유치한 장난일 뿐이다. 카프카는 「법 앞에서」라는 짧은 글에서 법의 이런 성격을 극명하게 묘사하고 있다.

> 법 앞에 한 문지기가 서 있다. 이 문지기에게 한 시골 사람이 와서 법으로 들어가게 해달라고 청한다. 그러나 문지기는 지금은 그에게 입장을 허락할 수 없노라고 말한다. 그 시골 사람은 곰곰이 생각한 후, 그렇다면 나중에는 들어갈 수 있겠느냐고 묻는다. "가능한 일이지요." 하고 문지기가 말한다. "그러나 지금은 안 됩니다." (…) 수년간 그 사람은 문지기를 거의 하염없이 지켜보고 있다. 그는 다른 문지기들은 잊어버리고, 이 첫 문지기만이 법으로 들어가는 데에 유일한 방해꾼인 것처럼 생각한다. (…) 그가 죽기 전에, 그의 머릿속에는 그 시간 전체에 대한 경험들이 그가 여태까지 문지기에게 물어보지 않았

던 하나의 물음으로 집약된다. (…) "당신은 이제 와서 더 무엇을 알고 싶은 거요?"라고 문지기가 묻는다. (…) 시골 사람은 물었다. "지난 수년 동안 나 이외에는 아무도 입장을 허락해 줄 것을 요구하지 않았는데, 어째서 그런 겁니까?" 문지기는 그 시골 사람이 이미 임종에 다가와 있다는 것을 알고, 희미해져 가는 그의 귀에다 대고 잘 들리도록 크게 외쳤다. "이곳에서는 당신 이외에는 아무도 입장을 허락받을 수가 없어요! 왜냐하면 말이오, 이 입구는 오로지 당신만을 위해 만들어진 곳이란 말이오! 이제 가서 문을 닫아야겠구먼."

그 문은 "오로지" 그 사람을 위한 문이지만 "지금은" 들어갈 수 없다는 문지기의 말은 『소송』 9장에서 교도소 신부에 의해 상세하게 분석된다.

K를 체포한 법도 이런 법이다. "우리 관청은 내가 알고 있는 한, 더군다나 나는 맨 밑의 사람들밖에 모르지만, 주민들에게서 어떤 죄를 찾아내는 것이 아니고 법률을 그대로 적용할 뿐이며 그래서 우리 감시인을 보내게 되는 것이오. 그것이 법률이라는 것이오. 어떻게 실수가 있을 수 있단 말이오?" K를 잡으러 온 사람의 이 말은 현대 사회에서의 법의 이미지를 간결하게 정리해 주고 있다. 법학사 카프카에게 법이란 곧 이런 것이었다. K는 그것을 잘 알고 있다. 그래서 예심판사를 만난 K는 그들의 뻔한 수작들을 폭로한다. "그러면 여러분, 이 커다란 조직의 의미는 무엇이겠습니까? 그것은 무고한 사람들이 체포되고, 그들에게는 무의미하고 또한 대개는 나의 경우처럼 얻는 것이 없는 소송 절차가 행해진다는 점에 있습니다. 만사가 이처럼 무의미

한데, 관리들의 극도의 부패를 어떻게 하면 피할 수 있겠습니까?" 그러나 무슨 소용이 있는가? 그들은 모두 "똑같은 휘장"을 달고 있는 것이다. 견고한 성城에 이런 질타는 결코 먹혀들어 갈 수가 없다.

『소송』에는 『형제들』에서와 같은 드라마틱한 재판도 또 『이방인』에서와 같은 과잉의미론적 재판도 없다. 거기에는 오직 마지막까지도 모습을 드러내지 않는 법의 술책과 K의 희생이 있을 뿐이다. K는 진상을 알기 위해 동분서주하면서 많은 사람들을 만나고, 그들을 통해서 수수께끼 같으면서도 어린아이 장난 같은 법의 모습을 발견하게 된다. 그 중에서도 특히 화가 티토렐리와의 만남이 흥미진진하다. 티토렐리가 그린 정의의 여신이 K에게는 수렵의 여신처럼 보인다. 그리고 재판관의 그림은 변호사의 방에서 본 것과 비슷하다. 재판소 중개인이라는 티토렐리의 방에서 그는 K에게 무죄 판결의 세 가지 가설을 제시한다.

첫째, 진짜 무죄. 그러나 티토렐리는 "진짜 무죄 선고 같은 것은 본 일이 없다"고 말한다. 방 안은 몹시 덥고 창은 유리만 끼워 놓은 것이기 때문에 열리지 않는다. 바깥에는 무구하지만 방해만 되는 소녀들이 재잘거린다. 출구가 없다. K는 숨이 막힌다.

둘째, 외견상의 무죄. 결백 증명서를 만들어 재판관들을 찾아다니고 그들의 서명을 받아낸다. 일단 무죄가 선고되지만 그것은 외견상의 무죄일 뿐이다. "그러나 단지 외견상일 뿐인 자유 혹은 좀 더 정확하게 말해 잠시 동안의 자유입니다. 즉 나와 친한 맨 밑의 재판관들은 최종적으로 무죄를 선고할 권리가 없고, 그런 권한은 오직 당신이나 나나 우리 모두가 접근할 수 없는 최고 법정만이 쥐고 있는 것입니다.

그곳이 어떤 곳인지는 우리들로서는 알 수가 없으며 (…).” 고소 상태는 사라지지 않으며 위로부터 명령이 내려오면 언제라도 다시 작동한다. 문서는 폐기되지 않는다.

> 문서에 대해 말한다면, 무죄의 증명, 무죄의 선고, 그리고 무죄 선고의 이유에 대해서 더욱더 문서가 불어난다는 것 이외의 변화는 일어나지 않습니다. 그런데 문서는 여전히 수속 중이기 때문에, 재판소 사무국들 사이의 끊임없는 교섭에 의해서 요구되는 대로 상급 각 재판소로 보내졌다가 다시 하급 재판소로 되돌려 보내져 대소의 흔들림, 장단의 머무름에 의해서 위아래로 흔들리는 것입니다. 이러한 도정은 예측할 수가 없습니다. (…) 언젠가 재판관 중의 누군가가 문서를 조심스럽게 손에 들고, 이 사건에 있어서는 고소가 아직 살아 있음을 확인하고 즉시 체포를 명령합니다. (…) 무죄를 선고받은 사람이 재판소에서 집으로 돌아가 보니 그를 다시 체포한다는 명령을 받은 사람이 기다리고 있는 일도 똑같이 있을 수 있는 일입니다.(VII)

셋째, 지연 작전. 소송이 다음 단계로 넘어가지 못하고 낮은 단계에서 계속 빙빙 돌도록 만들기. 그렇게 만들기 위해서는 지속적인 노력이 필요하다. K는 두 번째와 세 번째 경우라면 유죄 판결을 막을 수 있겠지만 진짜 무죄 선고 또한 막아버린다는 점을 깨닫게 된다. 출구를 찾아 화가의 안쪽 방문을 연 K에게 재판소 사무국이 나타난다.

소송에 걸린 사람이 기대는 곳은 변호사이다. 그러나 여기에서도 K는 출구-없음에 봉착한다. 결국 변호사는 “청원서가 진척되고 있다는 것, 재판소 관리들의 기분이 좋아졌다는 것, 그러나 일은 여러 가지 큰 어려움에 직면하고 있다는 것 — 요컨대 싫증날 정도로 익히 알고 있는 그러한 모든 일들을 들추어 또다시 K에게 분명치 않은 희망을 품게도 하고 분명치 않은 위협으로 자신을 괴롭히려 할 것이다." 소송은 질질 늘어지고 K의 생활은 엉망이 된다. "그는 단 하루도 직장에서 내쫓기고 싶지 않았다. 이젠 다시 되돌아올 수 없지 않을까 하는 공포가 너무나 컸기 때문이었는데, 그 공포는 지나친 생각이라는 것을 매우 잘 알고 있었으나 그의 마음은 몹시 불안했다." 이것은 소송이 걸려 생활이 불안정해진 사람들 대부분이 겪는 심리 상태일 것이다.

『소송』의 세계는 파놉티콘의 세계이다. K는 어디에서나 소송과 관련되는 사람들, 장소들, 사건들을 만나게 되고, 결국 영문도 모른 채 죽음을 당한다.

『성』과 『소송』은 당시 사회에 대한 비판적 의식으로 차 있던 내게 어떤 결정적인 작품들로 다가왔다. 그리고 세월이 흐른 후 다시 카프카를 만났는데, 이번에는 그의 단편들이 내 눈길을 끌었다. 「유형지에서」, 「학술원에 드리는 보고」, 「단식 광대」, 「요제피네, 여가수 또는 서씨족鼠氏族」, 「나이 든 독신주의자 블룸펠트」를 비롯한 여러 단편들이 내게 예전의 독서 시간과 다름없이 몰입할 수 있는 시간을 주었다. 더불어 카프카의 아주 짧은 글들도 많이 읽었는데 참으로 인상 깊었다. 카프카의 글들은 짧을수록 더욱 매력적인 것 같다.

> 프로메테우스에 관해서 네 가지 전설이 전해진다. 첫 번째 전설에 따르면, 그는 신의 비밀을 인간에게 누설하였기 때문에 코카서스 산에

쇠사슬로 단단히 묶였고 신이 독수리를 보내어 자꾸자꾸 자라는 그의 간을 쪼아 먹게 하였다고 한다.

두 번째 전설에 의하면, 프로메테우스는 쪼아대는 부리가 주는 고통 때문에 자신을 점점 바위 속 깊이 밀어 넣었고 마침내는 바위와 하나가 되었다고 한다.

세 번째 전설에 의하면, 수천 년이 지나는 사이에 그의 배반은 잊혀, 신도 독수리도 또 그 자신까지도 잊어버렸다고 한다.

네 번째 전설에 의하면, 한도 끝도 없이 되어버린 것에 사람들이 지쳤다고 한다. 신도 지치고 독수리도 지치고 상처도 지쳐 아물었다고 한다. 남은 것은 수수께끼 같은 바위산이었다—전설은 그 수수께끼를 설명하려고 한다. 전설이란 진실의 바탕에서 비롯되는 것이므로 다시금 수수께끼 가운데에서 끝나야 한다.(「프로메테우스」)

윤리에 대한 고뇌

중학교 시절부터 동양 고전은 늘 내 곁에 있었다. 아버지의 서재가 동양 고전으로 가득 차 있었고, 그 책들과 함께 하는 것이 내게는 거의 생활의 일부였기 때문이다. 그런데 지금 생각해 보면 그 서재에서 일본 책을 본 적은 없었던 것 같다. 전부 한문으로 된 중국과 한국의 고전들, 근현대 한국 문학작품들이었고, 유일하게 '세계문학전집'이 한 질 있었으며, 일본 책은 한글로 번역된 것조차 없었다. 그래서 일본은 내게 낯선 존재였다. 고등학교 때인가 유일하게 대하소설 『대망』을 읽은 적이 있다. 이 책을 완독했더라면 『삼국지』를 비롯한 다른 대하소설들과 함께 뇌리에 남았을 것이다. 그러나 두 번째 권인가까지 읽다가 그만두었는데, 그것은 아마도 이 소설이 재미없어서라기보다는 그것을 읽기 위한 사전 지식이 너무나 부족했기 때문이었을 것이다. 어쨌든 독서는 중단되었다.

그래서 일본 사상과 문화에 대해서는 대학교에 들어와서야 적극적인 관심을 가졌던 것 같다. 일본 작가들 중에는 특히 아쿠타가와 류노스케의 작품들이 눈길을 끌었다. 역사적인 배경들이 주는 이국적이면서도 친숙한 느낌들, 명징하기 이를 데 없는 언어, 치밀한 구성, 그리고 무엇보다도 인간의 심연을 들여다보는 그 치열하고 절박한 사유가 그의 작품들에 몰두하게 만들었다. 짧으면서도 인상 깊은 그의 작품들은 일본 문화가 이룩한 한 정점이다.

아쿠타가와 문학이 특히 깊은 감동을 주는 것은 그것이 인간의 이기주의, 삶의 부조리와 아이러니, 세계에 가득 차 있는 악 등을 치열하게 탐색하고 있기 때문이다.

「라쇼몽」羅生門은 악의 문제를 강렬하게 제시하고 있다. 주인공인 하인은 해고되어 갈 곳을 잃고 떠돈다. 하인은 도둑이 되려고 하나 그것도 쉽지가 않다. 여기에는 힘겨운 삶의 상황과 그 해결책으로서의 범죄라는 두 요소가 존재한다. 힘겨운 삶은 현실이고 '남의 물건을 훔치지 말라'는 명법은 도덕법칙이다. 힘겨운 삶은 주인공에게 도덕법칙을 저버리라고 유혹한다.

도덕법칙이란 무엇인가? 칸트가 강조했듯이, 도덕법칙은 개인들 사이에서 발생하는 모든 정념들을 초월해 있는 것이며 따라서 보편성을 그 생명으로 한다. 그리고 이런 도덕법칙은 개개인의 마음에 내면화되어 '양심'을 이룬다. 따라서 도덕법칙을 어기고 악한 행동을 할 때 사람들은 '양심의 가책'을 느낀다. 주인공 하인은 이런 도덕법칙 아래에서 망설인다.

도덕법칙의 생명은 보편성에 있기에, 그것은 사람들 사이에 공평하게 적용되어야 한다. 현실적으로 생각해, 사람들은 다른 사람들의 '눈치'를 살피게 된다. 이럴 때 도덕법칙은 그 아우라를 상실하고 결국 사람들 사이에 암묵적으로 존재하는 눈치, 즉 상호 감시로 전락하게 된다. 이것은 곧 사람들은 누군가가 그 법칙을 어기기를 원한다는 뜻이다. 그럴 때에 비로소 자기 역시 마음 놓고 도덕법칙에 반反해 이기적 행동을 하거나 쾌락을 추구할 수 있기 때문이다.

도덕법칙이 내면에 확고하게 자리 잡고 있는 경우는 곧 의義가 내면화되어 있을 때이다. 하인은 라쇼몽에 갔을 때 한 노파가 죽은 시체의 머리카락을 뜯고 있는 것을 본다. 그때 그는 그 노파에게 강렬한 '의분'義憤을 느낀다.

> 머리카락이 한 올씩 뽑힐 때마다 하인의 마음속에서는 두려움이 조금씩 사라졌다. 그와 함께 이 노파에 대한 격렬한 증오심이 조금씩 싹터 갔다—아니 이 노파에 대해서라고 하면 어폐가 있을지 모른다. 차라리 모든 악에 대한 반감이 매 순간 강도를 더해 간 것이다. 이때 누군가가 이 하인에게 아까 문 아래에서 그가 생각했던 굶어 죽느냐 도둑질을 하느냐 하는 문제를 새로 끄집어낸다면 아마 하인은 아무 미련도 없이 굶어 죽는 쪽을 택했을 것이다. 그만큼 이 사나이의 악에 대한 증오심은 노파가 마루에 꽂아 놓은 관솔불처럼 기운 좋게 타오르고 있었던 것이다.

하인이 노파에게 느끼는 의분은 그에게 내면화되어 있는 도덕법칙에 뿌리를 두고 있다. 나아가 '나쁜 짓'에 대한 의분은 그 나쁜 짓이 나에게 벌어질 수도 있음을 전제할 때 더 커진다. 즉, 도덕법칙은 추상적인 맥락에서는 개개인을 초월해 있지만, 현실적인/내재적인 맥락에서는 개개인들 사이의 상호성을 전제하는 것이다.

힘겨운 현실에서 악이 창궐하게 된다. 「라쇼몽」의 배경은 매우 참혹하다. 수도(교토)는 황폐화되고 라쇼몽은 산더미처럼 쌓여 가는 시체를 버리는 장소로 전락했다. "귀뚜라미도 어디론가 사라져버린" 삭막한 풍경이다. 사람들이 암묵적으로 당연시했던 도덕법칙은 극한의 현실이 도래할 때 실험에 부쳐진다. 도덕법칙을 쉽게 이야기할 수 있는 것은 삶에서 시련의 강도가 약할 때이다.

하인은 머리카락을 뽑고 있는 노파에게 의분을 느꼈고 그것은 그의 마음속에 내재되어 있는 도덕법칙의 표출이다. 그러나 노파는 살기 위해 악을 저지르고 있다. 게다가 노파는 죽은 여자의 악행을 들어 자신의 행동을 정당화한다. 여기에는 악의 일반화가 존재한다. 즉, 누군가가 악을 저질렀을 경우 거기에 대해서 악으로 응답할 수 있다는 것이다. 이것은 선의 상호성이 아니라 악의 상호성이다. 선을 절대화하기보다 상호화할 때 악 역시 상호화된다. 그래서 다시 반전이 발생한다. 하인은 죽은 여자의 악행이 노파의 행위를 정당화한다면 노파의 악행은 자신의 행위를 정당화할 수 있다고 생각한다. 그래서 이제 그 자신이 노파에게 악행을 가한다.

이제 하인은 굶어 죽느냐 도둑질을 하느냐 하고 망설이기는커녕, 굶어 죽는다는 따위의 생각을 아예 고민조차 할 필요가 없는 것으로서 그의 의식 바깥으로 밀어내고 있었다.

"정말 그래?"

노파의 말이 끝나자 하인은 비웃는 것처럼 다그쳐 물었다. 그리고는 한 발짝 앞으로 다가서더니 갑자기 오른손을 여드름에서 떼어 노파의 목덜미를 잡고는 물어뜯을 듯이 이렇게 말했다.

"그럼 내가 네 껍질을 벗겨 가도 날 원망하지 않겠지. 나도 그렇게 하지 않으면 굶어 죽을 판이란 말이다."

하인은 재빨리 노파의 옷을 벗겼다. 그리고는 다리에 매달리는 노파를 거칠게 시체 위로 걷어차버렸다.

이렇게 악은 보편성을 획득한다. 악은 순환하게 되며 해결의 고리는 발견되지 않는다. 하인은 다시 강도짓을 하기 위해 교토로 발걸음을 옮긴다(나중에 "하인의 행방은 아무도 모른다"로 바뀜).

아쿠타가와가 묘사한 악은 상대적 악이다. 그것은 그노시스파 등에게서 볼 수 있는, 강한 이원론이 함축하는 절대 악이 아니다. 즉, 그의 악은 순환적이다. 따라서 문제는 그 순환의 고리를 끊을 수 있는 행위이다. 그것을 아쿠타가와는 '사랑'으로 파악한다. 그러나 사랑은 늘 좌절된다. 에고이즘을 떠난 절대 사랑이 불가능하기 때문이다. 그래서 악은 계속 순환한다. 길은 있지만 가기가 힘들다.

아쿠타가와에게 악의 상호성은 인식론의 형태로도 나타난다. 「덤불 속」은 관점들의 상대주의가 어떻게 악에 의해 지배되는가를 그리고 있다. 그 인식론적 상대성은 너무나 강력해서 여기에서 악은 거의 절대적 악에 근접한다.

살인 사건이 벌어지고 재판관의 심문이 이어진다. 나무꾼은 살인 사건을 증언한다. 그 다음 나그네 스님이 증언한다. 그는 살인 사건이 있던 전날 피해자를 만났다. 피해자인 사무라이는 부인과 칼, 활, 화살을 가지고서 지나가던 중이었다. 이 두 가지 증언은 비교적 투명하다. 즉, 인식론적 장막이 아직 드리워지기 전이다. 적어도 일정 부분까지는 관점들의 교차가 가능하다.

나졸은 도적을 붙잡아 왔다. 그는 다조마루라는 유명한 도적이다. 그가 유달리 색色을 밝힌다는 사실이 중요한 복선으로 깔린다. 평범한 이야기가 전개된다면 다조마루가 사무라이를 죽였음에 틀림없다. 그러나 이제 다조마루, 여인, 사무라이의 어긋나는 증언이 전개된다.

> 다조마루: 나는 사내를 유인해서 나무에 묶었으며, 그가 보는 앞에서 부인을 겁탈했다. 그러자 여인은 나에게 자살하거나 아니면 자기 남편을 죽여달라고 말했다. 나는 사무라이를 죽이고 싶은 생각이 들었다. 그의 밧줄을 풀어주었고 정정당당하게 결투해 승리했다. 그 사이에 여인은 사라졌다.
>
> 여인: 다조마루에게 겁탈당했다. 나는 남편에게 가려 했다. 그러나 그 순간 남편의 눈빛에서 형언할 길이 없이 차가운 경멸을 보았다. 나는 남편에게 같이 죽자고 했다. 그러나 남편은 노려보기만 했다. 나는 남편을 죽였고 곧 따라 죽으려 했으나 정신을 잃었다.
>
> 죽은 사무라이(무당을 통해 이야기함): 겁탈당한 아내는 도적의 말에 넘어가 그를 따라가려 했다. 아내는 도둑과 함께 떠나면서 그에게 나

를 죽이라고 했다. 도둑은 아내를 물끄러미 쳐다보더니 그를 내팽개쳤다. 도둑은 나를 쳐다봤고 아내는 갑자기 도망갔다. 도둑은 나를 반쯤 풀어주었고, 도둑이 가고 나서 밧줄을 완전히 푼 나는 떨어져 있던 단도로 내 가슴을 찔렀다. 의식이 사라지기 직전 누군가가 내 몸에서 단도를 뽑았다.

여기에서 확실한 것은 사무라이가 죽었고 다조마루와 여인은 죽지 않았다는 것, 다조마루가 여인을 겁탈했다는 것이다. 그러나 다른 이야기들은 모두 엇갈린다.

사무라이는 어떻게 죽었는가? 다조마루에 의하면 정정당당하게 결투해서 자신이 이겼다. 여인에 의하면 자신이 남편을 죽였다. 사무라이에 의하면 자신은 자살했다.

사무라이와 다조마루의 관계 : 사무라이는 아내의 변심에 충격을 받아 스스로 자살했다고 말한다. 다조마루는 정정당당하게 결투해 자신이 그를 죽였다고 말한다. 사무라이는 여인의 말을 듣고서 자살했다고 말한다. 다조마루는 여인의 말을 듣고 사무라이를 죽이고 싶었고 그래서 결투했다고 말한다. 적어도 두 사람은 여인이 변심했음을 함께 증언하고 있다.

다조마루와 여인의 관계 : 다조마루는 여인이 사무라이를 죽여달라고 말했다고 주장한다. 여인은 그렇게 말한 일이 없다고 주장한다. 다조마루는 자신이 결투를 통해 사무라이를 죽였다고 말하고, 여인은 자신이 남편과 동반 자살하기 위해 우선 남편을 죽였다고 말한다.

여인과 사무라이의 관계: 여인은 남편이 자신을 차갑게 노려봤다고 말한다. 사무라이는 여인이 도적을 따라가려 했다고 말한다. 여인은 계속 노려보는 남편을 죽이고 따라 죽으려 했으나 정신을 잃었다고 주장한다. 사무라이는 아내가 도적을 따라가려다 그에게조차 버림받아 도망갔고 자신은 자살했다고 말한다.

사무라이가 죽고 여인이 겁탈당한 것 외에는 어느 것도 아귀가 맞지 않은 채 계속 겉돌고 있다. 다조마루와 사무라이 그리고 여인은 각자의 관점에서 사건을 조명하고 있다. 진실은 존재하는가? 진실이 존재하지만 누구도 그것을 총체적으로 드러내지 못하는 것인가, 아니면 누구나 자신의 관점에서 사태를 볼 뿐 진실을 총체적으로 파악할 수는 없는 것인가?

그러나 이 이야기에서 문제는 순수 인식론적인 것이 아니다. 세 사람 모두 어떤 식으로든 거짓말을 하고 있기 때문이다. 다조마루가 진실을 이야기하고 있다면, 사무라이가 자살했다는 것과 여인이 남편을 죽인 것은 거짓말이다. 여인이 진실을 이야기하고 있다면, 사무라이가 자살했다는 것과 다조마루가 여인을 내팽개쳤다는 것은 거짓말이다. 사무라이가 진실을 말하고 있다면, 다조마루가 결투로 그를 죽였다는 것과 여인이 그를 죽였다는 것은 거짓말이다.

이 이야기에서 가장 극적인 것은 남편과 아내의 관계이다. 겁탈당한 자신을 싸늘하게 노려보는 남편과 동반자살하려 했다는 여인의 이야기, 반대로 자신을 겁탈한 도적을 따라가려다 그나마 버림받고 도망간 아내에게 환멸을 느껴 자살했다는 남편의 이야기. 이 이야기에는 영원히 만날 수 없는 쌍곡선과도 같은 허무감이 내재해 있다.

이 이야기를 분석하는 데 칼, 활, 화살, 단도 등이 중요한 단서가 된다. 그러나 그것이 핵심은 아니다. 만일 진실이 존재함에도 각자의 관점의 한계 때문에 말이 어긋난다면, 그것은 인간 인식의 취약함을 보여주는 것이다. 그러나 만일 진실이라는 것 자체가 애초에 누구도 알 수 없는 무엇이라면, 그것은 인생 자체, 삶 자체의 한계를 보여주는 것이다. 그리고 누구도 진실을 말하려 하지 않는 것이라면, 삶이란 영원히 거짓된 것, 환멸스러운 것일 수밖에 없다.

사람들은 거짓말한다. 사랑이라는 길이 있지만 누구도 그 길을 걸으려 하지 않는다. 여기에 인생의 막다른 골목이 있다. 아쿠타가와의 작품들은 이런 삶의 거짓과 진실을 누구보다도 뛰어나게 형상화했다. 아쿠타가와는 평생을 거짓과 에고이즘 때문에 고뇌했다. 하지만 바로 그것이 그가 진실과 사랑을 포기하지 않았다는 증거가 아닐까.

과학의 세계

공간의 생성

타고난 지적인 성향으로 말한다면, 나는 과학적 성향보다는 인문학적 성향이 더 강했던 것 같다. 대부분의 사람들이 그렇겠지만, 어릴 때는 문학이나 음악, 미술, 공연예술들, 그리고 영화, 만화를 비롯한 대중문화를 좋아했다. 또, 중학교 2학년 이래 공부에 취미를 붙인 후에도 국어와 외국어(영어, 독일어), 역사 같은 과목들을 좋아했고 성적도 이 과목들만큼은 상위권을 유지했다. 반면 수학이나 자연과학, 사회과학 등에는 큰 취미가 없었다.

늘 시인이나 화가, 작곡가 같은 직업들을 꿈꾸었던 나였지만, 부모님의 바람은 (세상 모든 부모님들의 바람이 그렇듯이) 내가 의사가 되어 안정된 삶을 구가하는 것이었다. 결국 나는 이과를 선택하게 되었다. 그러나 내가 병원에 몇 달씩이나 입원하게 되었을 때 의사라는 직업이 얼마나 큰 신체적-정신적 강건함을 필요로 하는가를 알게 된 어머니의 걱정 때문에 의사에의 길은 일찍 접어야 했다. 그 후 대학에서 공학을 전공하게 된다. 그러나 당시의 일을 지금 돌이켜 보면 오히려 다행스러운 면도 있는 것 같다. 이과 학문을 전공함으로써 나에게 약했던 부분을 보완할 수 있었고, 훗날 철학을 하는 데에도 큰 도움이 되었기 때문이다.

과학의 세계에 접근하면서 나는 세계의 또 다른 차원을 볼 수 있었고, 그런 경험이 내 사유를, 아니 어쩌면 내 감성과 가치관까지도 상당히 바꾸어 놓은 것 같다. 과학을 공부하면서, 그리고 훗날 철학을 공부하면서 나는 예전과는 사뭇 다른 인간이 되었다는 느낌을 종종 받는다. 한 인간은 직업, 전공, 계층을 비롯해 자신이 속해 있는 장場의 영향을 결코 벗어날 수 없는지도 모르겠다. 그래서 장과 장 사이에는 거의 소통이 불가능할 정도의 간극이 패여 있고, 한 인간의 삶이 옮겨 다니는 장들에 따라 뚝뚝 끊어지기도 한다. 훗날 나는 '가로지르기'의 개념과 실천을 통해서 이런 간극들을 극복할 수 있었다.

그러나 가로지르기는 가로지를 장들에 대한 기본적인 이해와 습득을 전제로 한다. 미술도 음악도 제대로 모르는 사람이 미술과 음악을 가로지를 수는 없을 것이다. 마찬가지로 제도권 학문을 충분히 익히지 못한 사람이 제도권과 그 바깥을 가로질러 새로운 학문을 창조하는 것은 어려운 일이다. 이런 점에서, 원치 않았던 길이었지만, 이공계 학문을 공부했다는 것이 내게는 커다란 행운이었던 셈이다.

수학에서 왜 기하학에 각별한 관심이 갔을까? 아마 그것은 내가 공학 중에서 건축에 관심이 많았고 또 실제로 건축에 종사하려고 했기 때문일 것이다(어쩌면 인과관계가 그 반대일 수도 있겠지만). 실용적인 이과 학문 하면 의학 아니면 공학이어서 일단 공과대학에 들어가기는 했지만, 공부에 전혀 취미를 붙일 수가 없었다. 1학년 때는 (지질학 개론을 매우 흥미롭게 듣기는 했지만) 거의 당구에 몰두했다. 나는 공학자가 되기에는 여전히 너무 인문적이고 감성적인 인간이었다. 미술에 대한 관심이 여전했기에, 공학에서 유독 건축에 관심이 쏠렸다. 그러나 건축과에는 가지 않았다. 고등학교 때 기계 설계를 하면서 큰 희열을 맛보기도 했지만, 건축 설계를 하면서 신체적으로 너무 고단하다고 느꼈기 때문이다. 정신적으로는 부지런하지만 신체적으로는 게으른 내게는 아무런 도구들이나 활동들 없이 오로지 책만 보면 되는 인문학이나 이론적인 과학이 맞을 것 같았다. 심지어 지금까지도 나는 가끔씩 수학을 했으면 좋았을 걸 하고 생각할 때가 있다. 수학을 해 놓으면 모든 걸 다 잘할 것 같은 느낌이 들어서이기도 하지만, 실은 종이와 연필만 있으면 된다는 점이 무척이나 매력적이라는 생각이 들어서이다.

어쨌든 무엇인가 전공할 분야를 찾아야 했다. 그때부터 물리학, 생물학, 독일문학, 역사학 등 담론세계를 가로지르는 긴 유목이 시작되었다. 한참 후인 30대 중반까지도 그 유목이 힘들었고 어딘가에 정착하고 싶었다. 그러나 나는 어느 순간 깨달았다. 바로 그 유목이 내 사유라는 것을. 그때까지 힘겹게 했던 가로지르기, 바로 그것이 내 사유의 본질이고 스타일이라는 것을. 정처 없이 유목하던 나는 결국 유목 자체에서 삶의 의미와 가치를 깨닫게 되었고, 역설적으로 표현해서 유목에, 가로지르기에 안착하게 되었던 것이다.

아무튼 지금도 여전히 건축에 관심이 많고, 더 넓게 말해 공간에 관심이 많다. 한때는 '공간'이라는 말을 들어도 왠지 가슴이 뛰곤 하던 기억이 난다(지금은 공간보다는 '장소'에 관심이 가 있지만). 자연히 수학의 분야들에서는 기하학에 관심이 갔다.

이런 내 관심을 채워 준 최초의 책은 김용운 교수가 쓴 작은 책 『공간의 역사』였다. 그 후 기하학에 관련된 책을 여러 권 읽었고, 학교 강의를 통해서도 특히 미분기하학이라든가 위상수학, (일종의 기하학으로도 볼 수 있는) 텐서방정식 등을 접했다. 최근에 들어와 다시 '다양체' 개념에 새삼스럽게 관심을 가지게 되면서 공간에 대한 과거의 관심이 새록새록 되살아남을 느끼고 있다.

인간은 시간 앞에서는 무력하지만 공간 앞에서는 무한한 능력을 발휘한다. 공간은 가역적이지만 시간은 불가역적이다. 시간은 쉽게 건드릴 수 없지만, 공간은 오리고 붙이고 변형시키는 등 거의 무한에 가까운 조작을 행할 수 있지 않은가. 공간 앞에는 조작하는 인간이 있지만, 시간 앞에는 내성內省하는 인간이 있다. 다소 거친 이분법이 되겠지만, 과학이 공간과 더불어 탐구해 왔다면 인문학은 시간과 더불어 사유해 왔다고 할 수 있지 않을까.

공간(좁은 의미)과 장소는 다르다. 장소는 사물들과 사건들로 이루어져 있지만 공간은 사물들과 사건들을 담고 있는 무엇이다. 장소에는 인간관계, 의미와 가치, 역사가 묻어 있지만, 공간은 그저 빈 터일 뿐이다. 때문에 한편에서는 오로지 공간만을 배타적으로 연구하는 기하학이 성립하지만, 다른 한편 특정 장소의 의미를 연구하는 장소학場所學이 성립할 수 있다. 하나의 장소, 예컨대 서울이라는 장소에 대한 연구는 기하학적 연구를 단지 그 일부분으로서만 포함한다. 지금 나는 공간과 장소에 공히 관심을 가지고 있지만, 젊은 이공학도였던 나를 매료시켰던 것은 공간이었다. 당시에는 장소에 대한 사유는 아예 들어볼 수도 없었다. 지금 돌이켜 보면, 학부 2학년 때 수강했던 지질학은 공간과도 관련되지만 오히려 장소와 긴밀한 관련성을 가진 학문이 아니었던가 싶다.

기하학은 색도, 맛, 냄새, 촉감도, 또 인간도, 의미와 가치, 역사도 없는, 오로지 형태만이 존재할 뿐인 추상성을 다룬다. 그러나 이 추상성의 세계에 입문해야만 비로소 과학의 세계에 들어갈 수 있다. 이 과학의 세계는 그리스 인들의 발명품이다. 그리스 존재론은 철학에서는 19세기가 되어서야 비로소 극복되었으며, 과학적 사유는 많은 발전을 거쳤음에도 여전히 그리스 존재론에 입각해 있다. 그리스의 존재론과 기하학을 이해하는 일은 문명사 전체를 이해하는 데 빼놓을 수 없는 요소이다.

곡선의 매력

기하학의 역사는 장구하고 그 내용 또한 방대하기 이를 데 없어 기억나는 것이 한둘이 아니지만, 고등학교 때 상당히 흥미 있게 보았고 그 후에도 수학사를 읽으면서 유심히 보았던 대목은 '구분구적법'區分求積法이었다. 무한소미분의 전사前史로서의 구분구적법은 대부분의 독자들이 기억할 것이다. 이것은 곡선과 직선의 관계에 관련해서도 시사적이다. 예컨대 원의 면적을 구하기 위해 안으로 접하는 사각형과 밖으로 접하는 사각형을 설정한 후, 사각형들을 점차 다각형들로 바꾸어 나가면서 원에 접근시키는 그림을 본 적이 있을 것이다. 중세 철학자 니콜라우스 쿠자누스는 이런 조작에서 심대한 신학적 함의를 이끌어내기도 했다. 또는 임의의 곡면의 넓이를 구하기 위해 그 내부에 세로로 긴 사각형들을 여러 개 세운 후 그것들의 면적을 구하고, 다시 사각형들의 수를 늘려서 즉 각 사각형의 밑변(Δx)을 계속 좁혀 나가(결국 dx로) 기둥들 전체 면적의 합을 곡선 면적에 근접시키는 그림을 보았을 것이다. 이 구분구적법은 직선과 곡선이라는 통약 불가능한 두 형태의 관계, Δx에서 dx로 나아갈 때 등장하는 '극한'limit의 개념, 그리고 그 밑에 깔려 있는 무한론 등으로 말미암아 무척 흥미로운 주제이다. 구상적인 이해를 위해 아르키메데스가 궁형弓形의 면적을 구한 예를 보는 것도 좋을 것 같다(이하 내용은 현대적으로 재구성한 것이다). 직선 AB와 포물선 APB로 둘러싸인 도형의 면적을 구하는 문제이다.

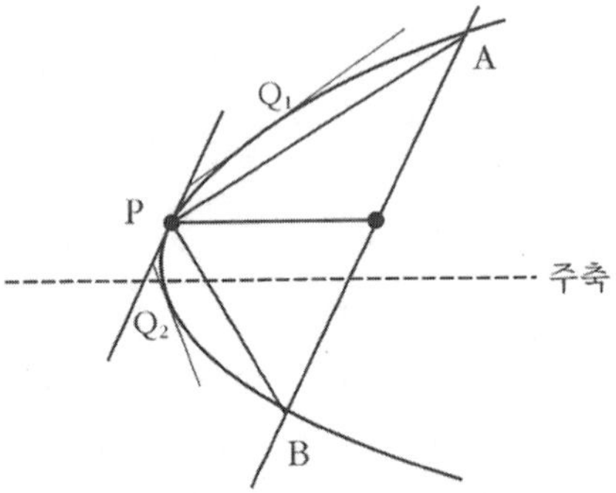

호 AB의 중점에서 주축과 평행으로 그은 직선과 현 APB의 교차점인 P는 현의 점들 중 호 AB에서 가장 먼 점이다. 먼저 삼각형 APB의 면적을 구한다. 그 후 남은 면적을 같은 방식으로 구하고, 이 과정

을 무한히 계속해 원래 구하고자 하는 면적에 접근해 나간다(먼저 면적을 구한 삼각형을 떼어낼 때 남게 되는 두 부분의 면적이 같다는 것은 이미 증명되어 있다).

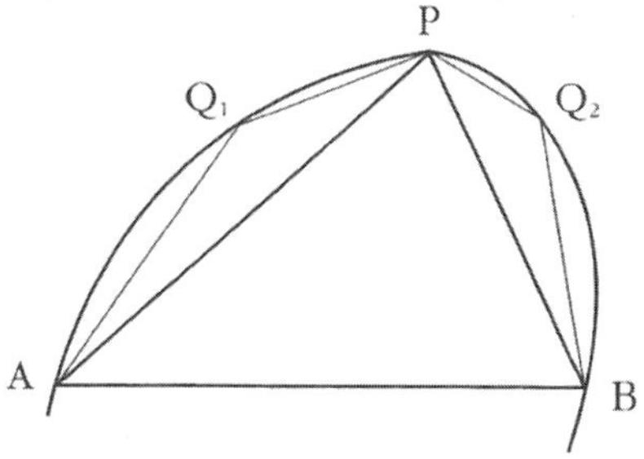

최초의 삼각형 APB의 면적을 Δ라 할 때, 두 번째로 떼어낸 두 삼각형의 면적은 각각 $\frac{1}{8}\Delta$ 라는 점이 증명되어 있다. 즉, 이 과정을 두 번 했을 때(삼각형 APB와 AQ_1P, PQ_2B의 면적을 구했을 때) 얻게 되는 면적은 $\Delta + \frac{1}{4}\Delta$ 이다. 결국 구하고자 하는 면적은 다음 등비급수의 합을 구성한다.

$$\Delta + \frac{1}{4}\Delta + \frac{1}{4^2}\Delta + \cdots\cdots$$

이 등비급수의 합은 다음과 같이 다시 쓸 수 있다.

$$\Delta + \frac{1}{4}\Delta + \frac{1}{4^2}\Delta + \cdots\cdots + \frac{1}{4^n}\Delta = \left(\frac{4}{3}\Delta - \frac{1}{3\cdot 4^n}\right)\Delta$$

그리고 n이 무한으로 갈 경우 $\lim_{n\to\infty}\frac{1}{3\cdot 4^n}$은 0이 되므로 결국 구하

려 했던 면적은 $\frac{4}{3}\Delta$ 가 된다.

정리해서 말하면, 곡선으로 구성된 면적을 구하기 위해 먼저 구하기 쉬운 근사치 직선 도형의 면적을 구한다. 그러면 남는 부분이 문제가 된다. 그래서 남는 부분의 면적을 같은 방법으로 다시 구해서 이전의 면적에 더한다. 이렇게 구한 면적은 원래 구하려 했던 면적에 좀 더 접근한다. 이러한 과정을 반복한다. 무한한 과정이다. 그러나 현실적으로 무한한 과정을 실행할 수는 없다. 이때 해석학적解析學的 연산이 이를 가능하게 해 준 것이다.

왜 곡선의 면적은 구하기 어려울까? 당시 이 문제가 뇌리를 가득 채웠다. 면적이란 무엇일까? 면적은 2차원 면 위에 선을 통해 닫힌 도형이 만들어질 때 이 도형의 외연extension을 통해 성립한다. 넓이를 구한다는 것은 이 외연을 말하자면 '휩쓰는' 것이다. 휩쓴다는 것은 마치 풀무의 운동처럼 어떤 주축을 놓고서 다른 한 축이 그 한 끝에서 다른 한 끝으로 옮겨간다는 것이다. 그런데 이 옮겨감은 반드시 두 축이 직각일 때에만 겹치지도 않고 비지도 않고 완벽하게 이루어진다. 결국 핵심은 직각에 있다. 그래서 사각형의 면적을 구하는 것이 가장 간단하다. 사각형 외의 도형들의 경우 면적을 구하기 위해 수직선을 긋는 것도 같은 맥락이다.

직선으로 된 도형들은 어떻게든 분할해서 면적을 구할 수 있다. 그러나 곡선의 경우는 다르다. 곡선이란 참으로 매력적인 존재이다. 얼마나 많은 화가들이 인체의 신묘한 곡선을 재현하기 위해 노력했던가. 곡선은 매 순간 구부러지며, 따라서 매 순간 직각을 벗어나버린다. 이 구부러짐을 수학적으로 능숙하게 다루기 위해서는 라이프니츠의

'무한소 미분'calcul infinitésimal을 기다려야 했다. 그러나 이때에도 일정한 패턴의 곡선이 아닌 임의의 곡선들일 경우 면적을 구하기는 어렵다.

나는 곡선들을 생각할 때면 때때로 윤형자를 떠올리곤 한다. 윤형자는 정형적이지 않은 곡선들을 그리기 위해 건축가 등이 사용하는 도구이다. 모르는 사람이 보면 "도대체 무슨 자가 이렇게 생겼지?" 하고 의아해할 정도로 구불구불 묘하게 생긴 자이다. 이 자들을 사용해 건축 등에서 쓰이는 웬만한 곡선들은 다 그린다. 그러나 이 경우에도 모든 임의의 곡선들을 그리기에는 역부족이다. 곡률curvature이 천변만화하는 도형을 다루기란 어려운 일이다. 그래서 곡선은 늘 매력적이고, 특히 직선과 적절히 결합될 때 더욱 큰 매력을 발한다. 기계를 설계하면서 캠을 즐겨 그렸는데, 캠은 곡선과 직선, 곡선 운동과 직선 운동이 가장 단순하게 결합되어 있는 예라 하겠다. 안도 다다오의 건축이 아름다운 것 또한 직선들을 쓰다가 결정적인 부분에서 곡선을 쓸 수 있는 그의 능력이 한몫을 하는 것 같다.

나는 고등학교 이래 곡선을 비롯해서 형태들에 관심이 많았고, 그 후에도 기하학과 건축을 비롯해서 공간에 관련된 이야기들에 관심을 가졌다. 지질학, 재료공학, 유기화학 등을 공부하면서도 늘 유심히 보았던 것은 공간에 관련된 부분들이었다. 암석들의 결이나 기하학적 모양새, 재료를 구성하는 입자들의 구조와 그 조합 방식들, 고분자들의 아름다운 형태와 입체적 공간 구조에 따른 성질 변화 등, 당시에는 "우주의 모든 것이 결국 공간 문제가 아닐까"라고까지 생각했다.

그러나 공간의 문제는 정적인 기하학적 문제로서만이 아니라 연속적으로 계속 생성하는 해석학적 문제로서 볼 때 더욱 흥미로워진다. 지금 생각해 보면, 그런 관심사 아래에는 무한, 극한, 연속성 등에 대한 존재론적 문제의식이 어렴풋이나마 깔려 있었던 것 같다. 그러나 학부 3학년 때에야 비로소 철학을 접했기 때문에 처음에는 그런 사실을 몰랐고, 대학원에서 그리스 철학을 배우면서 비로소 그때까지의 관심을 존재론적 방식으로 개념화해 나갈 수 있었다. '형상=이데아'의 개념이라든가 아페이론의 문제, 정도degree 개념이 함축하는 의미, 질들qualities의 양화를 둘러싼 논쟁 등을 비롯해, 그리스 존재론의 세계에 들어가면서 비로소 그때까지의 관심사를 철학적 언어로 다듬어 갈 수 있게 된 것이다.

생각해 보면 과학을 공부하면서 어렴풋이 품었던 의문들, 메타적 문제들을 후에 철학을 공부하면서 다시 만나게 되고 그러면서 일정한 수준에서 나름대로의 해법들을 만들어 나가던 때만큼 큰 지적 희열을 느꼈던 때도 없는 것 같다. 특히 소은 박홍규 선생님을 만나서 존재론적으로 사유하는 법을 배웠던 것, '존재론'이라는 담론을 익혔던 것이 학문적인 맥락에서 보면 내 생애에서 가장 결정적인 사건이었다. 존재론은 인간이 하는 모든 사유들이 결국 거기에서 종합되고 극복되고 새로운 기초를 얻게 되는 곳, 모든 사유, 모든 학문의 핵이다. 특히 과학이 존재론으로 넘어가고 존재론이 과학으로 넘어가는 대목에서 느끼는 지적 환희는 그 무엇과도 비교할 수 없을 듯하다.

시간과 공간

공간에 대한 이런 관심은 대학원에 진학한 후 점차 뒷자리로 물러나

기 시작했다. 이것은 무엇보다도 박홍규 선생으로부터 베르그송의 지속의 철학을 배우기 시작하면서부터였다. 베르그송의 시간철학을 배우면서, 또 하이데거의 존재론을 배우면서 공간적 사유는 빤한 한계가 있는 것처럼 보였다. 말하자면 공간은 시간에 비해서 격이 떨어지는 주제라는 느낌을 가지게 되었다. 즉각적인 공간 지각, 예컨대 건축물들에 대한 관심은 여전했으나 이론적 차원에서는 더 이상 공간 문제가 내 마음을 사로잡지 않았다. 그 대신 시간 문제가 뇌리를 가득 채웠다. 모든 것을 시간적 지평에서, 역사의 지평에서 바라보는 습관이 든 것도 이 즈음부터였다. 내가 가졌던 최초의 '철학적 화두'는 '연속과 불연속'의 문제였다. 한동안 이 문제에 골몰했다. 그러나 이제 연속과 불연속의 문제는 내게 더 이상 공간의 문제가 아니라 시간의 문제였다. 아니 더 정확히 말해 '시공간 연속체'의 문제였다. 이렇게 공간 문제는 내 관심사의 뒷자리에 위치하게 된 것이다.

한참 세월이 흐른 후 나는 공간을 재발견하게 된다. 두 가지 계기가 있었다. 그 하나는 르네 톰과의 만남이고, 다른 하나는 미셸 푸코와의 만남이었다.

르네 톰은 이른바 '후기 구조주의'로 통칭되는, 그러나 사실상은 그렇게 어떤 하나의 이름으로 묶일 수 없는 일련의 사상가들(푸코, 세르, 라캉, 부르디외 등)을 공부하는 과정에서 매료된 인물이다. 톰의 『구조적 안정성과 형태발생』을 읽는 것은 큰 즐거움이었다. 톰의 이론은 위상수학의 연장선상에서 성립한 급변론catastrophe theory이며, 톰은 이 급변론을 특히 생물학에 적용해 대단히 흥미진진한 성과를 거두었다. 톰의 사유에 접하면서 나는 시간과 공간, 연속과 불연속이 화해되는 의미 있는 경험을 할 수 있었다. 톰의 책을 읽으면서 아키 톰슨에 대해 알게 되었는데, 그의 『성장과 형태에 관하여』 또한 각별히 감동적이었다. 이런 과정을 통해서 특이성singularité, 계열série, 형태발생morphogenèse, 구조structure, 미분적 변이variation différentielle를 비롯한 많은 개념들을 익히게 되었으며, 이 개념들은 내 사유의 기본 용어들이 되었다. 아울러 어릴 때부터 읽었던 『주역』에서 늘 관심 있게 생각했던 지도리[機] 개념을 이런 맥락에서 다시 사유하게 된 것 또한 더할 나위 없는 즐거움이었다. 나는 이런 성과를 나중에 『사건의 철학』, 『접힘과 펼쳐짐』 등에서 활용할 수 있었다.

푸코와의 만남은 또 다른 맥락에서 공간에 대한 관심을 부추겼다. 이 경우는 공간이라기보다는 오히려 장소라 해야 할 것이다. 담론과 장소의 역동적인 관계에 대한 빼어난 분석을 빼놓고서는 푸코를 논할 수 없다. 『광기의 역사』, 『임상의학의 탄생』에서의 의학적 지식들(정신병리학, 정신의학, 정신분석학, 임상의학 등)과 장소(병원 등)의 관계, 『감시와 처벌』에서의 사법적 지식들(법학, 법의학, 형법학, 범죄학 등)과 장소(감옥, 재판소 등)의 관계가 대표적일 것이다. 푸코의 저작들은 '~의 역사'라는 제목을 달고 있음에도 아이러니하게도 그 내용은 대부분 장소론이다. 푸코는 장소에 대해 이전과는 전혀 달리 사유할 수 있게 해 주었다. 즉, 장소를 단순한 물리적 공간으로서가 아니라 정치의 관점에서 볼 수 있게 해 준 것이다. 그때까지 나는 공간을 과학적인(그리고 예술적인) 관점에서만 보았다. 푸코를 읽음으로써 비로소 공간을 정치적·역사적·사회적 지평에서 읽을 줄 알게 된 것이다.

최근에도 공간과 관련된 관심사가 내 마음을 채우고 있다. 하나는 라이프니츠-베르그송-톰으로 이어지는 사유계열—여러 측면에서 이야기할 수 있지만 지금의 맥락에서 볼 때 이들은 모두 무한소미분의 철학자들이다—을 이어서 앞의 여러 개념들(미분적 변이, 특이성/지도리, 형태발생 등)을 다듬어내고 그 토대 위에서 이전에 미진한 형태로 개진했던 작업들을 보다 정교화하는 것이다. 그리고 더 중요한 것으로는 이런 사유를 사회와 문화를 연구하는 개념 틀로 변환시키는 것이다. 현대 사회를 탐구하는 한 패러다임으로서 그리고 현대 문화를 이해하기 위한 개념 틀로서 발전시켜 나간다면 좋은 성과를 거둘 수 있지 않을까 생각한다.

구분구적법에서 시작된 공간에 대한 관심은 곡선의 미분적 변이, 무한소, 극한, 무한 등에 대한 관심으로, 그리고 과학 및 공학과 관련된 각종 공간론 및 건축을 비롯한 문화예술에서의 공간론으로, 더 나아가 '연속과 불연속'의 문제를 비롯한 철학적 논의와 장소를 중심으로 하는 정치적 논의로까지 계속 이어지면서 내 사유를 자극해 주었던 것 같다.

소립자에서 우주까지

대학에 들어가서는 아예 공부와는 담을 쌓았다. 공학에 흥미가 있어 공과대학에 들어간 것이 아니었기에 자연히 애정이 가지 않았다. 1학년 때는 주로 공학을 위한 수학을 배웠는데, 개념적인 사유는 거의 없고(사실상 아예 없고) 오로지 엄청나게 복잡한 수식들을 푸는 것만 배웠다. 공부에 취미를 붙이기가 힘들었다. 내가 과학의 세계에 눈을 뜬 것은 학부 2학년 때였다.

2학년 때 여러 기초 과학들을 공부했는데 그 중 가장 큰 흥미를 가졌던 과목은 물리화학이었다. 물리학과 화학이 아니라 화학의 한 분야로서의 물리화학physical chemistry이다. 유기화학도 나름대로 아기자기한 맛이 있어 좋았지만 물리화학은 열역학(/통계역학), 양자역학을 이론적 뼈대로 하면서 화학물질에 관련된 가장 원리적인 차원들을 탐구하는 학문이다. 나는 특히 이 두 기초 학문인 양자역학과 열역학에 매료되었다.

많은 과학 이론들 중에서 양자역학은 나를 가장 매료시킨 분야들 중 하나였다. 한때 여기에 푹 빠져서 시간 가는 줄 모르고 공부했던 기억이 새록새록 피어오른다. 그런데 당시의 나는, 대부분의 이공계 학도들이 그렇듯이, 과학의 역사와 철학에 대해서는 잘 모르면서 교과서들—『물리화학』, 『양자역학』, 『열역학』 같은 제목이 붙은 크고 두꺼운 교재들—만을 가지고서 공부했다. 때문에 전문 분야로서만 공부했을 뿐이고 아직 시야가 좁았다. 실험 결과들과 수식으로는 잘 이야기할 수 있었지만 그 역사적 흐름이 어떻게 된 것인지, 그 아래 깔려 있는 철학적 문제들이 무엇인지는 거의 몰랐던 것이다.

그런 공백을 약간이나마 메워 주었던 것은 전파과학사에서 나온 조그만 문고본 책들이었다. 내 세대에 자연과학에 관심이 있던 사람들은 대부분 이 문고본을 기억할 것이다. 이 문고에 수록된, 일본 학자들이 쓴 책들을 읽으면서 비로소 조금씩 넓은 안목에서 과학을 보게 되었다. 오로지 교과서들만 가지고서 과학 공부를 하는 것은 결코 좋은 방식이 아닌 것 같다. 지금은 과학사, 과학철학도 발달하고 과학 교양서들도 서점을 가득 메우고 있어 상황이 많이 달라졌다.

양자역학은 제목 그대로 역학이다. 즉, 물리세계를 지배하는 힘에 관한 이론이다. 그러나 이 표현이 좋은 표현은 아닐 것이다. 양자역학의 세계는 'mechanics' 그 이상의 세계이기 때문이다. 더구나 '力學'으로 번역할 경우 더욱더 좁은 의미를 띠게 되어 양자역학의 세계를 잘 표현하지 못한다. 양자역학은 물질의 미시적 차원을 탐구한다. '물질'은 우리가 사는 이 우주를 구성하고 있는 근본적인 실체이다. 그 실체의 근본 성격을 규명하는 일은 곧 물리세계의 근저를 해명하는 것이며, 그만큼 양자역학은 비중이 큰 과학 이론이라 하겠다. 양자물리학은 이름 그대로 '양자'量子/quantum의 물리학이다. 그것은 막스 플랑크가 물질세계에서 양자라는 존재를 발견하면서 시작되었다.

고전 역학을 넘어서

잘 알려져 있듯이 양자역학 이전에 물리과학을 지배했던 것은 뉴턴의 역학이었으며, 더불어 뉴턴과는 다른(라이프니츠를 경유한) 접근 방식을 취하고 있으나 수학적으로는 등가等價인 라그랑주와 해밀턴의 역학이 사용되었다. 19세기 후반에 이르러 물리과학은 열역학(과 그 발전된 형태인 통계역학), 파동역학, 광학, 전자기학 등이 발전하면서 새로운 전기를 맞이하게 된다. 이 담론들의 사유양식은 뉴턴적 양식과는 전혀 다르며 훨씬 더 복잡하고 흥미롭다. 양자역학의 발단도 이런 담론들과의 관련성에 입각해 이해되어야 한다. 뉴턴, 라그랑주, 해밀턴의 수식은 각각 다음과 같다.

$$\boldsymbol{F} = m\frac{d^2\boldsymbol{x}}{dt^2}$$

$$L = K(\frac{dx}{dt}, \frac{dy}{dt}, \frac{dz}{dt}) - V(x, y, z)$$

$$H = (\sum_{j=1}^{3} p_j \cdot \frac{q_j}{dt}) - L$$

첫 번째 수식은 대부분의 사람들이 알고 있는 뉴턴의 제2 법칙이다. 굵은 글씨체(F, x)는 해당 변수가 벡터양임을 뜻한다. 따라서 어떤 물체가 방향을 바꾸는 것도 해당 변수의 변화로 간주된다. 훗날 양자역학에서, 특히 한 입자의 회전이 시계방향인가 반-시계방향인가는 매우 중요한 역할을 한다. 양자역학을 넘어, 회전하는 존재자가 시계방향인가 반-시계방향인가의 문제는 심오한 과학적 의미를 담고 있음을 여기저기에서 확인할 수 있다. 모든 방정식이 시간 t를 독립변수로 하고 있음에 주목하자. 왜일까? 과학은 세계의 변화를 다루는 학문이고 모든 변화는 다름 아니라 시간에 대해서의 변화이기 때문이다. 뉴턴의 방정식은 시간과 거리의 관계 즉 속도와 가속도의 개념을 함축한다. M은 질량으로서 계수係數/coefficient이다.

두 번째 수식에서 L은 라그랑주의 이니셜이다. 이 함수를 라그랑주 함수 또는 '라그랑지앙/라그랑지언'Lagrangian이라고 부른다. K는 운동에너지를, V는 위치에너지를 가리킨다. 여기에서 우리는 뉴턴의 방정식이 일반적인 물리력에 대한 공식이라면, 라그랑주의 방정식은 에너지에 관한 공식임을 확인할 수 있다. 라그랑주는 라이프니츠에 이어 에너지를 다루고 있는 것이다.

세 번째 공식에서 H는 해밀턴의 이니셜이다. 이 함수를 해밀턴 함수 또는 '해밀터니언'Hamiltonian이라고 부른다. P_i는 각각의 입자들을 뜻하고, q_i는 각각의 공액共軛 운동량conjugate momenta을 뜻한다. 이 해밀턴 함수는 계의 전체 에너지를 구할 수 있게 해 준다는 점에서 중요하며, 미시 수준에서는 대부분 이 함수를 쓴다. 그러나 이 세 공식은 수학적으로는 상호 변환이 가능하며 따라서 등가이다.

근대 물리학은 이 방정식들을 사용해 물체들의 운동을 완벽하게 설명할 수 있다고 생각했고, 이는 구체적으로 말해 한 물체의 초기 조건(위치 x와 운동량 p)만 정확히 알면 방정식들을 사용해 그 물체의 궤적(예컨대 진자의 왕복운동, 대포알의 궤적, 행성의 궤도 등)을 엄밀하게 예측할 수 있다고 생각했음을 뜻한다. 유명한 '라플라스적 결정론'이다. 이런 생각이 과장되어 모든 것을 결정론적으로 보는 생각들이 유행하기도 했는데, 물론 이는 어떤 한 영역에서 성립하는 경우를 다른 영역들에 무책임하게 투사함으로써 생겨나는 허언虛言들이라 하겠다.

문제는 미시세계에서 발생했다. 그때까지 사람들은 거시세계에서 성립한 개념들, 수식들을 미시세계에 투영해서 생각했다. 말하자면 분자나 원자를 아주 작은 당구공 같은 것으로 생각했던 것이다. 이렇게 생각할 경우 거대한 행성들을 지배하는 원리들, 법칙들을 소립자들의 세계에도 적용할 수 있다는 이야기가 된다. 그러나 여러 실험 결과들—원자 스펙트럼, 원자핵의 구조, 광전자光電子 효과, 빛의 성격(입자인가 파동인가) 등에 관련된 실험들—은 고전 물리학이 더 이상 적용되지 않는 어떤 세계를 드러내고 있었다. 이제 완전히 새로운 개념들, 수식들, 장치들을 필요로 하는 물리학이 요청되기 시작했다.

원자 스펙트럼의 문제. 분젠과 키르히호프가 분광기(프리즘을 이용해서 백광의 색들을 분리해내고, 이 색광들을 화학물질에 통과시킬 수 있는 기구)를 발명하면서 드러나게 된 새로운 사실은 각각의 화학물질이 빛의 특정한 파장들을 흡수/방출한다는 것이었다. 따라서 분광기를 이용해 화학물질을 판명해낼 수 있다는 이야기가 되며, 실제로 세슘(Cs55)과 루비디움(Rb37)이 이런 방법을 통해서 발견되었다. 많은 화학물질이 이 방식을 통해서 분석되었는데, 특히 수소와 헬륨의 경우가 매우 간단하다는 것이 밝혀졌다. 왜일까? 왜 수소의 스펙트럼이 그렇게 간단할까? 고전 물리학으로는 이 물음에 답할 수 없었다.

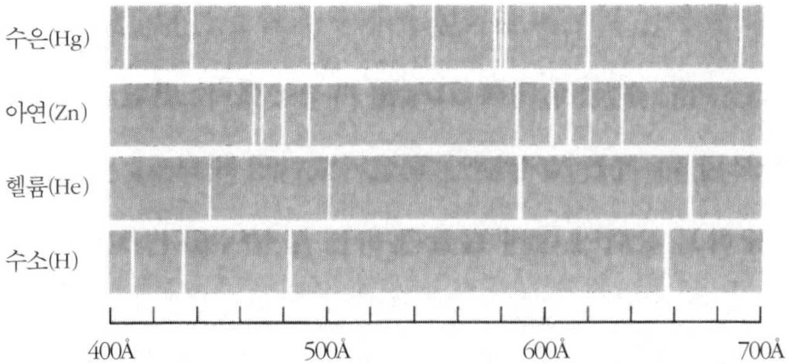

원자 구조의 문제. 19세기 후반에서 20세기 전반에 걸쳐 물리학이 이룩한 가장 빛나는 성과는 미시세계의 구조 즉 물질의 구조를 밝혀낸 일일 것이다. 달턴의 원자설에서 출발해 오늘날에는 초등학교 학생들에게까지 익숙한 원자 구조가 속속 밝혀졌다. 1870년대와 1880년대에 약간의 기체를 담고 있는 진공 튜브에 전류를 흘려보내는 실

험들이 유행했었다. 1890년대에 톰슨은 이 실험에서 방전放電이 전자기 복사/방사radiation 때문이 아니라 기체로부터 생겨난 일련의 입자들의 흐름이라는 사실을 밝혀내었다. 이 입자들의 전하-질량비($\frac{e}{m}$)는 매우 컸고 톰슨은 전하가 매우 큰 것이 아니라 질량이 매우 작으리라는 가설을 제시했다. 음전기를 띤 이 입자—'전자'electron라는 이름을 부여받은—의 질량은 수소 원자의 1000분의 1도 되지 않는다. 이로부터 원자의 분할 불가능성이라는 가설이 깨지고 원자 이하의 세계에 대한 탐구가 시작되었다.

당시 나는 이런 설명에 대해 고개를 갸우뚱했다. 만일 달턴이 생각했던 원자보다 더 작은 입자들이 발견되었다면 바로 그 더 작은 입자들을 '원자'라고 불러야 하지 않을까 하는 생각이었다. 달턴이 '원자'라는 말로 가리킨 것은 우주에서 가장 극미인, 더 이상 분할 불가능한 입자였다. 그렇다면, 만일 이전 사람들이 지시했던 또는 동정同定했던identify 그 원자보다 더 작은 것이 발견되었다면, "원자"라는 말을 바꾸어야 하는 것이 아니라, 즉 새로 발견된 그 입자를 '원자'가 아닌 다른 말로 지칭해야 하는 것이 아니라, 오히려 '원자'라는 이 말이 가리키는 존재가 이제는 새로 발견된 그 더 작은 입자를 가리키는 말로 의미가 바뀌어야 하지 않겠느냐는 것이다. 다시 말해, 같은 말을 쓰되 그 지시대상referent 또는 의미론적 장semantic field을 바꾸는 게 맞지 않느냐는 생각이었다. 엠페도클레스에게는 물, 불, 공기, 흙이 '원소들'이었다. 그러나 그 후에 "더 작은 원소들"이 발견되었고, 그래서 지금은 수소, 산소, 질소 등을 '원소들'이라고 부른다. 물, 불, 공기, 흙을 계속 원소들이라고 부르고 수소, 산소 등에 다른 이름을 쓴 것이 아니지 않은가. 왜 물리학의 경우와 화학의 경우가 다를까?

당시에 이런 생각에 사로잡혀 있었었는데, 지금 생각해 보면 이때가 내가 존재론과 언어철학에서 매우 중요하게 다루어지는 '지시' reference의 문제를 처음으로 생각했던 때였던 것 같다. 철학과 대학원에 들어간 직후 힐러리 퍼트넘의 『의미와 표상』을 읽을 때 내가 고민했던 이 문제가 다루어지는 것을 보고 몹시 기뻤고, 그 후 콰인의 『말과 대상』, 푸코의 『말과 사물』 등의 책을 읽으면서도 이 지시 문제를 만날 수 있었다. 특히 푸코의 저작은 이 지시 문제를 인식론/과학철학의 틀을 넘어 방대한 역사적 지평에서 논하고 있었기에 몹시 감동적이었다. 후에 나는 이 저작을 학위논문에서 다루게 된다.

생각해 보면, 나는 철학과에 들어가 철학적 문제들을 배우기 전에 물리화학을 공부하면서 매우 서툴게나마 스스로 철학적 사유를 해 나아갔다. 과학철학과 존재론에서 다루는 웬만한 핵심적인 문제들은 물리화학을 공부하면서 거의 대부분 한 번씩은 고민해 봤던 것 같다. 그 후 정식으로 철학을 공부하면서 학부생 시절 잘 모르면서도 내 나름대로 이리저리 생각했던 문제들을 하나하나씩 다시 만나게 되었고, 바로 그 황홀하기까지 했던 체험이 내게 뜨거운 학문적 열정을 불어넣었던 것이다.

내가 그때 고민했던 문제는 이렇게 해결된다. 첫째, 자연과학은 개념만이 아니라 수식으로 이루어진다. 따라서 '가장 작은'이라는 개념도 맥락에 따라 상대화될 수 있는 개념이 아니라 일정한 수를 통해서 규정된다고 할 수 있다. 그 수 이하의 양에 부딪혔을 경우 개념 자체를 바꾸어야 했던 것이다. 그러나 이것이 본질적인 이유는 아니었을 것이다. '가장 작은'이라는 수식에 상응하는 수 자체를 조정할 수도 있겠기에 말이다. 내가 보기에 더 핵심적인 것은 기존의 원자 아래에서 전자, 양성자, 중성자 등 이질적인 존재들이 발견되면서 개념체계 전체를 바꾸지 않을 수 없게 되었다는 점이다. 실제 과정이 어땠는지 확인해 보지는 못했지만, 극미세계의 이질성과 다원성이 기존의 원자 개념 그 자체의 수정을 불가피하게 만들었다고 해야 할 것이다.

양자역학의 탄생

어쨌든 전자의 발견에 이어 밀리컨의 '기름방울 실험', 러더퍼드와 마스덴의 금속 박箔 실험 등이 이어지면서 양성자, 중성자 등이 발견되었고, 이로부터 원자 구조에 대한 가설들이 속속 제출되었다.

원자핵과 그 주위를 도는 전자들이라는 모델은, 지금은 이미 극복된 모델이지만, 태양과 그 주위를 도는 행성들이라는 모델을 미시세계에 투여한 것으로서 많은 사람들을 매료시켰다. 그리고 이 그림은 맥스웰의 전자기학과 교차하는 대목에서 문제를 야기했다. 사유의 발전은 대개 다양한 담론들이 교차하는 지점에서 이루어진다. 전하를 띤 어떤 입자든 가속될 때 에너지를 방사한다. 그렇다면 음전기의 전자는 양전기의 양성자 쪽으로 당겨지면서 가속될 것이고 에너지를 방사할 것이다. 그렇다면, 지구를 향해 떨어지는 운석이 타버리듯이, 전자 자체가 소진되어버리지 않겠는가. 양성자도 마찬가지일 것이다. 그렇다면 이 모델에서는 물질 자체가 소멸한다는 결론이 나온다. 이와 더불어 베크렐이 발견한 방사능radioactivité의 β-입자가 전자라는 것이 밝혀지기에 이른다. 결국 당시 고전 역학으로는 설명되지 않았던 이 방사능 문제와 더불어, 물질 소멸 문제를 원자 구조 모델과 정합적으로 설명해야 할 과제가 대두되었다.

1) 광전효과光電效果의 문제. 진공 속의 금속에 빛을 쪼일 때 여러 효과들이 생긴다는 사실은 헤르츠에 의해 발견되었다. 전자가 발견된 후, 폰 레나르트는 금속들이 빛—특히 자외선—에 쪼일 때 방출하는 것이 바로 전자들이라는 사실을 밝혀냈다. 빛의 진동수가 일정한 문턱을 넘어갈 때 전자들이 방출된다. 빛의 강도가 강해질수록 (더 빠른 속도의 전자들이 아니라) 더 많은 수의 전자들이 방출된다. 그리고 빛의 파장이 짧을수록 전자들이 더 빠른 속도로 방출된다. 이런 사실들이 강도는 파의 에너지에 관련된다고 본 이전의 가설과 부딪치게 된다. 전자들의 운동에너지($\frac{1}{2}mv^2$)는 빛의 강도가 아니라 진동수에 따라서 커졌던 것이다. 빛, 파동, 전자 등 여러 개념들을 한꺼번에 수정해야 할 상황이 도래한 것이다. 기존 이론의 테두리 내에서 일정한 수정을 가하는 것이 아니라 이른바 '패러다임'을 전환하는 작업이 요청되었다.

2) 빛의 본성의 문제. 잘 알려져 있듯이, 빛의 파동설과 입자설의 대결에 있어서는 1801년 토머스 영의 실험을 통해서 파동설이 최종적인 승리를 거둔 듯했다. 그 후 분광기가 발명되었고, 빛이 물체들에 의해 어떻게 흡수되고 발출emit되는가를 이해하기 위해서 빛과 물질의 상호작용에 대한 연구가 이어졌다. 양자역학은 빛과 물질에 대한 이런 연구로부터 시작되었다고 할 수 있다. 물체를 가열할 경우 빛의 모든 파장들로 구성된 연속적인 스펙트럼이 발출된다. 빛의 상이한 파장들의 강도들intensities = "power densities"이 측정되었고, 그것들(강도

들)의 분포가 연구되었다. 그리고 이런 연구를 위한 적절한 이론적 장치로서 '흑체'black body가 고안되었다.

당시에는 몰랐지만, 흑체가 고안되기까지는 역사적 상황이 많은 영향을 미쳤다. 보불전쟁에서 승리한 독일은 50억 프랑이라는 막대한 배상금과 알자스-로렌 지방의 철을 받았고, 이 돈과 철을 이용해서 자국을 중공업 국가로 만들고자 했다. 이 과정에서 철이 어느 온도에서 어떤 색을 발출하는지 연구할 필요가 있었고, 이 연구를 위해 독일 국립 물리공학연구소를 세웠던 것이다. 물체를 가열할 때 빛이 적색에서 황색으로 그리고 다시 청색으로 옮겨간다는 것, 즉 점차 파장이 짧은 색으로 옮겨간다는 것은 누구나 알고 있던 경험적 사실이었으나, 이런 연구가 계기가 되어 이제 이 현상에 대한 본격적인 이론적 해명이 시작되었다. 이 과정에서 물체 고유의 성질에 관계없이(물질은 자체가 방출하는 빛과 같은 파장의 빛을 흡수해버리기 때문에) 온도에 따라 여러 가지 빛을 내는 물체가 고안되었다. 이것이 곧 여러 가지 빛을 흡수하는 물체 즉 흑체黑體이다.

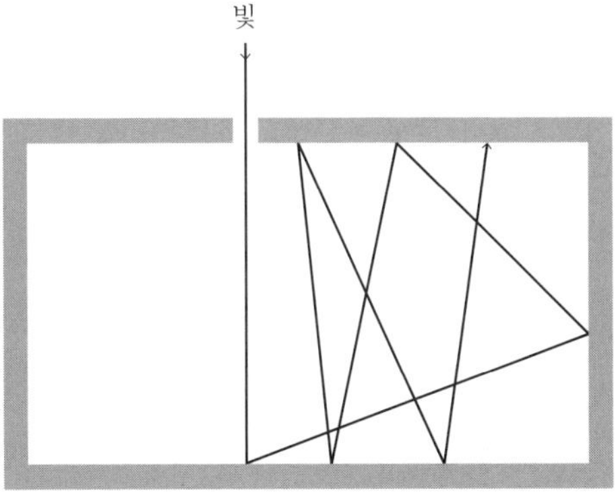

흑체

'흑체'가 검을 필요는 없다. '검다'는 것은 모든 파장의 빛을 흡수한다는 뜻이다. 비인은 아주 작은 구멍이 뚫린 이러한 흑체를 만들었고, 일단 그 안에 들어간 빛은 계속 반사하면서 거의 다 흡수되어버렸다. 이것이 '검다'라는 말의 의미이다.

흑체에서 흡수/방출된 복사/방사의 분포는 절대온도에만 의존한다. 여러 온도에서 파장이 함수로서 방출되는 빛의 강도를 측정한 결과 다음과 같은 그래프를 얻을 수 있었다.

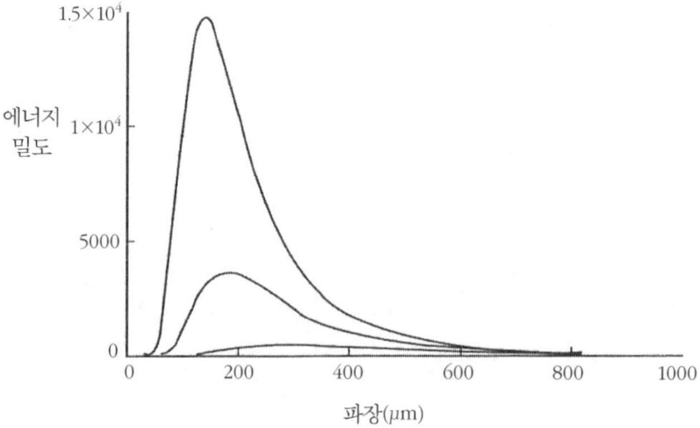

아울러 단위 면적당 총 일률power은 절대온도의 4제곱(σT^4)에 비례한다는 사실이 밝혀졌으며(σ는 슈테판-볼츠만 상수로서 $5.6705 \times 10^{-8}\ W/m^2 \cdot K^4$이다), 최대 강도($\lambda_{max}$)에서의 파장은 절대온도와 '$\lambda_{max} \cdot T = c$'의 관계를 맺는다(이때의 상수는 약 $2898\mu m \cdot K$이다).

연속과 불연속

1880년대 후반에 이루어진 이런 여러 실험 결과들과 새롭게 제시된 이론들의 불만족스러움이 근본적으로 새로운 사유를 요청했다. 그러나 만만치 않은 장벽들이 계속 나타났다. 비인은 흑체 내부의 빛을 일종의 분자들로 가정하고(물론 이는 받아들여지지 않았다) 설명을 시도했으나, 그래프와 들어맞은 것은 짧은 파장을 가진 빛의 강도 분포뿐이었다('청색 공식'). 반면 빛을 파로 보고 흑체 내의 작은 진동자들에서 그 연원을 찾은 레일리의 시도는 긴 파장의 빛에만 들어맞았다('적색 공식').

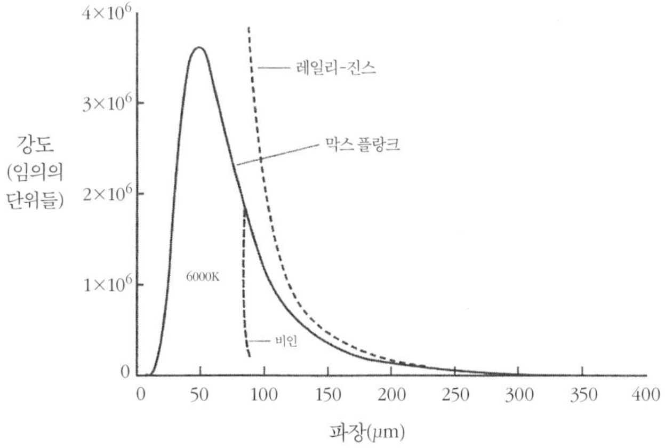

레일리와 진스가 함께 만든 법칙 — $d\rho = (\frac{8\pi kT}{\lambda^4})d\lambda$ — 에 입각할 경우(ρ는 단위 부피당 에너지 즉 '에너지 밀도'이며, λ는 파장이다. k는 볼츠만 상수이다. $1.3806503 \times 10^{-23}$J/K), 파장이 짧아짐에 따라 빛의 강도는 무한으로 가버린다.

결정적인 문턱을 넘은 사람은 막스 플랑크였다. 플랑크의 가설은 이것이다. 빛은 물질 속의 전기적 진동들과 상호 작용한다. 이 진동들의 에너지는 그것들의 진동수(ν)에 비례한다($E=h\nu$). 플랑크는 이 에너지를 '양자'量子; quantum라 불렀고 이로부터 '양자역학'이 시작되었다. 플랑크는 이 가설에 기초해 흑체 복사의 에너지 밀도 분포를 통계학적으로 이끌어냈다(λ는 파장, c는 빛의 속도, k는 볼츠만 상수, T는 절대온도).

$$d\rho = \frac{8\pi kT}{\lambda^5}\left(\frac{1}{e^{hc/k\lambda T}-1}\right)d\lambda$$

이 수식은 원래의 수식을 좀 더 현대적으로 다듬은 것이다. 플랑크가 상정한 상수 h는 후에 '플랑크 상수'라 불리게 되고 값은 6.626×10^{-34} J·s임이 밝혀진다. 플랑크의 이 수식은 비인과 레일리의 것과는 달리 모든 파장, 모든 절대온도에서 실험 결과와 일치했다. 나아가 이 수식을 응용해서 구한 총 "power flux"의 공식 — $\varepsilon = \left(\frac{2\pi^5 k^4}{15c^2h^3}\right)T^4$ —이 앞에서 이야기한 σT^4과 일치하면서 슈테판-볼츠만 상수의 의미도 분명해졌다. 뒤의 이론이 앞의 이론에 빛을 던져 줄 때 우리는 인식이 진정 발전했다는 느낌을 가지게 된다. 새로운 공식을 통해서 σ의 의미가 더 정교하게 밝혀진 이 경우가 좋은 예가 될 것이다.

양자가 진동수에 의해 결정된다는 것은 에너지의 불연속을 함축하며, 이것은 에너지를 연속적인 무엇으로 파악했던 이전의 생각을 무너뜨렸다. 이것은 물질에 대한 사유의 역사에서 중요한 한 지도리를 형성한다. 플랑크 자신도 처음에는 이 불연속의 의미를 알 수가 없었다. 양자역학이 진행되면서 이 불연속의 의미가 점점 분명해졌고, 플랑크 상수 h의 중요성도 점점 분명해졌다.

나는 2학년 때 배운 양자역학에서 처음으로 강렬한 '지적 환희'를 맛보았다. 그런데 대학원에 들어가 막 철학을 배우기 시작하면서 내가 처음으로 가지게 되었던 '철학적 화두'라 할 만한 것이 '연속과 불연속'의 문제였다. 일차적으로는 주로 사회와 역사의 맥락에서 형성된 화두였지만, 플랑크 가설이 제시한 물질세계에서의 불연속성도 이 화두의 형성에 영향을 주지 않았을까 싶다. 이후 연속, 불연속 개념은 극한, 아페이론, 운동 등의 개념들과 혼효하면서 하나의 문제의식으로서 형성되었다. 후에 내가 처음으로 썼던 논문들이 베르그송과 바슐라르의 관계(연속성과 불연속성의 문제)에 관한 것들이 된다.

원자 모형의 성립

미시세계의 불연속과 플랑크 상수의 의미가 서서히 밝혀지게 된 데에는 아인슈타인의 '광자'光子, photon 개념이 결정적인 역할을 했다(이름 자체는 루이스에 의해 명명되었다). 아인슈타인은 광전 효과를 다루면서 플랑크의 양자화된 에너지 개념을 전기적 진동자들이 아니라 빛 자체에 적용했다. 빛의 에네르기를 hv로 파악한 것이다.

이렇게 가정할 경우 빛은 금속 내의 전자들에 의해 흡수되고 빛의 에너지는 전자의 에너지를 증가시킨다는 가설을 세워볼 만하다. 광자 개념을 염두에 둔다면, 빛이 전자에 의해 흡수되었을 때 결합 에너지가 극복되어 전자가 금속으로부터 튀어나오게 된다고 보는 것이 가능하다(아인슈타인은 결합 에너지를 금속의 일work-함수로 보았고 그것을 Φ로 표현했다). 이럴 경우 잔여 에너지는 운동에너지로 전환될 것이다. 각 전자가 빛의 한 양자의 에너지를 흡수한다고 가정할 때 다음 관계가 성립한다.

$$h\nu = \Phi + \frac{1}{2}mv^2$$

요컨대 빛 에너지가 일-함수와 운동에너지로 전환된다는 이야기가 된다.

플랑크의 양자 가설과 아인슈타인의 광자 가설은 결국 빛은 입자들의 흐름이라는 결론을 가져다준다. 그렇다면 빛은 파동인가 입자인가? 닐스 보어의 상보성 원리와 루이 드 브로이의 물질파 개념은 이 문제에 대한 핵심적인 통찰을 가져다주었다.

보어는 앞에서 언급했던 수소 원자 스펙트럼의 방출 선들을 연구하던 과정에서 원자의 구조에 대한 결정적인 모델을 만들어냈다. 원자의 구조를 태양계의 구조에 유비시켜 생각할 때 중요했던 것은 전자들이 원자핵으로 떨어져 타버리는 것이 아니라 (태양을 도는 행성들처럼) 원자핵을 빙빙 돈다는 생각이었다. 보어는 이때의 구심력이 전자의 음전기와 양성자의 양전기 사이에 존재하는 쿨롱의 힘이라고 가정했다. 그래서 다음 수식을 얻을 수 있었다.

$$\frac{m_e v^2}{r} = \frac{e^2}{4\pi\varepsilon_0 r^2}$$

좌변은 구심력이고 우변은 쿨롱의 힘이다. r은 원 궤도의 반경,

e는 전자의 전하, m_e는 전자의 질량, v는 전자의 속도이다. ε_0는 자유공간의 전도성permittivity이라 불리는 상수로서 $8.854 \times 10^{-12}\ C^2/J \cdot m$의 값을 갖는다.

보어의 중요한 가정은 전자의 에너지는 그것이 궤도를 돌고 있는 한 일정하다고 생각한 점에 있다. 맥스웰의 전자기학에 위배되는 가정을 한 것이다. 이 문제 자체가 확연히 해결되지는 않은 듯하다. 많은 경우 우리는 "끝이 좋으면 모든 것이 좋다"는 속담을 좇아 결과적인 성공으로부터 과정 전체를 정당화하곤 한다. 그러나 과정의 매 단계 하나하나가 완벽하게 확연한 것은 아니다. 어쨌든 보어는 이 가정을 통해서 자신의 이론을 전개해 나갔다. 보어는 이 과정에서 광자 개념을 활용했다. 전자의 공전은 에너지를 방출한다. 보어는 그 에너지가 곧 광자라고 보았고, 광자를 잃을 때마다 전자의 궤도가 달라진다고(반지름이 축소된다고) 생각했다. 그리고 어느 단계에 이르면 더 이상 광자가 발출되지 않는다고 가정했다. 말하자면 전자는 광자를 흡수함으로써 한 궤도를 뛰어오르고 방출함으로써 한 궤도를 내려온다는 것이다(여기에서 이 뛰어오름과 내려옴이 불연속을 함축한다는 점이 중요하다). 그런데 궤도에 따라 에너지는 바로 광자의 차이만큼 달라진다. 반지름이 작아질수록 에너지는 커진다. 요컨대 광자는 흡수/방출과 궤도 사이의 (정확히 광자만큼의) 에너지 차이가 상쇄되어 전자가 어느 궤도에 있든 그 에너지는 일정한 값을 유지하는 것이다. 전자의 운동에너지는 $\frac{1}{2}m_e v^2$이고 위치에너지는 $\frac{-e^2}{4\pi\varepsilon_0 r^2}$이므로 전체 에너지는 둘의 합이고, 그래서 앞의 수식은 다음과 같이 고쳐 쓸 수 있다. $m_e v^2 = \frac{e^2}{4\pi\varepsilon_0 r}$. 그 결과 전체 에너지는 $-\frac{1}{2} \cdot \frac{e^2}{4\pi\varepsilon_0 r}$이 된다.

이 대목에서 각角운동량이 중요한 역할을 한다. 보어는 각각의 궤도가 양자화된quantized 각운동량을 가진다고 보았다. 그런데 흥미롭게도 플랑크 상수의 단위와 각운동량의 단위는 일치한다(단위끼리 계산을 해서 그 결과로부터 역으로 추론해 나갈 때 흥미로운 결과가 등장할 때가 있다). 플랑크 상수의 단위는 J · s 이고 이것은 결국 일정한 작용의 단위이다. 각운동량의 단위($\frac{kg \cdot m^2}{s}$) 역시 작용의 단위이다. 보어는 작용의 단위를 가지는 양들이 대개 h(플랑크 상수)와 관련된다는 점에 착상해 양자화된 각운동량 L 즉 $m_e v r$은 h의 정수배(nh)일 것이라고 추정했다. 궤도의 지름은 2π이므로 각운동량은 $\frac{nh}{2\pi}$일 것이고, 결국 $v = \frac{nh}{2\pi m_e r}$라는 수식을 얻게 된다. 앞의 수식 $m_e v^2 = \frac{e^2}{4\pi\varepsilon_0 r}$의 v에 이 식을 대입할 때 다음의 중요한 공식을 얻게 된다.

$$r = \frac{\varepsilon_0 n^2 h^2}{\pi m_e e^2}$$

여기에서 n을 '양자수'quantum number라 부른다. 이 수는 전자의 궤도를 결정하는 핵심 변수이다. 보어의 이런 작업으로부터 원자세계에 대한 전체적인 그림이 그려졌으며, 이 그림은 지금도 청소년을 위한 '과학관' 같은 곳의 입구를 장식하고 있다. 물론 지금은 이런 모델이 그대로 받아들여지지는 않고, 더구나 보어가 그린 그림은 전자를 단 하나 가진 수소 원자에 대한 그림일 뿐이지만, 보어의 작업은 미시체계에 대한 최초의 '그림'을 그렸다는 점에서 심대한 의미를 가진다.

보어는 전자가 궤도를 바꾸면서 광자를 방출하거나 흡수한다고 가정했다. 궤도가 바뀔 때 발생하는 에너지 차 ΔE는 광자의 에너지인

$h\nu$와 같다. 여기에서 에너지 차이를 좌우하는 것은 결국 n이다. 보어는 이런 생각에 기초해 수소 원자의 에너지, 파동수 등 여러 가지를 확정할 수 있었고, 그 과정에서 수소 원자 스펙트럼에 있어서의 파동수에 관한 뤼트버그의 수식을 재확인하기도 했다. 앞에서도 말했듯이, 이전에 존재했던 사실, 이론, 수식이 뒤에 나온 사실, 이론, 수식에 의해서 재확인되고 또 새로운 의미를 부여받게 될 때 우리는 무엇인가가 진정 '발전했다'는 느낌을 받게 되는데, 이런 경우는 특히 물리학에서 자주 일어난다. 근대 과학이 물리학을 모델로 한 것은 이 때문일 것이다. 뤼트버그가 자신의 공식 $\frac{1}{\lambda} \equiv \nu = R_H[\frac{1}{n_2^2} - \frac{1}{n_1^2}]$에서($\nu$는 파동수, n_1, n_2는 정수) R_H로 처리했던 상수가 보어의 작업을 통해서 $\frac{m_e e^4}{8\varepsilon_0^2 h^3 c}$임이 밝혀진 것은 그 전형적인 예들 중 하나이다.

닐스 보어는 빛이 파동으로 취급될 수도 있고 입자로 취급할 수도 있다는 사실을 '상보성 원리'Komplementaritätsprinzip라 이름 지었는데, 일반적으로 보어 하면 으레 이 상보성 원리가 거론되곤 한다(보어는 이를 '陰陽'과 관련지었는데, 흥미로운 생각이긴 하나 더 많은 논의가 필요할 것이다). 그러나 이는 이미 입증되어 가던 사실에 적절한 이름을 붙인 것일 뿐 보어 혼자만의 공헌은 아니라고 할 수도 있다. 그래서인지 이 원리를 잘 언급하지 않는 책들도 있다. 상보성 원리를 물리학적 구체성의 수준에서 개념화하고 수식화한 것은 루이 드 브로이이다.

물질파—존재와 인식

플랑크로부터 보어에 이르기까지 사람들은 예전에 파동으로 취급하던 빛을 입자로 간주함으로써 커다란 진전을 이루었다. 그렇다고 빛의 파동적 성격이 파기된 것은 결코 아니다. 그렇다면 빛 입자설에 입각해 새롭게 이루어진 성과들을 거꾸로 빛 파동설 쪽으로 가져가면 어떻게 될까? 빛이 파동일 뿐만 아니라 입자이기도 하다면, 거꾸로 입자일 뿐만 아니라 파동이라고 말해서 안 될 까닭이 있겠는가? 드 브로이의 '물질-파 이중성'la dualité onde-corpuscule 개념은 이런 발상에서 시작되었다.

본래 파는 물질을 이동시키는 것이 아니라 에너지를 이동시킨다. 호수에 돌을 던지면 파문波紋은 돌이 전달한 에너지를 물을 '통해서' 이동시킨다. 우리 입에서 나는 소리도 공기를 이동시키는 것이 아니라 공기를 '타고서' 타인에게 전달된다. 결국 물질과 파는 전혀 다른 개념이다. 입자들이 파를 전달시킨다고 말하는 것과 입자들이 파'이다'라고 말하는 것은 전혀 다른 이야기인 것이다. 후자는 존재론적으로 파격적인 주장이다. 드 브로이 자신도 처음에는 이런 입장을 취하지 않았지만 결국 이 입장에 도달하게 된다.

드 브로이는 이런 생각을 수식으로 전개했는데, 좀 더 현대적인 방식으로 정리하기 위해 아인슈타인 방정식 $E = mc^2$과 양자역학의 기본 공식들 중 하나인 $E = h\nu$를 등치시킬 수 있다. 이 경우 $c = \lambda\nu$이므로(빛의 속도는 그것의 파장과 주파수를 곱한 것이다) $mc^2 = \frac{hc}{\lambda}$를 얻게 된다. 여기에서 운동량 개념이 중요한 역할을 하게 되는데, $p = mc$를 이용해서 다음 수식을 얻게 된다('드 브로이 방정식').

$$\lambda = \frac{h}{mv} = \frac{h}{p}$$

결국 한 입자의 운동량은 그것의 파장에 반비례한다. 그런데 고전적인 개념으로 볼 때 한 입자'의 파장'이라는 개념은 성립하지 않는다. 입자가 파장을 가진다는 것은 곧 입자가 파라는 이야기이겠기에 말이다. 이제 물질세계에 대한 새로운 개념화가 요청되기에 이른다. 거시세계에서의 물체들—예컨대 당구공—에서는 이런 성격이 문제가 되지 않는다. 그러나 미시세계에서 이 사실은 극히 중요하다. 전자의 파장은 1.75×10^{-5}m로서, 이것이 적외선의 파장에 일치한다는 사실도 의미심장하다. 드 브로이의 생각은 데이비슨과 거머에 의해 실험적으로 확증되었다.

드 브로이의 물질파 개념과 바로 뒤에서 이야기할 하이젠베르크의 불확정성 원리를 공부하면서 늘 생각했던 것은 입자-파의 이중성이나 불확정성 원리가 성립하는 것이 인식의 한계 때문인가 아니면 자연 자체의 본성인가 하는 것이었다. 자연 자체는 이런 이중성이나 불확정성을 용인하지 않는 '완전한' 것인데 인간의 인식(수식, 장치들, 감각의 개입 등) 때문인가, 아니면 자연 그 자체가 바로 그런 이중성과 불확정성으로 되어 있을까 하는 문제이다. 이 문제는 고도의 인식론적-존재론적 사변을 요구하는 것이지만(인식론적 접근과 존재론적 접근이 다르다), 물리학의 관점에서 본다면 물질파 개념과 불확정성 원리를 논박하는 어떤 새로운 현상이 나타나고 그 현상을 설명할 수 있는 새로운 이론(이중성과 불확정성을 포함하지 않는 이론)이 제시되기 전에는 일단 자연 자체의 속성으로 봐야 할 것이다. 철학사를 공부하면서도 늘 부딪히게 되는 이 문제(존재와 인식의 문제)는 아마 영원한 문제일 것이다.

막스 플랑크에 의한 양자 가설, 아인슈타인의 광자 개념, 닐스 보어의 수소 원자 모형, 루이 드 브로이의 물질파 개념 등을 거쳐서 양자역학의 기본 개념들과 수식들이 마련되었지만, 아직까지 '양자역학'이라는 이름을 부여받을 만한 체계적인 이론이 세워진 것은 아니었다. 이런 개별적 성과들을 전반적으로 통합할 수 있는, 그리고 실험과 수학을 만족스러운 수준에서 결합할 수 있는 이론이 하이젠베르크와 슈뢰딩거에 의해 거의 동시에 제시되었고, 상이한 방식으로 제시된 두 이론 체계가 수학적으로는 통약 가능하다는 점이 밝혀지면서 양자역학이라는 확고한 이론 체계가 정립되기에 이른다.

'아낭케' 개념

이 시절 읽은 책들 중 하이젠베르크의 『부분과 전체』는 각별한 기억으로 남는다. 여기에서 하이젠베르크는 자신의 생애에서 만났던 사람들, 나누었던 대화들을 기록하면서 양자역학이 탄생하는 과정을 생생하게 전달해 주고 있다.

당시 내가 이 책을 읽으면서 깊이 생각했던 것은 '아낭케'anankē 개념이다. 자연에 대한 합리적-수학적 사유를 펼쳤던 플라톤은 그러나 자연 속에 존재하는 비결정성에도 예민하게 주목한다. 그는 이 대목을 비유를 써서 설명하고 있는데, 누스(이성)가 멋대로 굴려는 아낭케를 잘 달래서 우주를 이끌어 간다고 말하고 있다. 이 대목은 하이젠베르크의 불확정성 원리와 모종의 관계를 가지는 것으로 생각되었다.

나는 이런 불확정성을 다소 문학적으로 표현해서 '떨림'이라는 것으로 생각해 보곤 했다. 사물들이 규정된다는 것은 극한limit을 가진다는 것이다. 아페이론 상태를 벗어나려면 페라스들이 주어져야 하는 것이다. 하지만 아페이론은 저항을 보여준다. 완벽한 극한을 허용하지 않고 미세하게 떨리는 것이다. 이것이 아낭케이고, 나는 이렇게 아낭케 개념을 통해서 불확정성 원리를 상상하곤 했다.

그런데 그리스 철학 연구자들은 대개 아낭케를 '필연'으로 번역한다. 당시 나는 이 점이 잘 이해가 되지 않았다. 물리 법칙이 필연이라면 아낭케는 오히려 거기에서 벗어나는 우연이라고 해야겠기에 말이다. 그 이유는 훗날에 이르러 알 수 있었다. 플라톤의 목적론적 체계를 염두에 둔다면 아낭케는 이성으로서는 '어쩔 수 없는 것'이라는 뜻을 함축한다. 목적을 전제할 때, 피할 수 없는 어떤 조건, 어쩔 수 없는 것이 필연인 것이다. 내가 글을 예쁘게 쓰고 싶은데 종이가 유난히 거칠어서 영 잘 써지지 않을 때 그 종이의 성격이 아낭케("필연")이다. 그러나 만일 이런 인간중심적인 관점, 그리고 플라톤 특유의 목적론적 관점을 걷어내고 본다면, 아낭케는 오히려 우연이라 해야 할 것이다. 종이가 우연히 재질이 아주 나빠 글씨가 잘 써지지 않는 것이다. 이 개념은 오해를 피하기 위해 '아낭케'라고 음역하는 것이 낫지 않을까 싶다.

어떤 면에서는 현대 물리학의 맥락에서도 인간중심적인 관점이 개입한다(사실 모든 것이 어차피 인간이 하는 일인데, 인간중심주의가 전혀 들어가지 않는 경우가 어디에 있겠는가). 불확정성 원리란 측정의 문제와 관련되고 측정이 포함하는 한계의 문제이기도 하기에 말이다. 측정이란 극한을 부여하는 문제이다. 아낭케, 불확정성은 측정의 극한을 고정시키려는 인간의 시도를 좌절시키는 자연의 떨림이다. 어쨌든 아낭케 개념은 상당히 흥미로운 개념이고 하이젠베르크의 불확정성 원리와 연계되는 개념이기도 하다.

불확정성 원리를 좀 더 이해하기 위해서는, 고전 역학에 근거한 결정론을 생각해 봐야 한다. 고전 역학의 체계에서는 한 물체의 위치(x)와 운동량(p = mv)을 동시에 인식할 때 그 물체의 궤적을 추적할 수 있다. 그래서 우주의 물체들에 대해 그 위치와 운동량을 완벽하게 알고 있는 전능한 존재가 있다면 우주 전체의 운행을 예측할 수 있다는 '라플라스적 결정론'까지 등장하게 된다. 하이젠베르크는 위치와 운동량을 동시에 완벽하게 고정시킬 수 없음을 말하고 있다.

$$\Delta x \cdot \Delta p \geq \frac{\hbar}{2}$$

여기에서 $\hbar$는 $\frac{h}{2\pi}$로서 양자역학에 늘 등장하는 상수이다. 이 수식의 의미는 무엇인가? 위치에서의 불확정성을 줄여 나가면 운동량에서의 불확정성이 커지고, 운동량에서의 불확정성을 줄여 나가면 위치에서의 불확정성이 커진다는 뜻이다. 운동량은 mv이고 여기에서 m은 상수이다. 결국 질량이 큰 물체에서는 불확정성을 무시할 수 있다는 이야기가 된다. 반면 입자들의 질량이 작은 미시세계에서 이 원리가 중대한 결과를 가져온다는 사실을 알 수 있다.

막스 보른은 이 불확정성 원리에 기초해서 전자의 운동에 대한 확률론적 해석을 내렸다. 전자의 궤적을 대포의 궤적을 추적하는 것처럼 추적할 수는 없다. 그러나 전자의 운동 구역region을 확률적으로 포착할 수는 있다. 보른의 공식은 다음과 같다.

$$P = \int_b^a \Psi^* \Psi d\tau$$

P는 확률이다. Ψ는 파동함수로서 흔히 y = Asin(Bx + C) + D의 형태를 가진다. Ψ^*는 Ψ의 공액 복소수이다. τ는 여러 차원들을 대변한다. 예컨대 3차원의 경우 '$dx\,dy\,dz$'가 되고, 구형 극좌표들의 경우에는 '$r^2 sin\theta dr d\theta d\varphi$'가 될 것이다. 결국 위의 수식은 일정한 구역에서 전자를 찾아낼 수 있는 확률을 가리킨다. 이로써 미시세계에서는 고전 역학의 결정론적 체계가 아니라 양자역학의 확률론적 체계를 사용해야 함이 분명해졌다.

'적분 상수'에 대한 기억

양자역학의 진행 과정에서 또 하나의 결정적인 문턱은 슈뢰딩거가 제시한 파동방정식이다. 슈뢰딩거의 방정식은 보른의 방정식과 달리 에너지론과 관계된다. 슈뢰딩거는 해밀턴 함수를 이용해서 유명한 파동방정식을 작성했다. 운동에너지는 $\frac{1}{2}mv^2 = \frac{P_x^2}{2m}$이다. 슈뢰딩거는 운동량의 연산자를 $-i\hbar\frac{\partial}{\partial x^2}$로 하고 위치 연산자를 $x\cdot$로 함으로써 전체 에너지(위치에너지 + 운동에너지)를 위한 연산자('해밀터니언 연산자')를 구성했다($-\frac{\hbar^2}{2m}\frac{\partial}{\partial x^2} + V^*(x)$). 여기에서 앞의 항은 운동에너지 연산자이고 뒤의 항은 위치에너지 연산자이다(x에 대해서만 쓴 것이며, 대개 y, z까지 함께 쓴다). 파동함수 Ψ는 전체 에너지를 고유치eigenvalue로 가지며, 이로부터 다음 공식이 도출된다.

$$[-\frac{\hbar^2}{2m}\frac{\partial}{\partial x^2} + V^*(x)]\Psi = E\cdot\Psi$$

물리학사에서 가장 유명한 공식들 중 하나인 이 공식은 시간-독립적 형태로 쓸 수도 있고 시간-의존적 형태로 쓸 수도 있다. 시간-독립적 형태는 에너지의 확률 분포가 일정하게 유지되는 경우에 사용하며, 시간-의존적 형태는 일정하게 유지되지 않는 경우에 사용한다. 물론 후자의 경우— $\Psi(x, t)$ —가 보다 포괄적인 공식이라고 하겠다. 보다 완전한 형태의 슈뢰딩거 방정식('시간 방정식')은 다음과 같다.

$$H^{*}\Psi(X, t) = i\hbar\frac{\partial\Psi(x, t)}{\partial t}$$

슈뢰딩거 방정식을 공부하면서 가장 인상 깊었던 것은 네 개의 적분 상수였다. 이 방정식을 풀면 적분 상수가 네 개 나오고 그 각각의 적분 상수가 물리적으로 '해석'된다. 이 과정은 내게 깊은 과학적 감동을 주었다. 오래전 일이어서 기억은 온전하지는 않지만, 수학과 물리적 실재가 연결되는 방식이 무척이나 흥미로웠다. 과학은 자연을 수학적 공식으로 '표현'한다. 그리고 수학적 공식은 실재에 상응하는 것으로서 '해석'된다. 당시 내게 인상 깊었던 것은 슈뢰딩거 방정식의 해에 붙어 나오는 네 가지 적분 상수가 실재의 어떤 항들로—예컨대 전자의 궤도, 스핀의 방향 같은 실제 현상들로—해석된다는 사실이었다. 이 과정은 실재 즉 미시세계에서의 현상들을 확인해서 그것들을 기호화한 것이 아니다. 기호로서 제시된 것은 하나의 방정식이었고 그 방정식의 풀이 결과로서 나온 네 상수들이 실재의 특정 측면들에 상응했던 것이다. 이런 상응은 정말이지 예기치 못했던 것이다.

그 당시 이런 생각을 했다. 수학 공식은 여러 해들을 낳는다. 그렇다면 이 해들에 구체적 실재가 남김없이 일-대-일 대응하는 것일까? 나는 당시 남김없이 상응할 리는 없고 상당 부분 임의적으로 대응시키는 것이 아닐까, 또는 상응할지라도 그것들을 일일이 확인할 수는 없으리라고 생각했다. 그 후에 읽은 한 과학철학자의 말대로(이름이 기억나지 않는다) 과학 이론들은 "부분적으로 해석된 형식체계" partially interpreted formal system라고 할 수 있다. 수식의 모든 해들이 아니라 그 중 어떤 해(들)이 해석된다고 해야 할 것이다.

한편 반대 방향으로 생각할 수도 있다. "수식의 모든 측면이 과연 실재에 상응할까?"라고 물을 수도 있지만, 거꾸로 "실재의 모든 측면이 수식으로 표현될 수 있을까"라고 물을 수도 있을 것이다. 후자의 물음이 더욱 근본적인 물음이다. 전자의 물음은 일단 성공한 수식을 두고서 제기되는 물음이지만, 후자의 물음은 실재와 인식의 관계에 대한 물음이기 때문이다. 훗날 베르그송의 철학을 공부하면서 나는 이 문제에 대한 나 나름대로의 일정한 관점을 버리게 된다.

어쨌든 슈뢰딩거의 네 적분 상수는 과학과 메타과학에 관련해 내 사유를 강렬하게 자극했다.

지면 관계상 더 자세히 이야기할 수는 없지만, 불확정성 원리와 파동방정식의 등장 이후에도 가모브에 의한 '터널 효과' 연구, 주기율표에 대한 파울리의 해명, 런던에 의한 원자 파동함수의 합성, 마이너스 에너지에 대한 흥미진진한 상상력을 가져다준 '디랙의 바다', 도모나가의 재규격화 이론, 유가와 히데키의 중간자 발견을 비롯해서 미시세계 탐구의 흥미진진한 드라마가 전개되었다. 이번에 양자역학에 관한 책들을 다시 보니 학창 시절 이 이론들에 심취해서 밤낮으로 공부했던 기억이 새록새록 떠오른다. 사유의 세계, 특히 과학적 사유에 처음으로 눈을 떠 가는 시절이었다. 그 시절이 무척이나 그립다.

우주론적 고뇌

양자역학과 더불어 깊은 흥미를 가졌던 분야는 열역학이었다. 열역학은 화학 계통의 모든 과목들에 공통되는 기본 과목이다. 열역학이 없는 화학은 내과가 없는 의학과 같다 하겠다. 갈릴레오의 역학과 데카르트의 기계론에서 출발한 근대 자연철학은 열역학에 이르러 거대한 변환을 겪게 된다. 이상하게도 열역학은 대중들에게 잘 알려져 있지 않다. 상대성 이론이 대중적인 인기를 끄는 것과 대조적이다. 그러나 열역학이야말로 현대 물리화학의 초석이자 사상적으로도 중요한 분야가 아닐 수 없다.

열역학은 말 그대로 열에 관한 역학이다. 열은 그 존재론적 위상을 잡아내기가 쉽지 않은 존재이다. '존재한다'는 개념을 해명하는 것이 존재론의 일차적인 과제이거니와, 사상의 역사는 곧 이 말의 확장의 역사라고도 할 수 있다. '존재한다'는 말을 듣고서 누구나 떠올리는 것은 아마 개체들(과 그 속성들)일 것이다. 사람들, 동식물들, 물건들과 그 속성들(색, 모양, 감촉 등). 그러나 학문의 역사는 바로 이 상식적 '존재들'을 넘어서는 존재들을 끝없이 드러내 왔다. 사실 열이라는 존재는 너무나도 상식적인 것이다. 감기에 걸리면 누구나 열이라는 것이 무엇인지 안다. 그럼에도 열의 존재론적 위상을 포착하기는 쉽지 않다. 열역학은 열이라는 존재를 한 계의 부피, 압력, 온도의 개념을 통해서 다룬다. 이것은 열역학이 열 현상을 철저하게 외부적 시선으로, 객관적으로 접근한다는 사실을 의미한다. 여기에서 '뜨겁다'라는 감각적 사실은 포함되지 않는다. 그러나 우리 몸의 차원에서는, 현상학적으로는 열이란 무엇보다 뜨거움을 통해서 지각된다. 그렇다면 '뜨겁다'라는 감각과 압력, 부피, 온도의 측정을 통해서 진행되는 열역학의 관계는 무엇일까? 열은 과학과 현상학 사이의 대화와 논쟁을 가능케 하는 미묘한 문제들 중 하나라 하겠다.

압력, 부피, 온도 외에도 열을 분자들의 운동 결과로서 파악할 경우 분자들의 수가 문제가 된다. 그래서 열역학의 기본 수식이 등장한다.

$$PV = nRT$$

여기에서 P는 압력을, V는 부피를, T는 온도를 나타내며, 이 세 항이 열역학의 기초 항들이다. n은 분자들의 수를 나타낸다. 이 방정식을 '이상 기체 방정식'이라 부르고, R을 '이상 기체 방정식 상수'라고 부른다. 온도는 절대온도를 가리키며, 0°K는 −273.15°C에 해당한다. 분자들의 수 n은 물론 셀 수 없다. 때문에 22.4L 내에 아보가드로의 수($6.02214199 \times 10^{23}$)만큼의 분자들이 들어 있는 경우를 하나의 단위로 사용하며, 단위로는 몰mol을 사용한다. 요하네스 반 데어 발스는 현실적인 기체에 좀더 잘 들어맞는 방정식을 제시했다.

$$(P + \frac{an^2}{V^2})(V - nb) = nRT$$

여기에서 a, b는 반 데어 발스 상수들이다. 기체의 종류에 따라 달라진다. 열역학은 유래를 거슬러 가자면 근세 초의 보일, 샤를 등에 의해 정초되었지만, 본격적으로는 19세기 후반 이 방정식들이 수렴되면서 발달하기 시작한다(이런 유형의 방정식들을 총칭해서 '상태 방정식'이라 부른다). 그리고 볼츠만이 분자들, 원자들에 대한 과감한 가설을 제시한 이후 열역학은 통계역학의 형태로 발전해 나간다.

"ex nihilo nihil fit"에 대한 의문

고전 역학이 이른바 '뉴턴의 세 법칙'에 입각해 이루어졌듯이, 열역학 역시 세 가지의 기초 법칙을 바탕으로 하고 있다. 첫 번째 법칙은 이른바 '에네르기 보존의 법칙'이다. 열역학은 근본적으로는 에너지에 관한 과학이다. '일'이라든가 '열'이 보다 현상적으로 다가오는 개념들이지만 더 근본적인 개념은 에너지이고, 일이나 열은 에너지의 현상적 상태들이다.

열역학에서는 고립계와 폐쇄계를 구분한다. 고립계는 물질의 이동과 에너지의 이동 양자 모두가 막혀 있는 계이지만, 폐쇄계는 물질의 이동은 막혀 있지만 에너지의 이동은 가능한 계이다. 현실 속에는 고립계란 존재할 수 없으며, 폐쇄계도 사실상 불가능하다. 그러나 열역학이 다루는 대상은 대체적으로 인공적인 열적 계thermal system이기 때문에 이 개념들은 필수적이다(열역학이 자동차 엔진이나 화학 공장 등과 더불어 등장했다는 사실을 상기하자). 그런데 고립계의 경우 전체 에너지는 보존된다. 이것이 열역학 제1 법칙이다. 다시 말해, 고립계의 경우 내부 에너지 E의 변화 ΔE는 0인 것이다. 그러나 이것은 개념적-이론적인 표현이고, 현실적으로 열역학은 서로 에너지를, 그리고 때로는 물질까지 주고받는 여러 계들을 다룬다. 그러한 주고받음은 현상적으로는 열과 일로 나타난다. 그래서 열역학 제1 법칙은 다음과 같이 쓸 수 있다.

$$\Delta E = Q + W$$

계들 전체의 내부 에너지에서의 변화는 열(Q)이나 일(W)로 전환되는 것이다. 내부 에너지는 측정하기 어렵기 때문에 실용적으로는 엔탈피 개념을 사용한다. 엔탈피 H는 E + PV 즉 Q + W + PV로 정의된다. $dW = P \cdot dV$이므로 $dH = dQ$가 되어 다음의 중요한 공식을 얻게 된다.

$$\Delta H = q_p$$

작은 P는 압력이 일정함을 뜻한다. 많은 에너지 변화가 일정한 압력 아래에서 이루어지기에 이 공식이 보다 실용적으로 사용된다. 결국 일정한 압력 아래에서의 열의 크기는 엔탈피 변화의 크기와 등가라는 이야기가 된다. 한 계의 엔탈피 변화가 양일 때 그 계는 에너지를 흡수한 것이고, 음일 때는 방출한 것이 된다. 엔탈피 개념을 중심으로 하는 열역학 제1 법칙은 화학 변화의 분석, 상전이(고체, 액체, 기체 사이의 전이)의 분석을 비롯해 화학에서의 다양한 문제들에 응용된다.

에너지 보존의 법칙은 "ex nihilo nihil fit"라는 파르메니데스적 원리를 연상시키는 면이 있다. 무로부터는 그 어떤 것도 나올 수 없고, 이를 맥락을 달리해서 말하면 한 계에서 어떤 일이 벌어지든 그 에너지 총합은 일정하다는 이야기가 된다. 즉, 모든 변화는 전체의 동일성 내에서 이루어진다. 라부아지에의 '질량 보존의 법칙'을 비롯해 다양한 '보존의 법칙' 아래에는 이런 생각이 깔려 있다. 그러나 현실세계에서는 완벽하게 닫힌 계가 존재하기 힘들다. 이 점에서 열역학 제1 법칙은 상당 정도 인공적인 상황을 모델로 하고 있다고 하겠다. 이 점에서 제2 법칙과 제1 법칙은 성격을 달리한다.

시간의 방향

열역학 제2 법칙은 에너지의 변화가 '자연발생적으로'spontaneously 이루어지는 현상과 관련된다. 뜨거운 물체와 차가운 물체를 붙여 놓으면 평균적인 일로 등질화(/균질화)되고 결국 차가운 쪽으로 등질화된다. 실린더 안에 기체를 담아 그대로 놔두면 한 군데에 모이지 않고 골고루 퍼진다. 가장 단적인 예로 소금을 물에 타면 소금물이 된다. '자연발생적으로' 등질적인 열이 뜨거운 부분과 차가운 부분으로 갈라진다거나 퍼져 있던 기체 분자들이 한 군데에 모인다거나 소금물이 저절로 소금과 물로 나뉘는 현상은 발견되지 않는다. 이런 현상들은 자연발생적인 과정이며 따라서 물리세계의 방향성을 알려준다는 점에서 심오한 법칙이다. 물론 현실세계에서 열역학 제2 법칙이 그대로 적용되는 것은 아니다. 사물들 사이의 복잡한 관계 속에서, 외부 환경과의 관계 속에서 제2 법칙을 거스르는 현상이 얼마든지 발생할 수 있다(뒤에서 이야기하겠지만, 생명체들은 본성상 열역학 법칙을 거스른다). 특히 프리고진은 엔트로피 법칙에 대해 다른 해석을 내림으로써 과학사에 또 하나의 지도리를 마련했다(『접힘과 펼쳐짐』에서 논했음). 그럼에도 이 등질화 현상은 물리적 계들을 연구할 때 핵심적인 역할을 한다.

대부분의 자연발생적 변화는 에너지 감소를 가져온다. 그러나 에너지 증가를 가져오는 자연발생적 변화들도 있다($NaCl + H_2O \rightarrow Na^+ + Cl^-$). 자연발생성을 규정하는 것은 쉽지 않은 작업이다. 그러나 화학적 맥락에서 어떤 변화의 자연발생성 여부는 중요한 역할을 한다. 사디 카르노는 1824년 증기기관의 열효율에 관한 연구를 통해 이 문제에 접근하는 길을 마련했다. 카르노는 열 과정에 포함되는 각종 온도와 증기기관의 효율성 사이에는 밀접한 관련성이 있다는 점에 주목했다. 엔지니어였던 카로노에게 엔진의 열효율은 무엇보다 큰 관심사였다. 카르노는 기관은 어떤 고온의 저장소로부터 열(q_{in})을 받아 일(W)을 하고 남은 열(q_{out})을 저온의 저장소로 보낸다고 생각했다.

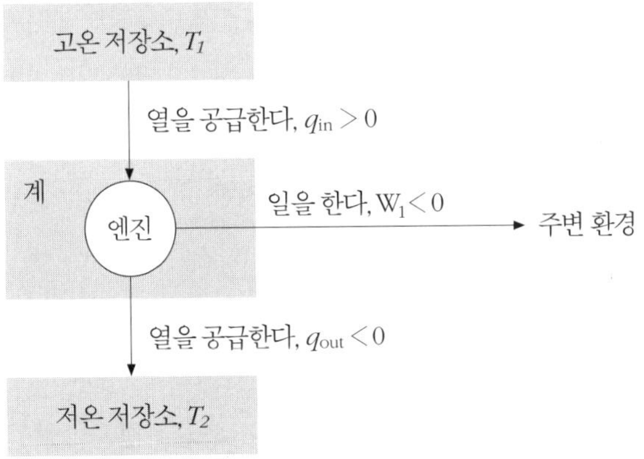

카르노는 최고의 효율을 얻을 수 있는 방식으로 공정을 짰는데 이를 가리켜 '카르노 사이클'이라 부른다. 이 사이클은 다음 네 단계로 이루어진다. 1) 가역적 등온等溫, isothermal 팽창, 2) 가역적 단열斷熱, adiabatic 팽창, 3) 가역적 등온 압축, 4) 가역적 단열 압축. 이 사이클을 그림으로 그려 보자.

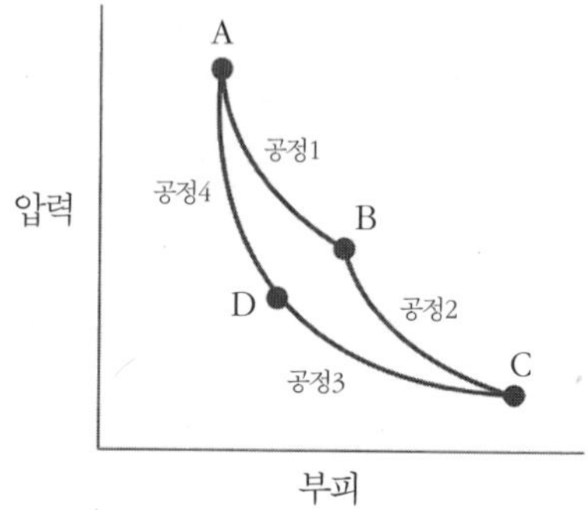

첫 번째 공정에서 기관은 고온 저장소에서 열($Q_1 = Q_{in}$)을 받아 일(W_1)을 한다. 두 번째 공정에서 열은 0이다. 그러나 기관은 팽창했고 따라서 일 W_2가 행해졌다. 세 번째 공정에서 열은 낮은 저장소로 빠져나가며($Q_3 = Q_{out}$) 이에 따라 일을 한다(W_3). 네 번째 공정에서 기관은 원래 상태로 돌아온다. 이 경우 q는 다시 0이 되고 일(W_4)이 행해진다. 그래프가 그리는 면적은 계의 P-V 일을 나타낸다. 카르노의 이 사이클은 실제 사이클이 아니라 사고를 위한 하나의 모델이다. 이 모델을 참고하면 열기관의 효율에 대해 여러 가지를 알 수 있다.

사이클이 원점으로 돌아오기 때문에 내부 에너지의 변화는 없다($\Delta E = 0$). 달리 말해 $\Delta H = Q_1 + W_1 + W_2 + Q_3 + W_3 + W_4 = 0$이 성립한다. W의 총합은 사이클이 수행한 일 전체이고, Q의 총합은 사이클의 열 흐름 전체이다. 그리고 그 총합은 0이 된다($Q_{cycle} + W_{cycle} = 0$). 달리 말해, $Q_{cycle} = W_{cycle}$이라 할 수 있다. 기관에서 중요한 것은 열효율이다. 열효율이란 기관으로 흘러 들어간 열 중 얼마만큼이 일로 전환되었는가를 뜻한다.

$$e = -\frac{W_{cycle}}{Q_1}$$

기관에 대해서의 일은 마이너스이므로 e는 플러스 값을 가지게 된다. 이 수식은 다음과 같이 바꿔 쓸 수 있다.

$$e = -\frac{W_{cycle}}{Q_1} = \frac{Q_1 + Q_3}{Q_1} = 1 + \frac{Q_3}{Q_1}$$

$\frac{Q_3}{Q_1}$ 는 음의 부호를 가진다(분자는 음, 분모는 양이므로). 그리고 당연히 Q_1이 Q_3보다 더 크다. 이로부터 중요한 사실이 도출된다. 한 기관의 열효율은 언제나 0과 1 사이에서 성립한다는 것, 이 수식은 다음과 같이 쓸 수 있다.

$$e = 1 - \frac{T_{low}}{T_{high}}$$

이 공식은 엔진의 열효율이 고온 저장소와 저온 저장소의 비와 관련된다는 점을 잘 보여주고 있다. 고온 저장소의 온도가 더 클수록 또는 저온 저장소의 온도가 더 작을수록 열효율은 높아진다. 들어온 열을 모두 써버릴 경우 열효율은 1이 되어 카로노 사이클에 해당하는 경우가 된다. 물론 이것은 이론적 모델이다. 실제로는 어떤 엔진도 100%의 효율을 가질 수 없으며, 열효율은 결국 1과 0 사이에서 성립하게 된다. 100% 열효율을 가진 기관은 '영구 기관'이라 불린다. 지금도 '재야 과학계'에는 극소수이지만 영구 기관을 만들겠다는 사람들이 있다는 이야기를 들은 적이 있다. 그러나 도대체 물질이라는 것 자체의 본성이 그런 기관을 허용하지 않는 것이다.

영구 기관이 불가능하다는 것은 에너지의 하락과 관련이 있다. 여기에서 하락하는 것은 에너지의 양이 아니다. 열역학 제1 법칙에 따라 에너지의 양은 일정하게 보존된다. 하락하는 것은 에너지의 질이다. 에너지가 일은 한다는 것은 차이를 통해서이다. 댐은 물의 높이를 다르게 만드는, 즉 수압에서의 차이를 만들어내는 인위적 장치이다. 그러나 모든 차이가 무화되고 등질화될 때 '일을 할 수 있는 능력'으로서의 에너지는 무화된다. 어떤 기계든 마모되며 시간이 지남에 따라 효율이 떨어진다. 스스로 발전해 나가는 기계, 외부의 개입 없이 효율을 증가시킬 수 있는 기계는 없다. 물질의 차원은 에너지의 질이 점차 떨어지고 에너지의 차이가 점차 무화되어 등질화되는 방향으로 흐른다. 카르노 사이클은 바로 이런 측면을 무시하고 이론적으로 모델화한 영구 기관이다.

이런 내용을 개념화한 중요한 수학적 존재가 엔트로피이다. 엔트로피의 변화와 그 적분 결과는 다음과 같이 정의된다.

$$dS = \frac{dQ_{rev}}{T} \qquad dS = \int \frac{dQ_{rev}}{T}$$

여기에서 'rev'는 가역 과정을 가리킨다. 많은 화학적 공정은 일정한 온도에서 일어난다. 이 경우 수식은 다음과 같이 다시 적을 수 있다.

$$\Delta S = \frac{1}{T}\int dQ_{rev} \qquad dQ_{rev} = \frac{Q_{rev}}{T}$$

더 중요한 것은 불가역 과정이다. 자연발생적 과정은 대개 불가역 과정이다. 인위적으로 가역 과정을 만들 수는 있지만, 자연발생적 과정들이 가역 과정을 이룬다는 것은 시간이 거꾸로 흐른다는 것을 뜻한다. 사실 고전 역학 체계에서는 이것이 가능했다(수식상으로는 고전 역학에 등장하는 변수들의 포텐셜이 짝수 승이기 때문이다). 그런데 불가역 과정에서 엔트로피는 증가한다. 엔트로피 개념을 결정적으로 개념화한 클라우지우스는 이 점을 중요한 원리로서 제시했다.

$$\Delta S > \int \frac{dQ_{rev}}{T} \qquad dS \geq \frac{dQ}{T}$$

여기에서 등호는 물론 가역 과정에서만 성립한다. 중요한 것은 불가역적-자연발생적 과정들에서 엔트로피는 증가한다는 사실이다. 이것은 우주의 진화와 관련해 심오한 의미를 함축한다. 결국 열역학 제2 법칙은 다음과 같다. 고립된 계에서, 어떤 자연발생적인 변화가 일어날 경우 그 계의 엔트로피는 증가한다. 여기에서 어디까지나 '고립된 계'라는 조건이 추가된다는 점을 염두에 두어야 한다. 우주에 사실상 고립된 계는 없다. 따라서 이 엔트로피 법칙을 너무 쉽게 우주론에 적용할 경우 무리한 결론을 도출할 수 있다는 점을 음미해 볼 필요가 있다.

등온 과정이 아닐 경우($dQ = C \cdot dT$. C는 'heat capacity'), 다음 수식이 성립한다.

$$\Delta S = C \cdot \ln \frac{T_j}{T_i}$$

이 수식은 변화하는 양이 무엇인가에 따라 달리 쓸 수 있다.

$$\Delta S = nR \cdot \ln \frac{V_j}{V_i} \qquad \Delta S = -nR \cdot \ln \frac{P_j}{P_i}$$

엔트로피 개념의 작동을 보다 잘 확인할 수 있는 경우로 흔히 실린더에 차 있는 기체의 경우를 든다. 다음과 같이 온도와 압력이 일정하고 등온인 계에 서로 다른 부피와 몰수를 가진 분자들이 분리되어 있다고 하자.

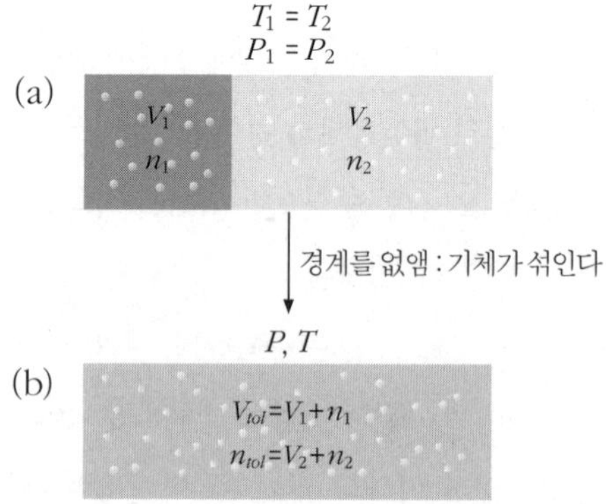

이때 방벽을 거두어내면 어떤 현상이 발생할까. 상식적인 관찰로도 알 수 있듯이 분자들이 골고루 섞일 것이다. 이 현상을 수학적으로 논증해 보자. 부피는 두 부피의 합이, 몰수는 두 몰수의 합이 될 것이다. 이 경우 일도 없고 내부 에너지 변화도 없다. 그런데도 변화를 야기하는 것, 그것이 바로 엔트로피이다. 그런데 오른쪽으로 구획된 부분이 왼쪽으로 확산하는 경우와 왼쪽으로 구획된 부분이 오른쪽으로 확산하는 부분을 따로 생각하면 어떻게 될까. 전자의 경우 n_1의 분자들이 V_1에서 V로 퍼질 것이고, 후자의 경우 n_2가 V_2에서 V로 퍼질 것이다. 두 경우를 따로 적는다면 다음과 같다.

$$\Delta S = n_1 R \cdot \ln\frac{V}{V_1} \qquad \Delta S = n_2 R \cdot \ln\frac{V}{V_2}$$

몰수는 물론 양이다. 그리고 각 부분의 부피들이 전체 부피보다 클 수는 없는 노릇이므로 두 수식 모두 양의 값으로 귀착한다. 그래서 전체 엔트로피 변화의 부호는 양이다(엔트로피는 상태함수이며 따라서 경로-독립적이다). 열역학 제2 법칙에 따라, 엔트로피가 양이라는 것은 곧 그 계의 변화가 자연발생적임을 증명해 준다.

볼츠만의 수난

열역학 제3 법칙을 이야기하려면 먼저 절대 엔트로피 개념을 살펴봐야 한다. 볼츠만은 분자들의 세계에 통계학을 도입함으로써 통계역학의 초석을 마련했다. 하나의 계를 여러 작은 계로 분할할 때 각 계는 전체 계에 대해 통계적인 항으로서의 역할을 한다. 볼츠만은 미시계에 기체 분자들이 분포되는 방식을 통계적으로 고찰했고 가장 개연성이 높은 분포가 분자들을 배열하는 Ω가지의 다른 방식들을 가지는 경우를 생각했다. 이 과정에서 볼츠만이 발견한 것은 계의 절대 엔트로피 S[1]는 가능한 조합들의 수의 자연로그에 비례한다는 사실이었다. 이는 다음 수식으로 표현된다.

$$S = k \cdot \ln\Omega$$

k는 '볼츠만 상수'라 불린다(나중에 밝혀진 사실이지만, 볼츠만 상수에 아보가드로수를 곱하면 다름 아닌 이상 기체 상수가 나온다). 볼츠만의 과감한 가설은 당대 사람들에게 배척당했다. 볼츠만의 시대는 실증주의의 시대였고, 마하의 그늘 아래 있던 당대의 많은 과학자들이 그의 가설을 '형이상학'이라며 비웃었다(그러나 모든 창조적인 과학이 처음에는 다 형이상학이다. 학문의 역사는 형이상학과 과학의 변증법의 과정인 것이다). 우울증에 시달리던 볼츠만은 결국 자살의 길을 택했고, 비엔나의 묘비에 새겨져 있는 그의 흉상 위에는 이 유명한 공식이 씌어 있다.

어떤 계가 완벽한 질서를 유지하고 있다면, 즉 그것이 완벽한 결정체를 이루고 있다면, Ω는 1이고(다른 질서의 가능성은 아예 없으므로) 따라서 S는 0이 된다. 물론 이런 경우는 존재하지 않는다. 그러나 극저온 상태가 되면 물질은 결정체가 되며 절대 엔트로피는 극소화된

1) 볼츠만이 '절대 엔트로피'(ΔS가 아닌 S)를 생각했던 것은 대단히 획기적인 것이었다.

다. 다시 말해, 절대온도 0에서의 절대 엔트로피는 0이다(물론 이는 현실적 상황이라기보다는 일종의 극한으로서 상정된 것이다). 다시 말해 완벽하게 결정체적인 물질에 대해서는 $\lim_{T \to 0K} S(T) = 0$인 것이다. 열역학 제3 법칙은 다음과 같다. "절대 엔트로피는 절대온도가 0에 근접해 감에 따라 0에 근접해 간다." 이 제3 법칙은 절대 엔트로피를 이야기할 수 있는 이론적 근거이기도 하다.

나는 베르그송의 『창조적 진화』를 읽는 중에 볼츠만의 중요성을 새삼스럽게 알게 되었고 그의 유명한 *Vorlesungen über Gastheorie*(기체론 강의)를 읽었다. 대학원에서 철학을 공부하면서 (학부 시절 철학과는 전혀 상관없이) 배웠던 내용들을 다시 만나게 되고, 그것들을 전혀 새로운 방식으로 음미하게 되는 순간들이 내게는 참 소중했던 시간들이었다. 이 방대하고 어려운 저작을 충분히 소화하기는 어려웠지만, 이전에 그 의미도 잘 모르고 공학의 방식으로 접했던 과학기술적 내용들을 철학을 공부하면서 다시 음미하게 된 시간들은 내 사유가 새록새록 피어나는 결정적인 순간들이었다.

엔트로피가 일으킨 고뇌

열역학의 세 법칙을 이야기했거니와, 그 중 특히 흥미롭고 또 대중적으로도 널리 알려져 있는 법칙은 역시 엔트로피의 법칙이다. 그것은 아마도 이 법칙이 물리세계가 진화해 가는 방향을 이야기하고 있기 때문일 것이다. 엔트로피는 시간의 방향과 관련된다. 대학원에 들어가서 처음 읽었던 책들 중 하나가 한스 라이헨바하의 책들이었다. 『시간과 공간의 철학』과 『시간의 방향』이라는 두 권의 책을 읽었는데(『시간과 공간의 철학』은 내가 번역해서 출간했다. 이 번역은 내가 행한 최초의 학문적 성과였다), 특히 『시간의 방향』은 바로 이 문제를 다루고 있었다. 고전 역학과 열역학이 시간을 다루는 상이한 방식을 이 책을 통해서 분명하게 알 수 있었다.

대학교 2학년 때, 이 엔트로피 개념을 처음 접했을 때 내게 큰 지적 고민, 아니 실존적 고민이 도래했던 기억이 난다. 엔트로피 개념은 시간의 방향을 말해 주고 따라서 우주론적 의미를 띤다. 당시 내가 읽었던 어떤 우주론 책은(아쉽게도 저자와 제목이 기억나지 않는다) 엔트로피 이론에 근거해서 우주의 미래에 대한 전망을 내놓았는데, 우주가 무에서 태어나 팽창하다가 시간이 지나면 다시 오그라들고 또 시간이 지나면 다시 폭발해서 팽창하는 과정을 거듭한다는 것이다. 그때는 '영겁회귀'라는 개념을 몰랐지만, 이 이론은 스토아학파의 영겁회귀설과 같은 생각을 전달해 주고 있었다. 지금 생각해 보면 과학 이론으로서는 약간 엉성한 사변의 성격을 띤 이론이었던 듯싶지만, 당시에 내가 받은 지적 충격은 대단한 것이었다.

세계가 말하자면 생로병사를 겪으면서 영겁회귀한다는 것을 곰곰이 생각해 보니 그렇게 허무할 수가 없었다. 도대체 우주란 어떤 존재일까? 생명이란, 인간이란 무엇인가? 내가 살고 있는 이 삶이 도대체 어떤 의미를 가지는 것일까? 완전한 무의미인가? 이런 생각이 뇌리를 가득 채웠다. 그래서 밥도 제대로 못 먹고 잠도 제대로 못 자면서 마치 실성한 사람처럼 일주일을 보냈던 기억이 생생하다. 나는 개인적으로 이때의 체험을 '우주론적 고뇌'라 부른다. 아마 현대 우주론의 세계에 진지하게 몸을 담은 경험이 있는 사람이라면 한 번쯤은 빠져들었을 법한 고뇌가 아닐까 싶다.

물론 이런 고뇌로부터 이내 빠져나왔는데, 하나는 이론적인 근거에서이고 다른 하나는 심리적-사회적 근거에서였다. 이론적 맥락에서 볼 때, 세계는 끝없이 변하고 미지의 차원들이 속속 드러나는데 지금 우리가 알고 있는 한 가지 이론을 확장해서 엄청나게 먼 미래를 예측하는 것이 무슨 설득력이 있겠는가 하는 생각이 들었다(훗날 베르그송을 공부하면서 이 생각을 다듬을 수 있었다). 그리고 현실적 맥락에서는, 눈앞의 문제들이 산적해 있고 삶의 문제들이 널려 있는데 그 먼 미래의 일 때문에 고민하면서 전전긍긍하는 것이 너무 어리석어 보였다(내가 '우주론적 고뇌'를 겪었을 때 — 1980년! — 가 또한 동시에 역사적 고뇌를 겪었을 때였다는 사실이 돌이켜 보면 참 묘하게 느껴진다). 결국 나는 얼마 되지 않아 우주론적 고뇌에서 깨어나 다른 문제들에 몰두하기 시작했지만 이 젊은 날의 지적-실존적 고뇌는 내게 하나의 '추억'으로 남아 있다.

얼마 전에 우연히 한 천문학자의 강연을 들을 기회가 있었다. 그 천문학자는 여러 자료들을 근거로 우주의 미래를 예측하면서 내가 접했던 '영겁회귀설'과 더불어 우주 사멸설 등 몇 가지 가설들을 예측해 주었다. 그 강연을 들으면서 나는 이제는 먼 과거가 되어버린 젊은 날의 정신적 방황을 떠올리면서 빙그레 미소 짓고 있는 나 자신을 발견할 수 있었다. 자연과학을 전공했다면 어쩌면 지금 나는 이 문제를 전공하고 있을지도 모르겠다. 나이가 든다는 것은 관심이 점차 좁아진다는 것을 뜻한다. '가로지르기'의 사유를 해온 나조차도 나이가 들면서 어느 정도는 사유의 범위를 제한할 수밖에 없었다. 만일 인생을 여러 번 살 수 있다면 꼭 한 번은 내 젊은 날의 한 시점을 고뇌로 가득 채웠던 이 문제에 종사해 보고 싶다는 생각을 해 본다.

끝없는 회로들의 주름

생명과학은 내가 꾸준히 공부해 온 담론이고 또 앞으로도 평생토록 많은 시간을 바칠 영역이다. 인간을 이해하는 데 생명과학이 중요한 한 축을 담당한다고 생각하기 때문이다.

생물학은 고등학교 때 가장 좋아한 과목들 중 하나였고, 파브르의 『곤충기』에 빠져들었던 적도 있었다. 대학교에 들어와서는 다윈의 『종의 기원』을 인상 깊게 읽기도 했다. 앞부분은 너무 지루했지만(나는 당시에 왜 다윈이 사육에 대해서 그렇게 길게 논하는지를 이해하지 못했다), 본능을 다룬 장을 흥미진진하게 읽었던 기억이 난다. 자연사/진화론에 대한 관심은 지금까지도 이어지고 있다. 그러나 당시에 보다 전문적인 수준에서 배웠던 것은 유기화학이었고, 유기화학이 생물학에 응용되는 내용들이었다. 이 내용들은 생명체를 바라보는 내 시선에 큰 영향을 끼쳤다. 철학적인 면에서 본다면, 생명체의 이해는 인간의 이해를 위해서도 필수적인 맥락들 중 하나이다.

인간의 이해를 위하여

인간을 이해하려면 세 층위의 지식들이 복합적으로 배치되어야 한다. 첫 번째 층위는 기저 담론으로서 생명과학이다. 두 번째 층위는 인간에 대한 일반적인 과학으로서의 인간과학(/사회과학)이다. 언어학, 심리학, 사회학, 정신분석학, 인류학 등, 인간이라는 존재를 일반적이고 법칙적인 층위에서 연구하는 학문이 인간과학이다. 세 번째 층위는 구체적인 학문으로서 인문학이다.

생명과학은 직접 인간을 다루지는 않지만, 인간도 한 측면에서는 생명체이므로 인간을 이해하기 위한 기저 지식들을 제공해 준다. 인간과학은 인간이라는 존재를 언어, 심리, 사회관계, 무의식 등 다양한 차원에서 해명해 준다. 그리고 인문학은 특정한 역사적 사건이나 인물, 문학적 텍스트, 예술작품 등 개별적이고 구체적인 존재들을 다룬다.

이 세 차원의 지식들이 골고루 소화될 때 비로소 인간이라는 존재를 총체적으로 이해할 수 있는 것이다. 물론 이런 종합적이고 입체적인 인식에 도달하려면 철학적 사유의 매개를 거쳐야 할 것이다. 생명과학과 인간과학을 하나로 본다면 결국 과학, 인문학, 철학의 공동작업을 통해서만 인간이라는 존재의 근저에 다가설 수 있을 것이다.

<table>
<tr><td>인문학
(사건들, 인물들, 텍스트들, 작품들 ……)</td><td rowspan="3">철학
(비판적 · 종합적 사유)</td></tr>
<tr><td>인간과학
(언어, 사회, 의식/무의식, 정치, 경제 ……)</td></tr>
<tr><td>생명과학
(신체, 환경, 면역, 기억 ……)</td></tr>
</table>

학문의 세계에 널리 퍼져 있는 오류들 중 하나는 인간을 다루는 학문들이 자연과학에 비해 과학적으로 미성숙한 상태라는 생각이다. 이것은 과학성의 기준을 법칙성, 보편성, 검증 가능성 등에 두기 때문

이다.

그러나 인간 관련 과학들이 그토록 다채로운 것, 또 쉽게 통약 불가능한 것은 그 과학들의 성격 때문이 아니라 인간이라는 존재 자체의 성격 때문이다. 인간에 대한 인식들은 당연히 다양할 수밖에 없다. 그것은 높은 과학성에 도달하지 못해서가 아니라 인간이라는 존재가 바로 그런 다양한 관점들로 포착되는 존재이기 때문에 그런 것일 뿐이다. 어떤 균일하고 보편적인 법칙성이 아니라 다양한 관점들의 **입체적인 종합**을 통해서만 인간에 대한 충분한 이해에 도달할 수 있다. 위와 같은 오해가 널리 퍼져 있는 까닭은 근대 이후의 과학들이 자연과학 특히 물리학을 모델로 과학성을 생각해 왔기 때문이다. 그러나 인간이라는 존재에 대해서는 근본적으로 달리 생각해야 할 것이다. 인간이란 과학적 사유 못지않게, 인문적인 방식으로 이해해야 하는 존재이고, 또 과학적으로 접근할 경우에도 자연과학과는 다른 과학을 통해 해명되어야 하는 존재이다.

동일성과 차이

"생물은 무생물과 어떻게 구분되는가?"라는 물음에 대해서는 신진대사에서 시작해 여러 가지 답들이 나와 있다(가장 결정적인 것은 생식과 유전에 있을 것이다). 그러나 좀 더 추상적인(존재론적인) 수준에서 본다면 생명체의 본질은 차이생성을 수용하면서도 동일성을 유지한다는 데에 있다. 물질차원에서의 '시간의 방향'은 엔트로피의 법칙을 따른다. 적어도 거시적이고 전체적인 관점에서 본다면, 물질세계의 변화는 차이생성을 소멸시키는 방향으로 흐른다. 개체들 사이의 차이를 비롯해 모든 차이가 등질성의 방향으로 와해되어 간다. 그러나 생명체들의 경우는 반대이다. 생명체들 역시 시간의 흐름에 따라 변화를 겪으면서 살아가지만, 물질과는 반대로 생명체에서의 차이들은 오히려 점점 증가한다.

발생의 차원에서, 그저 동그란 공 같던 수정란이 계속 접히면서 새로운 차이들을 만들어낸다. 분화différenciation를 통해 복잡해지는 생명체.

성장의 차원에서, 어린 아기가 환경과 부딪치면서 시간에 마멸되기보다 오히려 차이생성을 흡수하면서 점점 더 성숙한 존재로 화한다.

유전/진화의 차원에서, 우주의 시간이 흐르면 물질들은 마모되고 와해된다. 그러나 생명체들은 계속 새로운 동일성/형상을 창조해내면서 복잡해진다. 생명이란 시간 속에서 차이생성을 보듬어 나가며 그로써 더 복잡한 동일성을 만들어 간다.

생명체의 동일성은 A = A와 같은 논리적 동일성도, 시간 속에서 해체되어 가는 물질적 동일성도, 또 인간의 작위를 통해서 만들어지는 문화적 동일성도 아니다. 생명체의 동일성은 차이생성을 보듬으면서 점차 복잡해지는 동일성이다. 생명체가 자신의 동일성을 계속 바꾸어 나가지 못하는 경우는 그것이 이미 죽은 경우이다. 베르그송은 『창조적 진화』에서 생명체의 이런 특성을 "엔트로피의 사면을 거슬러 올라가려는 노력"이라고 말한다. 슈뢰딩거는 『생명이란 무엇인가』라는 소책자에서 이런 생각을 보다 과학적인 방식으로 표현했다. 학부생 시절 이 소책자가 책이라기보다는 거의 복사물에 가까운 형태로 돌아다녔다. 상당히 흥미롭게 읽었던 책이다. 생명체는 음의 엔트로피negentropy를 만들어낸다. 생명체란 엔트로피를 낮추어 나갈 수 있는 존재인 것이다. 음의 엔트로피는 '정보' 개념과 통한다. 현대 생물학은 기계론적 입장을 취하고 있지만 고전적인 기계론에는 등장하지 않는 정보 개념을 필수적인 요소로 포함하고 있다. 물질, 에너지와 더불어 정보가 생명체 이해의 근간을 이루는 것이다. 엔트로피에 따라 와해되지 않고 어떤 동일성을 이룬다는 것은 그 동일성의 정보(예컨대 DNA)를 계속 내장하고 있다는 뜻이다. 그러나 슈뢰딩거가 이 책을 통해서 하고 싶었던 말은 생명체의 이런 특수성에도 불구하고 그것이 궁극적으로 엔트로피 법칙을 일탈하는 것은 아니라는 점이었다. 생명체는 오히려 엔트로피 법칙을 이용하고 있다는 것이다.

화학적 회로들의 의미

어쨌든 생명체에게 중요한 것은 동일성을 유지해 나가는 것, 더 정확히 말해 차이생성의 흐름으로 와해되지 않고 그것을 보듬으면서 오히려 자신의 동일성을 발전시켜 나가는 것이다. 우리는 진화의 과정 전체를 이런 관점에서 볼 수 있다.

이런 동일성의 근저를 파고 들어갈 때 우리는 생명체의 화학적 기초를 발견하게 된다. 생명체의 동일성은 추상적이고 균일한 동일성이 아니라 거의 무한에 가깝게 복잡한 동일성이다. 여기에는 여러 가지 맥락이 있거니와 특히 화학적 기초는 빼놓을 수 없는 요소이다. 담론체계로 말한다면 물리화학 → 유기화학 → 생화학 → 분자생물학으로 가는 사유계열이 생명과학 전체를 떠받치는 이론적 기초라고 할 수 있다(물론 이런 미시적 계열 못지않게 진화론, 생태학 등 거시적인 계열 또한 중요하다. 그리고 미시계열과 거시계열이 교차하는 지점들에서 흥미로운 과학적 성과들이 이루어진다). 생명체의 근본 성격은 이 화학적 사유계열을 유심히 볼 때 드러난다.

생명체가 하나의 동일성을 유지하고 또 새로운 동일성으로 스스로를 확장한다는 것은 곧 생명체가 포함하고 있는 화학적 회로가 일정한 동일성을 유지한다는 뜻이다. 적어도 그 핵심적 의미의 하나로서 화학적 회로의 동일성을 들 수 있다. 회로는 동그라미의 이미지를 띠고 있다. 즉, 화학적 변화들이 어떤 일정한 공정을 거쳐서 한 바퀴 돌아 닫힘으로써 하나의 동일성을 형성한다는 것이다. 이 점에서 카르노의 사이클을 연상시키는 면이 있다. 물질의 세계에서 이런 영구기관은 성립하지 않는다. 그러나 생명의 세계에서는 적어도 그 회로 자체만 본다면 각각의 회로는 영구 기관처럼 작동한다. 뿐만 아니라 생명체는 시간이 가져오는 차이생성의 흐름에 대처하면서 자신의 동일성을 확장해 나간다. 그것은 지금의 맥락에서 본다면 새로운 회로를 개발하거나 아니면 (마치 중세 천문학에서의 주전원들처럼) 기존의 회로를 더 복잡하게 만듦으로써 가능하다. 다시 말해, 새로운 사이클을 만들어내기도 하고 기존 사이클에 새로운 공정을 덧붙이기도 하는 것이다. 사실 오늘날의 생명체들은 우주의 그 긴 시간을 버텨내면서 바로 그런 동그라미들=회로들을 줄기차게 만들어 왔고, 그래서 지금 거의 무한에 가까운 화학적 회로들을 작동시키며 생존하고 있는 것이다. 크고 작은 무수한 이심원異心圓들이 거의 완벽하게 공명하면서 생명체의 동일성을 유지시키고 있는 광경은 경이 그 자체이다. 마치 거시세계에서는 소박한 사변이 되어버린 아리스토텔레스의 자연철학이나 성리학적 원융의 세계가 오히려 미시세계에서 다시 부활하기나 한 듯이.

끝없이 접히고 펼쳐지는 회로들

생명체에서 일어나는 화학적 반응들은 열역학적 법칙에 따른다고(더 정확히 말해, 이용한다고) 가정된다. 예컨대 가장 기초적인 반응 중 하나인 글루코스(포도당)의 산화작용을 들 수 있다. 일상적인 개념으로 하면 호흡이다.

$$C_6H_{12}O_6(s) + 6O_6(g) \rightarrow 6CO_6(g) + 6H_2O(l)$$

이 반응은 우리 몸속에서 음식물을 에너지로 바꾸는 대표적인 과정들 중 하나이다. 포도당 1몰(180.15g)이 산화되면 −2799kJ/mol의 엔탈피 변화가 발생한다. 2799kJ의 에너지가 발생하는 것이다. 이것은 상당량의 에너지이다. 인체 자체가 거대한 에너지원인 것이다.

식물들이 이산화탄소와 물 그리고 빛 에너지로부터 포도당을 만들어내는 과정이 광합성이다. 화학식은 다음과 같다.

$$6CO_2(g) + 6H_2O(l) \rightarrow C_6H_{12}O_6(s) + 6O_6(g)$$

광합성은 포도당의 산화와 반대의 과정으로 이루어진다. 포도당이 산화되어 물과 이산화탄소로 화하는 과정의 반대가 이산화탄소와 물로 포도당과 산소를 만들어내는 과정이다. 식물은 이산화탄소로 포도당과 산소를 만들어낸다. 동물은 이 포도당과 산소를 섭취해서 자신의 에너지원으로 삼는다. 그리고 식물이 필요로 하는 이산화탄소를 배출한다(물론 식물도 일정 부분 호흡한다). 상생의 관계이지만 동물이 식물에 크게 빚지고 있다 하겠다.

여기에서 산소가 CO_2에서 생길까 아니면 H_2O에서 생길까 하는 물음이 생긴다. 화학식만 보면 얼핏 CO_2에서 생길 법하지만 현재까지의 연구에 따르면 사실은 H_2O에서 생겨난다. 이 과정에서 NADP(니코틴 아미드아데닌 이인산)가 중요한 역할을 한다. 식물이 물을 빨아올리면 엽록체 내에 존재하는 NADP가 그것을 산소와 수소로 분리해서 산소는 내보내고 자신은 $NADPH_2$로 화한다.

식물이 빨아들인 이산화탄소는 탄소와 산소로 갈라져 탄소는 탄소 화합물을 만드는 데 쓰이고 산소는 NADP가 만들어낸 수소 화합물을 매개로 해서 물로 화한다.

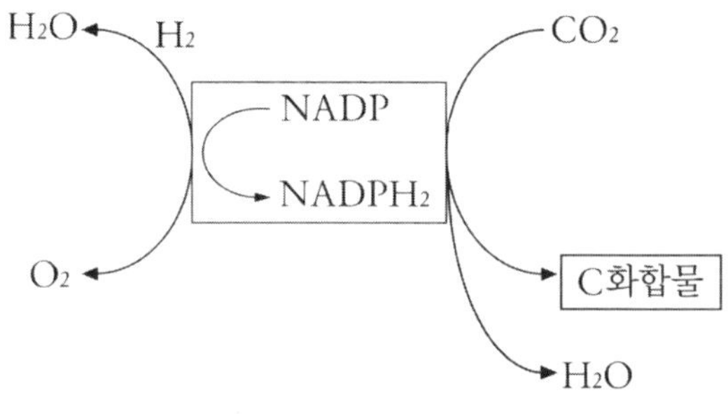

이 회로가 생명체가 가동하는 회로들의 전형적인 예들 중 하나이다. 그러나 이런 회로들은 단독으로 움직이는 것이 아니다. 거대하고 복잡하기 짝이 없는 회로 집합체들의 한 고리를 맡고 있을 뿐이다. 탄

소가 포도당으로, 나아가 녹말로 화하는 과정은 '캘빈 회로'를 형성한다. C_2가 PGA(포스포글리세르산)를 거쳐—C_2에 이산화탄소의 탄소가 들어가 C_3 물질인 PGA가 된다—C_6 물질이 되는 것이다. 물론 이 과정에서도 여러 다른 고리들이 함께 작동한다.

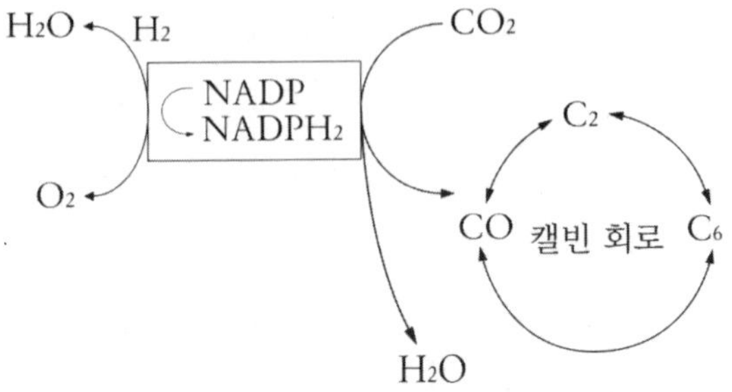

$$6CO_2 + 12H_2O \rightarrow C_6H_{12}O_6 + 6O_2 + 6H_2O$$

포도당($C_6H_{12}O_6$)은 광합성을 통해 만들어지는 가장 기본적인 당이다. 포도당이 두 개 이어진 것이 맥아당이고, 여섯 개가 결합하면 덱스트린이 된다. 그리고 300~1,000개가 길게 이어지면 녹말이 되고, 그 이상으로 훨씬 많이 결합되면 셀룰로오스가 된다. 당이 이렇게 길게 늘어선 물질들을 다당류多糖類라 부른다. 또 포도당과 과당이 결합하면 자당이 되고, 갈락토오스와 결합하면 젖당이 된다. 포도당, 과당, 갈락토오스가 결합하면 라피노오스라는 3당류가 된다. 갈락토오스 두 분자와 포도당, 과당이 결합할 경우에는 4당류인 스타키요오스가 된다.

이렇게 포도당은 다른 물질과 결합해 여러 종류의 당을 만들어낸다. 이 당들은 대개 우리 몸속에서 에너지원으로 사용된다. 탄소가 척추처럼 이어지고 그 옆으로 수소, 산소 등이 붙은 이런 유형의 분자들을 고분자高分子라고 부르며, 이것은 유기화학에서 중요한 자리를 차지하는 물질이다.

녹말은 아밀라아제에 의해 분해되고 이 과정에서 만들어지는 당이 에너지원으로 활용된다. 우리는 이 과정을 거치지 않고는 생존할 수 없다. α-아밀라아제는 포도당 하나하나를 끊어내는 반면 β-아밀라아제는 포도당 두 개씩을(즉 맥아당으로) 끊어낸다. 맥아당은 다시 말타아제에 의해 포도당으로 끊어진다. 이런 식의 분해 과정을 통해서 포도당이 만들어지고 몸의 신진대사가 원활해진다. 이 모든 과정이 에너지의 과정이다. 분자들이 결합된다는 것은 에너지를 담는다는 것이고 분해된다는 것은 에너지를 방출한다는 것을 의미한다. 이것이 화학과 생물학에 함축되어 있는 근본적인 존재론이다.

분자들의 결합은 일정한 '정보'를 전제하며 이 정보는 또한 음의 엔트로피를 전제한다. 생명의 역사는 이렇게 엔트로피의 법칙에 따라 물질로 해체되어 가는 사면을 거슬러 올라가면서 새로운 정보 형식들을 창조해내 온 과정, 엔트로피를 낮추고 새로운 환경에 적응해 온 과정, 나아가 새로운 환경을 만들어 온(환경을 실체화해서는 곤란하다. 환경 개념은 생명체의 고등성과 상관적으로 이해되어야 한다) 과정, 즉 동일성을 진화시켜 온 과정이다. 생명체의 동일성은 고착화된 추상적인 동일성이 아니다. 그것은 시간이 불러오는 끝없는 차이생성 ― 시간이 존재한다는 것은 곧 차이들이 생성한다는 것이다 ― 을 헤쳐 나가면서 새로운 반복 형식들을 만들어 온 그런 동일성인 것이다.

포도당을 만드는 과정은 C, H, O를 결합해 에너지를 온축시키는 과정이고 호흡으로 에너지를 발하는 것은 C, H, O의 결합관계를 부수는 것이다. 이 해체 과정은 해당解糖 과정이다. 이때 당에 인(P)이 결합해 두 분자의 피루브산으로 분열하며 이 과정에서 ATP(아데노신 삼인산)가 생겨난다. 두 피루브산은 탄소를 하나씩 떼어내고 C_2 물질이 되었다가 C_4 물질인 옥살 빙초산에 흡수되어 C_6 물질인 시트르산(구연산)이 된다. 그리고 이 시트르산은 시스-아코니틴산(C_6), 이소-시트르산(C_6)을 거쳐 옥살숙신산(CC_6)이 된다. 옥살숙신산은 산화되어 이산화탄소를 방출하며 C_5 물질은 α-케토글루타르산이 된다. 이 α-케토글루타르산은 산화되어 이산화탄소를 방출하고 차례로 C_4 물질인 푸마르산, 말산, 옥살빙초산이 된다. 옥살빙초산은 다시 피루브산에서 생겨났던 C_2 물질과 결합해 시트르산으로 화한다('TCA 회로' 또는 '크렙스 회로'). 이 과정에서 다량의 ATP 분자들이 생겨나는 것이다.

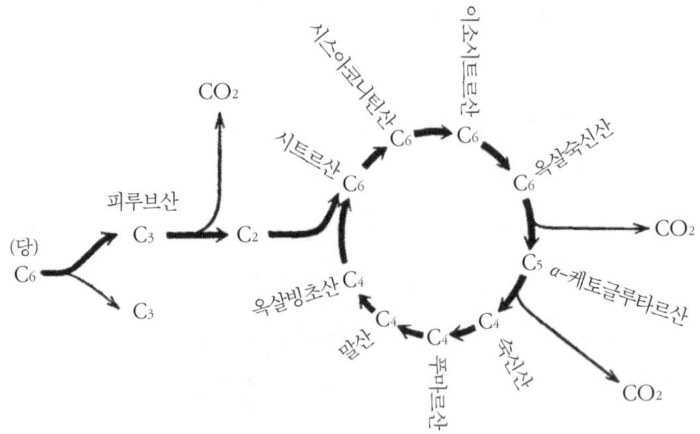

ATP에서 인이 한 개 떨어져나가면 ADP(아데노신 이인산)가 된다. $ATP + H_2O \leftrightarrow ADP + P$. 여기에서 P는 $H_2PO_4^-$, HPO_4^{2-}, PO_4^{3-}

등 여러 종류의 무기 인 이온들을 대표한다. 이때 12,000칼로리의 에너지가 방출된다. 그리고 ADP에서 다시 인이 하나 떨어져 나가면서 AMP(아데노신 단인산)가 될 때 3,000칼로리의 에너지가 방출된다. 이 점에서 ATP와 ADP는 우리 몸속에서 일종의 에너지 저장소와도 같은 역할을 한다 하겠다(이런 분해가 불완전하게 일어나면 발효 현상이 생겨난다. 알코올, 젖산, 프로피온산 등은 이런 과정에서 만들어지는 물질들이다. 숯이나 술 등은 이런 현상을 이용해 일부러 불완전 연소시킴으로써 만들어낸 것들이다).

생명체의 화학 회로에서 가장 대표적인 것들 중 하나인 광합성(과 그 역과정인 호흡)을 이야기했는데, 이런 회로들이 무수한 이심원들을 그리면서 하나의 생명체를 떠받치고 있다는 것을 생각하면 놀라지 않을 수가 없다. 더구나 지금까지의 설명은 충분한 설명이 아니라 기본적인 구조만 엉성하게 설명한 것이다. 완벽한 설명은 불가능할 것이다. 비행기 산업에 종사하는 어떤 사람으로부터 그 누구도 비행기 전체를 알지는 못한다는 말을 들은 적이 있다. 자기가 맡은 부분들만 알고 나중에 그것들을 조립한다는 것이다. 그러나 생명체의 이심원들과 그 조립은 비행기의 그것에 비할 바가 아니다. 사변적인 생명철학으로 돌아가지 않아도(사변적인 생명철학은 정치적으로 악용된 적이 많기 때문에 주의해야 한다) 생명의 이 놀라운 복잡성과 단순성 앞에서 거의 신비에 가까운 감정을 느끼게 된다. 어떤 사람들이 오해하는 것처럼 생명을 과학적으로 연구할 때 그것이 탈신비화되는 것이 아니다. 과학적 연구가 깊어지면 깊어질수록 우리는 그 앞에서 경외심에 젖게 된다.

생명체의 동일성을 형성하는 무수한 회로들은 거대한 회로들의 이심원들일 뿐 아니라 각 회로 내에 계속 접혀 있는 주름들이기도 하다. 한 회로의 한 공정은 다시 하나의 회로를 이루고 그 작은 회로의 한 공정은 다시 하나의 회로를 이룬다. 이렇게 회로 안에 다시 회로가 무수히 접혀 있는 주름들의 두께, 이 두께가 생명체의 복잡함과 깊이를 형성하고 있는 것이다. 상대적으로 큰 회로들은 상대적으로 작은 회로들을 접고 있으며, 작은 회로들은 펼쳐지면서 큰 회로들을 이룬다. **접힘과 펼쳐짐**의 놀이가 생명체의 동일성을 떠받치고 있는 것이다. 따라서 이 동일성은 정적인 동일성이 아니라 극히 입체적이고 역동적인 동일성이다. 그리고 더 핵심적인 것은 이 동일성은 시간을 초월해 있는 동일성이 아니라 시간 속에서 스스로를 계속 수선해 나가는 동일성이라는 점이다.

진화의 과정이란 결국 생명체들이 시간에 처해서, 차이생성에 처해서 스스로의 동일성을 계속 바꾸어 나간 역사 이외의 것이 아니다. 그리고 그 성과들을 가장 단적으로 보여주는 것이 바로 생명체의 회로들이다. 무한히 입체적으로 주름 접힌 회로들, 접힘과 펼쳐짐의 역동적인 운동을 통해 생명체를 떠받치는 그 아름다운 회로들.

계급투쟁의 역사와 정치경제학

1980년에 나는 학부 2학년생이었다. 박정희 정권의 몰락과 전두환-노태우의 신군부 세력의 등장이 있었고 학생들의 격렬한 저항이 있었다. 대학은 학문의 전당이라기보다는 시위의 전당이었다. 교문 앞에서 시위하다가 이른바 "지랄탄"이 터지면 뒤로 빠져서 달아났다가 다시 교문으로 달려가는 일이 반복되었다. 봄에 대규모 투쟁이 일어났고 그 후 휴교령이 내려졌다. 캠퍼스 곳곳에 전경들이 진을 치고 있어 학교에는 아예 갈 생각도 못했다. 이런 와중에 계급투쟁으로서의 역사에 눈뜨게 되었다.

한국 현대사를 공부하면서 믿기지 않는 그 수많은 사실史實들 앞에서 경악했다. 삶이라는 것 자체가 너무 힘겹게 다가왔다. 나는 늘 역사를 좋아했고 또 열심히 공부했다. 역사 시험은 거의 다 만점에 가까운 점수를 받곤 했다. 그러나 내가 공부했던 역사는 진짜 역사가 아니었다. 사실 고등학생의 눈에도 현대(특히 해방 후)에만 이르면 모든 것이 다 잘되어 가는 것처럼 서술된 국사 교과서가 잘 믿기지 않았다. 또, 이런저런 경로를 통해 한국 현대사의 문제점들을 듣지 않은 것도 아니었다. 그러나 본격적으로 역사를 공부하면서 인간이라는 존재에 대해, 사회라는 것에 대해 전혀 다른 눈을 가지게 되었고 그 후 실제 우리의 역사란 어떤 것인가를 체험하게 되었다. 이런 체험에 내 사유에 어떤 근본적인 각인을 만들어낸 것 같다.

당시 이런 현실과 연관된 공부를 하는 것을 "사회과학 한다"고 표현하곤 했다. 사회과학 서적들이 음으로 양으로 엄청나게 쏟아져 나왔다. 내 책장에도 이런 책들이 가득 꽂혀 있었다. 그런데 언제부터인가(1990년대에 들어와서) 그런 책들을 보지 않게 되었고, 고단한 강사 생활 시절 거의 매년, 심할 때는 일 년에 세 번씩 이사를 다니면서 그 많던 책들이 하나둘 사라져버렸다. 지금 내가 가지고 있는 역사책들과 사회과학 서적들은 그 수난을 겪으면서 용케 살아남은 정예병들이다.

이런 책들을 다시 보기 시작한 것은 얼마 전부터이다. 왜일까? 그 핵심적인 이유는 경제 공부에 대한 필요성 때문이다. 경제학을 본격적으로 공부해야겠다는 마음을 먹은 후에 거의 10년 넘게 보지 않던 옛날 책들을 다시 펴보게 되었다. 현대 사회를 보다 심도 있게 해명해 나가기 위해서는 경제학 이해를 좀 더 보강해야 하겠다고 생각했기 때문이다.

역사학과 사회과학

역사학과 사회과학은 맞물려 있다. 사회과학은 사회 현상을 모델화해 그 법칙성을 탐구한다. 그러나 사회 현상이라는 것이 자연 현상처럼 균일하지는 않다. 시간의 지배는 자연 현상보다는 사회 현상에 훨씬 더 크게 작용하기 때문이다. 뉴턴 역학은 지금도 거시 수준에서는 거의 보편적으로 적용된다. 그러나 모든 사회에 보편적으로 적용되는 사회 이론은 지금까지 없었으며 앞으로도 없을 것이다. 문화적 다양성이라는 공간적 측면에서도 그렇고 시간에 따른 변화라는 측면에서도 그렇다. 이 점에서 사회과학에서의 견고한 이론을 만드는 것은 만만치 않은 작업이다. 이와 대조적으로 역사학은 일단은 우연적인 과정들을 다룬다. 역사는 사건들로 점철되어 있으며 사건들이란 자연과학에서의 '경우들'과는 다른 존재론적 위상을 가진다. 자연과학에서의 '경우들'이란 한 함수의 함수값, 어떤 법칙의 실현태일 뿐이지만, 역사학에서의 사건들이란 발생, 일어남, 도래함 자체이기 때문이다.

물론 역사학자들은 그런 사건들을 추수해서 그 원인, 경과, 결과를 따지고 인과관계를 파악한다. 그러나 그것은 사후적 정리정돈이며 역사에서의 사건들은 존재론적으로는 일단 우연의 성격을 띤다고 보아야 한다.

그래서 사회과학의 이론은 이런 사건들의 다양성을 소화하지 못한다는 점에서 자칫 공허한 틀에 그칠 수가 있고, 반면 역사학은 '과학'이 될 수 없다는 한계를 안게 된다(물론 꼭 과학이 되어야 할 필요는 없다. 역사는 궁극적으로는 인문학이기 때문이다). 사회과학과 역사학이 상보적이어야 하는 것은 이 때문이다. 앞에서 말한 틀로 하면, 사회과학은 일반 담론이고 역사학은 구체 담론이다. 역사는 세계에 도래하는 차이들을 그것들 자체로서 추수한다. 사회과학은 그런 차이생성에서 반복되는 면을 포착한다. 즉, 사회과학은 세계의 보편적 법칙성이 아니라 사건들에 있어 반복되는 규칙성을 포착하는 담론이다. 사회과학은 역사의 단면들—반복된다는 점에서 중요한 단면들—을 파악하고 역사는 시간 속에서의 차이생성을 세밀하게 파악한다. 사회과학 없는 역사는 맹목적이고 역사 없는 사회과학은 공허하다. 역사는 사회과학적 방법을 도입할 때 과학적 성격을 띠게 되고 사회과학은 역사적 방법을 도입할 때 인문학적 측면을 보완할 수 있다.

자본주의 성립의 문제

1980년대에 대부분의 젊은이가 그랬듯이 나도 마르크스주의 역사학과 정치경제학을 공부했다. 그러나 대학 시절에는 원전들을 접하기가 어려웠고 또 읽을 능력도 없었기에, 당시 서점들(이른바 "사회과학 서점들")을 가득 메웠던 마르크스주의 계통의 입문서들, 개론서들을 많이 읽었다. 그러나 개론서, 입문서, 해설서 등은 결국 기억에서 사라지는 것 같다. 어떤 책을 '원전'으로 간주할 수 있게 해 주는 날카로운 기준이 있는 것은 아니지만 결국 뇌리에 남는 것은 이른바 '원전'들이다. 시간이 어느 정도 지나서 대학원에 들어가 본격적인 공부를 시작한 후에야 보다 심도 있는 독서를 하게 되었다.

당시 읽었던 책들은 대개 정치경제학을 다룬 책들이었다. 즉, 마르크스주의 입장에서 쓴 사회과학서들이었다. 주류 경제학의 가격 결정 이론은 '완전 경쟁 시장'이라는 모델을 전제로 한다. 주류 경제학은 자연과학의 사고 모델을 가지고서 경제 현상을 수치화하고 함수화하는 데 몰두한다. 그러나 마르크스는 사유를 역사적 실제에 굳게 뿌리내릴 것을 강조한다. 예컨대 그는 18세기 사회사상에서의 '개인'의 개념은 "역사적으로 성립된 것으로서가 아니라 자연에 의해 주어진 개인으로서 아른거리고 있다"고 말한다.(『정치경제학 비판 요강』) 마르크스는 우리에게 철저하게 역사적 지평에서 사유할 것을 강조하고 있고 그가 생각한 역사는 계급투쟁의 역사이다. 이 점에서 주류 경제학과 마르크스주의 정치경제학의 차이는 사실 경제학 내적인 것이 아니다. 그것은 경제학이라는 개념 자체에 있어서의 차이인 것이다.

바로 이런 맥락에서 접했던 여러 논의들 중 흥미로웠던 문제는 자본주의의 발생 문제였다. 이른바 '이행 논쟁'으로 불린 이 논쟁이 흥미로운 이유는 정치경제학이란 결국 자본주의를 설명하는 담론이고 때문에 그 발생에 관심이 갈 수밖에 없기 때문이다. 그때 읽었던 책으로는 모리스 돕 등이 쓴 『자본주의 이행 논쟁』이 기억에 남는다. 아울러 막스 베버의 잘 알려진 책인 『프로테스탄티즘의 윤리와 자본주의』 또한 흥미로웠다. 돕의 책은 주로 경제에 초점을 맞추고 있고 베버의 책은 종교에 초점을 맞추고 있다는 점에서 비교가 된다(베버가 '막스 베버'여서 '마르크스'와 '막스'를 구별하지 못한 공안 요원들이 그의 책까지 수거해 갔다는 웃지 못할 이야기가 있다).

이 발생의 문제에서 여러 계열들의 교차라는 문제는 중요하다. 예컨대 원시 축적이 있었고 인클로저 운동으로 인한 산업예비군의 형성이 있었다 해도, 그 두 계열이 만나지 않았다면 자본주의의 형성은 쉽지 않았을 것이다. 또, 17세기의 절대왕정이 도시의 성벽들을 허물고 전국 규모의 유통망을 깔지 않았다면 자본주의가 원활히 형성될 수 있었을까? 물론 이런 이유들 외에도 수많은 역사적 계열들의 교차로에서 근대 자본주의가 형성되었음에 틀림없다.

이 이유들 중 잘 지적되지 않는 것으로서 공간의 문제도 빼놓을 수 없다. 아리스토텔레스 장소론에서 데카르트 공간론으로의 변환은 심대한 의미를 함축한다. 사물의 '자연적인' 장소로부터 그것의 좌표로 기능하는 완전히 텅 빈 공간으로의 변환은 사물을 바라보는 눈을 근본적으로 바꾸어 놓았다. 사물이 완벽하게 화폐화되고 등질공간에 투사되어 양적인 비교의 대상이 된 데에는 이런 인식론적 전환이 배경으로 깔려 있다. 우리가 생각하는 것 훨씬 이상으로 데카르트의 기계론은 서구 근대 문화의 저변에 끈질기게 흐르고 있는 것이다.

이름이 기억나지 않지만 한 일본 경제학자가 쓴 작은 책자를 읽은 적이 있다. 이 책이 내 기억에 선명히 남아 있는 이유는 이 책의 내용이 사회라는 것, 경제 현상이라는 것을 완벽하게 수학적 체계로 설명하고 있었기 때문이다. 사회를 구성하는 다른 측면들을 완전히 배제하고 그것을 극단적인 추상공간으로 환원해 수학적으로 설명하고 있었다. 현대 물리학자가 한 사물의 의미나 기능, 장소는 물론이고 그 색, 맛까지 모두 추상해내고 오로지 그 양적 측면들, 함수적 측면들에만 주목하는 것과 같은 방식이었다.

사실 마르크스의 자본주의 분석은 상당 부분 이런 성격을 띤다. 산업자본의 경우 화폐(G)가 투자되어 상품(W)이 만들어지고 이것이 다시 화폐가 된다. 고전적인 방정식은 다음과 같다. G → W(= Pm+A) → P → W → G′. 여기에서 Pm은 생산수단, A는 노동력, P는 생산 과정을 가리킨다. 상업자본의 경우에는 화폐가 상품을 매개해 증식한다. G → W → G′. 그러나 금융자본의 경우 화폐는 자기지시적으로 증가한다. G → G′.

그런데 이런 탐구 방법은 사회를 전적으로 화폐의 측면에서 보는 데에서부터 시작한다. 자본주의 사회에서 모든 것은 화폐로 전환된다. 물은 이미 전환되었고 어느 날엔가는 공기도 전환될지 모르겠다. 그리고 우리는 그 양적 크기들 사이의 함수관계를 추적해낼 수 있다. 그럴 경우 사회와 경제 현상은 수학적 함수들의 체계로 인식된다. 이것은 사물들이 데카르트적 공간('res extensa'의 공간)으로 환원되어 설명되는 것과 유사하다. 나는 이런 시도를 비판적으로 보았지만, 다른 한편 무척 인상 깊기도 했다.

자본주의는 이렇게 여러 요인, 여러 역사적 갈래들이 교차함으로써 성립했다. 자본주의 성립사는 지금 우리의 삶을 구성하는 중요한 요인들 중 하나이기에 여전히 중요한 문제로 생각된다.

기업의 경제학과 노동자들의 경제학

마르크스의 전기 저작들이 철학적-윤리적 성격을 띠고 있다면, 후기 저작들은 자본주의에 대한 사회과학적 분석에 치중하고 있다. 『자본』은 그 결정판이며 특히 '잉여가치' 개념은 그의 경제학 전체를 이해하는 데 핵심이다. 『자본』을 읽음으로써 우리는 우리가 살고 있는 자본주의 사회에 대한 가장 기초적인 인식을 얻을 수 있다. 학부생 시절 접했던 그 많던 해설서들의 상당수가 『자본』을 다룬 책들이었다. 실제 이 책을 직접 읽게 된 것은 한참 후의 일이다.

마르크스주의 경제학에서 생산양식은 핵심적인 위치를 차지한다. 이 개념이 마르크스주의에서 역사가 차지하는 위상, 계급투쟁의 개념, 경제적 차원의 중요성 등을 모두 압축하고 있기 때문이다. 생산양식은 생산력과 생산관계를 함께 고려할 때 성립하며 생산력은 노동력과 생산수단을 함께 고려할 때 성립한다.

생산양식 = 생산력(노동력 + 생산수단) + 생산관계

생산양식은 역사를 통해서 변화한다. 그 변화의 요인들은 물론 노동력, 생산수단, 생산관계이다. 여기에서 생산관계는 바로 계급투쟁의 장소가 되며, 자본주의 사회에서는 생산수단을 소유하는 부르주아 계급과 노동력을 소유하는 노동자 계급의 관계로 파악된다. 따라서 생산관계는 변증법적 사유의 핵심 대상이 된다. 마르크스주의 경제학은 이렇게 경제를 역사의 한 추진력으로 본다는 점, 계급투쟁이 함축하는 모순에 대한 변증법적 사유를 행한다는 점에서 인간의 이기성과 합리성에 근거한 추상적 사유 모델과 (헴펠 등이 말하는) 가설-연역적 방법 및 함수적 관계들의 발견을 중시하는 주류 경제학과는 근본적으로 다른 접근법을 취한다.

주류 경제학이 인간과 인간의 관계에 비교적 소홀하고 오로지 경제적 측면에만 주목한다면, 마르크스주의 경제학은 경제학 자체로서 고립되어 있는 것이 아니라 역사학, 윤리학, 정치학 등과 결합해서 마르크스주의 철학이라는 보다 거대한 사유체계의 한 고리를 형성한다. 바로 이 때문에 주류 경제학과 마르크스주의 경제학을 같은 지평에 놓고서 비교하기가 쉽지 않다.

주류 경제학의 핵심 개념은 수요와 공급이다. 고등학교 때 우리가 배우는 경제학이 바로 이 경제학이다. 이 경제학은 자연과학적 인식 방법을 모델로 한다. 갈릴레오는 진공 상태 및 마찰이 없는 바닥을 가정하고 역학적 법칙을 세운 후, 거기에 실제 현실에서 고려해야 할 변수들을 부가해서 물체의 운동을 위한 함수를 세웠다. 이런 인식 방법은 근대 과학의 인식론에 지대한 영향을 끼치게 되고 주류 경제학 역시 이런 방법을 구사한다. 주류 경제학이 우선 전제하는 '완전 경쟁시장'의 모델이 그것이다. 이 시장에서 이기성과 합리성을 본질로 하는 개인들이 수요와 공급의 법칙에 따라 물건을 사고 판다. 이기적이고 합리적인 개인은 자유주의 정치철학이 생각하는 개인이기도 하고 그래서 우리는 자유주의 정치철학과 주류 경제학이 맞물려 있음을 간파하게 된다.

경제학이 자본주의의 학문이라는 점은 주류 경제학의 욕망론에서 확인할 수 있다. 주류 경제학은 탈역사적 공간에서 어떤 보편 법칙을 이야기한다고 말하지만(이는 정치경제학을 명확히 자본주의에 대한 학문으로 보는 마르크스와 대조적이다), 그 욕망론 자체가 자본주의 사회를 전제하고 있는 것이다(피에르 클라스트르의 저작들은 미개 사회에서의 욕망이 현대인의 욕망과 얼마나 다른 것이었나를 보여준다). 인간의 욕망 특히 경제적 행위에서의 욕망을 총효용의 극대화에서 찾는 관점은 '거욕'去欲을 이상으로 삼았던 전통 철학의 관점과 얼마나 대조적인가! 따라서 우리는 '경제학'을 어디까지나 자본주의 경제학으로 이해해야 한다. 주어진 소득을 가지고서 '파레토 개선'을 통해서 최대의 효율을 추구하는 것을 합리성으로 보는 주류 경제학의 방법은 바로 근대 부르주아(시민) 계급을 모델로 하고 있다('파레토 개선'이란 '한계효용 체감의 법칙'에 입각해 주어진 소득으로 가장 합리적인 소비 방식을 찾아가는 방법이다). 무차별 곡선 이론이 이야기하는 '한계대체율 체감의 법칙'(한 재화를 많이 가지고 있을수록 그것의 한계대체율—그것과 대체할 수 있는 다른 재화의 양—에 대한 주관적 가치는 감소한다는 법칙)을 비롯한 여러 개념들도 마찬가지의 욕망론에 기대고 있다. 나는 늘 주류 경제학이 전제하는 욕망론이 너무 단순한 것은 아닌가 하는 생각을 가지고 있었다. 어느 대목에서는 잘 들어맞기도 하지만, 인간이라는 존재 그리고 실제 역사를 분석하기에는 너무 추상적인 모델이라는 생각을 금할 수 없었던 것이다.

주류 경제학의 기초는 수요와 공급의 개념을 기반으로 가격 결정의 이론을 창출하는 것이다. 수요 이론은 가격과 수요의 상관성에 초점이 맞추어진다. 수요량의 변화와 가격 변화의 비율인 '가격 탄력성' 개념의 활용이라든가 가격이 일정한데도 수요가 변하는 경우들에 대한 추적을 비롯한 여러 기법들을 동원해 가격과 수요의 상관성을 탐구한다. 또, 수요 이론과 쌍을 이루는 공급 이론 역시 '생산성 지표'라든가 '한계 생산' 등의 개념에 기초해서 가격과 공급의 상관성을 파악한다. 주류 경제학이 기업을 위한 경제학, 자본주의를 위한 경제학이라는 것은 공급 이론에서 두드러지게 나타난다. 예컨대 한계 생산이란 노동의 투입량이 전체 총생산량에 기여하는 정도, 다른 생산 요소들을 고정시켰을 때의 노동량 변화가 가져오는 변화의 정도를 뜻한다. 우리는 이런 사고가 열역학적 사고와 유사하다는 것을 어렵지 않게 알 수 있다. 이렇게 주류 사회과학은 자연과학을 모델로 삼고자 하며 바로 여기에 근본적인 문제가 있다. 그리고 이런 식의 사고가 노동자들의 입장이 아니라 철저하게 기업의 입장에서 성립하는 경제학이라는 사실도 눈치챌 수 있다. 이익을 최우선으로 하는 기업의 욕망을 뒷받침하는 것을 경제학의 지상 과제로 삼고 있는 것이다.

주류 경제학과는 달리 마르크스주의 경제학은 노동자들의 관점에서 성립한 경제학이다. 마르크스주의 경제학의 주체는 기업이 아니라 노동자이다. 주류 경제학이 최소의 비용으로 최대의 이익을 얻으려는 부르주아 계급의 욕망을 대변한다면, 마르크스주의 경제학은 자본에 짓눌리는 노동자가 겪는 모순에서 시작한다. 헤겔에게서 모순은 형상철학에서처럼 막다른 골목이 아니라 세계를 움직이는 원동력이다. 마르크스주의 역시 헤겔적 변증법에 입각해 사회적 모순과 그 역동적 운동에 주안점을 둔다. 그래서 모든 논의의 출발점에는 노동 개념이 놓인다.

마르크스는 사용가치와 교환가치 사이에 존재하는 모순을 강조하며, 그러한 모순 밑에는 더 근본적인 모순 즉 구체적 노동과 추상적 노동 사이의 모순이 존재함을 밝힌다. 자본주의 경제가 발달해서 상품의 종류가 계속 증가하면 교환가치의 비중이 점점 커진다. 오늘날 우리는 자신이 사용하기 위해 어떤 물품을 스스로 제작하는 경우는 거의 없는 시대를 살고 있다. 물론 이런 상황을 가능케 한 것은 모든 상품들의 등가물인 단 하나의 상품 즉 화폐이다.

마르크스는 교환가치와 그 화폐적 표현인 가격에 중점을 두고서 논의를 전개하고 상품의 교환가치가 그것에 응결된 노동의 비율과 일치하는 단순 상품 생산의 상황을 모델로 논의를 전개한다. 여러 가지 단순하고 이상적인 상황을 설정하고 있는 이 모델은 마르크스주의 경제학도 그 과학적 측면에서는 갈릴레오의 모델을 따르고 있다는 사실을 보여준다. 이 점에서는 마르크스주의 경제학 역시 근대성 및 과학적 사고라는 테두리 내에 있다고 할 수 있다.

하지만 마르크스의 궁극적 관심은 그 아래에 깔려 있는 사람과 사람의 관계이다. 교환의 추상적이고 양적인 관계만이 아니라 그 아래에 깔려 있는 사회적 관계와 역사적 맥락을 망각한다면 그것은 더 이상 마르크스주의 경제학이 아닐 것이다.

잉여가치의 문제

마르크스주의 경제학의 출발점은 역사적으로 도래한 생산양식으로서의 자본주의이다. 자본주의 사회에서는 자신이 사용할 물품을 직접 만드는 경우는 극히 드물다. 자본가들은 팔기 위해서 상품을 만들고 노동자들은 임금을 벌기 위해서 노동한다. 생산자들끼리의 교환관계가 아니라 자본-노동 간의 관계가 자본주의의 초석인 것이다. 자본가는 생산수단을 가지고 있고 노동자는 노동력을 가지고 있다. 따라서 논의의 출발점은 계급이다. 노동자들의 노동은 이제 상품이 되며 시장의 변동에 따라 움직이게 된다. 산업자본주의는 자본의 집중과 노동력의 집중, 거기에 결정적으로 산업혁명을 통한 생산의 기계화 등이 결합되어 탄생했으며, 이로써 대량 생산 사회가 도래했다. 사유재산 제도는 노동자와 자본가를 굳게 묶어 두는 역할을 하며, 때문에 노동자들은 자신들의 유일한 재산인 육체를 팔아서 생계를 유지해야 한다. 자본가와 노동자는 당당하게 서로 '계약'을 하지만 사실상 노동자는 자신의 유일한 재산인 노동력을 자본가에게 맡기는 결과에 직면한다. 과거의 귀족-천민 간의 신분적 구분이 자본주의 사회에서는 자본가-노동자의 계급 분화와 계약관계로 변환되는 것이다.

기업의 입장에서 볼 때 G-W-G′에 있어 G′는 G보다 커야 한다. 여기에서 $G' - G$가 마르크스주의 경제학에서 중요한 위치를 점하는 '잉여가치'이다. '자본'이란 결국 잉여가치를 창출할 수 있는 돈이다. 잉여가치는 잉여노동에서 나온다는 것이 마르크스의 기본 관점이다. 자본가들은 노동자들로 하여금 필요 노동(자신의 생존을 위해 필요한 노동) 이상의 노동을 시키고 그로부터 잉여가치를 얻어낸다는 것이다. 이것을 마르크스는 '착취'라고 부른다. 중요한 것은 이 착취는 쉽게 나타나지 않는다는 사실이다. 착취를 인식하려면 현상을 넘어 자본주의를 작동시키고 있는 근본 메커니즘에 도달해야 한다. 마르크스가 한 일은 바로 이 근본 메커니즘을 드러낸 것이다. 자본주의 사회에서 자본가와 노동자는 어디까지나 자유로운 계약관계를 맺고 있다.

그러나 사실은 그렇게 보이기만 할 뿐이다. 자본가는 노동자에게 잉여노동을 강요하고 그로부터 잉여가치를 착취한다. 이 메커니즘을 밝힌 것이 『자본』의 핵심 과제들 중 하나이다.

마르크스는 잉여가치의 원천은 노동에 있음을 역설한다(이것은 매우 복잡한 논의를 필요로 하는 대목이다). 자본주의 사회에서 노동자들의 노동력은 상품이 된다. 인간의 생명이나 의지를 비롯한 형이상학적 가치들은 여기에서는 설 자리가 없다. 노동자들의 노동력은 철저하게 상품 생산의 회로 속에서 잉여가치의 창출 도구로서 계산된다. 그래서 노동력에도 시장가격이 적용되며 이 시장가격은 대개 '최소 생활비'를 기준으로 해서 책정된다. 마르크스의 핵심 주장은 자본가가 노동력에서 이끌어내는 사용가치(잉여 생산물을 생산해낼 수 있는 능력)와 그 결과 발생한, 시장가격, 교환가치로 구체화되는 잉여가치 사이에는 필연적으로 어떤 차이가 있다는 것이다. 상품의 가치는 그것의 제작에 투입된 노동에 의해 결정된다. 노동에는 죽은 노동과 산 노동이 있다. 죽은 노동이란 과거의 노동을 말하고 산 노동이란 현재의 노동을 말한다. 과거 노동에 투입된 자본은 불변 자본이고 현대 노동에 투입된 자본은 가변 자본이다. 그래서 다음 관계가 성립한다.

상품의 가치 = 죽은 노동 + 산 노동

산 노동은 최소 생활비를 위한 노동과 잉여노동을 포함한다. 그래서 이 관계는 다음과 같이 쓸 수 있다.

상품의 가치 = 죽은 노동 + 필요 노동 + 잉여노동

그러나 잉여노동을 통한 잉여 생산물이 가져다주는 이익은 자본가에게 돌아간다. 노동자는 '소외'된다. 자본가의 입장에서 보면 죽은 노동은 불변 자본과, 필요 노동은 가변 자본과 같다. 그래서 다음 공식이 성립한다.

상품의 가치 = 불변 자본 + 가변 자본 + 잉여가치

마르크스가 규정한 중요한 한 개념은 잉여가치율이다. 잉여가치율은 잉여가치가 가변 자본에 대해 가지는 비율이다.

$$\text{잉여가치율} = \frac{\text{잉여가치}}{\text{가변자본}}$$

이와 더불어 또 하나의 핵심적인 개념은 착취율이다. 착취율은 노동자가 자신의 생계를 위해 일한 노동(편의상 '지불 노동'이라 하자)과 여분의 노동 즉 자본가에게 해 준 잉여노동의 비율이다. 잉여가치율과 착취율은 사실상 같은 개념이다. 이것은 수식으로 증명된다. 마르크스는 이 잉여가치율과 착취율의 개념을 통해서 자본주의 사회에서의 자본가에 의한 노동자의 착취가 어떤 메커니즘을 통해 발생하는가를 과학적으로 증명하고자 한 것이다.

주류 경제학의 출발점이 기업의 이익 창출이라면 『자본』으로 대변되는 마르크스주의 경제학의 출발점은 노동자들의 노동이다. 말하자면 주류 경제학과 마르크스주의 경제학은 한 사태를 파악하는 데 있어 '주체'를 서로 반대로 정립하고 있는 것이다. 철학적-도덕적 정당성을 가지는 것은 마르크스주의 경제학이다. 그러나 주류 경제학이 개발해낸 분석 도구들도 일정한 범위와 맥락에서는 설득력이 있다. 주류 경제학이 원천적 한계가 있는 것도 사실이지만, 마르크스주의 경제학으로 오늘날의 경제 현상을 온전히 파악할 수 있다는 생각에도 또한 한계가 있다. 애초에 마르크스주의를 경제학이라는 과학으로 좁혀 이해하는 것 자체가 그것을 왜곡하는 것이다. 마르크스 자신의 생각과는 달리, 마르크스주의는 그 근저에 윤리적 맥락을 깔고 있는 것이다. 자본가 중심의 경제학과 노동자 중심의 경제학 사이에서 선택을 하는 것 자체가 이미 윤리적 문제인 것이다. 오늘날의 경제학자들이 깨달아야 할 가장 일차적인 사실은 '經濟'란 애초부터 윤리적이고 정치적인 문제라는 점이다. 주류 경제학의 과학적 성과들도 부지런히 흡수하면서 마르크스주의의 본래적인 윤리적 성격을 잃지 않을 때 과학적인 동시에 윤리적인 경제학을 수립할 수 있을 것이다.

제국주의에 대한 성찰

당시 내가 읽었던 책들 중 상당수는 제국주의를 다루고 있었다. 마르크스와 엥겔스 스스로가 이미 자본주의는 제국주의의 시대로 접어들었음을 밝히고 있다.

> 부르주아는 모든 국가로 하여금 부르주아 생산양식을 택하든가 아니면 멸망하든가 양자택일을 강요하며, 이른바 문명이라는 것을 받

> 아들이기를 강요한다. (…) 부르주아는 온 세상을 자기 자신의 형상에 따라 재창조하고자 한다.(『공산당 선언』)

제국주의에 관한 수많은 책들이 나와 있었지만, 원전을 번역한 경우는 그다지 많지 않았던 것 같다. 그래도 이런저런 해설서들을 읽으면서 제국주의에 대한 기본적인 이해를 닦을 수 있었다. 마르크스는 제국주의를 이윤율 저하의 경향을 막기 위한 수단으로 파악했고, 룩셈부르크는 과소 소비 이론에 기초해 판로와 원자재, 노동력의 문제를 중심으로 접근했다. 그리고 힐퍼딩은 독점 문제를 통해 접근해 자본 수출의 메커니즘을 밝히고자 했다. 종속 이론은 중심부-주변부 관계의 분석을 통해 제2차 세계대전 이후의 세계 경제질서를 분석했다.

내게 중고등학생 시절이 문학의 시대였다면, 학부생 시절은 수학과 여러 과학들(물리과학, 생명과학, 사회과학)을 배우던 시대였다. 이 때의 공부는 이후에도 내 지적 여정에 소중한 자양분이 되어 주었다. 지금은 수학에서는 '다양체' 개념이, 물리과학에서는 현대 우주론이, 생명과학의 경우에는 진화론과 생태학이, 그리고 사회과학에서는 역사와 연관되는 여러 이론들이 여전히 내 사유의 중심을 차지하고 있다. 이런 여러 과학들에 대한 소양이 없었다면 철학의 올바른 길을 찾아갈 수 없었을 것이다.

철학적 사유

10대 중엽에 언어의 세계, 사유의 세계에 눈을 뜨고서 그 세계를 호기심에 차서 돌아다녔고, 20대 초에 대학에 들어와 과학의 세계에 매혹되었던 나는 어느덧 20대 중엽이 되어 대학원에서 철학을 전공하게 되었다. 석사과정 시절(1983~1985년) 여러 종류의 사조들, 인물들, 텍스트들을 접하게 되었고, 그때 받았던 영향은 이후 내 사유에 항구적인 영향을 각인했다.

철학이라는 담론을 처음 접한 것은 학부 2학년 2학기 때이던가 오병남 교수의 미학 강의를 통해서였다. 오병남 교수의 열정적이면서도 명료한 강의가 내게 철학으로 가는 길을 소개해 주었다. 이 강의가 계기가 되어 미학을 부전공으로 공부했고 대학원도 미학과로 가려고 했으나, 오병남 교수는 우선 철학과에 갈 것을 권유하셨다. 나는 1983년 공과대학을 졸업하고 철학과 대학원에 입학했으며, 그때부터 숱한 철학 텍스트들과의 씨름이 시작되었다.

철학적 사유는 텍스트, 오로지 텍스트와 더불어 논의할 때에만

정식으로 철학적 가치를 가지는 것 같다. 여기저기 떠돌아다니는 이야기들, 무수한 개론적 저술들, 철학과 아무 상관도 없이 "철학"이라는 말을 남발하는 담론들 등을 모두 거두어내고, 이른바 '원전'이라 불리는 고전 텍스트들을 직접(가능하다면 원문으로) 읽는 것이 무엇보다 중요하다. 고전 텍스트들을 읽고 또 읽으면서 사유를 단련시킬 때에만 그 내용이 자기의 것이 되는 것이다. 그리고 그런 읽기의 경험이 곧 쓰기의 경험을 가능케 한다.

철학 텍스트를 읽다

내가 엄밀한 의미에서 철학 텍스트를 처음 읽은 것은 졸업반 시절에 역시 오병남 교수의 강의를 들으면서였다. 비트겐슈타인의 『철학 논구』와 메를로-퐁티의 「눈과 마음」이 처음으로 접한 철학 텍스트였다. 그 전에 무수한 입문서들, 통사들, 해설서들을 읽었지만, 이 두 텍스트를 읽으면서 비로소 본격적으로 철학에 입문했다고 할 수 있다.

'처음'이란 참 중요한 것이다. 어떤 경우든 처음 접한 대상—처음으로 가 본 어떤 도시, 처음 먹어 본 어떤 요리, (특정 상황에서) 처음 만난 어떤 사람 등등—은 그 경험을 한 사람에게 깊은 인상을 남긴다. 물론 이 두 텍스트를 읽기 전에 철학 텍스트들을 접하지 못한 것은 아니다. 하지만 '읽기'라고 해서 다 같은 '읽기'는 아니다. 이 두 텍스트는 내가 엄밀한 의미에서 처음으로 '읽은' 텍스트들이다. 아직 학부생 수준이어서 깊이 있게 이해하지는 못했지만, 어쨌든 이 두 텍스트는 내가 철학 텍스트를 읽는다는 것이 무엇인지를 처음 경험했던 텍스트들로서 지금까지도 기억에 남아 있다.

인문학적 사유에 접하다

『철학 논구』는 처음 읽으면 묘한 느낌이 든다. 상투적으로 생각하는 '철학 책'이라는 느낌이 들지 않기 때문이다. 예컨대 누군가가 물리학 책을 집어 들었을 때 거기에 수식과 그래프가 하나도 없다면 고개를 갸우뚱하게 될 것이다. 모든 분야가 마찬가지이지만 우리가 어떤 특정 분야의 책들에 대해 가지고 있는 일반적인 이미지가 있다. 철학 책이 띠고 있는 가장 일반적인 이미지는 고도의 추상성, 복잡한 개념들, 서술의 논리성과 정치함, 사유의 집요함 등일 것이다. 철학은 메타적인 문제들을 다룬다. 예컨대 "1 + 1"이 2인가 아니면 3인가를 다루는 것이 아니라, "2"라 답했을 때 "맞다"고 하고 "3"이라 답했을 때 "틀렸다"고 할 때 이 "맞다", "틀렸다"라는 말이 도대체 무엇을 뜻하는가를 사유하는 학문이다. 그래서 당연히 논의의 추상성이 매우 높다. 또, 그리스 시대와 춘추전국 시대, 우파니샤드 시대로부터 오늘날까지 2,500년 이상 진행되어 온 장대한 철학의 역사를 바탕에 깔고 있기 때문에, 전제되는 지식들이나 사용되는 개념들이 고도로 난해할 수밖에 없다. 이는 물론 철학사의 뒤쪽으로 갈수록 점점 심해진다. 나아가 '논변' argument을, 즉 논리적 정확성과 정치함을 생명으로 하는 담론이기 때문에 읽어 나가기가 매우 어렵다. 그리고 철학 책이 주는 궁극의 감동은 역시 사유의 깊이일 것이다. 칸트의 『순수이성 비판』, 헤겔의 『정신현상학』, 하이데거의 『존재와 시간』, 화이트헤드의 『과정과 실재』, 들뢰즈의 『차이와 반복』 같은 책들이 가장 전형적인 철학 책들일 것이다. 그러나 『철학 논구』는 우리의 이런 선입견을 뒤집는다.

이 책은 기본적으로 언어에 관한 책이다. 논의되는 문제들은 분명 언어철학의 핵심적인 문제들이다. 그러나 서술이 지극히 평이하고 또 일상언어를 사용해 논지를 펼치고 있다. 엄청나게 복잡한 공대 수학과 화학을 배웠고 또 이런저런 과학책들을 읽고 있던 내게, 처음 접했던 『철학 논구』는 영락없이 수필의 이미지로 다가왔다. 철학사를 가득 메우고 있는 전문 용어들도 거의 등장하지 않는다. 논리 전개도 얼핏 보면 그다지 치밀하지 않다(사실 이 저작은 미완성 작품이다). 그러나 내게 이 저작이 이런 이미지로 다가온 것은 그것이 그 이전의 어떤 사유들을 전제하고 있고 어떻게 그것들을 극복하려고 한 것인지 몰랐기 때문이었다. 어떤 저작의 철학사적 맥락을 모를 때 그것에 대해 오해하게 된다.

내게 이 책이 가지는 의미는 '인문학적' 사유가 무엇인지를 가르쳐 준 점에 있다. 이공계 학문에 익숙해 있던 나에게 이공계적 사유와 인문계적 사유가 얼마나 다른 것인지를 일깨워 준 책이 바로 이 책이었다. 묘하게도 비트겐슈타인 역시 공학도에서 철학도로 변신한 인물이었다. 어쩌면 비트겐슈타인의 이런 이력을 나 자신의 이력에 중첩해 보았는지도 모르겠다. 나중에 안 일이지만, 『철학 논구』가 자연과학의 논리에 중점을 두었던 『논리-철학 논고』의 극복으로서 저술되었다는 사실 또한 시사적이다. 공학에서 철학으로 관심을 돌린 후 내가 처음 본격적으로 읽은 책이 바로 이 『철학 논구』였다는 사실은 우연이지만 꽤나 의미심장한 우연이었다는 생각이 든다.

이공계 학문을 공부할 때는 언어에 대해 거의 생각하지 않는다.

사용하는 언어가 대개 정형화된 언어이고 일상어보다는 수식으로 사유하기 때문이기도 하고, 또 이미 정리된 결론들을 공부할 뿐 그 역사적 과정이나 메타적 문제들에 대해서는 거의 생각하지 않기 때문이다. 그래서 그저 하나의 단어가 하나의 대상을 가리킨다고 단순히 생각할 뿐, 언어 자체에 대해 생각할 기회는 없었다. 과학적 사유가 생각하는 언어관은 바로 비트겐슈타인이 『논리-철학 논고』에서 전개한 그런 언어관이다. 『철학 논구』는 『논리-철학 논고』에서 불투명하고 나아가 무의미하기까지 한 언어로 치부되었던 일상어가 자체의 또 다른 논리를 통해서 작동하고 있다는 점을 보여주고 있다. 따라서 이 저작에서의 언어론은 과학적 언어 특유의 단순명료한 언어가 아니라 우리 삶 속에서 작동하는 복잡하고 불투명한 그런 언어에 대한 사유이다. 그러나 그 복잡함과 불투명함에는 사실상 극히 미묘하고 섬세한 논리들이 작동하고 있다는 점을 『철학 논구』는 설득력 있게 보여주고 있는 것이다. 나는 이 책을 통해서 처음으로 본격적으로 인문학적 사유를 배웠다. 인문학적 감성, 직관, 지식 등이 아니라 인문'학적 사유'를.

이 책이 담고 있는 중요한 생각들 중 하나는 반反본질주의이다. 본질주의는 각 사물에는 본질이 존재하고 그 사물에 대한 정의는 그 본질을 언어로 표현하고 있다고 생각한다. 이것은 또 다른 각도에서 본다면 하나의 기호는 하나의 사물(특히 그 사물의 본질)을 지시하고 있다는 생각이다. 비트겐슈타인은 이런 본질주의를 언어적인 측면에서 비판한다. '놀이'라는 개념을 보자. 우리는 놀이라는 개념이 지시하는 어떤 핵심, 어떤 본질이 있다고 막연히 생각한다. 그러나 놀이라는 이 친숙한 개념이 지시하는 대상들을 열거하다 보면 우리는 그 대상들 사이에 도대체 온전한 의미에서의 공통성이 존재하는가 하고 회의하게 된다. 하나의 개념이 꼭 하나의 대상/본질을 지시하지 않을 뿐만 아니라, 설사 여러 가지를 지시하는 것으로 생각한다 해도 그 여러 가지가 정확히 규정되지 않는다는(이른바 '퍼지 집합'을 형성한다는) 사실을 알 수 있다. 그것들 사이에는 '가족 유사성'만이 존재하는 것이다. 한 언어의 의미는 인공적 언어들에서처럼 정확히 일의적으로 정해져 있는 것이 아니라 그것이 사용되는 맥락 안에서 다채롭게 이해되어야 하는 것이다. 공사장에서 한 인부가 "벽돌!"이라고 외치면, 이 사람은 단지 하나의 명사만을 언표했을 뿐인데도(우리는 문법 시간에 하나의 명사만으로는 의미가 구성되지 않는다고 배운다) 공사장의 다른 인부들은 무슨 말인지 알고 벽돌을 던져 주거나 얹거나 만들어내거나 버리거나 …… 한다.

지시reference의 특정한 체계는 그 맥락을 이미 알고 있는 사람들에게는 설득력이 있다. 하지만 그런 맥락을 공유하고 있지 않은 사람들의 경우는 다르다.

> 우리말을 알아듣지 못하는 사람, 예컨대 외국인은 누군가로부터 "석판 가져와!"라는 명령을 여러 번 듣는다고 해도 이 음성계열 전체가 한 단어이며 자기 나라 말로는 어쩐지 "건재"라는 말에 해당하는 것 같다고 생각할지 모른다.(§20)

또 다른 예를 든다면, 누군가가 강아지를 가리키면서 "강아지"라고 했을 때, 우리말을 전혀 모르는 어떤 사람은 그가 강아지 전체를 가리키는지, 그것이 차고 있는 목걸이를 가리키는지, 그 강아지가 속해 있는 종을 가리키는지,…… 알 수가 없을 것이다. 이것은 지시에서의 불확정성의 문제이다.

내가 난생 처음 접한 '철학적 논변'이었다. 사실 너무 당연하고 특별할 것도 없는, 딱히 무엇인가를 가르쳐 주는 것도 없고, 오히려 기존의 상식을 흐트러뜨리는 '이야기'이다. 그러나 이공계 학문을 공부했던 내게 이 이야기는 무척이나 참신했고 나아가 충격적이기까지 했다. 그리고 나중에는 이 평이한 이야기가 담고 있는 철학사적 의미도 깨달을 수 있었다.

사실 이런 반본질주의는 이미 니체-베르그송에 의해 확립된 것이었다. 그러나 당시 나는 철학사를 꿰뚫어 볼 능력이 없었고 니체와 베르그송을 알지도 못했다. 비트겐슈타인도 철학사에 밝은 인물이 아니었다. 그래서 그는 철학사적 맥락을 전혀 도외시한 채 논변을 전개하고 있다. 사실 이런 현상은 일급의 철학자들에게서도 자주 나타난다. 훗날 철학사를 넓게 공부하면서, 나는 서로 다른 문화권, 언어권에 속하는 철학자들이 서로를 얼마나 잘 모르는지를 알고서 놀라곤 했다. 같은 언어권 내에서조차 마찬가지이다. 우리는 특정 언어권에 속하는 사람들이 서로를 잘 알고 있다고 생각하지만 실상은 그렇지 않다. 우리가 지금의 한국 지식인들이 하고 있는 작업들을 얼마나 알고 있는가를 생각해 보면 될 것이다. 비트겐슈타인이 니체-베르그송을 잘 알고 있었다면 그의 생각이 어떻게 바뀌었을까가 궁금하다. 지역과 언어권을 넘어 보다 넓은 지평에서 사유하는 것이 중요하다.

어쨌든 비트겐슈타인과의 만남은 내게 섬세한 사유, 인문학적 사유가 기하학적 사유, 자연과학적 사유와 얼마나 다른 것인가를 알게 해 준 소중한 계기였다.

세계와 주체가 겹쳐진 곳 : 몸

『철학 논구』를 3학년 때 읽었고, 졸업반 때 메를로-퐁티의 「눈과 마음」을 읽었던 것 같다. 『철학 논구』와는 전혀 다른 느낌을 주는 이 논문은 읽기가 몹시 어려웠다. 나는 고등학교 때부터 독일어를 공부했고 독일 문학을 무척 좋아했기 때문에, 독일어와 영어 2개 국어로 편집되어 있던 『철학 논구』는 어학상으로도 즐거움을 주었다. 그러나 당시 프랑스어는 몰랐고, 그래서 정확히 읽기가 더욱 어려웠다. 과학 문헌은 타 언어로 번역되어도 원문과 큰 차이는 없다. 그러나 인문학 문헌은 크게 달라진다. 어떤 철학서를 번역어로 읽는 것은 일정한 한계를 가질 수밖에 없다. 그때까지 주로 한글, 한문, 영어, 독일어 문헌들을 읽었었다. 한문은 어린 시절부터 아버님께 배웠고, 영어는 이공계 교과서들을 읽으면서 익숙해졌고, 독문학은 고등학교 때부터 가장 좋아한 과목들 중 하나였다. 하지만 프랑스어를 접할 기회는 없었다. 메를로-퐁티와의 이 만남을 계기로, 그리고 결정적으로는 박홍규 선생께 『창조적 진화』를 배우면서 프랑스어를 공부하게 되었다. 그 후에 그리스 문화에 빠지면서 그리스어, 라틴어를 공부했고, 동양 철학을 좀 더 체계적으로 공부하게 되면서 일본어를 공부하게 된다. 새로운 언어를 배우는 것은 늘 행복한 일이었다. 기회가 되면 히브리어, 콥트어, 페르시아어와 아랍어, 산스크리트어 등 더 많은 언어를 공부하고 싶지만, 이제는 쉽지가 않을 듯하다. 어학은 젊은 시절 공부해야 하는 것 같다. 어쨌든 철학서들은 분명 원어로 읽을 때 그 참맛을 만끽하게 된다.

메를로-퐁티는 과학적 탐구들이, 우리가 몸을 가지고서 살아가는 세계 즉 지각된 세계le monde vécu에 뿌리 두고 있음을 망각하고 수치와 함수, 기구, 그래프 등을 조작하는 데 열과 성을 다한다는 비판적 지적으로부터 시작한다. 메를로-퐁티에게 '세계'는 우리 바깥에 존재하는, 우리가 '대상'으로 삼는 존재가 아니라 이미 우리의 몸에 의해, 지각에 의해 물들여진 세계, 이미 우리 안에 들어와 있는 존재이다. 마찬가지로 우리는 세계의 한 부분 또는 전체와 논리적으로 거리를 두고 있는 존재가 아니라 이미 세계에 의해 물들여진 존재, 자신에 대한 이해 자체가 이미 세계의 존재를 담고 있는 그런 존재이다. 말하자면 전통 인식론이 대상/세계와 주체/의식이라는 두 개의 동그라미가 마주보고 있는 사유라면, 메를로-퐁티의 사유는 세계와 주체의 두 동그라미가 겹쳐져 있는 부분(지각된 세계인 동시에 몸의 차원)에서 시작된다. 그래서 메를로-퐁티에게 사물을 숫자, 함수, 그래프 등 추상적 존재들로 환원하는 과학은 사물을 작위적으로 조작하는 행위이다. "따라서 과학적인 사유, 곧 위에서부터 바라보는 사유, 대상 일반을 생각하고 있는 사유는 그 밑에 깔려 있는 'il y a'(~이 존재하다)에로 내려가지 않으면 안 된다."

메를로-퐁티의 이런 비판, 그리고 그 후에 접하게 된 현상학, 해석학, 변증법 등이 이야기하는 과학 비판을 나로서는 좀 납득하기 어려웠다. 메를로-퐁티에 따르자면 엠페도클레스의 사원소설이 현대 화학보다 더 참되다는 이야기가 되는데, 양자역학에서 최초의 시적 환희를 느꼈고 물리화학에 심취했던 나에게는 이런 주장이 도저히 받아들여지지 않았다. 차라리 (훗날 알게 된) 바슐라르처럼 실재 탐구는 과학이 하는 것이고 현상세계의 음미는 시학(바슐라르적 의미에서)에 맡겨야 한다는 것이 더 설득력 있게 들렸다. 바슐라르의 매력은 이런 과학철학 때문에 현상세계를 폄하하지 않았다는 점에 있다. 현상을 본질로 환원하기보다 그 고유의 의미를 해명해 주었던 것이다. 바슐라르는 이런 맥락에서 엠페도클레스의 사원소설에 새로운 의미를 부여했고, 『물과 꿈』을 비롯한 그의 시학 저작들은 내게 커다란 미학적 감동을 주었다.

메를로-퐁티의 사유, 나아가 현상학 일반은 그 이름이 뜻하듯이 현상세계를 탐구하는 담론으로서 의미가 있다고 생각한다. 우리는 물을 마시면서 그 맛을 보고, 폭포를 보면서 그 웅장함을 음미하고, 잔잔한 호수를 보면서 명상에 잠긴다. 과학적 탐구를 위해서 그리고 그것을 응용해 기술적 개발을 할 때에만 물을 H_2O로 보는 것이다. 과거에도 그랬고 지금도 그렇고 미래에도 우리는 현상세계를 살아가는 것이다. 물론 현상세계 자체가 과학기술에 의해 변모된다. 그럼에도 어쨌든 우리는 그렇게 변화하는 현상세계를 살아가는 것이다. 이것을 현상학에서는 '생활세계'Lebenswelt라 부른다. 내게는 현상학의 이 대목이 흥미로웠고, 분석적이고 합리적인 세계 인식과는 전혀 다른 또 다른 지평이 열리는 것처럼 보였다.

그 후에도 실재와 현상의 이원론, 나아가 존재의 여러 층위들 사이의 불연속의 문제는 계속 내게 철학적 화두로서 다가왔다. 훗날 나는 실재와 현상 사이의 이런 괴리를 해소할 길을 '접힘과 펼쳐짐', '世

界의 모든 얼굴', '의미론적 거리' 등 여러 존재론적 논의를 통해 시도하게 된다.

메를로-퐁티의 사유가 매력을 발하는 분야들 중 하나는 예술철학이다(「눈과 마음」 또한 예술철학 논문이다). 그에게 존재를 개시하고 실재를 인식할 수 있게 해 주는 차원은 지각의 차원이다. 그래서 그에게는 세잔의 회화가 특별한 의미를 가진다. 지각으로부터 떠 있던 회화가 인상파에 의해 지각의 차원으로 내려왔고 이 사조의 표면성이 다시 세잔에 의해 깊이를 부여받았기 때문이다. 그러나 이 깊이는 지각의 차원으로부터 '인식론적 단절'을 이룬 바슐라르적 깊이가 아니다. 관점들의 입체적 조직은 그 구체적 방법들 중 하나였다. 그러나 이 대목에서도 나는 회화를 지각의 차원에 정박시키는 그의 입장이 어떤 존재론적 편파성을 담고 있다고 보게 되었고, 그래서 회화란 특정한 존재론의 가시화가 아니라 가능한 모든 존재론의 가시화라는 생각을 했다(이 생각을 구체화한 것이 『世界의 모든 얼굴』이다). 물론 그럼에도 우리가 몸을 가지고 살아가고 모든 존재론들이 그것과 어떤 형태로든 관계를 맺을 수밖에 없는 그 존재론은 현실의 존재론이다. 과학도 예술도 다른 모든 것들도 현실과 상관적으로 이루어질 때 우리 삶으로부터 괴리되지 않을 수 있는 것이다. 메를로-퐁티의 현상학은 자칫 허투루 볼 수 있는 이 현실세계의 깊은 면면을 음미할 수 있게 해 준다는 점에서 큰 의의가 있다.

과학과 메타과학

석사 과정 후반에 처음으로 번역을 하게 되었는데 텍스트는 한스 라이헨바하의 『시간과 공간의 철학』이었다(1986년). 그 후로 번역을 참 많이 했다. 거의 20권에 이르는 책들을 번역한 것 같은데, 그 첫 권이 『시간과 공간의 철학』이었다.

번역은, 특히 인문학적 훈련에서 번역은 상당히 중요하다. 텍스트를 꼼꼼하게 읽는 훈련이 된다는 점, 글쓰기 실력이 향상된다는 점(번역을 할 때 번역되는 언어보다 더 중요한 것은 번역하는 언어이다. 번역을 통해 외국어 실력도 늘지만, 더 본질적으로는 국어 실력을 향상시킬 수 있다), 그리고 번역되는 텍스트가 주요 텍스트인 경우 의미 있는 학술적 성과를 이룰 수 있다는 점에서, 번역은 인문학도들이 반드시 거쳐 가야 할 필수적인 과정이다.

라이헨바하를 번역하고자 한 것은 역시 학부 시절 공부했던 자연과학에 대한 관심 때문이었다. 본 저서를 쓰기 위해서 이 번역서를 찾아서 보니 감회가 새로웠다. 워낙 오래전의 일이어서 내가 이런 책을 번역했던가 하는 느낌까지 든다. 「옮긴이의 말」을 읽어 보니 과학을 토대로 형이상학적 문제들에 접근하려는 내 사유 방식이 이미 이 시절에 수립되어 있었음을 확인할 수 있었다. 이런 식의 사유를 하는 사람들이 반드시 부딪히게 되는 문제들 중 하나가 바로 시간과 공간의 문제이다. 첫 대목에서 다음 구절을 발견할 수 있었다.

> 시간과 공간의 문제는 일과 다多의 문제, 인과율의 문제, 존재의 문제, 물질과 정신의 문제 등과 더불어 예로부터 철학적 사유를 함에 있어 나타나는 기본적인 존재론적 원리이다. 시간과 공간은 한편으로는

그것이 존재의 문제이고 즉 물질, 변화 등의 담지자[1]로서의 성격을 가지고, 또 한편으로는 인식의 문제 즉 인식 주체가 가지는 기본적인 조건들 중 하나라는 점에서 복잡한 문제들을 제기해 왔다. 공간이 주로 물질의 문제와 운동의 문제 또는 기하학의 문제 등과 연관되어 논의되어 온 반면, 시간의 문제는 운동과 변화 또는 생성의 문제, 인과의 문제, 죽음, 의식, 영혼, 신, 역사 등의 문제와도 밀접하게 연관되어 논의되어 왔다.

이 책에 덧붙어 있는 카르납의 서문을 읽어 보니 칸트가 말한 '아프리오리한 종합판단'에 대한 비판이 보인다. 카르납에 따르면 수학적 명제는 아프리오리한(경험에 의존하지 않는) 분석명제이다. 물리학의 명제는 아프리오리하지 않은(경험에 의존하는) 종합명제이다. 여기에서 근대 철학자들이 말하는 '경험'은 '지각'과 거의 동의어라는 점을 염두에 두어야 한다. 라이헨바하는 이런 구분에 입각해 칸트가 말하는 '아프리오리한 종합판단'이라는 개념은 파기되어야 한다고 주장한다. 아프리오리한 분석판단과 아포스테리오리한 종합판단이 있을 뿐이라는 것이다.

그러나 문제가 간단한 것은 아니다. 종합판단이란 지각에 근거하는 판단이고 따라서 얼핏 '아프리오리한 종합판단'은 일종의 형용모순처럼 느껴진다. 칸트의 이 개념은 다른 각도에서도 많은 비판을 받

---

1) 담지자라는 표현은 적절하지 않을 것이다. 아마 이 시절에 시간과 공간에 대해서 뉴턴적인 생각을 하고 있었던 것 같다.

았다. 그러나 문제의 본질은 차라리 칸트가 '종합적'이라는 말을 양의적으로 썼다는 점에 있는 것이 아닐까. '아프리오리한 종합판단'에서의 '종합'의 의미는 지각에 근거한다는 뜻이 아니라 새로운 지식을 가져다준다는 뜻이다. 즉, 여기에서 종합판단은 단순한 동어반복이 아니라 지식의 양을 늘려 주는 판단이라는 뜻이다. 분명 리만 기하학은 에우클레이데스 기하학보다 더 풍부한 지식을 가져다주었다. 종합의 의미를 이렇게 해명할 때 '아프리오리한 종합판단'이라는 개념이 그렇게 간단하게 파기할 수 있는 개념이 아니라는 것을 알 수 있다. 그리고 만일 물리학에서 아프리오리한 종합판단이 성립할 수 있다면, 그것은 물리학이 비-경험적이라는 뜻이 아니라 물리학적 명제들이 경험에 근거하고 있음에도 단순한 경험적 우발성들을 넘어서 보편적이고 필연적인 수준에 도달했다는 뜻이다. 이것은 곧 수학이 자연세계에 적용된다는 사실과 관련된다. 결국 여기에서 '종합적'이라는 개념은 지식의 확장과 동시에 지각에 근거함이라는 두 의미를 동시에 담고 있다. 위의 수학에서의 '종합적'과 의미가 다르다. 수학은 분석적이고 물리학은 종합적이기에 '아프리오리한 종합판단'이라는 생각은 파기되어야 한다는 카르납의 비판은 일단 칸트에 대한 정확한 비판은 아니다.

이 책은 공간론, 시간론, 시공간론의 순서로 논의를 전개하면서 특히 현대 물리학을 배경으로 시공간론의 다양한 문제들을 다루고 있다. 특히 3장의 '중력장이 없는 시공간 다양체'와 '중력으로 채워진 시공간 다양체'에 대한 논의는 특수 상대성 이론과 일반 상대성 이론에 대한 정교한 개념화로서 뛰어나다. 지금 읽어 보면 다소 과학주의적인 냄새가 풍기고 분석철학 계통 철학자들 특유의 까칠함 같은 것이 느껴지기는 하지만(이런 이유 때문에 그 후 나는 이 계통의 사유에서 다소 멀어진 것 같다), 메타과학적 관심을 가지고 있는 사람이라면 읽어 볼 가치가 있다. 라이헨바하의 다른 저작인 『시간의 방향』 역시 역작이다. 지금도 우주론은 내 주요 관심사들 중 하나이고, 특히 리만에 기반한 공간론과 우주론의 관계에 대해서는 언젠가 한번 다루어 보고 싶다.

위대한 고전들과 함께한 시간들

학부 시절에 독일 계통의 철학도 접했다. 그러나 처음에는 너무 사변적이고 고답적으로 느껴져 내게 썩 설득력 있게 다가오지 않았다. 하지만 그 이유는 내가 (나중의 일이지만) 라이헨바하 식의 사유에 충분히 공감하기는 힘들었던 것과 정확히 대칭적인 것이었다. 3학년 때인가, 현상학, 해석학, 변증법 등 독일 계통의 철학들로 구성된 합동 강좌를 들었던 일이 생각난다. 그런데 그 강좌는 그야말로 '자연과학/과학기술 성토장'이라고 하면 딱 어울릴 것 같았다. 합동 강좌여서 각 분야 교수들이 연이어서 강의했는데, 그야말로 처음부터 끝까지 자연과학, 나아가 과학 일반에 대한 성토가 줄을 이었다. 어떤 구체적인 내용도 없고 논조도 너무 일방적이어서 딱히 무엇을 비판하는지도 알기도 힘들었다. 바로 이런 이유로, 내가 이 계통의 철학을 가까이하기가 힘들었던 것이 과학주의적 철학들이 만족스럽지 않았던 것과 정확히 대칭적이었던 것이다. 인문학이 없는 과학과 과학이 없는 인문학.

그러나 지금 생각해 보면, 내가 이런 나쁜 인상을 가지게 된 것은 사실 그 철학들의 실제 내용 때문이 아니라 그것을 강의하는 교수들의 수준 때문이었다. 나중의 일이지만, 박사과정을 다니면서 치러야 했던 이른바 '종합시험'을 준비하면서 이 계통의 저작들을 다시 읽을 기회가 생겼다. 박사학위를 따기 위해 봐야 하는 시험을 준비하면서 '할 수 없이' 칸트의 『순수이성 비판』, 헤겔의 『정신현상학』, 하이데거의 『존재와 시간』 같은 저작들을 읽었는데, 오히려 이때 이 책들의 심오함에 깊이 빠져들어 갔다. 『순수이성 비판』에서 감성과 오성을 잇는 도식의 의미라든가, 『정신현상학』에서의 부정Negation의 의미와 인정 투쟁론, 또 『존재와 시간』에서의 죽음론 등 빼어난 사유들을 이 고전들로부터 읽어낼 수 있었다.

물론 나는 푸코에 관한 박사학위 논문에서 현상학, 해석학, 변증법으로 대표되는 '근대 주체철학'을 비판했다.[2] 그러나 그렇게 비판할 수 있었던 것은 바로 이때 이 사유들을 꼼꼼히 읽고 깊이 매료되었기 때문이다. 무엇인가에 매료된 적이 없는 사람이 그것에 대한 의미 있는 비판을 할 수는 없다.

최근에는 이런 저작들을 다시 보면서 내가 그때 놓쳤던 여러 점들을 다시 발견하고 있다. 물론 근대 주체철학의 전통에 대한 이전의 생각이 근본적으로 바뀐 것은 아니다. 어쨌든 위대한 고전들은 오를 때마다 또 다른 얼굴을 보여주는 높고 험준한 산과도 같은가 보다.

---

2) 이 학위논문은 『담론의 공간』(1994)으로 출간되었고, 이 책이 내 데뷔작이 되었다(후에 『객관적 선험철학 시론』[그린비, 2011]의 1부로 포함되었다). 이 저작의 3부에서 현상학, 해석학, 변증법을 다루면서 위의 저작들을 논했다.

존재론적 사유와의 만남

1983년 희망을 안고 철학과 대학원에 들어갔지만, 공부를 하면서 마음을 잡지 못했다. 모든 일이 다 그렇지만, 바깥에서 보는 것과 안에서 보는 것은 다른 것 같다. 철학을 전공하려 한 것은 한편으로는 대학 시절 공부했던 자연과학을 메타적인 맥락에서 이어가기 위해서였고, 다른 한편으로는 역시 학부 시절 경험했던 역사적 고뇌를 철학적 수준에서 해명해 나가기 위해서였다.

그러나 철학과 대학원에 와서 배운 과학철학은 너무 형식주의적인 논의라는 생각을 떨쳐버릴 수가 없었다. 내가 언제나 관심을 갖는 것은 형식이 아니라 내용이기 때문이다. 그러나 당시 배운 과학철학은 실제 내용을 파고드는 메타과학(형이상학)이 아니라 논리적 분석을 위주로 하는 과학철학이었다. 후에 라이헨바하의 책을 번역한 것도 이 책이 비교적 내용을 갖춘 책이라는 생각 때문이었다. 물론 논리적인 분석도 중요하지만 나로서는 만족스럽지가 않았다. 그리고 다른 분야들에 대해서도 역시 잘 빠져들지를 못했다.

사실 내 관심을 쏙 잡아끈 분야가 하나 있긴 했다. 바로 그리스 철학이었다. 그리스 철학에서 비로소 내가 원했던 철학적 사유를 만날 수 있었다. 당시 그리스 철학, 아니 그리스라는 세계에 푹 빠져들었다. 철학은 물론이고 그리스의 역동적인 역사, 호메로스의 활기찬 서사시, 인간을 깊이 응시하는 드라마들의 깊이, 에우클레이데스 기하학의 명료함과 정확함, 『펠로폰네소스 전쟁사』의 그 가열찬 웅변들, 그 모든 것이 내 지성에 활활 불을 붙였다. 그리스어와 라틴어도 열심히 공부했다. 그러나 여기에서조차 온전히 만족할 수는 없었다. 나는 현대의 사유를 공부하고 싶었고 또 철학'을 하고' 싶었다. 고전의 전문가가 되는 것은 원래 생각이 아니었다.

대학원에 들어와 이렇게 많은 것을 배웠지만 결국 처음에 가졌던 철학에의 열망이 점점 식어 가는 것을 느꼈다.

소은 선생과의 만남

내가 원하는 철학은 무엇이었을까? 당시에는 정확히 정리되지 않았지만, 세 가지 조건을 채우고 있는 철학이다. 하나는 세계, 인간, 역사의 근저를 파고드는 사유, 다른 한 측면은 어떤 이야기를 하더라도 다른 실증과학들(역사, 사회과학, 자연과학)과 충분히 대화하면서 이야기하는 사유, 그리고 또 하나 욕심을 부린다면 문학적 생기가 넘치는 사유. 이 세 가지 측면을 모두 갖춘 사유였다. 철학적 깊이와 과학적 근거 그리고 예술적 생기를 모두 갖춘 사유였다. 조건이 너무 거창하다고도 할 수 있겠지만, 어쨌든 나는 항상 철학, 과학, 예술이 혼효된 그 어떤 곳을 지향했고 지금도 마찬가지이다. 그 후 소은 박홍규 선생님을 만나 존재론을 배우면서 과학과 철학이 혼효된 사유를 배웠고, 그 후에는 '후기 구조주의'라고 통칭되는(그러나 다양한 갈래를 이루는) 사유들을 접하면서 예술성까지도 갖춘 사유를 발견하게 되었다.

그러나 대학원에 들어와 처음으로 공부했던 여러 분야는 이런 내 바람을 충족시켜 주지 않았다. 마음이 공허했고 자꾸 다른 생각이 들었다. 결국 나는 철학을 포기하고 다른 직업을 가지려 했다. 당시 구체적으로 생각했던 것은 전공을 다시 바꾸는 것과 문화 관련 직업에 종사해 볼까 하는 것이었다. 그래서 여기저기 기웃거리면서 많은 고민을 했다. 바로 그때 학자로서의 내 인생에서 가장 결정적인 일이, 소은 박홍규 선생님과의 만남이라는 사건이 발생했다. 그 만남의 순간들, 강의 내용, 끓어오르던 내 지적 열망이 수십 년이 지난 지금도 생생하게 기억난다. 이 만남이 없었다면 사유하는 인간으로서의 오늘날의 나 역시 없었을 것이다.

다른 일들을 생각하면서 여기저기 알아보던 나는 석사 마지막 학기에 박홍규 선생님의 강의를 듣게 되었고, 거기에서 사유에의 길을 발견했다. 그때 내가 들었던 강의는 베르그송의 『창조적 진화』, 4장, 그 중에서 '근대 과학' 부분이었다. 소은 선생은 극히 세밀한 강의를 하셨고, 그래서 하나의 텍스트를 몇 년에 걸쳐 읽곤 하셨다. 그러니까 나는 길게 이어지던 강의의 중간에 불쑥 들어간 셈이다.

소은 선생의 강의는 서구 존재론사 전체를 눈앞에 놓고서 하는 강의였다. 대부분의 철학 교수들이 하는 것처럼 그 중 한 토막만 잘라서 그 안에 침잠하는 강의가 아니었다. 플라톤의 영원의 철학과 베르그송의 지속의 철학을 두 축으로 놓되 서구 존재론사 전체를 굽어보면서 펼쳐지는 소은 선생의 강의는 감동적이었다. 마침 그때 다뤄진 것이 베르그송이 서구 학문사 전체를 시간 망각이라는 관점에서 일관되게 해명하는 장면이었다. 그 중에서도 정확히 내게 철학을 하게 만든 동기인 메타과학적 관심사가 다루어지는 '근대 과학' 대목에서 강의를 듣게 되었다는 것이 내게는 무척 행운이었다.

소은 선생의 베르그송 강의를 들으면서 나는 결정적으로 철학적 개안開眼을 경험하게 되었고, 그 시간은 참으로 환희에 찬 순간이었다.

내가 철학을 하게 된 데에는 두 가지 실마리가 있었다. 하나는 자연과학을 공부하면서 가지게 된 메타과학적=형이상학적 관심사이고, 다른 하나는 1980년대의 역사를 체험하면서 가지게 된 역사적-정치적 문제의식이다. 소은 선생을 만나면서 나는 그 두 실마리 중 하나를 결정적으로 붙들게 되었다(나머지 한 실마리는 미셸 푸코를 접하면서 붙들게 된다).

그 후에도 소은 선생의 강의를 계속 들었다. 강사 생활로 지방을 전전하게 되어 더 이상 강의를 들을 수 없을 때까지 몇 년 동안 지속된 강의 참여가 내 사유를 결정적으로 모양 지었던 것 같다. 선생의 강의는 플라톤을 중심으로 하는 그리스 철학과 베르그송을 중심으로 하는 현대 철학(특히 프랑스 철학)을 아우르면서 거대한 존재론적 사유를 펼치는 명강의였고, 한국 현대 철학사의 한 지도리를 형성했다고 할 수 있다.

형상철학의 근저

소은 선생의 강의들은 훗날 녹취 · 정리되어 나왔는데, 그 중에서도 전집 2권인 『형이상학 강의 1』의 도입부에 등장하는 「고별강연 : 플라톤과 베르그송」이 선생의 사유 전반을 잘 보여준다. 그리고 이 책의 뒷부분에서는 소은 선생과 제자들이 함께 이 고별강연을 길게 재론한다. 본래의 강연 내용과 이 「'고별 강연' 검토」를 함께 읽어야 한다.

> 우리가 서양의 학문을 이해하려면 데이터에서 출발한다는 이 특징을 아무리 강조해도 부족합니다. (…) 데이터 없는 학문이라는 것은

도대체 희랍 철학, 플라톤이나 아리스토텔레스에서는 생각할 수가 없습니다. 항상 데이터에서 출발합니다. 그래서 철학이란 모든 이론에 앞서서 데이터에서 출발하여, 그 데이터를 학문적으로, 어떤 철학체계로 정리를 해 보고, 그리고 그것을 다시 반성해 보는 학문이죠. 모든 개별 과학이라는 것은 데이터가 가지고 있는 그 고유한 성격quality 때문에 여러 학문으로 나누어진 것이고, 그 데이터를 어떻게 정리하느냐에 따라서 또 나누어집니다. (…) 그 데이터가 없다면, 그것은 공중에 뜬 어떤 주관적 견해나 사상이죠. 물론 그런 철학도 있을 수가 있습니다. 그런 것을 우리가 인생관이나 혹은 세계관이라고 말하죠. 그런 것들은 다 자기의 주관적인 견해일 뿐이죠. 그런 철학은, 희랍 철학에서 본다면, 플라톤이나 아리스토텔레스 입장에서 본다면 좀 곤란합니다.

소은의 강의에서 가장 많이 등장하는 단어들 중 하나가 '데이터'이다. 학문은 철저히 데이터에 입각해야 하며, 해석이나 이론, 가치 평가 등은 그 다음 문제라는 것이다. 이 점에서 소은은 실증주의적 태도를 강하게 지녔던 분이라고 생각된다.

이런 관점에서 볼 때 플라톤은 독특하다. 다른 철학자들과는 달리 플라톤에게서는 고유명사의 입장에서 데이터가 주어지기 때문이다.

철학적인 데이터라는 것은 개별 과학적인 데이터와는 달리 모든 데이터의 총체를 의미합니다. 플라톤은 그 데이터의 총체에 접근할 때에, 우선 직접적인 어떤 역사적 사건으로서, 다시 말하면 우리의 추상적인 사고가 하나도 들어가지 않은 상태에서부터 데이터를 이해합니다.

플라톤에 대한 이런 이해는 우리의 상투적인 이해와 완벽히 대조된다. 우리가 접하는 플라톤은 이미 해석되고 정리된 플라톤이다. 이 경우 그의 사상은 어떤 일반적으로 추상적인 테제들로서 이해되나, 플라톤 자신의 텍스트들은 철저하게 구체적인 개별 인물들의 '이야기들'일 뿐인 것이다.

그렇다면 이런 성격을 가진 플라톤을 도대체 어디에서 어떻게 이해해 나갈 것인가? 소은은 '잰다'는 행위 즉 측정한다는 행위로부터 이야기를 풀어 나간다.

왜 재느냐? 요컨대 데이터에서 우리에게 주어진 것이 연장성extension 속에 들어 있기 때문입니다. 직접적인 것은 연장성 속에 들어 있는 질質이죠. (…) 우선 인식의 주체는 여러 가지여서 개도 있고, 말도 있고, 소도 있지만, 그 주체는 아무리 인식을 해도 주체 자기 자신은 변하지 않는다는 가정이 하나 들어갑니다. 또, 대상도 우리가 어떠한 인식을 하든지 간에 변하지 않는다는 가정이 들어갑니다. 만약 인식하는 동안에 변해버렸다면 인식하나마나입니다. 변해버린다면 그것은 우리가 인식이라 하지 않고 행동이나 행위 혹은 제작이라고 합니다. (…) 재지 않는다면 모든 사물에 대한 정확한 지식은 없고 주관적임을 면할 수 없다는 것입니다. 사물을 정량적으로 재야 합니다. 잰다는 것은 또한 그것이 되풀이될 수 있다는 것을 의미합니다. 재어진 것과 재어진 것 사이에 일정한 관계가 있고 그것이 되풀이될 때, 우리는 그것을 법칙이라고 합니다. (…) 다만 질을 잴 때에는 정도차degree가 문제된다는 것만 다릅니다.

'우리에게' 나타난 대로의 사물과 '그 자체로서'의 사물을 구분하는 것이 '객관적인' 인식의 출발점이다. 그리고 그 자체로서의 사물을 인식하는 핵심적인 방법은 측정이다. 측정의 결과가 양quantity으로서의 데이터들이고, 그것들 사이의 반복적인 관계를 법칙이라고 한다. 여기서 소은은 서구에서의 '과학적 사유'의 근간을 이야기하고 있다.

그러나 문제는 질이다. 질은 정도차를 함축하며 따라서 연속성을 함축한다. 나아가 질은 계속 변한다. 질들이 정확히 고정될 경우 그 질들을 통해서 공간이 분절되며 구분된다. 반면 운동은 질들의 경계가 허물어지고 연속성이, 타자화가 이루어질 때 성립한다. "질이 각각 자기동일성을 가지고 있으면 운동은 성립하지 않습니다. 이 운동이라는 것은 따라서 질이 연결되어야만, 묶여야만 성립합니다. 그러니까 한마디로 말해서, 시간, 운동이라는 것은 질의 연속 과정, 연결되는 과정이라고 얘기할 수 있습니다." 운동은 시공간에서 성립한다. 운동에 있어 질들은 연속성을 형성하고 있으며 시간 속에 들어 있다. 만일 운동과 시간을 빼버린다면 질들은 연결에서 떠나서 전부 흩어지게 된다. 소은은 이런 사고를 '분석'이라고 부른다. 질들은 공간 속에서 'flux'를 이룬다. 공간은 질들이 연속성을 이룰 수 있게 해 주는 바탕이다. 질들과 운동을 뺄 때 공간적 분절들이 드러난다. 공간적 분절들은 되풀이된다. 예컨대 동그라미는 여기저기에서 되풀이된다. 그러한 공간들이 합동을 이루어 하나가 될 때 공간은 끝나고 거기에서 형상idea, eidos이 성립한다.

> 유클리드 기하학은 요컨대 모든 운동을 빼는 데에서 성립합니다. 그러니까 유클리드 기하학이 희랍에서 학문에 기여한 바는 대단히 큽니다. 왜냐하면 아까도 말한 바와 같이 철학이라고 하는 것은 모든 데이터를 취급해야 하는데, 그러려면 모든 데이터가 들어가는 공간이 있어야 한다는 것은 분명합니다. 그런데 모든 데이터가 하나의 공간 속에 들어갈 수 있느냐 하는 문제가 생깁니다. (…) 사물을 정의한다는 것이 문제 해결의 핵심입니다. 정의란 형상=에이도스의 성격을 규정하는 것입니다. (…) 그러면 이제 모든 데이터가 동일한 공간 속에 들어갈 때에 그 일반적인 성격을 무엇이라고 정의할 것이냐 하는 문제가 나옵니다.

소은은 여기에서 헬라스 철학의 핵들 중 하나인 본질주의를 설명하고 있다. 우리에게 주어진 것은 다자와 운동이다. 사물들과 그것들 사이에서의 차이생성이다. 그래서 철학은 "왜 이렇게 여러 가지로 갈라지느냐? 그 갈라지는 차이가 나오는 이유는 무엇인가? 그 원인이 무엇이냐?"라고 묻게 된다. 이 물음에 대한 헬라스인들의 대답은 '아페이론'이다. 아페이론에서 존재와 무 사이의 간극(= 모순)은 뭉개진다. 아페이론에서는 모순율이 성립하지 않으며 연속성, 무규정성, 비일정성의 성격이 나타난다. 그것은 존재도 아니고 무도 아니다. 모순율에 있어 각 존재는 배타적이다. 그것은 그것이 아닌 것이 아니다. 차이들의 생성에서 이런 배타성은 반복으로 나타난다. 그리고 그 반복들은 어떤 동일성을 나타낸다.

> 다름[차이]이라는 것은 어떠한 성격을 가지고 있느냐 하면, 모순하고는 달라서 점점 다름의 정도를 극대화시키면 반대적인opposite 것이 되고, 반대적인 것은 모순으로 갑니다. 그러나 다름은 반대가 아니에요. 그 다름의 이면에는 어딘가 또 닿는 데가 있다는 얘깁니다. 그러니까 다름의 성격 자체가 공존과 비공존의 양면을 지니고 있죠. 그래서 비공존에서 나타날 때에는 시간이라고 하고, 공존에서 나타날 때에는 공간이라고 합니다. 그러니까 요컨대 어떤 것이 아페이론에서 나타나는 것은 항상 시간과 공간과 함께 나온다, 다름을 통해 나올 때에는 항상 시간과 공간이 동시에 다 나온다고 알아 두면 좋겠습니다.

차이는 정도를 형성한다. 그래서 차이의 운동, 말하자면 미끄러짐은 어디에서 단절되지 않고 "어딘가 또 닿는 데가 있다". 그런데 차이는 정적인 차이와 동적인 차이(나는 이것을 '차이생성'이라 부른다)가 있다. 다시 말해, 차이는 공존의 측면과 비공존의 측면을 가진다. 공존의 측면은 공간에서 나타나고 비공존의 측면은 시간에서 나타난다. 달리 말해, 아페이론에서는 시간과 공간이 항상 함께 나오는 것이다. 그런데 그 미끄러짐은 어느 한계에 도달하면 끝을 만나게 되고, 양방향에서 만나는 두 끝은 'opposite'를 형성하게 된다. 그러나 시간과 공간은 그것들 자체로 대립적인 것들이어서 동시에 설명되지 않는다. 이것이 플라톤 철학에서의 중요한 한 아포리아이다. 사물이 성립하려면 시간과 공간 속에서 그것의 동일성이 성립해야 하지만, 그 두 동일성이 서로 대립하기 때문에 도대체 어떤 관계가 있는지를 알기 어렵다는 것이다. 이것이 플라톤에게서 생성/변화가 단적으로 부정되거나 단지 '그럼직한 이야기(뮈토스)'를 통해서만 논의될 수 있는 것으로 이해되는 이유이다.

이에 비해 아리스토텔레스는 시간을 공간에 종속시키고, 질료를 형상에 종속시킴으로써 목적론적 체계를 구축한다. 시간과 공간의 대립을 목적론적 체계 속에서 해소하려 한 것이다. 아리스토텔레스에게서 질료의 시간은 형상의 공간에 종속되며 이로부터 '잠재태'라는 개념이 핵심적인 역할을 떠맡게 된다. "질료는 형상을 그리워한다." 그리고 이런 관점에서 개별 분야들 전체를 조직함으로써 '백과전서' encyclopédie의 전통을 형성하게 된다.

사물들에 부딪쳐 보는 사유

아리스토텔레스는 데이터를 다룸으로써 자신의 철학 체계를 세웠지만, 중세 스콜라철학은 데이터를 다루기보다 텍스트들을 다루었다. "데이터를 다루는 사람은 대체로 공학자, 가령 다리를 놓는 사람이나 건축가, 연금술사 같은 사람들이었죠. 그 사람들은 실지로 데이터를 가지고 싸우는 사람들이죠." 다시 말해, 사물들과 맞붙어 지식—체계적인 학문은 아니었지만—을 쌓아 간 사람들은 오히려 이런 중인 계층의 사람들이었다는 이야기가 된다. 훗날 중인 계층이 부르주아지로 성장함으로써 서구적 모더니티의 한 추동력이 생겨나게 된다. 스콜라철학은 데이터가 아니라 텍스트와 만났고, 말의 이빨이 몇 개냐고 물었을 때 마구간에 가서 직접 세어 보는 대신 아리스토텔레스의 생물학책을 들여다보았다고 한다.[3] 학문의 핵심은 그 텍스트를 분석하는 것이었고 그래서 자연히 논리학이 고도로 발달하게 된다. 중세 말기에 도시가 발달하고 사물들과 직접 만나는 사람들의 세력이 신장되면서 스콜라철학도 무너지게 된다.

아리스토텔레스의 물리학에서는 "형상/본질이 사물의 운동의 자기동일성(법칙성)을 준다." 지상의 물질과 하늘의 물질은 그 형상/본질을 달리한다. 따라서 지상의 물리학과 천상의 물리학은 다르다. 그러나 이런 물리학은 새로운 데이터의 등장으로 무너진다. 갈릴레오가 자신이 제작한 망원경으로 천체를 관측하기 시작하면서 지상과 천상의 경계는 무너지게 되고, 이런 과정은 근대 물리학의 공간인 '등질공간'의 등장에 결정적인 촉매가 되었다(그러나 데카르트를 통한 이 등질공간의 일반화는 오히려 역효과를 낳게 되며 기계론의 폐단을 불러온다). 또, '자연적 장소' 개념을 통한 형상/본질의 파악 및 이런 파악에 붙어 있던 '무게' 개념의 역할은 피사 사탑에서의 실험(이 실험 이야기는 허구일 가능성이 높다)을 통해서 무너지게 된다.

소은은 근대 물리학에서 시작해 지식의 세계를 전반적으로 바꾸

3) 사실 이 예는 다소 잘못된 예일 수도 있다. 지금도 말의 이빨을 세어 보는 사람은 거의 없다. 생물학책에서 정보를 얻을 뿐이다. 데이터에 대한 소은의 강조는 19세기적 실증주의의 분위기에 빠져 있다고도 할 수 있다. 그러나 요점은 중세 스콜라철학이 사물들 자체와 부딪쳐서 사유하지 않고 문헌들에 파묻혀서만 사유했다는 것이다.

어 놓은 몇백 년간의 흐름을 콩트를 거쳐 베르그송으로 가는 길에 초점을 맞추어 설명한다. 근대 학문의 토대를 놓았다고 평가받는 데카르트는 소은에게는 낮은 점수를 받는다. "데카르트는 데이터에서 도피합니다. 믿음belief을 갖든 혹은 'ego cogito'(사유하는 자아)를 갖든, 그런 것들은 데이터를 데이터 그 자체에서 인식하는 것이 아닙니다." 데카르트는 방법적 회의를 통해 코기토에 도달하지만, 그것은 세계로부터의 데이터에 충실한 것이 아니라 자신의 주관으로 들어간 것이라는 이야기이다. 거기에서 데카르트는 명석·판명한 관념들을 발견하고 그 근거로서 신을 끌어들인다. 소은이 보기에 이 길은 데이터로부터 멀어지는 길이다. 소은이 데카르트를 잇고 있는 독일 관념론을 낮게 평가하는 것도 이 때문이다. 이렇게 본다면 소은의 입장은 실증주의에 가깝다고 하겠다. 소은이 근대 학문의 적자嫡子로서 오귀스트 콩트를 지목하는 것은 이 때문이다. 콩트를 통해서 데이터에 충실한 철학, (세계로부터 눈을 돌리는 관념론적 철학이 아니라) 세계가 주는 데이터에 부딪쳐 가면서 행하는 철학의 전통이 확립되었고, 그런 전통이 특히 프랑스에서 줄곧 이어졌다는 것이다. 우리의 내면까지도 "실증적으로 증명을 해야지 데카르트 같은 '코기토' 가지고는 모른다"는 것이다. 그래서 19세기에 프랑스에서 발달한 병리학이 소은의 특별한 관심을 끄는 것 같다.

이렇게 실증적 과학과 실증주의 철학이 풍부하게 전개되면서 등장한 것이 결정론 문제이다. "도대체 이 과학이란 것은 무엇이냐 하는 반성이 생깁니다. 왜냐하면 오귀스트 콩트처럼 나가면 결정론으로 기울어지기 때문입니다." 결정론적 입장이 팽배한 가운데 뒤엠, 푸앵카레, 보렐, 부트루 같은 비결정론자들도 등장한다(그 전에 결정적인 인물로서 쿠르노가 언급되어야 할 것이고, 또 멘 드 비랑, 라베송의 계열도 언급되어야 할 것이다). 이런 과정을 통해서 형이상학—고대, 중세의 형이상학이 아니라 '메타과학'으로서의 형이상학—이 새로운 활기를 띠게 된다. 바로 이런 흐름의 정점에서 베르그송을 만나게 되는 것이다.

'지속'의 의미

베르그송은 결정론과 자유의지 논쟁이 한참 절정에 올랐을 때 사유를 시작했으며 그래서 그의 사유에는 이 문제의식이 계속 깔리게 된다. 베르그송은 이 문제가 해결되려면 우선 무생물과 생물이 정확히 정의되어야 한다고 본다. 파스퇴르의 자연발생설 논박과 멘델의 유전법칙 발견에 힘입어, 베르그송은 무생물에서 반복되는 것은 인과법칙이지만 생명체에게서 반복되는 것은 유전을 통한 그 무엇이라는 점을 강조한다. 그런데 그 무엇은 과연 어떻게 해명되는가? 기계론에서 모든 인과관계는 외적 인과로서 성립하며, 목적론에서 형상은 질료 바깥에서 주어진다. 즉, 고대 목적론과 근대 기계론은 둘 다 유전을 설명하지 못한다는 이야기이다. 유전되는 것은 형질이 아니라 기능이다. 이 기능은 어떤 외적 원인이나 질료-형상설에서의 형상을 말하지 않는다. 만일 생명체가 결코 끊어지지 않는 어떤 기능의 유전을 보여준다면, 그 기능은 결코 멈추지 않는 운동성의 성격을 띠어야 한다. 즉, 생명체는 'spontanéité'(자발성)를 가져야 한다는 것이다. 이 자발성은 생명 개념이 함축하는 연속성과 운동성 즉 연속적 운동성(또는 운동하는 연속성)이 띠는 능동성의 근원이다. 이것은 물질적 존재의 핵심 성격인 엔트로피와 대조적이다. 이렇게 해서 연속성, 운동성, 능동성으로 정의되는 생명과 열사熱死의 성격을 핵심으로 하는 물질이 뚜렷이 대조된다. 이로부터 생명의 근본적인 특성으로서 '지속'la durée 개념이 성립하게 된다.

> 그러면 그 자발성, 그 기능이 어떻게 작용하느냐? 그것은 우선 반反엔트로피이고, 또 하나는 그것이 언제든지 변칙 속에 살고 있기 때문에 자신의 생존existence을 유지하기 위해서는 자기 자신의 여러 가지 기능을 자기 자신이 조절할 수 있는 능력이 있어야 한다는 것은 분명합니다. (…) 가령 달걀이면 달걀에서 모든 기능이 분화되어 나오는데, 그 내부에 정보가 있어서 그 정보가 자신의 외부에 대해 조절해 가면서 자신의 내부의 여러 가지 기능을 분화시켜 나간다고 말합니다. 그런 얘기는 분자생물학만 빼면 베르그송 이론하고 거의 같은 것입니다. 발생론적genetisch이니까요.

생명의 이런 능동성, 연속성은 보다 넓게 말해 '기억'의 일종이라고 할 수 있다. 생명체에게는 이 기억의 능력이 본질적이다(유전도 일종의 기억이다). 그러나 이 기억은 어떤 동일성의 보존이 아니다. 생명체는 기본적으로 시간 속에서, 계속 변화하는 환경과 상황 안에서 살아가는 존재이다. 때문에 생명체에게는 '조절 능력'이 필요하고 고등생명체일수록 더 높은 조절 능력을 발휘한다. 아리스토텔레스는 종개념을 본질주의의 맥락에서 이해한다(그리스어 'eidos' 자체가 종의 뜻을 가지고 있다). 그러나 본질주의는 베르그송에게서 무너진다. 생명의 연속적 흐름의 과정은 환경, 상황에 대한 조절 능력의 발휘를 통해서 역동화되며 그 과정에서 종들이 분화한다. 생명체는 항상 미래에 대해 열려 있다. 종의 개념은 환경과 상관적이다. 종이란 영원의 하늘 아래 각인되어 있는 형상이 아니라 환경의 변화에 따라서 변화해 가는 통계적인 존재인 것이다.

베르그송의 이런 생명철학은 철학 일반에도 거대한 영향을 끼친다. 첫째, 본질에서 실존으로. 인간을 추상적 본질이 아니라 생명체로서 살아가는 실존에 입각해 파악한다는 것이다(이때의 '실존'은 실존주의자들의 실존과는 뉘앙스가 다르다). 기존의 '호모 사피엔스' 개념은 크게 수정된다. 인간은 어떤 면에서는 열등한 존재이다. 식물은 자체로서 자족한다. 때문에 '대상화'를 필요로 하지 않는다. 사유할 필요가 없다. 인간은 이런 자족성을 지니지 못한다. 수년간 가족의 보호를 받아야만 비로소 개체로서 자족하게 되며, 다른 동물들에게 갖추어져 있는 생존 무기가 없다. 이런 생물학적 열등함을 극복하기 위해, 인간은 행위 사이사이에서 사유=반성을 매개로 한다. 이성의 뿌리는 '호모 파베르'에 있는 것이다. 이렇게 베르그송에게서 이성은 생명 진화의 과정 전체를 배경으로 이해된다.

여기서 과거의 '호모 사피엔스'의 세계가 완전히 뒤집어진다는 것을 알아야 합니다. 즉, 과거 희랍의 '호모 사피엔스'의 입장에서는 성인을, 그것도 이성을 가진 성인을 모델로 삼았지만, 베르그송에게서는 종에서 성인이 되어 종(배아)으로 가는 전 과정을 봐야 하는데, 그 밑에 있는 공통치를 빼내면 조절 능력 즉 인식 능력이 나옵니다. 그것이 무의식입니다. 무의식이 중심이며 대상화된 인식은 극히 일부분이라는 것입니다.

인간의 대상화 능력은 극히 제한되어 있다(바로 이 제한의 이유를 파고드는 책이 『물질과 기억』이다). 이런 맥락에서 행해지는 '인식론'은 과거의 인식론과는 성격이 판이할 수밖에 없다. 인식론은 동물의 생태학(동물행동학), 식물학, 분자생물학에서부터 미생물에 관련한 학습 이론 등을 통해 식물 · 동물 · 인간에 대한 데이터를 종합적으로 파악하고 거기에서 어떤 핵심을 읽어낼 때 가능한 것이다. 예컨대 동물이 대상화하지 않는다는 사실에 중요성이 있다. 비둘기는 어디에 옮겨다 놓든 자신이 태어난 장소로 되돌아온다고 한다. 이것은 본능의 문제이다. 그러나 인간은 이런 능력이 없고 때문에 끝없이 대상화를 행해야 한다. 그래서 인간에게서는 가르침, 학습이 초미의 관심사가 된다. 경험론, 합리론 등 기존의 인식론들은 크게 재고되어야 한다는 것이다. 이렇게 이성이란 어떤 초월적인 존재로서가 아니라 생명 진화의 한 갈래로서 이해되기에 이른다(그래서 베르그송의 'intelligence'는 '지능'으로 이해되어야 한다).

둘째, 과학에 대한 해석도 달라진다. 플라톤은 철학을 재는 것(측정)에서 실마리를 잡아 전개했다. 이것은 공간 중심의 사유이다. 아리스토텔레스 역시 사물들을 양화하는데, 그의 양화는 논리학에서의 '판단의 양'으로 나타난다. 실증과학은 잰다는 것에서 출발한다. 그러나 베르그송은 고대 학문과 근대 학문 전체, 말하자면 '학문'이라는 것 자체의 한계를 근원적으로 비판한다.

베르그송은 질이라는 것은 서로 다른 것이다, 다른 것을 어떻게 재냐, 공통치가 있어야지, 양을 재는 것이지 어떻게 해서 질을 재느냐 하고 말합니다. 또 운동은 물리학의 기본 문제인데, 운동 즉 과정process을 어떻게 재냐, 정지된 것만 잰다는 것입니다. 그러니까 운동 자체는 사실은 잴 수 없고 운동이 지나간 그림자, 스쳐 간 공간을 잰다는 것입니다. 그러면 스쳐 간 공간에서 모든 이론이 생기는 것이 됩니다. 그러니까 모든 학문은 실제 있는 변치[변화량]로서의 세계를 스쳐 갈 따름이라는 이론이 나옵니다. 또, 중요한 것은 우리 내면적인 세계를 잴 수 있느냐는 심리학적 문제죠.

베르그송은 질을 양적으로 비교해서 수량화하는 행위의 문제점을 지적하고, 운동하는 것, 변화하는 것을 재는 것이 아니라 운동·변화가 공간에 남기고 간 흔적을 재는 것일 뿐임을 지적하며, 나아가 내면의 세계를 측정하는 것이 가능하냐고 역설했다. 그의 존재론이 특정한 맥락, 분야, 이론이 아니라 이렇게 서구 학문의 성격 그 자체를 근원적으로 비판했다는 점에서, 베르그송은 사유의 역사에서 진정으로 혁명적인 인물이라 할 수 있다. 질들을 재는 것, 운동/변화를 재는 것, 내면의 흐름을 재는 것, 이 모두가 이 존재들을 공간으로 환원해 수량화하는 것에 불과하다. 만에 하나 이것들을 수량화한다 해도, 그것은 항상 어떤 모델에 입각한 '실험실 상황'에서 수량화되는 것일 뿐이다. 거기에는 상황이나 맥락, 계속 변해 가는 삶 등, 요컨대 '지속'이 없다. 베르그송은 이렇게 '과학적 사고'라는 것 자체에 근원적인 비판을 가하고, 형이상학을 지속을 사유하는 것으로 재정의한다. 소은은 특히 베르그송이 심리학에 준 충격을 강조한다.

> 생명 현상의 기본은 자발성이고 자발성은 자기를 조절하는 능력인데, 자기를 조절하는 능력은 외부에서 어떠한 척도도 받아들이지 않는 것이 그 기본적인 특징이기 때문입니다. 척도를 받아들이면 그것은 인과법칙에 빠져야 합니다. 자율적인 것을 어떻게 잴 수 있겠습니까? 잴 수 없다는 것입니다.

셋째, 철학 역시 근본적인 변화를 겪는다. 소은은 플라톤과 베르그송이야말로 어떤 형식의 재인recognition이 아니라 세계와의 마주침rencontre을 통해서 사유한 인물들이라는 점을 강조한다. 이들에게 중요한 것은 어떤 아프리오리하게 상정된 개념들, 이론들, 도식들이 아니라 사건들, 사건들 자체이다.

> 어떤 영원한 법칙이 있다는 것은 의미가 없습니다. 모든 것은 사건으로서 성립합니다. 법칙도 사건으로서 성립합니다. 가령 2 + 3 = 5가 성립하는 공간을 수학적 공간이라고 합시다. 그러면 우선 수학적인 공간이 왜 성립하느냐가 문제이고, 그 다음에 그 공간에서 2가 성립하느냐 아니냐 하는 것은 추상적 공간에 대해 우연입니다. 왜냐? 우리에게는[소은의 입장에서는] 모순율이 최고입니다. 모순율이 최고라는 것은 그것이 성립하지 않을 수도 있다는 애기예요. 그러니까 2

가 성립하느냐 않느냐는 것은 결과적으로 우연입니다. 또 2는 정적인 것이고 보탠다는 것은 동작, 운동인데, 2를 보탠다는 것은 2에 대해서 밖에서 주어진 운동이에요. 따라서 2에 보탠다는 운동이 주어지느냐 아니냐는 2에 대해서 순전히 우연적이에요. 그러면 추상적인 법칙이란 추상적인 공간에서 이루어지는 사건입니다. 어떠한 영원한 법칙이 미리 아프리오리하게 있다는 것은 얘기할 수 없습니다. 그렇기 때문에 학문은 데이터에서 출발합니다. 어떤 이론에서 출발하지 않아요. 선험적인 어떤 법칙이 있다는 것은 전부 무의미합니다. 그러한 추상적 공간이 무한정적indefinite이라는 것은 운동이 무한정적인 것과 다 똑같습니다. 그래서 우리는 확정된definite 것에서 출발합니다. 아까도 말한 바와 같이 플라톤은 전부 구체적인 고유명사로 썼습니다. 베르그송은 플라톤의 하나의 특수한 계승자입니다. 구체적인 데이터는 어떠한 추상적 사고도 안 들어간 바로 그러한 데이터이지만, 그러나 또한 존재론적으로 보면 바로 그것이 실재reality입니다. 다시 말하면, 항상 그 확정된 것의 극한치까지 가야 합니다. 그 확정성의 극한치에서 무한정성의 극한치까지 본다는 것이 플라톤입니다.

이렇게 소은 선생은 서구 존재론사 전체를 눈앞에 두고서 사유한다. 이것은 그 누구에게서도 볼 수 없는 소은 사유의 크기이다. 만일 오늘날의 우리 사유가 서구 학문, 그 중에서도 그 핵이라 할 존재론사를 터득하고 그 위에서 자기 사유를 펼쳐야 할 시점에 도달했다면, 소은의 사유야말로 우리의 출발점이라 할 것이다.

사유한다는 것은 구체와 추상을 끝없이 오르내리는 것이다. 아마 이것이 내가 소은 선생에게서 배운 핵심적인 사유 방식인 것 같다. 가장 구체적인 것(개별자들, 사건들, 마주침들)에서 가장 추상적인 것(존재, 우주, 생명) 사이를 끝없이 왕복 운동하기, 그 사이에 분포되어 있는 어떤 분야, 전공, 영역, 사조에 정주하는 것이 아니라 그것들의 한쪽 끝에서 다른 한쪽 끝까지 가로지르면서 사유하기. 이 오르내림, 가로지르기, 유목에의 깨달음으로부터 철학자로서의 내가 탄생했다.

역사적 사유와의 만남

소은 선생의 강의를 들으면서 결정적인 개안을 하던 그때, 내게 또 하나의 지적 사건이 일어났다. 그것은 미셸 푸코와의 만남이었다. 대학에 들어와 공부하면서 내게 사유를 강요했던 두 사건은 자연과학의 세계를 접하면서 메타과학적 화두를 품게 되었던 사건과 1980년대라는 시대가 내게 던져 준 역사철학적 화두와 맞닥뜨리게 된 사건이었다. 박홍규 선생과의 만남이 전자의 화두에 실마리를 주었다면, 미셸 푸코의 저작들을 접한 것은 후자의 화두에 실마리를 주었다.

전통, 근대, 탈근대

푸코와의 만남은 석사 과정이 끝나기 직전, 바로 내가 다른 곳들을 기웃거릴 때였다. 소은 선생과 푸코를 동시에 만났다는 사실이 지금은 마치 운명처럼 느껴진다.

그와의 첫 만남은 『광기의 역사』를 통해서였다. 프랑스어본이 아니라 『광기와 문명』*Madness and Civilization*으로 제목을 단 영어본으로 읽었다. 사실 독일어는 고등학교 때부터 배웠지만, 그때만 해도 프랑스어는 몰랐다. 소은 선생께 『창조적 진화』를 배우면서 프랑스어도 공부해야겠다고 마음먹게 된다. 하지만 영어본이 비교적 잘 된 번역이어서 원작의 맛을 그런대로 음미할 수 있었다.

20대 초에 마르크스주의 계열의 저작들을 (비록 개설서의 수준에서였지만) 많이 읽었지만, 박사과정에서 이 분야를 파고들기에는 뭔가 마음에 차지가 않았다. 생각해 보면 사실 여러 가지 이유가 있었다. 하지만 지금 되돌아보면서 아주 간단하게 말한다면, 그 사유가 너무 근대적이었기 때문이지 않았을까 싶다. 한국은 전통에서 근대적인 시대를 거쳐 '포스트모던' 시대로 너무나도 빨리 변했다. 어린 시절 내가 살았던 고향은 (버스 등 몇 가지 근대적인 기계들을 제외한다면) 사실 조선 시대 사람들이 살았던 세계와 거의 같은 세계였다. 그 후 10대 이래 서울에서 산 청소년기는 전형적인 근대적인 시대였다. 하지만 내가 학자로서 생활을 본격적으로 시작한 30대 즉 1990년대는 이미 '포스트모던' 시대가 시작되었던 시대이다. 나는 어린 시절 전통 사회에서 살다가, 10대와 20대에 근대적인 사회를 경험하고, 30대에는 포스트모던 사회로 진입했던 것이다! 나는 석사과정 때 이미 이런 변화를 어렴풋이나마 감지하고 있었고, 그래서 마르크스주의가 아닌 어떤 새로운 사유를 막연히 갈망하고 있었다. 바로 그때 푸코의 사유를 접하게 되었고, 그를 통해 비로소 역사적 철학에 눈을 뜨게 된 것이다.

내가 그때 가졌던 역사적 화두는 결국 '전통과 근대 그리고 탈근대'의 문제였다. 출발점은 근대성이다. 우리가 근대성의 연장선상에 있는 초-근대성의 시대에 살고 있기 때문이다. 그렇다면 근대성이라는 것을 어떻게 이해할 것인가가 관건이다. 근대성과 대결하면서 탈근대적 사유를 전개하는 것이 핵심일 것이다. 그런데 이 작업은 또한 근대성이 파묻어버렸던 전통을 새롭게 음미할 것을 요청한다. 근대성이라는 현재에서 시작해 전통으로 돌아가 역사를 사유하고, 다시 돌아와 미래의 탈근대적 세계를 사유하는 것이 '전통, 근대, 탈근대'의 사유일 것이다. 1980년대 중반 나는 막연하게나마 이런 역사적 화두를 품게 되었다. 그리고 이런 화두를 풀어 나갈 수 있는 사유의 실마리를 푸코에게서 찾았다.

『광기의 역사』를 읽다

이 책과의 만남은 너무 인상 깊은 독서였기에 당시 내가 이 책을 읽었던 장소와 그 분위기가 아직도 기억날 정도이다. 당시 대부분의 학생들이 그렇듯이 마르크스주의의 깊은 세례를 받았던 나였지만, 이 책은 마르크스주의에 대해 내가 가지고 있던 어떤 의구심, 나 스스로도 그것이 구체적으로 무엇인지 몰랐던 의구심을 해소시켜 준 걸작이었다. 내용과 글쓰기 모두가 인상 깊었다.

이 저작의 원제는 "고전 시대에 있어 광기의 역사"이다. 제목 그대로 고전 시대(17~18 세기)에서의 광기의 역사를 다루고 있으며, 앞으로는 르네상스 시대를, 뒤로는 근대를 다루고 있다.

여기에서 푸코는 르네상스 시대로부터 19세기에 이르기까지 광기가 겪었던 일을 다각도에서 분석한다. 르네상스 시대의 광기는 두 얼굴을 가지고 있었다. 하나는 불안하고 강박적이고 위협적인 얼굴이었고, 다른 하나는 세계의 비밀을 드러내 주는 통로, 악과 어둠의 세력, 사탄의 승리와 관련되는 신비하고 계시적인 얼굴이었다. 여기에 인간의 환상으로서, 순치된 힘으로서의 광기라는 얼굴도 존재했다. 고전시대는 이성의 지고한 행동이 광기를 거부한 시대였다. 데카르트의 『성찰』이 이를 잘 보여준다. 광기는 배제되었고 감금되었다. 구빈원/수용소asylum가 바로 이때 탄생했다. '광기'folie라는 특수자는 '비이성'déraison이라는 일반자에 흡수되어버린다.

1부는 바로 이렇게 르네상스 시대만 해도 고유한 개별성을 품고 있던 광기가 어떻게 고전시대로 접어들면서 '비-이성'이라는 넓은 카테고리에 휩쓸려 들어가 혼합되는가를 다룬다. '비-x'라는 표현은 배제를 함축하는 표현으로서, 이 구조에서 어떤 것은 ~인 것의 형태로서가 아니라 ~가 아닌 것의 형태로서 규정된다. 예컨대 가부장제가 강했던 시절, 여성은 '여성'으로 규정되는 것이 아니라 남성-이-아닌-사람wo-man으로서 규정된다. 그런데 '비-…'의 구도는 등질화homogenization의 논리를 함축한다. 예컨대 서울이 아닌 도시들은 대전이든 대구이든 광주이든 서울의 관점에서는 똑같이 '지방'이다. x가 아닌 것들은 x에서 볼 때는 차이가 없다. 이런 구도에서 광기는 그 개별성을 상실하고 '비-이성'이라는 거대한 흐름 속으로 휩쓸려 들어가는 것이다. 이것이 2장에서 묘사되고 있는 '대大감호', 좀 더 적나라한 표현을 쓴다면 '거대한 싹쓸이'의 과정이라 할 수 있다.

2부는 인식론적(/존재론적) 내용을 다룬다. 즉, 도대체 어떤 사람을 '광인'이라고 부를 수 있는가의 문제를 다룬다. 이것은 말과 사물의 '지시'의 관계를 다루는 문제이며, 의미론적 논의들이 선개된다. 푸코는 네 가지의 '의식형태', 즉 비판적인 의식형태, 실천적인 의식형태, 언표적인 의식형태, 분석적인 의식형태에 입각해 논의를 전개한다. 매우 어려운 대목이고, 철학사에서 전개되어 온 인식론적-존재론적 논의들을 숙지해야 흥미롭게 읽을 수 있는 대목이다.

3부는 이 비-이성의 장으로부터 다시 광기가 개별화되어 나오는 과정, 즉 광기라는 것이 '병'이라는 카테고리로, 말하자면 이감移監되는 과정을 그리고 있다. 이 대목은 과학사적(정확히는 푸코적 뉘앙스에서의 'savoir'에 대한) 논의의 성격을 띠고 있으며, 1963년에 나올 『임상의학의 탄생』에 직접 연결되는 대목이다. 푸코가 바라보는 '근대성'에서 주목할 만한 점은 일반적으로 혁명기의 '휴머니즘'으로 이해되는 흐름을 부르주아지의 '전략'으로 해석하는 대목이다. 유명한 지식-권력savoir-pouvoir의 패러다임이 등장하게 되는 것도 이 맥락에서이다. "실증주의" 시대의 수용소는 관찰, 진단, 치료의 장소가 아니라 환자가 고발되고 재판받고 선고받는 사법적인 장소였고, 또 그곳에서 나오기 위해서는 회개라는 종교적 절차가 전제되어야 했다.

푸코는 자신의 작업에 대해 다음과 같이 말하고 있다.

> 18세기 말에 광기를 정신병으로 규정한 이래 미친 사람과의 대화는 단절되고, 정상인과의 분리는 기정사실화되었으며, 전에 광기와 이성 사이에서 이루어졌던 대화 즉 약간 더듬거리며 직설적으로 내뱉는 두서없는 말들이 완전히 망각 속에 묻히게 되었다. 정신과 의사의 언어는 광기에 대한 이성의 독백일 뿐, 그런 침묵 위에서 진정한 언어는 형성될 수 없다.

바로 이런 맥락에서 푸코는 이렇게 일갈한다.

> 나는 이 언어의 역사를 쓰려는 것이 아니라, 그 '침묵의 고고학'을 쓰려는 것이다.

이 구절이 계속 내 뇌리를 맴돌았다.

푸코의 사유 방식

특히 흥미로웠던 1장과 2장에 대해서만 이야기해 보자. 푸코는 이 저작 1장의 도입부에서 다음과 같이 서술한다.

> 중세 말에 나병이 서양세계에서 사라진다. 이에 따라 마을의 변두리나 도시의 성문 근처에는 넓은 빈터가 생겨나는데, 이곳은 이제 역병이 엄습하지는 않았지만 예전에 만연했던 역병으로 인해 오랫동안 사람이 살 수 없는 장소가 되었다. 여러 세기가 지나는 동안 이 장소들은 비인간적 공간으로 되어 있을 것이다. 그러다가 14세기에서 17세기까지 이 장소들에서 새로운 악의 화신, 또 다른 괴기스런 공포, 정화淨化와 축출의 주술이 마치 요술처럼 되살아난다.

우선 푸코가 '철학자'라는 선입견을 가지고서 이 책을 대했을 때 그 역사적 서술 방식에 놀라게 된다. 푸코의 책들은 기존의 범주로 환원해 읽을 수 없다. 자꾸 기존의 범주들을 작동시켜 이것이 문학이냐 역사냐 철학이냐 하고 따지는 것은 무의미하다. 그것 자체로서 읽고 그것 자체로서 이해해야 하는 것이다. 이 구절을 읽는 순간 나는 철학 '과'라는 곳에서 탈주하기 시작했다. 그렇다, 바로 그 순간이었다. 그 탈주가 내게 현실적인 많은 힘겨움을 가져다주었지만 후회는 없다.

우선 장소에 대한 관심. 하나의 장소가 어떤 고착적인 이미지를 띤다는 것, 다시 말해 하나의 장소가 어떤 고유의 의미를 띠고 그래서 그 의미가 그 장소에서 반복된다는 것, 이 한 구절에서 우리는 장소, 이미지, 의미가 얽혀 역사를 이루어 나가는 과정을 읽어낼 수 있다. 또, 상투적인 역사의 전복. "14세기에서 17세기까지 이 장소들에서 새로운 악의 화신, 또 다른 괴기스런 공포, 정화와 축출의 주술이 마치 요술처럼 되살아난다"는 구절에서 우리는 철학사책이나 예술사책을 통해 알고 있던 르네상스, 근세 초(또는 바로크)라는 시대에 대한 이미지가 총체적으로 전복되는 것을 느낀다. 철학'과'라는 좁은 울타리 안에 칩잠할 경우 꿈도 꾸지 못할 어떤 '진리'가 드러나기 시작했던 것이다. 물론 이런 이야기는 이제는 익숙하다. 그러나 이때는 1985년이었다!

푸코는 이렇게 운을 뗀 후 이 시기에 발생했던 여러 역사적 사건들을 실증적 자료들을 바탕으로 꼼꼼히 제시한다. 그런 후에 자신이 앞에서 운을 떼어 놓았던 이야기를 정교화한다.

> 나병을 신성불가침의 영역 안에 존속시키고 그것을 어떤 전도된 열광 상태 속에 붙들어 놓기 위해 마련된 비천한 장소와 의례는 그대로 남긴 채, 나병이 물러간 것이다. (…) 바로 나환자라는 인물에 달라붙은 가치와 이미지이고, 사람들이 이 인물의 주변에 신성불가침의 원

> 을 그린 후에야 비로소 떨쳐버릴 수 있는 것은 바로 이러한 축출의 의미, 이 인물이 사회집단에서 차지하는 중요성이다.

나병과 나환자 요양소가 거의 사라진 시점에도 '나환자'라고 하는 어떤 존재에게 들러붙은, 나환자들의 장소에 들러붙은 이미지와 가치는 지속한다는 점이 중요한 지적이다. 그래서 어떤 특정한 상황이 도래하게 되면 다시 이 이미지와 가치는 부활하게 되고, 일종의 격세유전이 존재하기라도 하듯이 다른 어떤 존재에게 다시 들러붙는다. 이미지와 가치라는 이 바이러스는 이제 나환자에서 광인으로 옮겨 붙게 된다.

> 나병이 사라지고 나환자가 사람들의 기억에서 사라지거나 거의 사라져도, 이러한 구조는 계속해서 남게 된다. 2~3세기 뒤에도 이상할 정도로 유사한 축출의 장치가 동일한 장소들에서 숱하게 재발견되는 것이다. 예컨대 나환자가 맡은 역할을 가난한 자, 부랑자, 경범죄자, 그리고 '머리가 돈 사람'이 다시 맡게 되면서, 우리는 이들과 이들을 축출하는 자들을 위해 이러한 축출에서 어떤 구원[얄궂은 의미에서]이 기대되었는가를 알게 된다.

광인들의 배(Stultifera Navis)

배는 작은 성이다. 그것도 닫힌 성이다. 그것의 바깥에는 심연만이 존재한다. 배는 "바다의 무한성에 숙명적으로 묶여 있다." 하지만 배는 바다를 떠다닐 수 있다. 그것은 바다를 떠다니는 작은 섬이다. 배의 관점에서 본다면, 배는 육지에서 떠나는 것이 아니라 그것에 도착한다. 하지만 육지가 거부한다면? 배는 여기저기를 잠시의 정박지로 삼으면서 바다를 끝없이 유영遊泳하게 된다.

'대항해 시대'는 유럽이라는 문명이 배, 바다와 특별한 관계를 맺은 시대이다. 상업자본주의 시대는 바다가 역사의 중심이 되는 곳, 각종 부와 그것들을 둘러싼 전쟁(해적들의 경우도 포함해서)이 늘 벌어지던 곳이었다.

"광인들의 배"(/"바보들의 배")는 무엇이었던가? 푸코는 이렇게 답한다. "광인들의 배는 중세 말 무렵에 유럽 문화의 지평 위로 갑자기 떠오른 불안 전체를 상징한다." 교과서에서 흔히 다루어지는 르네상스 시대의 이미지는, 바로 이런 불안 전체를 배제하고, 이탈리아의 거족巨族인 메디치 가의 주변에서 이루어진 화사한 문화적 성취만을 보여준다. 하지만 푸코가 그리는 르네상스 시대는 오히려 바로 이 불안이 얼마나 강박적이고 지속적으로 서구 사회를 위협했는지를 볼 수 있는 시대이다.

광인들의 배는 실재했다. 그것은 육지에서의 순례와 흥미롭게 대조되는 반反-순례였다. 하지만 늘 그렇듯이, 그것을 둘러싼 담론들과 이미지들은 실재를 훨씬 추월했다. 헤롯 왕에게 학살당한 아기들의 묘지에서 벌어지는 "망령들의 춤"(15세기 초), 세즈-디외에서 유행한 "망령들의 춤"(1460년 무렵), 기요 마르샹의 『죽음의 무도』(1485), 브란트의 『광인들의 배』(1492, 의미심장한 연대이다), 히에르니무스 보스의 〈광인들의 배〉(15세기 말), 에라스뮈스의 『우신예찬』(1509) 등.

광기의 경험

광기는 물과 밀접한 관련을 띠었는데, 그것은 "실로 끊임없이 동요하는 바다, 그토록 많은 기이한 지식을 감추고 있는 그 미지의 길들, 그 환상적 평원, 요컨대 세계의 이면"의 이미지를 띤 존재였다. 이런 이미지는 뒤에서 푸코가 "우주적-비극적" 광기라고 부른 광기이다.

광기의 경험은 죽음의 경험과 관련을 맺는다. 인간의 종말, 시간의 종말은 흑사병과 전쟁의 모습으로 나타난다. 이런 흐름은 14세기에 생겨나 15세기까지 지속되었다. 푸코는 이 과정에서 **죽음의 엄숙함**이 **광기의 냉소성**으로 대체되었다고 본다. "15세기의 마지막 몇 년에 이와 같은 커다란 불안은 더 이상 퍼져 나가지 않고, 죽음의 엄숙성은 광기의 냉소성으로 대체된다." 그러나 이런 이행은 불연속을 이루기보다는 동일한 진실 — 불안 — 이 무게중심을 바꾼 것뿐이다.

광기는 이미 와 있는 죽음이다. 종말론적으로 다가가야 할 미래의 죽음이 이미 현재에 들어와 있는 광기로 전환된다. 이 과정은 브뤼헐(/브뤼겔, 1525?~1569)의 그림에 있어 〈죽음의 승리〉가 〈광녀 마르고〉로 이행하는 것에서 볼 수 있다.

> 문제는 여전히 삶의 허무이지만, 이 허무는 이제 위협과 동시에 귀결이라고 말할 수 있는 외적이고 최종적인 종말로 인정되지 않는다. 그것은 내부로부터 실존의 지속적이고 항구적인 형태로 체험된다.

이는 곧 죽음으로부터 광기로의 이행을 뜻한다. 미래의 죽음에서 현재의 광기로. 종말론적 위기의식에서 현재에 대한 냉소와 풍자로.

우주적-비극적 광기와 도덕적-비판적 광기

고딕 성당과 스콜라철학으로 대변되는 중세의 견고한 성채는 14세기에 페스트 등으로 무너져 내렸다. 이후 등장한 세계에서 광기는 고유한 역할을 떠맡는다.

르네상스 시대에 의미의 증식이 일어나고, 그 과정에서 스콜라적 의미론은 붕괴한다. 비의, 헤르메스주의, 마법, 신비주의의 시대가 열린다. 고전시대의 서막을 알린 데카르트는 이미지들은 우리에게 무엇인가를 가르쳐 주기보다는 오류와 거짓으로 현혹한다고 비판하면서 합리주의의 도래를 공표했지만, 르네상스 시대에 이미지는 전성기를 맞아 만발했다(이 내용은 『말과 사물』에서 흥미진진하게 분석된다). 이 시대는 곧 그릴grylle의 시대이며, 이때 〈유혹〉(/〈현혹〉)이라는 제목의 그림이 많이 그려진 것은 우연이 아니다.

어둡고 두려운 광기의 이미지는 우주적-비극적cosmic-tragic 광기이다. 이 광기는 인간 깊숙이 존재하는 어두운 비밀을 드러낸다. 야수성, 광란의 상상작용. "사람들은 죄인이 마지막 날[최후의 심판일]에 흉측스러운 나체로 나타나게 될 때, 광포한 동물의 괴기스러운 형상을 띤다는 것을 깨닫는다." 인간이 길들여 지배한다고 보았던 동물들/동물성이 반격을 가하면서 솟아올랐다. 인간의 내면에 있는 침울한 격노, 빈약한 광기를 드러내는 것은 바로 동물성이다.

아울러 광기는 금지된 앎, 비밀스러운 앎과 관련된다. 그토록 접근하기 어렵고 그토록 무서운 이 앎을 광인은 순진한 어리석음 덕분으로 보유한다. 우리 문화에서의 빙의라든가 염매 등과 비교해 볼 만하다. 이 금지된 앎이란 무엇일까? 그것은 곧 "사탄의 지배"인 동시에

"세계의 종말"이고, "마지막 행복"인 동시에 "최후의 징벌"이며, "이승에서의 전능"인 동시에 "지옥에서의 전락"일 것이다.

우주적-비극적 광기와 대조되는 다른 갈래의 광기는 (프랑스 모랄리스트들의 저작들을 포함한) 르네상스 인본주의자들의 저작들에서 등장하는 도덕적-비판적moral-critical 광기이다. 이 광기는 우주적-비극적 광기와 달리, 세계 저편에 존재하는 것이 아니라 바로 인간 자신의 내면에 존재한다. 도덕적-비판적 광기는 인간의 악덕과 관련된다. 에라스뮈스는 『우신 예찬』에서 자만심을 비롯한 모든 악덕들의 선두에 광기를 놓는다. 이 광기는 헤브라이즘에서의 악마적 광기보다는 헬레니즘에서의 '휘브리스'hybris에 가깝다. "광기에서의 앎이 그토록 중요한 것은 광기가 앎의 비밀을 보유하기 때문이 아니다. 오히려 광기는 어떤 터무니없고 쓸데없는 지식에 대한 징벌이다." 그것은 무지한 자만에 대한 희극적 처벌로 나타난다. 보스에서 에라스뮈스로.

도덕적-비판적 광기의 주요 징후는 자기에 대한 애착으로 이해되었다("이 사람은 원숭이보다도 더 추한데도 자신 자신을 니레우스처럼 아름답다고 생각하고, 저 사람은 선 3개를 정확하게 그렸다고 해서 자기 자신을 에우클레이데스로 자처하며, 또 어떤 사람은 리라 앞의 당나귀이고 목소리가 암탉을 물어뜯는 수탉의 목소리만큼이나 시끄럽게 울리는데도 헤르모게네스처럼 노래한다고 믿는다." 『우신 예찬』, §42). "오류를 진리로, 거짓을 현실로, 폭력과 추함을 아름다움과 정의로 받아들이는 것은 인간이 자기 자신에게 집착하기 때문이다." 몽테뉴, 파스칼을 비롯한 프랑스 모랄리스트들에 의해 이 광기는 계속 논의된다.

푸코는 우주적-비극적 광기와 도덕적(모랄리스트적)-비판적 광기 사이의 관계를 추적한다. 첫 번째 광기는 "그 현혹적 형태들과 접하면서 우주적 질서로서 경험하는 것"이며, 두 번째 광기는 "냉소적 태도로 뛰어넘을 수 없는 거리를 유지하면서 동일한 광기를 비판적으로 경험하는 것"이다.

> 우주 질서의 직관과 도덕적 성찰의 움직임들, '비극적' 요소와 '비판적' 요소는 이제부터 광기의 깊은 통일성에 결코 메워지지 않을 간극을 초래하면서 갈수록 더 사이가 벌어질 것이다.

푸코는 전자가 보스, 브뤼헐, 부츠, 뒤러 등을 통해서 나타났고, 후자는 브란트, 에라스뮈스, 인본주의 전통 전체를 통해 나타났다고 보았다. 왜 전자는 주로 그림의 형태로 나타났고 후자는 주로 글의 형태로 나타났는가는 충분히 설명되고 있지는 않다. 이미지와 글의 관계에 대한 『말과 사물』에서의 논의가 일정 정도 참조가 된다.

하지만 전자의 광기는 점차 유럽 문화사의 수면 아래로 가라앉았던 반면(사드나 고야 등 가끔씩 나타난 예외적인 경우들을 제외하고), 후자의 광기는 오랜 기간 동안 서구를 지배하게 된다. 전자의 광기는 20세기에 들어와서야 니체, 반 고흐, 아르토 등과 더불어 새로운 생명을 얻게 된다(이것은 곧 'hybris'의 부활로도 이해할 수 있다). 이런 과정을 통해 이제 16세기에 광기는 이성의 테두리 안에 들어간다. 광기는 이성의 진정한 타자가 아니라 이성의 한 국면이 된다. 광기는 이성의 뒤집어진 형태, 플러스에 대한 마이너스와 같은 관계가 된다. 이성과 광기는 서로에 힘입어 보존되기도 하고 서로에 의해 소멸되기도 한다.

나아가 광기는 심지어 이성을 활성화하고 그것의 가능성을 극에 달하게 하는 촉매가 되기도 한다. 이성의 노력이 광기에 의해 확인되는 것은 광기가 이미 그러한 노력의 일부분이었기 때문이라고까지 할 수 있게 된다.

> 이성은 광기를 이성 자체의 형상들 가운데 하나로, 이를테면 외부의 영향력, 완강한 적의, 초월성의 표시일 수 있는 모든 것을 내쫓는 방식으로 간주할 뿐만 아니라, 동시에 이성 자체의 본질을 이루는 기본적 계기로 지칭하면서, 그것을 이성 자체의 작업 한가운데에 자리 잡게 한다.

하지만 에라스뮈스 이래 모랄리스트들의 사유에서 이 광기는 다시 두 갈래로 갈라진다. 한편에서는 인간을 어리석은 존재로 만드는 광기가 있는가 하면(그러나 이 어리석음을 통해 또한 인간은 교훈을 얻는다), 다른 한편에서는 이성에 활기를 불어넣어 주는 광기가 있다(이를 통해 이성의 가능성은 더 높이 비상한다). "어리석은 광기"와 "현명한 광기"라는 이 구분은 인간에 내재해 있는 광기의 두 측면으로서 오늘날까지도 이어지고 있다.

세르반테스와 셰익스피어, 그리고 바로크 연극

푸코는 르네상스 말기에 등장한 광기의 경험이 문학적으로 표현된 방식들을 추적한다. 특히 세르반테스와 셰익스피어는 중요한 위치를 점하는데, 이는 이들이 한편으로 도덕적-비판적 광기를 흥미롭게 묘사했기 때문이기도 하지만 다른 한편으로 이제 저물어 가는 우주적-비극적 광기의 마지막 모습들을 포착하고 있기 때문이기도 하다.

이 모습들 중 특히 지속적이었던 것은 "소설적 동일시에 의한 광기"이다. 소설, 연극 등 (오늘날로 말해) 대중문화가 인간의 심성에 불러일으키는 광기에 대한 루소의 비판(『에밀』)은 잘 알려져 있거니와, 이런 생각은 이 시대에 이미 특히 세르반테스의 이름과 결부되어 형성되었다. 이것은 소설을 현실로 착각하는 데에서, 철학적으로 표현하면 허구와 실재를 구분하지 못한 데에서 유래한다. 이와 가까운 것은 "헛된 자만의 광기"이다. 이것은 "모든 인간이 마음속으로 자기 자신과 맺는 상상적 관계"이다. 세르반테스는 『돈키호테』에서 이런 광기들을 인상 깊게 묘사하고 있다.

더불어 "정당한 징벌의 광기"도 있는데, 야심의 포로가 된 맥베스 부인이 징벌을 받아 광기로 치닫는다거나, 어리석은 리어 왕이 결국 광기에 빠진다거나 하는 것을 들 수 있다. 아울러 "절망적 정념"의 광기를 들 수 있다. 『햄릿』의 오필리아의 광기 등을 생각할 수 있을 것이다.

> 분명 셰익스피어와 세르반테스는 둘 다 그들의 시대에 전개되는 비이성에 대한 비판적이고 도덕적인 경험의 증인이라기보다는 오히려 15세기에 생겨난 광기에 대한 비극적 경험의 증인일 것이다. 그들은 시간을 넘어서서 사라지고 있는 중이고 단지 어둠 속에서만 그 끈을 더듬을 수 있을 의미의 명맥을 이어간다.

이렇게 우주적-비극적 광기가 희미해지면서, 이성을 곤란에 빠뜨리지만 또 어떤 면에서는 활성화해 주기도 하는 광기의 모습이 도드라지게 된다. 광기는 착각의 가장 순수하고 가장 완전한 형태인 것이다. 광기의 이런 모습은 '대大감호'가 일어나기 직전의, 17세기 초의 광기의 이미지이다.

> 17세기 초의 세계는 기이하게도 광기를 환대한다. 그 세계에서 광기는 진실과 공상의 기준들을 혼란스럽게 만드는 반어적 징후로서, 많은 비극적 위협의 기억, 이를테면 불안스럽다기보다 불투명한 삶, 사회에서의 사소한 동요, 이성의 유동성을 가까스로 간직하면서, 사물들과 인간들의 중심에 자리 잡고 있다.

수용소의 탄생, "police"

2장에서 푸코는 1656년을 이정표로 해서 유럽에서 일어난 '대감호'와 이를 통한 수용소 건립 붐이라는 사건을 추적한다. 살페트리에르, 비세트르 등이 대표적이다. 이 수용소들은 애초에 구빈원으로 시작했지만, 점차 혼재공간으로 화하게 된다. 이 장소는 "hôpital"(hospital)이라는 이름을 가지고 있었지만, 오늘날 우리가 생각하는 병원은 아니었다. 그것은 의료기관이라기보다는 오히려 "이미 구성된 권력기구들과 나란히, 재판소 바깥에서 결정하고 평결하며 집행하는 반-사법조직이자 일종의 행정단위"였다. 이 점에서 푸코는 역사의 흐름에서 어떤 불연속성, 특이성을 추적하고 있다고도 할 수 있다. 기존의 의학사라든가 정치사 등 연속적으로 서술되었던 틀을 해체하고 있다고 할 수 있다.

이 과정에서 푸코는 근대적 형태의 "police"의 탄생을 목도한다. 이 공안장치는 본격적인 근대적 '통치성'gouvernementalité의 탄생 이전에 "법의 한계 지점"에서 등장한 기이한 권력기구, 제3의 탄압기관이었다. 이 장치는 절대 왕정을 수립한 당대의 **군주제**('앙시앵 레짐')와 대항해 시대를 맞아 상업자본주의를 진수시킨 **부르주아지**, 그리고 유럽사에서 빼놓을 수 없는 요소들 중 하나인 **종교 단체들**(신교들 및 이들에 맞서 새롭게 재정비한 가톨릭)이 만나는 지점에서 이루어진 공안장치였다. "교회는 아마 왕권과 부르주아지 사이에서 눈치를 살피면서, 매우 의도적으로 구빈원의 조직화에 대해 거리를 두긴 했지만, 구빈원이 설립되는 동향에 계속해서 무관심할 수는 없었다."

혼재공간에 수용된 사람들은 자신들의 의지에 상관없이 외부로부터 정체성을 부여받았다. 이들의 공통점은 '~인'are 점에 있었던 것이 아니라, '~이 아닌'are NOT 점에 있었다. 이들은 이질적 존재들이었지만, '~이 아닌' 점에서 동일화된 것이다. 그리고 이렇게 외부로부터 가해진 분류로 인해 그들은 어떤 한 부류로서 **분류**되었고 그에 입각해 어떤 한 장소에 함께 **수용**되었다. 푸코의 사유에서는 이렇게 담론적 맥락과 신체적 맥락—담론적 구성체와 비-담론적 구성체(신체적 구성체)—이 항상 연계되어 논의된다. 들뢰즈와 가타리의 개념으로는 '언표적 배치'와 '기계적 배치'(신체적 배치)이다.

'가난'의 존재론: 교회, 부르주아지, 그리고 국가

중세에는 '가난'이 묘한 이중성을 띠고 있었다. 그것은 신이 내린 형벌이었고 인간이 감내해야 할 고통이었다. 그러나 다른 한편 가난은 인간의 오만의 반대편에 존재하는 것이기도 했고, 또 자선은 큰 가치를 부여받기도 했다. 그러나 고전시대에 이르러 가난은 악한 것이 되며, 인간의 가장 큰 죄는 무위도식이 된다. 칼뱅의 예정설 또한 이런 흐름에 영향을 끼쳤다.

아울러 이전에 구제사업을 떠맡았던 교회의 역할은 이제 도시와 국가로 이전된다. 그리고 이런 흐름에 교회도 동참하게 된다. 가난은 무질서이자 악이다. 가난 개념이 겪은 운명은 광기 개념이 겪은 운명과 유사하다. "빈곤을 신성화하는 종교적 경험에서 빈곤을 정죄하는 도덕적 이해로"의 이행이 일어나게 된 것이다. "거대한 수용시설들은 어떤 끄트머리에서 서로 마주치기에 이른다. 분명 자선의 세속화 현상일 것이지만, 또한 어렴풋이 빈곤에 대한 도덕적 징벌이 되는 이러한 진화의 끄트머리에서." 자선은 법에 의해 뒷받침되는 국가적 사업으로 화했고, 가난은 공공질서를 해치는 무질서, 범법행위, 나아가 악이 되었다.

종교적 맥락에서도 가난은 이전의 뉘앙스를 상실하게 되고, 이제는 오히려 "영적인 비참"의 이미지로까지 화한다. 이제 대감호가 일어나고, 광인들은 이러한 흐름에 휩쓸려 들어가게 된다.

이런 가난의 정확히 반대편에 존재했던 것이 바로 노동의 가치였다. 부르주아적 가치가 점차 사회를 지배하면서, 이제 노동은 귀족들이라면 결코 하지 않을 비천한 것이 아니라 오히려 사회의 발전을 위한, 아니 심지어 인간의 도덕적 고양을 위한 필수 항목으로 자리 잡게 된다. 노동이라는 이 윤리의식에서는 가치의 확립이 우선적인 것이었다. 근대적인 맥락에서의 '경제 메커니즘'의 문제는 절박한 것으로 떠오르지 않았다. 노동의 경제적 가치는 이차적이었다. 그것은 오히려 **부르주아적 도덕**의 문제였던 것이다. 그렇다면 어떤 인간이 악한 인간인가? 바로 일을 하지 않는 인간이다. 가난한 자들, 미친 자들은 더 이상 불쌍한 인간이 아니었고, 종교적 의미를 담고 있는 인간은 더더욱 아니었다. 그들은 악한 자들이었다.

이후로도 푸코의 이야기는 길게 이어진다. 잡힐 듯 말 듯 한 전통, 근대, 탈근대라는 화두를 품고서 역사의 의미에 대해서 이런저런 생각을 하던 나에게 이렇게 『광기의 역사』는 길을 열어 주었다. 이 '근대성 비판'을 실마리로 나는 본격적인 역사적 사유를 시작하게 된다.

10대 중반부터 시작된 독서와 사유가 10년 후에 이렇게 소은 선생과 미셸 푸코를 만나면서 결정적인 실마리를 얻게 된 것이다. 시간이 많이 흘렀다. 나의 유목적 사유가 탄생한 그때를 되돌아보면서 내 정신세계의 형성에 도움을 준 인물들, 작품들에 깊은 경의와 감사를 드린다.

참고문헌

가라타니 고진, 『정치를 말하다』, 조영일 옮김, 도서출판b, 2010.
마루야마 마사오, 『번역과 일본의 근대』, 임성모 옮김, 이산, 2000.
바디우, 알랭, 『사도 바울』, 현성환 옮김, 새물결, 2008.
박현채, 『한국 경제 구조론』, 일월서각, 1986.
보드리야르, 장, 『시뮬라시옹』, 하태환 옮김, 민음사, 2001.
아도, 피에르, 『고대 철학이란 무엇인가』, 이세진 옮김, 이레, 2006.
야나부 아키라, 『번역어 성립 사정』, 서혜영 옮김, 일빛, 2003.
이규성, 『한국현대철학사론』, 이화여자대학교출판부, 2012.
이정우, 『접힘과 펼쳐짐』, 그린비, 2000/2012.
푸코, 미셸, 『주체의 해석학』, 심세광 옮김, 동문선, 2007.
히로마츠 와타루, 『근대 초극론』, 김항 옮김, 민음사, 2003.
坂口ふみ, 『ヘラクレイトス仲間たち』, ぷねうま舍, 2002.

인명 찾아보기

개념 찾아보기

소운 이정우 저작집 6
시간의 지도리에 서서

초판1쇄 펴냄 2021년 10월 18일

지은이 이정우
펴낸이 유재건
펴낸곳 그린비
주소 서울시 마포구 와우산로 180, 4층
대표전화 02-702-2717 | **팩스** 02-703-0272
홈페이지 www.greenbee.co.kr
원고투고 및 문의 editor@greenbee.co.kr

주간 임유진 | **편집** 홍민기, 신효섭, 구세주, 송예진 | **디자인** 권희원 | **마케팅** 유하나
물류유통 유재영, 한동훈 | **경영관리** 유수진

ISBN 978-89-7682-661-9 94100 978-89-7682-356-4(세트)

學問思辨行: 배우고 묻고 생각하고 판단하고 행동하고

독자의 학문사변행을 돕는 든든한 가이드 _그린비 출판그룹

그린비 철학, 예술, 고전, 인문교양 브랜드
엑스북스 책읽기, 글쓰기에 대한 거의 모든 것
곰세마리 책으로 통하는 세대공감, 가족이 함께 읽는 책